心理学形态研究系列

P S Y C H O L O G Y

"十二五"国家重点图书出版规划项目
上海文化发展基金会图书出版专项基金资助项目

国家出版基金项目
NATIONAL PUBLICATION FOUNDATION

葛鲁嘉 著

心理科学论总

——心理学命运与前途的全景考察

上海教育出版社
SHANGHAI EDUCATIONAL
PUBLISHING HOUSE

丛 书 总 序

　　心理学的探索和研究已经有了众多的学科分支和丰富的具体研究,有了广泛的生活应用和大众的认知接纳,有了学术的创造支撑。但是,心理学本身依然缺乏反思、界限不清。任何一个成熟的学科,都应该有强大的自我反思、自我定向、自我驱动、自我矫正和自我扩展的能力。心理学在快速的发展进程中,最需要的就是这样的能力。这直接涉及的就是心理学的视野、框架、形态、资源与未来,"视野""框架""形态""资源"与"未来"是把握心理学学科总体、促进心理学学科进步的关键词,也是"心理学形态研究系列"丛书的核心内涵。

　　任何一位投身心理学事业的研究者和学习者、对心理学感兴趣的其他学科和行业的探索者与从业者,或是对心理学很好奇的思想者和普通人,都可以在这套丛书中有所收获。

　　心理学研究者如何看待自己的学科? 心理学爱好者如何借鉴跨界的学科? 如何张望陌生的学科? 这需要具有宽广的视野。所谓视野就是人的眼界。同样都有眼睛,但是不同的人在现实生活中能够看到的广度和深度却完全不同。因此,最重要的是心灵的眼睛。这套丛书可以极大地扩展审视、观望和看待心理学的视野。

　　无论是心理学研究者还是心理学的应用者、爱好者,想要从整体上掌握和运用心理学,最重要的就是有一个整体的框架,包括学科的框架、思想的框架、理论的框架和知识的框架。只有有了这样的框架,才能够对五花八门、纷繁复杂和丰富多样的心理学探索、研究与应用进行梳理和分类。

　　心理学具有多重性的身份,也有着多样化的角色和多元化的形态。当然,科学的或实证的心理学曾经试图定位自己是唯一合理的心理学形态,从而也就将其他不同的心理学形态及探索丢进了垃圾箱。这在给心理学带来纯洁性的同时,也使得心理学割断了与自身学科土壤的关联。因此,对不同形态的心理学的探索,可以大大丰富关于心理学的理解,扩展心理学的发展空间。

对心理学的多重形态的探索,并不是要分裂心理学、肢解心理学和打碎心理学,而是要在心理资源、学术资源、思想资源、理论资源等方面去重新理解心理学。资源化的处理是心理学学科发展获取学术养分、思想营养和理论滋养的最重要的突破。任何资源都在于挖掘、提取、转化和运用,心理学的资源同样如此。

资源也许汇聚和代表了过去、传统和遗产,但实际上,资源最重要的核心的作用是能够指向和引领心理学学科发展的前景、未来和成长。心理学应该成为也能够成为一个强大的学科。这种学科自身的昌盛和繁荣就应该植根于养分丰富的学科资源。这也是探索不同形态的心理学最重要的价值、意义和作用所在。

这套"心理学形态研究系列"丛书包含八部心理学学术著作:《心理科学论总——心理学命运与前途的全景考察》《心理学本土化——中国本土心理学的选择与突破》《常识形态的心理学——心理学的生活形态和日常存在》《哲学形态的心理学——哲学心理学与心理学哲学》《宗教形态的心理学——宗教传统和研究的心理学智慧》《类同形态的心理学——不同科学门类中的心理学探索》《科学形态的心理学——心理学的科学追求与科学身份》和《资源形态的心理学——心理资源的基本性质与核心内涵》。这八部著作直接涉及和探索心理学的视野、框架、形态、资源与未来。

《心理科学论总——心理学命运与前途的全景考察》是关于心理科学本身的学术梳理、学术反思、学术突破和学术建构的。书中对如何推进心理学的学术进步,如何扩展心理学的学术空间,如何引领心理学的学术未来,如何确立心理学的本土根基,如何激发心理学的学术创新等,进行了一系列的学术思考。

《心理学本土化——中国本土心理学的选择与突破》是对中国本土心理学在追求科学化历程中经历的西方化历程的文化性、思想性和历史性的反叛。心理学的本土化也是心理学在更大的范围内去寻求自己学科和学术发展的资源。关于心理学的本土走向,要涉及心理学研究的本土定位、本土资源、本土理论、本土方法和本土技术。心理学的本土化实际上就是心理学的一个新生的过程。中国心理学的本土化也就是中国心理学的创生过程。

立足西方文化传统的"科学的"心理学一直认为自己是唯一合理的心理学,除此之外的心理学探索,或者立足不同文化传统的心理学探索,都可以划归为"非科学的"心理学,而所谓"非科学的",也就是被淘汰的、已过时的、无价值的。心理学的本土化则来自对西方心理学唯一合理性的质疑,来自对各种不同心理学探索的合理性的确认和把握。心理学的文化转向是心理学本土化的方向问题。心理学曾经靠摆脱、放弃、回避或越过文化的存在来发展自己。也就是说,在心理学成为独立的科学门类之后,在追求科学性的过程中,把科学的客观性和普遍性与文化的建构性和独特性对立起来,心理学早期以排斥文化的存在来保证自己对所有文化的普遍适用性。然而现在,心理学必须靠包容、探讨和体现文化的存在来发展自己,来保证自己对所有文化的普遍适用性。

心理学本土化的发展是把心理学确立为创新的心理学。中国心理学的本土化并没有现成的道路好走,没有现成的东西可以继承,没有现成的方式可以照搬。这就决定了中国心理学的本土化历程必然和必须走创新发展的道路。对于中国本土心理学来说,原始性的创新应该成为重要的学术目标。然而,对于中国现代心理学来说,这是非常薄弱的环节。对于许多中国心理学的从业者和研究者来说,好像只有引进的才是心理学,创新的却很难被看成是真正的心理学。

中国本土心理学的研究涉及心理学学术创新和理论建构的学术资源,而获取什么资源和怎样获取资源,就成为重要的任务。心理学的演变和发展有自己的资源根基,这可以体现为不同的心理学历史形态、现实演变和未来发展。当代心理学的发展应该将不同形态的心理学作为自己学术创新的资源,只有掌控和运用这些资源,心理学才能够扩大视野,挖掘潜能,丰富自己的研究,完善自己的功能。

心理学的发展有着属于自身的文化、历史、传统、思想、理论、学科的资源。心理学有着十分不同的历史发展和长期演变的形态,所有不同的心理学形态都是心理学的发展可以借用的学术资源。心理学资源可以体现为心理学历史形态、心理学现实演变和心理学未来发展,共包括六种不同的心理学形态：常识形态的心理学、哲学形态的心理学、宗教形态的心理学、类同形态的心理学、科学形态的心理学和资源形态的心理学。解读这些不同形态的心理学，考察不同形态心理学之间的关系，对心理学的发展有着至关重要的作用。当代心理学的发展不应该是不同形态的心理学之间的相互排斥、对立和对抗，所有不同形态的心理学都应该属于心理学学术创新的文化、历史、思想和学术的资源。

中国本土的心理学、中国本土的理论心理学，最重要的就是自身的理论建构。这主要是确立中国本土心理学的理论思想、理论框架、理论内涵、理论预设和理论构成。中国心理学对外国心理学的理论复制和理论模仿，导致对本土心理学的理论创新和理论开拓的抑制和忽视，而中国心理学理论创新的弱化也直接导致对国外心理学知识和理论的大量引进，这造成了限制中国心理学理论发展的恶性循环。甚至，中国的心理学研究者反而不习惯于心理学的理论创新，对任何创新的尝试都横加阻抑和指责。这导致中国心理学的发展极度缺少理论创新，特别是立足本土文化的原始性理论创新。强化理论心理学的研究可以促进中国心理学的理论创新，特别是原始性的理论创新。

因此，最重要的就是能够对所有相关的心理学资源进行系统化的梳理与整合。心理学资源既可以成为常人的心理生活的资源，也可以成为专家的心理科学的资源。心理学必然面临如何理解、看待、保护、挖掘、提取和转用资源的问题。心理学的发展显然不应该抛弃自己的文化历史传统，而应该将其作为学术性资源。

常识形态的心理学也被称为民俗心理学、素朴心理学等。这是普通人在日常生活中创建的心理学，是存在于普通人生活经验中的心理学。常识心理学既是普通人心灵活动的指南，也是普通人理解心灵的指南。常识心理学是科学心理学发展的文化资源。哲学形态的心理学是心理学最古老的形态之一。在科学心理学诞生之前，心理学就"寄生"在哲学中，是哲学的一个探索领域。对心理学研究的理论前提或理论预设的反思就是心理学哲学的探索。这种探索的目的在于使心理学的研究能够从盲目走向自觉。宗教形态的心理学包含两种不同的和关联的内容。一种是科学的含义或是科学传统中的宗教心理学，是科学家运用科学方法对宗教心理的研究。这是科学心理学的一个分支。另一种是宗教的含义或是宗教传统中的宗教心理学，是宗教家按照宗教的方式对人的心理行为的说明、解释和干预。类同形态的心理学是与科学心理学相类同或相类似的其他科学分支中的心理学思想、理论、方法和技术。心理学发展应该去吸取、提炼、接受、消化和融会类同形态的心理学研究。科学形态的心理学是通过科学的理论、方法和技术来考察、描述、说明和干预心理行为，并在很短的进程中取得了飞速的发展，但依然面临着许多重大的和核心的课题。资源形态的心理学探讨和论述的是心理学未来发展的基本形态。这是科学形态的心理学的进步、扩展和提升。资源形态的心理学把心理学的学术性资源的开发、累积和运用，确立为心理学未来发展的核心任务。

在心理学发展和演变的进程中，科学形态的心理学曾被确立为唯一合理的存在，其他各种不同的心理学形态则受到忽视、排斥和抛弃。因此，从未有过对各种不同心理学形态的系统性和学术性的考察与研究。心理学形态研究将会是对心理学学术研究的全新突破。这将奠定中国本土心理学发展的学术资源的基础，会给中国本土心理学的未来进步带来长久的、巨大的和深远的影响。

中国心理学长期以来依赖于对国外心理学全面、系统和不断的引入、翻译、介绍、评判、学习和模仿，这为中国本土的心理学家了解世界心理学发展和演变的进程与趋势，包括把握西方心理学的发展和走向，掌握苏联、俄罗斯心理学的过去和现状，填补中国心理学研究的空白和缺失，推动中国心理学的研究和应用，提供了基础和前提。在中国心理学的发展历程中，从老一代的心理学家开始，就有对国外心理学的引进、介绍、评判和模仿，体现为重视研究心理学发展史，特别是重视研究西方心理学流派。在一个多世纪的时间里，这给中国心理学的发展和繁荣奠定了坚实的基础，实现了中国心理学的跨越式发展。而追踪和模仿发达国家的心理学，也会导致中国本土心理学创新性和创造力的弱化。这直接造成引进的心理学特别是引进的外国心理学的理论、知识、方法、技术和工具，会与中国本土的文化传统、社会生活、心理行为等存在巨大的隔阂。

本土心理学研究主要体现为对中国心理学思想史、中国心理学史以及中国古代、近代和当代的心理学思想、理论、学说、方法、技术及工具的研究、考察和探索,从而系统梳理中国文化历史、文化传统及思想创造中包含的心理学思想、心理学解说和心理学内容。这是在与西方心理学或国外心理学不同的中国本土的文化历史、文化思想、文化传统和文化创造的基础之上,去重新认识、理解和把握心理学。关于中国本土文化传统中的心理学研究,在研究尺度、评判标准、理论依据、学术把握等方面一直存在学术争议。有的研究按照西方文化或西方科学文化的尺度,按照西方心理学或西方实证科学心理学的尺度,来筛淘和衡量中国本土文化传统中的心理学内容,也有研究者强调应按照中国本土的文化传统、价值尺度、学术标准,来重新衡量、梳理和探讨中国本土的心理学传统。

中国本土的心理学正在寻求自身的创新性发展。这种创新倡导的是,中国心理学的发展不应该仅仅是对国外心理学的修补和改进,也不应该仅仅就是对中国历史传统中的心理学思想的解释和解说,中国本土心理学真正需要的是寻求本土文化的心理学根基和心理学资源,并立足这种本土文化中的心理学核心内容来建构真正属于中国本土的创新的心理学。关于中国本土心理学的发展应该倡导和推动原始性的创新,特别是原始性的理论创新,这已经开始由最初的呼吁逐渐成为付诸行动的学术追求。中国心理学的这种原始性创新的努力,也开始由不同分支学科、不同理论知识、不同研究方法、不同技术手段等分散的方面,转向对更宏大的心理学理论原则、理论框架、理论构成等方面的突破。

中国现代意义上的科学心理学是从国外引入的,包括近代从欧美等科学心理学先导和发达的国家引入的实证科学的心理学,也包括新中国建立初期开始从苏联引进的以巴甫洛夫的高级神经活动学说为代表的唯物主义心理学。这两个不同来源的心理学都存在于中国现代心理学的研究之中。改革开放后,中国心理学开始挖掘和整理中国本土的传统心理学思想,但是,这方面的研究还存在重大的缺陷,最大的问题是认为中国本土文化中并没有心理学,只有一些零散的、猜测的心理学思想,认为这方面的研究仅在于证明现代心理学研究的古代猜想。这就形成了两个巨大的鸿沟:一是翻译、引进和介绍的国外研究与中国本土文化和生活之间的鸿沟;二是中国古代的心理学思想与中国当代的心理学创新之间的鸿沟。这也就导致中国本土心理学的两个重大缺失:一是长期的引进和模仿导致中国本土心理学研究原创性的严重缺失和弱化;二是中国古代心理学思想研究仅仅是为现代心理学研究提供历史的佐证,导致中国本土心理学根基的垮塌和资源的流失。总括起来,中国本土心理学所缺失的是建立在中国本土心理学资源基础之上的心理学原始性的理论创新和建构。这套丛书最核心的学术价值和创新意义就在于,通过立足本土文化的理论创新和建构,开辟中国本土心理学未来的学科发展和创新的理论演进道路。

在中国本土心理学的研究中,关于中国本土文化传统中的心理学理论根基和学术资源的探索是最重要和关键的走向,也是最核心和根本的未来。这套丛书旨在挖掘和把握中国本土的心理学资源、心理学传统和心理学根基,从而推动和引领中国本土心理学的创新性发展。例如,在中国古老的和悠久的心性文化传统中,就存在丰富的心理学资源、特定的心理学传统和深厚的心理学根基,这就是中国文化的心性学说。从心理学的角度加以考察和挖掘,可以将这种心性学说转换为心性心理学,这是中国文化非常独特和重要的心理学理论贡献。中国本土文化中的心性学说和心性心理学有着非常重要的心理学学术性价值,问题是怎样将这种心性心理学的传统转换成为中国心理学理论创新的资源。这套丛书的研究就是对中国本土心理学的研究进行重新定位,就是要厘清中国本土心性心理学的内涵,深入挖掘中国本土的心性心理学,并将心性心理学的思想框架和理论核心引入中国本土心理学的具体研究中。

正所谓"条条大路通罗马",不同的心理学探索、不同的心理学形态,都是通往人类心理的门户。在通道的沿途,有着各不相同、别具洞天的境遇和景色。心理学的探索者不应该去关闭那些可能的通路。为什么不去探险呢?无限风光在险途!

吉林大学哲学社会学院心理学系

葛鲁嘉

2014 年 10 月

前　　言

心理学作为人类对自身心理行为的探索，已经有漫长的历史发展和长期的学术积累。心理学有着众多的学科分支和心理学家，有着丰富的学术资源和学说理论，有着复杂的研究方法和技术手段。但是，正因为如此，心理学本身看起来庞杂凌乱，心理学形象看起来模糊不清，心理学学说看起来五花八门，心理学知识看起来鱼龙混杂，而对于心理学的研究者和研习者来说，就需要关于心理学的总体性的考察和论述。《心理科学论总——心理学命运与前途的全景考察》就是为了实现和达成这种目的而写作的心理学理论研究专著。

这部学术著作也是新心性心理学学术探索的六个组成部分之一，是最后的一个组成部分。这六个部分的内容是心理资源论析、心理文化论要、心理生活论纲、心理环境论说、心理成长论本和心理科学论总。学无止境、术有专攻，学术的创新、本土心理学的创新，对于心理学乃至本土心理学的研究者都是永恒的召唤。

本土的心理学立足本土的心理学探索，也许除了创新并没有其他的捷径和道路。但是，创新之路是最艰难的道路，也是最具风险的道路。创新是对从业者最高的要求，也是对献身者最高的标准。心理学是在按照自己的方向和步伐行走和迈进。但是，确定自己的方向，调整自己的步伐，则是心理学家的重要任务。心理学作为一门科学的学术追求，是不会中断和停止的。

心理学在自己的发展中遇到和面临着无数重大的核心的问题或难题，其中有大量的问题或难题是理论上的，需要进行理论探索。或者说，心理学研究中有许多的问题或难题都需要在理论上加以考察、研究、突破和解决。因此,理论心理学的研究者,中国本土的理论心理学研究者,就应该承担起自己的使命。理论上的进步,心理学理论上的进步,就意味着心理学真正的突破和建构。

理论不是或不等于虚构,理论的生命也不可能或不可以通过虚构来延续。理论是学术的中坚,也是学术的引导。心理学的理论探索,理论心理学的探索,应该成为心理学的学术中坚和学术引导。真正的心理学理论、真正的心理学理论研究,都有着无可替代的价值。理论心理学是心理学的骨架,缺失理论探索和理论创新的心理学会导致心理学学科整体的缺钙。

对于心理学的研究者来说,心理学的理论研究和理论创新需要深厚的心理学的理论修养。理论的修养则是一个十分漫长的进程,是学术积累和学术思考的过程,也是学术蜕变和学术创新的过程。心理学的理论研究、理论探索和理论创新,是具有无穷魅力的心理学学术追求。

心理学在自己的发展历程中出现过许多大心理学家,但是,中国本土的心理学发展却长期依赖引进和模仿。这在某种程度上限制了中国本土心理学的创新,特别是理论的创新。所以,严格来说,这部学术专著并不是简单地描述和介绍心理学学科,而是通过探讨心理学的一系列重大和核心问题,来推动心理学学科的进步和发展、心理学理论的创新,以及立足本土的心理学的理论创新和理论突破。概观、通观、综观和总观心理学学科、心理学演变、心理学研究、心理学理论、心理学方法及心理学技术,是把握心理学学科的一个重要方式和途径。对于心理学的发展和壮大来说,对心理学学科进行统合性的理解和解说是至关重要的。

每位心理学研究者,都需要对自己进入的学科有全面理性的认识和理解,对自己献身的学术有总体深入的把握和掌控。因此,《心理科学论总——心理学命运与前途的全景考察》这部学术专著,就力图来承担这样的学术任务。所有对心理学感兴趣、有爱好、肯探究的人,都可以通过这部学术专著来登入心理学的殿堂,成为心理学的朋友,进入心理学的前沿,献身心理学的创新。这也同样是心理学学科和心理学学者非常需要的。投身心理学总归是要有研究者自己关于该学科的理性把握。

新心性心理学是一个理论建构的整体。心理科学论总作为新心性心理学理论建构中的第六个组成部分的内容,与心理资源论析、心理文化论要、心理生活论纲、心理环境论说、心理成长论本等前五个部分,共同构成新心性心理学宣言的核心理论或理论建构。这六个部分的基本内容不可分割,也前后衔接、彼此连贯。心理科学论总则是最后的、总论的部分,也是集合的、概观的部分。在心理科学论总中,应该能够体现出来的是心理学学科发展的命运与前途。这是对心理学学科的全景考察和全景透视。

目录 Contents

第一章　心理学的理念

在心理学的发展和研究中,心理学的理念是指心理学研究者关于心理学的理解。这包括对于心理学科学观的界定,心理学科学观存在着的对立,以及心理学科学观在自然科学、社会科学、人文科学之间的转换,这一切都决定着心理学的定向、身份、地位、研究、价值和应用。因此,心理学的理念是心理学的核心和关键。

第一节　心理学科学观的考察

心理学从成为一门独立的科学门类开始,就一直存在着对自己的科学身份的确立和认同的问题。这就是心理学科学观的问题。关于心理学科学观的探讨是属于心理学的自我反思和自我确认的问题。心理学能否成为一门科学? 心理学怎样成为一门科学? 心理学可以成为一门什么样的科学? 心理学能够成为一门什么种类的科学? 这都是关系到心理学的科学地位和未来发展的核心性课题。所有这些问题都与心理学科学观有着直接和密切的关联,是心理学科学观决定、引导和导致的结果。

一、心理学科学观的探讨

心理学科学观的探讨,也就是所谓心理学观的问题,是对如何建设和发展心理科学的基本认识和理解。心理学的科学观决定着心理学家的研究目标、为达成目标而采取的研究策略,以及心理学家沿循的学术路径。这可以体现在这样一些问题的解决上,如怎样确定心理学的科学性质,怎样界定心理学的研究对象,怎样划定心理学的研究方法,怎样构造心理学的理论知识,怎样干预人的心理现象或心理生活,以及怎样看待心理学与其他学科门类的关系。可以这样说,心理学的科学观构成了心理学家的视野,决定了心理学家的胸怀。① 关于心理学的科学观的探讨,也成为一个十分重要的热点课题。对于心理学的科学观,最关键的是怎样对原本被缩小化的科学观进行扩大化,怎样使被封闭化的科学观进行开放化。这就是心理学的小科学观与大科学观的区分,是心理学的封闭科学观与开放科学观的区分。在我国理论心理学的探讨中,心理学的科学观问题已经成为一个热点论题。在关于心理学的科学观的探讨中,已经有了一系列延续和延伸的研究。

有针对特定心理学分支的心理学科学观的考察。例如,有研究考察了作为心理学分支学科的社会心理学中的自然科学观及其转变。② 研究指出,当代的社会心理学研究中就存在着两种对立的科学观,即自然科学观和人文社会科学观。社会心理学的自然科学观是实证主义方法论影响的结果,其特点一是重经验事实的积累,轻理论基础的建设,二是过度强调实验验证,三是超历史文化的倾向,四是价值中立倾向。研究认为,社会心理学研究的人不同于自然科学研究的物,社会心理现象具有社会文化历史的特性和价值负荷的特点。因此,社会心理学应该抛弃以自然科学的模式来塑造社会心理学的尝试,走人文社会科学之路。

有针对特定心理学派别的心理学科学观的考察。例如,有研究评述了作为心理学流派的超个人心理学的心理学观。③ 该研究揭示了超个人心理学提供的一种最具包容性的人性模式,并大大拓展了心理学的研究范围。在心理学的研究方法问题上,超个人心理学提出了一种对象中心论的最具开放性的方法论模式。在心理学的研究任务问题上,超个人心理学提出了一种最具综合性的理论与应用的模式。在心理学的学科性质问题上,超个人心理学突破了科学主义的局限,不再将心理学定位于科学的架构或框架之中,而是明确地将心理学定位于有关人性知识的研究。在心理学的价值取向问题上,超个人心理学放弃了实证主义心理学的价值中立的立场,而是

① 葛鲁嘉.大心理学观——心理学发展的新契机与新视野[J].自然辩证法研究,1995(9):18-24.
② 叶浩生.试论社会心理学的自然科学观及其转变[J].自然辩证法通讯,2000(4):23-29.
③ 郭永玉.超个人心理学观评析[J].南京师大学报(社会科学版),2003(4):96-103.

强调心理学研究的价值负荷或价值负载。在心理学的现实应用问题上,超个人心理学发展了新的心理治疗技术,拓展了心理学的应用领域,为现代人提供了一种崇尚宁静与和谐、追求超越和神圣的精神生活样式,以抗衡那种喧嚣的、浮躁的、物质利益至上的生存状态。

有针对特定心理学框架的心理学科学观的考察。例如,有研究探讨了心理学的文化心理观。[①] 该研究确立了心理学观的问题是理论心理学元理论的基本范畴,也是心理学发展、建设及未来走向的指南和航标。这构成了心理学家的视野,进而决定他们能看到什么和看不到什么,以及容纳什么和排斥什么。心理学发展史上,有自然科学观、人文科学观、超科学观等观点或理念。文化心理学观在对上述心理学"观"批判性继承的基础上,主张将心理学置于文化框架中,深入探讨文化心理观下的心理学研究对象、研究方式、研究者生存方式应有的内涵,扩展实证科学观的边界,从而为心理学带来更宽泛和更具深度的研究视野。

二、心理学科学观的功能

关注、考察和研究心理学的科学观,可以给心理学的研究和发展带来一系列更深入的理解和更核心的改变。例如,心理学科学观的探讨,有助于心理学的统一进程。心理学作为独立的科学门类,一直存在着自身发展的危机,从来就没有摆脱危机的困扰。心理学的危机最重要、最核心和最关键的就在于,心理学从来没有成为一门统一的学问。当代心理科学的发展也同样面临着这一危机,而且这种不统一的危机正在变本加厉和不断恶化。

一些心理学家对科学心理学的支离破碎和形同散沙深感忧虑。美国心理学家斯塔茨(Arthur W. Staats,1924—　)曾经痛陈心理学面对的这种"不统一的危机"。他认为,除非统一整个心理学,否则心理学就不可能被认为或被当作一门真正的科学。正如他所说的,心理学具有现代科学的多产的特征,却没有能力去联结自己的研究发现,结果是越来越严重的分歧,形成了越来越多的毫无关联的问题、方法、发现、理论语言、思想观点、哲学立

---

① 孟维杰.文化心理观:心理学观的检讨与重构[J].内蒙古师范大学学报(哲学社会科学版),2007(5):26-30.

场。心理学拥有如此多的四分五裂的知识要素，以及如此多的相互怀疑、争执和嫌弃，使得心理学面临的最大问题就是难以得出一般的理论。混乱的知识，也就是没有关联、没有一致、没有协同、没有组织的知识，并不是有效的科学知识。心理学作为一门科学的地位，在很大程度上取决于学科统一的程度，或者心理学要想被看作是一门真正的科学，就必须成就严密的、关联的、一致的知识。显然，不统一的危机已经带来对心理学的科学性质的怀疑。①

即便在心理学最发达的美国，学科不统一或学科的分裂也是非常突出的问题。在很长的时期中，美国也非常关注心理学统一的问题，探讨心理学如何统一的兴趣也在不断增长。这为心理学的进步和发展提供了重要的推动力。在20世纪的后期，美国心理学会的好几个分会都突出地强调统一心理学的研究目标。美国心理学会第一分会——普通心理学分会，还设立了威廉·詹姆斯奖，以鼓励为统一工作作出贡献者。1985年，一个心理学家小组在美国心理学会的年会上，开会讨论了如何推进考察心理学的统一问题，并发起成立了心理学统一问题研究会。

实际上，心理学家从没有放弃过统一心理学的努力，但至今这仍然还是一个无法实现的梦想。问题在于，许多心理学的研究者并没有从心理学的科学观上去追究不统一的根源。心理学从哲学的怀抱中脱离出来成为独立的实证科学之后，就一直以成熟的自然科学学科为偶像。这是从近代自然科学中直接继承的一种科学观——实证科学观，可将其称为小心理学观。小心理学观力求把心理学建设成为一门纯粹的自然科学。心理学以此来划定科学心理学与非科学心理学的界线，从而把心理学限定在了一个非常狭小和非常封闭的空间中。小心理学观与其说是统一心理学的尺度和保障，不如说是心理学不统一的根源和隐患。心理学若以小心理学观来实现统一，则统一就永远是个梦想。心理学不放弃自己的小心理学观，就不会成为统一的科学门类。

小心理学观体现为对实证方法或实验方法的崇拜，把实证方法看作心

① Staats，A. W. (1991). Unified Positivism and Unification Psychology. *American Psychologist*，1991(9)，899 - 912.

理学研究的核心,认为心理学的理论知识只来自实证方法,并接受实证方法的检验。科学心理学的诞生,通常是以德国心理学家冯特 1879 年在莱比锡大学建立心理学实验室为标志。这反映了以实证方法为核心的主张,结果使心理学的研究方法不断地精致化,但研究问题的水平却不断下降,难以提升。心理学的小科学观还体现为反哲学的倾向,这割断了心理学与哲学的天然联系,使心理学长期以来失去了对自己的理论基础的关注和研讨,缺乏对自己的理论前提的反思和批判。然而,小心理学观本身却从近代自然科学中继承了物理主义和实证主义的理论框架。只不过,这一理论框架是隐含的,而不是明确的。

正因为小心理学观重方法、轻理论,心理学家重视实证资料的积累,贬低理论构想的创造,导致心理学极度膨胀的实证资料与极度虚弱的理论建构之间的反差日益增大。应该说,心理学发现的支离破碎、心理学主张的四分五裂,与心理学本身缺乏理论建设是两个相互关联和彼此内在一致的问题。自从美国科学哲学家库恩(Thomas Samuel Kuhn,1922—1996)指出,成为科学在于形成为科学共同体所共有的统一的理论范式,许多心理学家才开始意识到了理论基础的重要性。斯塔茨曾提到,心理学的统一需要有统一的哲学,并认为这个统一的哲学就是统一的实证主义。当然,这只不过是把小心理学观的理论框架由隐含的变成了显明的,而且也因此排斥基于其他理论框架的心理学研究和探索。

从心理学自身的历史发展和演变来看,心理学以物理学为样板,以小心理学观为引导去建立统一的心理科学的努力是不成功的。行为主义心理学是个典型的例子,行为主义不仅无力涉及、考察和探讨人类心理行为的广阔领域,而且无法容纳、吸收和消化已有的关于人类心理的研究成果。

正是由于实证主义心理学的科学观十分狭隘,给在实证主义心理学之外的其他不同方式的心理学探索留下了余地和空间,使之不仅保留了独特的生机和活力,而且提供了考察和研究人的心理意识的独特的视角和资源。多样化的心理学探索或多元化的心理学研究,涉及人类心理的各种不同的方面、侧面和层面,共同提供了有关人类心理更完整的图景。问题在于,如何才能在一个新的基础之上,消除心理学四分五裂的危机和心理学科学性质的危机。

三、心理学科学观的变革

西方科学心理学的发展,或者西方主流心理学的发展,经历了几次重大的转折。最初占有支配性地位的是内省主义。在研究对象上,内省主义的心理学是以心灵为实在,考察的是人的意识经验,故可称之为意识心理学。在方法上,内省主义的心理学是实验的方法加内省的方法,但仍然是通过内省的途径来引导心理学的研究,故也可以称之为内省心理学。到了20世纪初期,行为主义掀起了一场革命,推翻了内省主义对心理学的统治。在对象上,行为主义心理学反对心理学研究人的意识经验,而代之以可客观观察的行为。在方法上,行为主义心理学清除了具有主观性的内省法,贯彻了具有客观性的实验法,以确立心理学的科学地位。行为主义以其追求的客观性或科学性支配了主流心理学的发展。但是,行为主义抛弃和放弃的人的内在心理意识,仍然在其他的心理学传统中得到了考察。

20世纪50年代到60年代,心理学又发生了一场认知革命。认知革命推翻了行为主义对心理学的全盘统治。一开始,这场革命是静悄悄的,并不是那么引人注目,许多心理学家并没有意识到,他们关于认知的研究努力为心理学带来了一个重大而关键的转折。只是后来,认知心理学的研究者才惊异和惊喜地发现,认知的研究打破了行为主义的禁锢。一直到了20世纪70年代初期,认知革命最终形成了一股十分迅猛的洪流,并促成了由认知心理学、人工智能、语言学、神经科学和哲学等跨学科合作的认知科学的诞生。心理学中的认知革命,把被行为主义排斥的心理意识、内在经验重新确定为心理学的研究对象,把被行为主义贬低为非科学的那些主题和术语又重新纳入心理学的研究视野。这给心理学的新发展带来了重大的改变,注入了无限的生机,认知革命的冲击性作用的后效,有许多至今仍在心理学的研究中延续着。

认知心理学改变了行为主义为心理学确定的研究对象,但并没有真正改变行为主义为心理学确立的实证研究方式。为此,有些学者认为,正是行为主义的研究方式,使认知心理学仍不过是把认知过程当作行为序列来加以研究。的确,心灵的活动通常被看作是十分神秘的和不可分析的,很难加以实证的考察和进行客观的研究。但是,认知心理学采纳了信息加工的观点。信息加工也就是对物理符号的认知操作。符号具有双重的性质,一是拥有物理的或形式的特征或形态,二是表征或代表着一定的内容或意义。表征着一定内容的符号可以按照一定的规则进行变换,这就是所谓的符号的计算。认知过程则可以看作是符号的计算过程。从而,这就使对心灵的工作原理进行客观的揭示成为可能。

这种被称为认知主义的符号研究范式是以计算机作为理论的隐喻或启示,或者说,该研究范式是建立在人工智能与人类心理的类比的基础之上。尽管人工智能和人类心理分别是由计算机硬件和脑神经系统实现的,但它们在机能水平上被认为具有相同的信息加工性质。人的心灵活动没有什么神秘之处,其符号的计算过程完全可以由计算机复制或模拟出来。认知主义的观点不仅支配了认知心理学的研究,而且被许多研究者当成了统一认知科学的多学科探讨的共同的理论基础。但是,也有研究者反对人工智能与人类心理的类比,认为两者具有截然不同的性质,人工智能的理论语言不足以解说或解释人类心理。认知主义能否成为统一认知科学的理论基础也受到了怀疑和批评。很显然,认知主义为认知心理学设定的仍然是小心理学观。

不过,认知革命还是给心理学本身带来了十分强烈的震撼力。认知革命不仅打开了被行为主义关闭了许久的探索内在心灵的门户,而且打开了实证心理学能与其他探索内在心灵的心理学传统进行沟通的门户。尽管认知心理学乃至认知科学走的仍是实证科学的道路,但许多心理学家也开始较为大胆、更加开放地复兴和审视其他不同的心理学传统。研究越来越频繁深入地涉及在日常生活中由常人建构和掌握的常识心理学,在精神生活中由哲学家建构和掌握的哲学心理学,在信仰生活中由宗教家建构和掌握的宗教心理学,以及在科学领域里由科学家建构和掌握的类同心理学。研究也开始深入涉及在特定文化圈或文化土壤中,由不同的心理学探索构成的本土心理学传统资源。这种对不同心理学传统资源的关注,反过来已经在影响着科学心理学的发展道路。当然,认知心理学的研究以及认知科学的探索,仍然把心灵的活动看作是客观的自然过程而不是主观的经验世界,这大大限制了对人类心理全面完整的揭示和把握。本土的心理学传统或资源则不仅有助于丰富实证心理学的研究内容,而且有助于改进实证心理学的研究方式。

在心理学中,认知革命复兴的关于人的心灵的探讨,使常识心理学及其心灵主义的用语恢复了活力。认知心理学的兴起是会取代常识心理学,还是会容纳常识心理学,在很长的一段时间里,成为心理学研究和心灵哲学研究的一个争论热点。认知革命的推动与认知心理学的探索,也使东方思想中的心理学传统恢复了青春。实证心理学无法和无力深入主观的经验世界,日益成为一个重要的弱点和重大的缺失。中国本土的心理学传统或中国本土的心性心理学则正是从人的直观体验入手,探讨了人的心灵自觉的内在根据,考察了人的内心生活的意义根源,给出了人的精神境界的提升途径,这具有十分重要的理论启示。认知革命带来了对其他心理学传统的关注。重新面对本土的心理学传统也被有的研究者称为科学心理学中的"回归革命"。这为重构心理学的科学观提供了可能和必要。

有研究考察了当代认知科学的发展,指出了当代心理学的发展中,认知科学正在从第一代转向第二代。① 这种认知科学的代际更替和转换,将会给心理学的发展带来重要的推动。例如,第二代认知科学可以带来心理学关于对象的理解的整合研究,以及心理学理论、方法和技术的运用的整合研究。

按照该研究得出的结果,以计算隐喻为核心假设的传统认知心理学以及联结主义心理学均不能克服离身心智(disembodied mind)的根本缺陷,当代认知心理学正面临新的范型转换。以具身性和情境性为重要特征的第二代认知科学将日受重视,并促使认知神经科学进入新的发展阶段。研究认为,在身心关系上应该坚持生理只是心理的必要条件而不是充分条件的立场,克服生理还原论的危险;应该重新审视基于二元论的生理机制这种说法;心理学传统中的科学主义和人文主义有可能在第二代认知科学强调认知情境性的基础上达成某种融合;第一代认知科学对意识的研究是不成功的,因为对知觉、注意、记忆、思维等心理过程的研究不能代替意识的研究,同时还应避免以意识内容的研究取代心理学研究的倾向。第二代认知科学中的动力系统理论关于变量(因素)之间的耦合(coupling)关系,完全不同于方差分析中变量之间的交互作用关系,其动力系统模式可能更有助于破解

① 李其维."认知革命"与"第二代认知科学"刍议[J].心理学报,2008(12):1306-1327.

意识的产生（涌现）之谜，并引发心理学研究方法论的变革新潮。第二代认知科学的兴起将启发人们对身心关系、生理还原论、意识研究在心理学中的地位以及人工智能对心智完全模拟的可能性等重大问题重新进行思考。

在第一代认知科学看来，基于计算隐喻，心智被认为是按某种程序（算法）对符号进行的操作（计算）。计算要遵循某种算法（algorism），而用精确的语言写成的算法就是程序。第一代认知科学的任务就是去为各种心智活动构建各种算法和程序。第二代认知科学的基本立场是抛弃计算的隐喻，尤其是抛弃"应当"计算机程序化的刚性诉求。从建设性方面理解第二代认知科学的基本立场则是其主张"要理解心智，必须回归大脑"。这就必须回到生物学去为心智寻找约束，特别是大脑本身（包括身）的约束，对心智的活动规律要从脑的方面去探源而不是强作计算机的类比。不存在独立的、与身（脑）无关且可在任何硬件上实现的心智活动。强调认知和智力是大脑的功能，正是第二代认知科学的基本出发点。

第二代认知科学的第一个特点是强调心智的具身性。心智的具身性意指，心智有赖于身体之生理的、神经的结构和活动形式。对相互作用活动的重视，必然引发对主体经验的重视。这种主体经验不妨取其本意，称之为"体验"（身体经验到的）。具身性就是体验性。指明认知的具身性，就是把"外浮于虚空中的"心智落实于人的现实经验，继而又把这种经验联系于人的身体（包括脑）。于是，所有的生命现象都与包括高级的认知、情绪、语言等在内的活动编织在一起，成为人的理性的不同表现形式。因此，与其说心智、理性能力有赖于身体的生理、神经结构及活动形式，还不如说是根植于人的身体以及身体与世界的相互作用。第二代认知科学的第二个特点是强调认知的情境性。所有的认知其实都是情境认知或与情境有关。认知的情境性是对第一代认知科学的心智离身性的一种必然的批判。第一代认知科学是不讲情境性的，更不可能重视人的认知所处的社会文化"大环境"。第二代认知科学重视情境制约的立场较之传统的基于环境的认知心理学表现得更鲜明和深刻。第二代认知科学的第三个特点是强调认知的动力性。第二代认知科学相对于第一代认知科学而言，其最具革命性的变化体现在引入"动力系统"的概念。"认知是动力系统"被认为是自20世纪80年代起逐渐凸现和成熟的新的认知观点之一。所谓"认知是动力系统"，就是指认知不是一个孤立发生于并局限于头脑中的事件,而是一个由多因素构成的系统事件。

认知科学的转换和进步带给心理学的是科学观的重大变革。这使心理学的研究视野、研究内容和研究方式都有了极大扩展。心理学不再为了追求科学性去封闭自己,而是为了追求科学性去开放自己。

四、科学性的确立

20世纪中期,西方发达国家开始由现代工业化社会步入后工业社会或信息化社会。与之相应,其文化思潮也由现代主义转向后现代主义。后现代主义思潮被看作是西方文化精神和价值取向的重大变革,并很快风靡欧美,横扫世界,震撼学统。科学心理学的发展显然无法脱离这一大的文化氛围。

文艺复兴之后,西方社会不仅大踏步迈向现代大工业社会,而且逐步确立起理性至高无上的地位和科学统观一切的权威,并以此构造了西方的现代文明。但是,当今的后现代主义运动则是对现代文明的批判和解构,即着手摧毁理性的独断和科学的霸权,强调所有的思想和文化平等并存的发展。正如法国哲学家利奥塔德(Jean-Francois Lyotard,1924—1998)所主张的,后现代的精神在于去中心和多元化。

利奥塔德关于后现代知识状况的分析,对于理解心理学可能的发展,具有十分重要的启示性。在他看来,当科学知识(自然科学)与叙事知识(人文科学)从同源母体中分离出来之后,科学知识便一直对叙事知识的正确性和合法性提出质疑和挑战,认为叙事知识缺乏实证根据,无法证明其合理性。叙事知识则把科学知识看作叙事家族的变种,而对其采取宽容退让的态度。这造成的是科学的霸权主义扩张。不过,科学本身也并不就能够证明自己的合理性,反而是要借助启蒙运动以来的两大堂皇叙事——自由解放和追求本真来确定自己的合理性。自由解放导致的是以人为中心的主体膨胀,追求本真导致的是理性至上的科学独霸。因此,科学在破坏叙事知识基础的同时,也给自己的合理性带来了危机。后现代主义文化思潮带来的就是这种元叙事的瓦解。人们不再需要一个统一的标准去衡量所有产生知识和传述知识的活动,各种知识和文化都可以并行不悖。

的确,近代科学兴起之后,便建立了自己的一套理性的真理判据或科学的游戏规则,将其当作唯一的合理性标准,并把所有不符合这一标准的实践知识和文化传述都看作是原始和落后的东西,是应该为实证科学所铲除的垃圾。实际上,人类构建了关于世界的各种不同的阐释,这很难用一个共同的标准去衡量。问题不在于去确定哪一种阐释是唯一合理的,而在于去确定怎样促进各种不同阐释并行发展和怎样在各种不同阐释之间建立沟通。

西方心理学自成为独立的学科之后,发展出两种不同的、对立的甚至对抗的研究取向,即科学主义的取向和人文主义的取向。德国心理学家艾宾浩斯(Hermann Ebbinghaus,1850—1909)倡导的是自然科学的、分析的、解释的心理学,德国哲学家狄尔泰(Wilhelm Dilthey,1833—1911)则倡导人文科学的、描述的、理解的心理学。两者构成了一种分裂和对抗。美国心理学家马斯洛(Abraham Harold Maslow,1908—1970)将其称为机械主义的科学和人本主义的科学。① 金布尔(Gregory Adams Kimble,1917—　)则将其说成是当代心理学中的"两种文化",即科学文化与人文文化。②

西方心理学中的这两个研究取向并不是平等的或对等的。科学主义取向占有主导地位,成为主流的心理学。人文主义取向则不占有主导地位,成为非主流的心理学。主流心理学一直力求成为自然科学家族中的一员,坚持运用客观的研究方法和遵循科学的基本规则。它确立的是分析的和还原的研究方式,立足的是物理主义或机械论的观点,坚持的是实证主义的哲学基础,采取的是霸权和扩张的姿态。非主流心理学则努力引导心理学跃出自然科学的轨道,坚持探索各种可能的心理学研究方法,拓展心理学研究的理论视野。它反对的是分析的和还原的研究方式,立足的是心灵主义的或有机论的观点,坚持的是现象学的哲学基础,采取的是反叛和对抗的姿态。

西方的实证心理学一直把自己看作是超越本土文化的科学努力,是普遍适用的心理学解说。实证心理学逐渐输入或传入了其他文化圈。这为在其他文化圈中建立和发展实证的心理学作出了巨大的贡献,但也在很多时候表现为一种科学帝国主义的入侵。西方的实证心理学对非西方的本土心理文化采取了一种歧视甚至是敌视的态度,不仅常常忽略本土具有文化色

---

① 马斯洛.科学心理学[M].林方,译.昆明:云南人民出版社,1988:1-5.
② Kimble,G. A. Psychology's Two Cultures. *American Psychologist*,1984(8),833-839.

彩的心理生活,而且极力排斥本土具有文化价值的心理学传统。但是,近几十年来,针对西方实证主义心理学毫无限制的称霸扩张,出现了两股强有力的反叛力量。一是迅速扩展的对西方实证心理学的本土化改造,试图使之更贴近特定文化圈中的心理行为。二是逐渐升温的对本土心理学的关注,试图使被实证心理学排斥的东西重放光彩。这两个方面不可忽视的努力也出现在我国的心理学界,一直在孕育着我国心理学发展的新生命。

实际上,西方的实证心理学并未能够终结也根本不可能终结其他的心理学传统。有人也许会认为,我国并非处于后现代社会,也无后现代文化氛围。中国的问题在于实证科学还非常弱小,而不在于实证科学已经强大到足以侵吞人文精神。但是,我国从西方发达国家引入了先进的实证心理学,我国又富有深植于本土文化和社会生活的心理学传统资源,只有避免相互的对立、排斥和削弱,促进彼此的沟通、交流和发展,才会有助于在我国开拓出心理学成长的新道路。

第二节 心理学科学观的对立

心理学对科学性的追求是受其持有或确立的科学观支配的,或是与其持有或确立的科学观相匹配的。心理学为自己确立的科学观并不是统一的和不变的。在心理学的发展和演变历程中,心理学的科学观也在经历着变革和冲击,也应该得到反思和考察。从根本上来说,心理学的科学观可以体现为小心理学观和大心理学观的区分与对立,也可以体现为封闭的科学观和开放的科学观的区分与对立。这会导致关于心理学研究的基本方面的不同和争执。

在心理科学的开创和发展中,占有主导性和具有支配性的科学观可以称之为小心理学观或封闭的科学观。这种心理学观是从近代自然科学传统中抄袭而来的,并广泛地渗透到心理学家的科学研究之中。小心理学观或封闭的科学观在实证的(即科学的)心理学与非实证的(即非科学的)心理学之间划定了截然分明的边界,心理学要想成为科学,就必须把自己限制在实证的边界之内。实证的心理学是以实证方法为核心建立起来的,客观观察和实验室实验是产生心理学知识的有效程序。实证研究强调的是完全中立地、不负载价值地对心理或行为事实的描述和说明。实证主义心理学的理论设定是从近代自然科学中承继的物理主义和机械主义的世界观。这大大缩小和封闭了心理学的研究视野。

科学心理学以小心理学观或封闭的科学观来确立自己的原因,就在于其发展还是处于幼稚期。心理学急需确立自己独立的实证科学的身份,急需划定自己专属的实证研究的范围。心理学对自己的学术领地的圈定,对自己的学科范围的限定,对自己的学术影响的界定,都并不是真正为了确定或保证心理学的科学性质,而仅是为了抵御对心理学不是一门严格意义上的实证科学的内心恐惧。但是,这种小心理学观或封闭的科学观正在衰落和瓦解。心理学的发展需要吸纳更多样更丰富的养分,需要整合更复杂更繁乱的关系。心理学必须开放自己原有的封闭的科学观,这已经成为心理科学十分重要的基础性工作。心理学的发展已经进入开放的学科发展境遇中,心理学也就必须转向和拥有开放的科学观。

心理学的新科学观应该是大心理学观或开放的科学观,心理学走向成熟也在于能够拥有自己的大心理学观或开放的科学观。所谓大心理学观或开放的科学观,不是要否定心理学的实证性质和已有研究,而是要开放实证心理学自我封闭的边界。这种心理学科学观并不是要放弃实证方法,而是要消解实证方法的核心性地位,使心理学从仅仅重视受方法驱使的实证资料的积累,转向同时重视支配方法的使用和体现文化的价值的大理论建树。这种心理学观也将改造深植于实证心理学研究中的物理主义和机械主义的理论内核,使心理学从盲目排斥转向广泛吸收其他心理学传统的理论营养。这种心理学观无疑会拓展心理学的视野。[①] 心理学科学观的问题在心理学本土化的历程中也体现为本土化的标准问题,这也就是本土心理学研究的本土性契合的问题。该问题表明了什么样的心理学研究是属于本土心理学的研究,什么样的本土心理学研究是属于科学性的研究。

大心理学观或开放的科学观已经在一些心理学理论探索中得到了体现。例如,行为主义是封闭的科学观的典型代表。行为主义者斯金纳

---

① 葛鲁嘉.大心理学观——心理学发展的新契机与新视野[J].自然辩证法研究,1995(9):18-24.

(Burrhus Frederic Skinner,1904—1990)曾认为,相比较于人对外部世界的了解和控制而言,人对自身的了解和控制是微乎其微的,主要的原因就在于那种心灵主义的推测和臆断。因此,极端的行为主义者排除了关于人的内在心理的研究。然而,后来的心理学研究则一直试图寻求克服行为主义的狭隘和封闭。美国脑科学家斯佩里(Roger Sperry,1913—1994)就认为,心理学新的心灵主义范式使心理学改变了对内在心理意识的因果决定的解释。传统的解释是还原论的观点,即通过物理的、化学的和生理的过程来说明人的心理行为。这是与进化过程相吻合的由下至上的决定论,他称其为微观决定论。新的心灵主义范式则是突现论的观点,即人的内在心理意识是低级的过程相互作用而突现出来的性质,这反过来对于低级的过程具有制约或决定作用。他将这种由上至下的因果决定作用称为宏观决定论。斯佩里十分乐观地认为,心灵主义范式在于试图统一微观决定论与宏观决定论、物理与心理、客观与主观、事实与价值、实证论与现象学。[①]

更进一步来看,在心理学的研究对象方面,小心理学观或封闭的科学观并未带来对研究对象的完整认定,从而也未能提供对人类心理的全面理解。大心理学观或开放的科学观则有助于克服那种切割、分离和遗弃,有助于提供人类心理的全貌。在心理学的研究方法方面,小心理学观或封闭的科学观强调方法的客观性和精致化,强调以方法为标尺和核心。大心理学观或开放的科学观则倡导方法与对象的统一,鼓励方法的多样化,倡导方法与思想的统一,突出科学思想的地位。在心理学的理论建设方面,小心理学观或封闭的科学观带来了十分严重的理论贫弱和难以弥补的理论分歧。大心理学观或开放的科学观则有助于推动心理学的理论建设,从而容纳多元化的理论探讨,强化对各种理论框架的哲学反思,以促进不同理论基础之间的沟通。在心理学的现实应用方面,小心理学观或封闭的科学观使心理学与日常生活相分离和有距离,是通过技术应用来跨越这一距离。大心理学观或开放的科学观则在此基础上倡导缩小和消除心理学与日常生活的距离,使心理学透入人的内心的应用方式,以扩展心理学的应

① Sperry, R. W. Psychology's Mentalist Paradigm and the Religion/Science Tension. *American Psychologist*, 1988(8),607-613.

用范围。

关于大心理学观或开放的科学观的学术认识和学术主张,也引起了许多的争论和分歧。有一些学者并不理解和认可大心理学观或开放的科学观的理念,也有的学者反对这种关于心理学的科学观的认识和理解。有的学者宁可从西方文化传统和西方哲学流派中去寻求心理学统一的解决方案。例如,就有学者不赞同大心理学观的主张,认为所谓的大心理学观,"此说一则失之笼统含糊,如何才是'大科学观'?令人费解;二则亦未能妥善解决心理学中主观与客观的争执,人文主义与科学主义的对立"。该研究者提出的关于心理学统一的观点在于,所谓统一的心理学应当包括三个层次的研究模式。一是传统的、狭义的诠释研究,着重个案的、质化的分析,其目的是达到对具体的、个人的、临时的对话事件的理解。二是实证的诠释研究,重在抽象、定量的分析,以求作出具有普遍意义的推论和预测。三是广义的诠释研究,是综合以上两种研究策略,即针对同一或同样的心理现象,同时采取个案的、质化的和抽样的、量化的研究策略,既要具体的、个人的、现象的丰富性和生动性,又要科学的抽象、量化、推论与预测,既要避免个案研究的局限,又要防止实证的抽象推论造成的对人类经验的割裂和肢解。[①]

其实,该研究并没有真正理解和确切把握小心理学观的"小"的含义或者大心理学观的"大"的含义。当然,也有部分研究根本就不赞同"小"心理学观和"大"心理学观的划分。其实,"小"与"大"的划分,"封闭"与"开放"的划分,都是为了开放心理学学科的门户。所谓的大心理学观就是开放的心理学观,是为了破除西方实证心理学的自我封闭的边界,是为了解决心理学的不统一问题,克服西方心理学的主客分离,能够在心道或心性一体的基础上实现中国本土心理学的理论创新,进而实现心理学在新的基础上的统一。

总之,心理学的大科学观或开放的科学观,会带给心理学一个更宏大的视野、更宽广的眼界。这不是要否认西方实证主义心理学的科学贡献,不是要推翻现有的心理学的科学建构,不是要铲除现有的实证主义心理学的学术积累,而是要超越自我封闭的小心理学观,开放心理学的学科边界,从而使心理学全面改进自己的研究目标和研究策略,重新构造自己的研究方式

---

① 童辉杰.广义的诠释论与统一的心理学[J].南京师大学报(社会科学版),2000(4):69-75.

和理论内核,以系统深入地揭示人类心理和行为的本性,以有力有效地参与社会发展和人类进步的事业。

第三节   心理学科学观的演变

心理学确立的科学观也经历了历史的演变,或者说,心理学也在各种不同的科学研究框架中去尝试走过不同的道路。可以将其看作是心理学在自己的科学道路上的一种摸索或探索,也可以将其看作是心理学的多样化的研究定位和定性。在对自己的学科性质的界定中,在对自己的发展历程的定位中,心理学既持有和贯彻过自然科学的科学观,也持有和贯彻过社会科学的科学观、人文科学的科学观。涉及自身的学科属性的归属,心理学曾经把自己归属于自然科学,也曾经把自己归属于社会科学、人文科学。当然,也曾经有很多的研究者把心理学归属于中间学科,是跨越自然科学、社会科学和人文科学的中间学科,同时具有自然科学、社会科学和人文科学的属性。心理学曾分别采纳过自然科学的、社会科学的和人文科学的研究方式。心理学的科学观本身也具有文化的内涵,是特定文化的体现,是文化传统的延续。

一、自然科学的科学观

在心理学的研究中贯彻过自然科学的科学观。心理学把自己归属于自然科学家族中的一员。心理学曾经效仿过属于精密科学的物理学,物理学对心理学的发展产生过重大影响。这种影响就在于物理学提供了考察和探究物理客体的基本科学方式和基本科学方法。物理学是最早从哲学中分离出来的科学学科。物理学为了在研究中弃除哲学的思辨,而把物理学的研究对象确定为物理现象。对物理现象的研究必须采用客观的、实证的、精确的研究方法或观察的、实验的、定量的研究方式。物理学在脱离了哲学的思辨而成为实验科学之后,就有了突飞猛进的发展和日新月异的进步。而且,物理科学也成为带头的学科,成为科学研究的楷模。心理学在早期成为实验科学之时,就是以物理学为榜样的。科学心理学在研究中甚至不惜把人的心理行为还原为物理的事实和规律。

有研究指出,自牛顿以来直到19世纪末的物理学,是当时最成熟的科学门类,并且为其他学科的发展提供了自然科学的研究典范和研究范式。自然,物理学也就成为心理学家特别是行为主义者效仿的科学榜样。[①] 早在1955年,人称"原子弹之父"的美国物理学家奥本海默(J. Robert Oppenheimer,1904—1967)曾应邀在美国心理学年会上发表演说。演讲的全文发表在了《美国心理学家》杂志上。奥本海默反对将一门学科的概念和方法运用到另一门学科中,比如用机械论解释心理现象。他一针见血地指出,心理学家竟然追随一种过时的物理学,就连在物理学中也已经过时的理论竟然被心理学家视为科学的典范。这其实是对当时盛行的行为主义心理学的批评。奥本海默甚至对格式塔心理学在研究中借鉴现代物理学的"场"的概念也不赞成,他说当他听到物理学家和心理学家都用同一个"场"字的时候,他就感到非常不舒服。这是一种立场,即反对将物理学中的概念和方法应用到心理学中。[②] 但是,心理学研究中也有一种立场,主张心理学应该以现代物理学的世界观和方法论为基础,起码应该关注和重视现代物理学对心理学的意义。超个人心理学就试图从现代物理学中寻求方法论的支持。

有研究认为,心理学家可以从现代物理学中得到方法论的支持。[③] 大体说来,心理学可以从四个方面得到相应的启示。一是传统的客观性原则的动摇。物理学的研究必须以直接可观察的量为依据,这应该是无可置疑的。行为主义心理学的研究就是以物理学的这一基本原则为根据,而将意识置于心理学的研究领域之外,因为意识是无法直接观察的。然而,爱因斯坦认为,在原则上,试图单靠可观察量来建立理论,是完全错误的。在对微观客体的研究中,纯粹客观的研究是不可能的,因为观察的方式会影响到观测的结果。二是盛行的决定论原则的动摇。决定论的原则不适合微观的高速运动的物质世界,物质运动的可预测性是有限的,原子通常没有固定的轨迹,许多现象都只能借助统计学的概念。传统的因果决定论只有有限的适用范

① 郭永玉.论物理学作为心理学的榜样[J].教育研究与实验,2002(4):41-43.
② Oppenheimer, J. R. Analogy in Science. *American Psychologist*,1956(11),127-135.
③ 郭永玉.论物理学作为心理学的榜样[J].教育研究与实验,2002(4):41-43.

围,并在量子力学中已不再适用。决定论既然在物理学中受到挑战,那么运用决定论来解释一切心理现象,将心理还原为环境或遗传因素的决定作用,或两者的共同作用,而否认人的自由意志,就更值得怀疑了。对决定论和还原论的质疑,就为精神这种人性最高层面进入心理学的研究领域开辟了道路。三是世界的整体性与统一性。在现代物理学中,世界不再是一台巨大的机器,而是紧密相关的有机整体。四是对东方宗教哲学的认同。现代物理学从根本上动摇了自笛卡尔和牛顿以来占统治地位的世界观和方法论,当那些物理学大师创建了新的世界模型以后,发现现代物理学与东方宗教哲学在宇宙观上有着惊人的相似性。因此,心理学家应该关注物理学的最新研究发展,特别是具有方法论意义的新的科学范式的出现,心理学家要能够敏锐地觉察到这对于心理学的发展将意味着什么。心理学家应该可以学习物理学,但不可以效仿物理学。这也就是说,心理学家应该充分意识到心理学的特殊性,不可将物理学的方法和概念简单移植到心理学研究中,不能将心理学变成物理学。

化学与心理学也有着十分重要的关系或联系。无论是在诞生的时期,还是在当代的发展中,心理学都与化学学科不可分割。化学曾经为科学心理学早期的发展提供了思想和理论建构的描述方法。化学的当代发展也为心理学解释人脑的心理意识提供了神经生物学和生物化学的知识和方法。这都在许多层面上极大地推动了心理学的研究进步和研究扩展。首先,化学对科学心理学的影响在于,化学提供了元素分析的、分解化合的、物质合成的研究内容和研究方式。这在科学心理学诞生的初期曾经极大地激发了科学心理学家的想象力和创造力,所以最早出现的心理学派别就是元素主义的心理学。这种心理学的研究就是寻找和确定最基本的心理元素,以及考察这些心理元素分解和聚合的基本规律。其次,化学对科学心理学的贡献在于化学对影响人的心理行为和成为心理行为基础的神经传导化学递质的研究。这就在非常精细的层次上揭示了人的心理行为的实现基础和基本机制,提供了对人的心理行为的科学解说。

目前,认知神经科学已经成为一门重要的跨学科研究分支,在近些年来得到了快速的发展。认知神经科学的研究在于揭示心理活动的脑基础和脑机制。或者说,认知神经科学的任务就在于阐释心理与大脑的关系。认知神经科学是认知科学与神经科学相结合的产物或结果,它建立在认知心理学和神经生物学的基础之上,具有跨学科和学科交叉的特性。认知神经科学具有许多的研究分支,其中就包括认知神经生物学的研究。认知神经生物学的研究层次是在分子水平、细胞水平、脑区水平,研究对象包括从低等动物到哺乳动物,研究方法包括生物化学测量和生物物理研究。①

应该说,对心理学的研究影响最大的化学学科分支是生物化学。生物化学对其他各门生物学科的深刻影响首先反映在与其关系比较密切的细胞学、遗传学、生理学、微生物学等领域。科学家通过深入研究生物高分子的结构与功能,揭示了生物体的遗传基因、物质代谢、能量转换、光合作用、神经传导、肌肉收缩、激素作用、机体免疫和细胞通讯等许多奥秘,使人们对生命本质的认识跃进到一个崭新的阶段。"生物化学"这一名词的出现,大约是在19世纪末或20世纪初,但其起源可以追溯得更远。生物化学早期的历史是生理学和化学的早期历史的一部分。

生物学对科学心理学的影响在于它提供了关于人的心理行为的生物基础的研究。生物科学包括一系列与心理学密切相关的分支,例如遗传学、生理学、脑科学、神经科学等。其实,在科学心理学的发展历程中,生物科学扮演着十分重要的角色。生物进化论就曾经对科学心理学的进步产生了决定性的作用。其中,遗传学关于遗传基因的研究,给出了人的心理行为的遗传基础。生理学的研究,特别是神经生理学的研究,给出了人的心理行为的生理基础。脑科学则是目前发展最快的大科学,提供了关于人的心理行为的脑机制。生物学或生理学的研究都曾经支配了心理学的研究,甚至替代或成为心理学的研究。所以,心理学曾经以自己作为自然科学的一员自居。

二、社会科学的科学观

心理学的研究中也贯彻过社会科学的科学观。心理学也曾把自己归属于社会科学家族中的一员,并因此持有社会科学的科学观。心理学与许多的社会科学门类都有着十分密切的关系。因此,心理学也具有社会科学的

① 郭本禹.当代心理学的新进展[M].济南:山东教育出版社,2003:359-382.

性质,也拥有社会科学的身份。心理学作为社会科学的门类,也会确立社会科学的科学观。其实,心理学的庞大的分支学科群中,也有许多是与社会科学门类相结合的心理学分支学科。这些心理学的分支学科也都确立了心理学在社会科学中的性质和地位。重要的问题是,心理学也持有过社会科学的科学观。社会科学与自然科学有着特定区别,或者两者有着科学性上的特定区别。这就取决于社会科学拥有的科学观,并决定了心理学作为特定的社会科学分支学科的科学属性。当然,这可以通过考察心理学与特定社会科学分支的关系来加以确定。

经济学是非常强盛的、举足轻重的社会科学门类。近年来,经济学与心理学的学科汇合已经成为经济学学科的重大发展契机,也必然会成为心理学学科的重大发展契机。心理学家获得了 2002 年的诺贝尔经济学奖,就是经济学与心理学两个学科汇合的一个非常重要的标志和象征。[①] 这不仅是心理学对经济学的影响和贡献,而且是经济学对心理学的影响和贡献。经济学的研究也在促进和推进心理学研究的发展和扩展。[②] 长期以来,经济学与心理学这两门同样研究人类行为的学科像两条平行线,各自遵循着自己的前进轨迹发展。传统经济学过度推崇和坚持固守理性的研究范式,躲在精心营造的"理想国"中闭门造车,丝毫不顾其"经济人"假设与逻辑演绎的方法论已面临越来越多的现实挑战和困境。心理学也囿于学科界限,迟迟不愿介入经济行为的研究,从而极大地影响了其研究领域的拓展和对于人类行为的理解与认识。20 世纪以来,在一批具有良好心理学素养的经济学家和具有良好经济学头脑的心理学家的积极倡议和参与之下,诞生了跨越经济学和心理学之间人为藩篱的新兴学科——经济心理学。

经济心理学与传统经济学的差异主要有三个方面。首先,从研究内容来看,经济心理学范围相对狭窄,更关心形成消费、储蓄、投资等经济行为的过程,而不像传统经济学那样对经济活动的数据进行统计分析和研究。其次,从理论依据来看,传统经济学试图揭示社会经济的理想状态下"应该发生什么",经济心理学则将心理变量引入经济学的研究,试图告诉那些给经

---

① 周国梅,荆其诚. 心理学家获 2002 年诺贝尔经济学奖[J]. 心理科学进展,2003(1): 1-5.
② 皇甫刚,朱莉琪. Vernon Smith 开创的实验经济学及其对心理学研究的启示[J]. 心理科学进展,2003(3): 243-248.

济学披上计量化和数学化等貌似严谨的公理化外衣的人,现实的社会经济"实际发生了什么"。最后,从研究方法来看,传统经济学通过建立数学模型,运用数理统计的方法来检验分析商品市场、货币市场、劳动力市场的经济现象,而经济心理学则以实验为依据对经济行为及心理活动规律展开研究。

国际经济心理学研究会认为,经济心理学作为一门科学,研究的是构成消费和其他经济行为基础的心理机制和过程,涉及人的偏好、选择、决策及其影响因素;同时还要研究与需求的满足有关的决策和选择的结果,包括外部经济现象对人类行为和幸福的影响。经济心理学的研究跨度是从个体和家庭的微观层次到社会和国家的宏观层次。

经济心理学的创新意义主要体现在研究领域的创新,这是对经济学和心理学研究领域的一体化拓展。建立在演绎推论基础上的传统经济学理论开始对人类的实际决策行为进行归纳和经验研究,而将理论重点置于个体行为的心理学也通过经济学的概念和工具将研究领域拓展到群体行为。因此,一个完整的经济心理学框架涵盖了社会个体、社会群体、微观情景和宏观情景等所有四个层次的分析。①

社会学对人类社会、社会群体、人际关系和社会个人的研究,也涉及了社会心理的方面,也提供了对人的群体心理和社会心理的描述和解说。所谓的社会心理不同于个体心理,而是有新的性质、新的特征、新的表现和新的功能。社会心理包括社会生活环境中的个体化心理、小群体心理和大群体心理。社会学的研究也包含社会文化、文化心理、文化人格等方面,也提供了对文化与心理、文化与行为、文化与人格、文化与自我的研究成果。对于社会心理学的学科来说,就有社会学中的社会心理学。这是从社会学的视角,以社会学的方式,对人的社会心理行为的研究。

社会学提供了考察人的社会心理的社会视角。这种社会视角的透视为心理学的研究提供了一系列的核心概念。这些核心概念使心理学的研究有了解说人的心理行为的基本内容和方式。这些概念包括社会互动、社会关

---

① 鲁直,陈卓浩.两个傲慢绅士的握手——从传统经济学的困境到经济心理学的新地平[J].社会观察,2005(3):47-49.

系、社会角色、社会群体、社会大众,等等。社会互动是指社会生活中个人与个人,个人与群体,群体与群体之间通过信息传播而发生的相互依赖性的社会交往活动。社会关系或人际关系是指人们在人际交往过程中结成的心理关系,反映了个人或群体寻求满足需要的心理状态。这种关系的变化与发展取决于交往双方需要的满足程度。社会角色是由一定的社会地位决定的,是社会地位的外在表现,是符合一定社会期望或行为规范的行为模式。这是人的多种社会属性或社会关系的反映,是构成社会群体或社会组织的基础。社会群体是指通过一定的社会互动和社会关系结合起来并共同活动的人群集合体。社会群体是构成社会的基本单位之一。社会群体的本质就在于其内部有一定的结构,即由规范、地位和角色构成的社会关系体系。社会大众则是社会生活中大多数社会个体的统称,是社会生活中的松散社会集合。

三、人文科学的科学观

心理学的研究中也贯彻过人文科学的科学观。心理学也有过把自己归属于人文科学的门类,并因此持有人文科学的科学观。应该说,心理学也与人文科学的众多分支有着十分密切的关联。无论是人类学、语言学、文化学、文学、哲学,等等,都与心理学有着千丝万缕的联系。心理学也曾经跻身这些人文科学的分支。人文科学的科学观也渗透到了心理学的研究中。

人类学的研究与心理学的研究一直有着十分重要的关联。在人类学或心理学的分支学科中,心理人类学的研究为心理学提供了重要的学术资源。有研究在涉及心理学与文化人类学的关系时就曾经谈到,心理学与文化人类学之间的互动使两个学科都得到了长足的进步,并分别在两个不同的学科领域中形成了两个新的学科,一个是民族心理学,一个是心理人类学。民族心理学采用的是人类学的观点研究心理学,心理人类学则采用的是心理学的观点研究人类学。

在心理学界,心理学家在长期从事民族心理研究的基础上积累了大量经验,而文化人类学家对民族心理的独到研究,则使心理学界对民族心理问题有了进一步的认识,特别是对民族文化与民族心理之间的相互关系有了更明确的理解。因此,心理学家在研究过程中越来越重视民族传统和民族文化对心理行为的影响,把民族文化作为一个重要的变量在实验设计和调查研究中加以考虑,并特别注意吸收文化人类学研究的理论成果,逐步建立和发展了文化心理学和跨文化心理学。在文化人类学界,文化人类学家应用心理学方法开展文化与人格研究,已把研究的范围从原来主要研究远离现代文明的、人口较少的原始族群,扩展到当代不同文明程度的、人口众多的民族,甚至把中国人、日本人、美国人等不同国度的国民性也都纳入了研究的范围。

随着文化人类学界对民族心理研究的不断深入,一些文化人类学家已经不满足于把自己的研究限制在文化与人格的范围之内,他们希望通过改变学科名称来达到扩大研究范围的目的。在20世纪70年代,美国人类学家许烺光就建议将人类学中有关文化与人格的研究改称为心理人类学。美国人类学界采纳了这一建议。1973年,在美国芝加哥举行的第九届国际人类学、民族学大会上,正式确立了"心理人类学"这一学科名称。心理人类学独立以后,研究者把心理人类学定义为研究文化与心理、文化与行为关系的科学,认为心理人类学不仅继续研究文化与人格这一传统的课题,而且研究文化与认知、文化与情感、文化与意志、文化与态度、文化与行为、文化与心理发展、文化与精神异常等一系列全新的课题。

心理学与人类学经过长期互动形成的民族心理学和心理人类学,在研究对象、研究方法、研究内容、研究目的等方面日渐接近,使心理学与人类学两个学科之间的差别性越来越小,共同点却越来越多。因此,有研究就提出,有必要把两个学科合并成为一个学科,由心理学家和人类学家联手共同开展民族心理或种族心理的研究,把民族心理的研究提高到一个新的水平,为解决民族地区社会发展过程中出现的文化与心理问题提供有力的理论支持。[1]

有研究通过分析心理学的文化品性来解读心理学的性质,认为这是一种重新的解读。[2] 研究认为,现代心理学出现的文化转向思潮似乎预示着该思潮试图成为现代心理学何去何从的有力注解。但是,现代性二元对立的思维一直若隐若现地贯穿于文化转向思潮当中,成为挥之不去的阴影。所

---

① 韩忠太,张秀芬. 学科互动:心理学与文化人类学[J]. 云南社会科学,2002(3):60-65.
② 孟维杰. 心理学文化品性分析:心理学性质重新解读[J]. 山东师范大学学报(人文社会科学版),2007(1):119-123.

以,该思潮还不是拯救心理学的一剂良方。分析心理学文化品性表达和解说了在一个文化解释框架下对心理学根本问题的认识,对逻辑的、技术的外表下心理学诸要素的文化特征总体进行深入的概括和挖掘,从而实现对心理学完整深刻的把握,在根本上回答心理学到底是什么的问题。这既是对心理学文化转向的根本性超越,也是对心理学学科性质的独特探索和追问,其中折射的不仅仅是研究思路的根本转变,更重要的也是心理学观的深刻变革。该解读主张,对心理学的文化品性的分析超越了对心理学文化转向的考察。该研究把跨文化心理学、本土心理学、文化心理学、后现代心理学都纳入到心理学文化转向之中,认为跨文化心理学是以文化的名义,本土心理学是文化的自闭,文化心理学是文化的极致,后现代心理学是文化的消解。很显然,心理学也持有人文科学的科学观。这不仅使心理学跻身人文科学之列,而且使人文科学的科学观影响到自然科学和社会科学的心理学分支。

四、心理学科学观的文化内涵

在科学心理学的发展历程或进程中,心理学追求成为实证科学而持有的科学观,曾经一度排除了心理学作为文化中的存在的文化属性。在文化重新回归到心理学及其研究之后,怎样使心理学的科学观包容和体现文化的内涵,就成为心理学研究必须面对的问题。其实,心理学的研究就体现着文化的背景、文化的传统、文化的根基、文化的条件。心理学的科学观或心理学研究者持有的科学观,就必然体现着文化的内涵。心理学的科学观就是特定文化的显现、制约和支配。

在心理学的研究中,文化与心理的关系、文化与心理学的关系,都是非常重要的关系和非常关键的方面。这两种关系相互贯通,但又有所区别。文化与心理的关系涉及人的心理行为的性质和特征的根本方面,文化与心理学的关系则涉及心理学的发展和未来的重要方面。

在考察和探讨文化与心理的关系时,有研究指出了文化与心理的关系是相互作用的关系。① 这也就是说,心理过程影响社会文化的形成与发展,

---

① 纪海英.文化与心理学的相互作用关系探析[J].南京师大学报(社会科学版),2007(4):109-113.

社会文化又给心理过程打上了文化的"烙印",使其折射出文化的色彩。当然,文化与心理是互动和共生的关系。任何单向的理解,都会使文化与心理的关系受到曲解。文化决定论是片面的,心理决定论也同样是片面的。因此,两者之间是一种动态交互作用的关系。心理学研究已经开始重视文化的存在和文化的问题,并开始重视关于文化心理和关于文化心理学的研究。在实际的研究进程中,大多数的心理学研究关注的是文化与心理的关系在动态过程中的稳定部分,通常使用静态的术语使文化概念化,因此加强了对文化的刻板形象,忽视了文化与人类心理过程相互作用的动态的发展变化的一面。为了更充分准确地理解文化与心理之间的关系,在将来的研究中有必要更明确地关注文化与心理的动态交互作用过程。一些研究阐述了考察这个动态交互作用过程的几个策略。其中的一个策略就是考察目前的文化模式如何影响了人际交流过程,而这些人际交流过程又如何对目前文化的发展产生影响。还有的一个策略就是运用动态系统理论中的逻辑与数学工具,来考察人际互动在个体和文化水平上的纵向结果。

但是,这种关于文化与心理关系的探讨,是一种非常简单的相互作用或交互影响的研究定位。这实际上不是关于文化与心理学关系的探讨。严格地说来,所谓文化与心理的关系同文化与心理学的关系,是既有关联也有区别的。文化与心理的关系是指人类文化与人类心理之间的关联,而文化与心理学的关系则是指人类文化与心理学探索之间的关系。文化与心理的关系涉及的是心理学的研究对象,文化与心理学的关系涉及的是心理学的学科本身。这两个方面都是十分重要的。

文化学的研究是关于人类文化的考察和探索。这是对人类文化或社会文化的性质、构成、演变、发展、内涵、功用的研究。文化学是多学科或大学科的研究领域。许多学科都要涉及文化的问题,都要涉足文化的研究。文化学研究与心理学研究的关系,应该是两个学科的研究及研究结果的互涉的问题。

其实,在心理学的研究中,无论是关于人的心理行为的理解和解说,还是关于心理学学科的理解和解说,都会与文化产生重要的关联。在心理学成为实证科学的门类之后,心理学的研究曾经以物理学、化学为榜样和楷模,也曾经以生物学、生理学为根基和依据。这给心理学力求成为精密科学带来了希望。但是,心理学在这样做的同时却忽略、忽视、歪曲和扭曲了人的心理的文化的性质和内涵。

在心理学的研究中,文化心理学的兴起至少可以关系到两个重要的方面。一个是关于心理学的研究对象的理解,一个就是关于心理学的学科本身的理解。前者使文化成为研究的内容,后者使文化成为研究的取向。前者是对象化意义上的,后者是方法论意义上的。

心理学的科学观也显现了文化赋予心理学的独特内涵。科学观是科学文化的凝聚或体现,心理学的科学观则是心理文化的凝聚或体现。应该说,心理学研究者持有的科学观就是其身处的科学文化的集中表达。其实,科学与伪科学本身就是文化的争斗。科学文化净化自身的过程,就是去除或削弱伪科学的过程。

在心理学的研究中,贯彻和推行一种特定的科学观,实际上就是在贯彻和推行一种特定的文化。这包括特定的文化传统、文化含义、文化价值、文化积累和文化发展。心理学的研究持有的科学观也就表明了心理学研究的文化本性和文化基础。就是在这个意义上来说,心理学无论持有什么样的科学观,其实都是文化的存在和文化的延续。心理学作为科学也不外乎属于科学文化。心理学的性质也就具有科学文化的性质,心理学的发展也就是科学文化发展的一个组成部分。

科学就是文化中的科学,心理科学就是心理文化中的科学。这给了心理学以文化的土壤和文化的根基。甚至也可以说,正是科学观的文化内涵赋予了心理学作为一门科学的文化的本性、文化的根基、文化的存在。

第二章　心理学的尺度

　　心理学的尺度,是衡量心理学的科学性质、科学特征、价值定位和核心原则的最基本依据。在心理学的研究中,怎样才能够保证心理学自身的合理性,怎样才能够保证心理学在现实生活中的合理应用,怎样才能够确立心理学研究的有效性,这都是心理学的研究中应该进行精准划定的方面。

第一节　心理学的科学内核

　　心理学能够确定自己的科学身份是心理学研究者的科学追求。心理学能够成为科学是有其基本内核的,或是有其核心尺度的。心理学作为科学门类和科学探索,应该拥有自己的科学内核。正是基于这样的科学尺度或科学内核,才会有心理科学的确立和发展。心理学可以通过什么来界定自己研究的科学性,可以通过什么来跻身科学研究的学科圈,这需要心理学的研究去确立自己的标准和尺度。

　　心理学诞生成为独立的科学门类之后的基本追求就是科学化,也就是使心理学成为真正意义上的科学。心理学在当代寻求自身完善的重要发展就是本土化,也就是使心理学成为普遍适用的科学。心理学的发展经历了科学化。心理学家在早期有两个基本追求:一是使心理学成为严格意义上的实证科学;二是使心理学成为普遍适用的实证科学。为此,许多心理学家不是从研究对象的特性出发,而是简单模仿其他相对成熟的自然科学门类。心理学对自然科学化的追求,使之接受了物理主义的世界观和实证主义的方法论。这必然把人的心理类同于其他的自然物并还原于物理或生理的基础。人类的文化历史存在和心理的文化历史属性则受到了排斥。这导致心理学对科学性的追求和维护是以排除和超越文化为代价的。人类心理不同于其他自然现象,心理学也不可能靠自然科学化来保证自身的科学性。西方心理学不但通过对自然科学化的追求来确立其科学地位,而且随着自身在世界各地的传播来确立其文化霸权。西方心理学按照自己的科学观,在有关心灵或心理的科学研究与非科学研究之间划定了边界,并把那些植根于和起源于非西方文化的心理学体系都推入了非科学。西方心理学表现出对世界其他地方的心理学研究和贡献的有意忽视和缺乏兴趣。所以,在心理学的发展中,科学化就被等同于西方化,而西方化则被等同于全球化。

心理学的发展经历了从前现代到现代,再到后现代的历程。其实,在不同的时代,心理学有着不同的形态和发展。在前现代,心理学隐身在哲学等其他学科门类之中,其发展是借助其他学科的研究贡献。在现代,心理学有了自己独立的发展,从而必须创立自己的理论、方法和技术。在后现代,心理学不但成为重要的科学门类,而且对其他科学门类也有所贡献。现代的科学心理学是在西方文化中产生的。当时的西方文化具有优势地位和强势影响。因此,在西方心理学的发展和壮大、传播和扩展的过程中,一直体现出文化侵略和文化霸权。这表现为对非西方文化中心理学传统的轻视、歧视、排挤和排斥,也表现为强迫非西方文化对西方心理学的引进、接受、容纳和模仿。目前在许多非西方国家,西方心理学仍具有霸主地位,本土心理学发展仍面临各种困境。当代,交流与共享已成为文化主题。如何达成文化的交流和共享,是文化发展、科学发展、心理学发展的重要任务。心理学必须扩展视野、放开边界和吸纳资源,从而奠定自身发展的基础,壮大自身发展的规模,提供对科学的促进,贡献对人类的服务。

尽管随着当代科学的发展,心理学也在不断试图去确立能够使自己成为科学门类的核心构造或基本准则。心理学也一直在寻求使自己保持科学性质的理论标准、方法标准和技术标准。当然,心理学对科学性的追求走过弯路,也因此而排除了许多有价值的心理学的探索,也造成了心理学内部的各种争执和对立。但是,这也表明,心理学需要关于自己的科学性的证明,需要关于自己的科学性的尺度,需要关于自己的科学性的内核。

心理学是不是一门进行科学研究的、具有科学性质的、拥有科学理论的、使用科学方法的、从事科学干预的科学？心理学怎样才能够成为一门进行科学研究的、具有科学性质的、拥有科学理论的、使用科学方法的、从事科学干预的科学？回答上述问题，需要确立和明确心理学的科学内核。

有关于划界问题或科学划界的研究指出，在对科学的考察和研究中，划界问题是一个十分重要的问题。① 划界也可以称为科学划界或科学分界，是指在科学与其他知识体系、社会活动和文化建制之间，特别是在科学与非科学、伪科学之间的划界。划界的问题包括如下一些问题：在科学与非科学之间是否可以划界？如果可以划界，应该如何进行科学划界？划界或科学划界的标准是什么？划界或科学划界具有什么意义？划界问题不仅是一个认识论和方法论的问题，而且是一个与科学的社会建制、社会语境和文化背景有关的问题。划界标准与不同学者所持的哲学立场有关。实证论是借助经验的可回答性划界，理性论是借助符合科学方法的准则划界，实在论则是借助具有作为探究对象的实在的实际以及对科学知识特许的因果家世划界。划界问题直接与科学的定义或科学性（scientificity）的内涵有关。有了准确的、明晰的定义和内涵，就可以比较容易地在科学与非科学、伪科学之间做出区分。由于单一的或个别的划界标准难以或根本不可能把科学与非科学、伪科学区分开来，有些划界论者便针对科学知识体系，也涉及作为研究活动和社会建制的科学，提出了综合性的划界标准。

心理学成为一门科学，就意味着心理学具有科学的基本性质，拥有科学的基本内核，符合科学的基本标准。这不仅给了自身一个尺度，而且给了科学一个参照。显然，心理学的科学内核既有科学共有的方面，也有学科特有的方面。

第二节　心理学的科学标准

科学心理学的界定涉及科学的划界问题。心理学的研究怎样才能被界定为属于一门科学，科学心理学怎样才能与非科学的心理学、前科学的心理

① 李醒民. 划界问题或科学划界[J]. 社会科学，2010（3）：103-113.

学和伪科学的心理学划清界限,这都属于科学心理学的界定问题。与此相关的最重要的问题是心理学的科学标准的确定。这也会成为心理学自身建设的依据或根据。

在关于心理学作为科学和作为学科的科学划界问题的研究中,有两种不同的考察和研究的着重点。一种是关于心理学的科学性质的划界问题。这导致对什么是科学的心理学、什么是非科学的心理学、什么是伪科学的心理学等问题的关注和研究。这可以称为科学的划界问题,是科学划界问题在心理学学科中的体现。另一种是关于心理学的学科性质的划界问题。这导致对心理学究竟是属于自然科学,还是属于人文科学,还是属于社会科学等问题的关注和研究。这可以称为学科的划界问题,是科学划界问题在心理学学科中的体现。心理学的科学划界与学科划界属于不同的问题,但两者之间也有相通和关联之处。应该说,首先是科学的划界问题,其次才是学科的划界问题。心理学的科学属性与学科性质也是有关联的问题。

有研究指出,科学划界标准问题一直是科学发展史上争论不休的话题,心理学的科学划界问题也是心理学史上见仁见智的问题。[①] 心理学如何进行科学划界,事关心理学的生存与发展,也事关心理学能否获得全面而深刻的理解。至今学界中流行着心理学的自然科学观、人文科学观、边缘科学观、文化科学观、超常科学观、另类科学观等各种不同的观点。心理学家对心理学的不同理解和对心理学划界标准的不同理解,反映了心理学家不同的哲学修养、科学修养、理智背景和学术背景,折射了所处时代的社会文化形态,提供了理解心理学的不同视角和侧面。有研究试图讨论心理学的科学性质问题,但实际上讨论的还是心理学的学科性质问题,也就是从什么是科学心理学转换到心理学是什么学科性质的问题。这仅仅看到两个问题的关联,而没有关注到两个问题的不同。

有研究讨论了心理学的划界问题。[②] 但是,其主要关注的不是心理学的科学划界的问题,而是心理学的学科划界的问题。该研究认为,科学与非科学的划界标准问题是现代科学哲学研究的最基本问题。由于现代科学哲学

① 孟维杰.从科学划界看心理学划界的深层思考[J].科学技术与辩证法,2007(1):27-31.
② 胡中锋.论心理学的学科划界问题——从科学哲学中关于科学的划界标准谈起[J].自然辩证法研究,1998(7):24-27.

流派众多,关于这个问题的研究,不同的科学哲学家给出了完全不同的答案。这就给有些学科的划界带来困难。心理学从哲学中脱胎出来之后,就一直面临着划界问题。不同主张的心理学研究者,有的将心理学划为自然科学的范畴,有的将心理学划入社会科学的范畴,也有的则同时将心理学划归自然科学和社会科学,还有的将心理学划归边缘科学,甚至还有的将心理学划归为"超科学的科学"。这表面上讨论的是心理学的学科划界的问题。但是,这实际上也是在讨论心理学的科学性质的问题,是心理学的科学划界的问题。在关于心理学的学科性质的问题上,不同的研究分别涉及了心理学作为自然科学、社会科学、边缘科学和超科学的科学。有的研究得出的结论是,心理学并不是一门科学。因为,不管是从心理学的研究历史,还是从科学哲学的划界标准来看,心理学都不是一门科学。应该说,心理学是不是一门科学,本身就取决于心理学的科学标准。

心理学无论作为一门科学的研究,作为一类非科学的探索,还是作为一种伪科学的存在,都应该有特定的衡量标准,或者有特定的科学尺度。这可以进行细化,去衡量心理学理论的科学性,去衡量心理学方法的科学性,去衡量心理学技术的科学性。正是因为心理学的科学标准的不同,涉及心理学作为科学、作为非科学、作为伪科学,才会有根本不同的理解和分界。有把心理学当作科学的,也有把心理学当作非科学的,也有把心理学当作伪科学的,也有把心理学当作超科学的。这是以心理学学科作为考察对象的研究必须面对的重大核心问题。因为这决定了心理学的科学身份,也决定了心理学的存在价值。

第三节　心理学的价值取向

心理学的价值取向问题是心理学发展和演变过程中的重大问题。心理学的探索与价值取向所具有的关联是心理学必须面对的。在心理学的学科发展过程中,心理学探索的价值定位,心理学的探索是价值无涉的还是价值关联的,心理学的探索应该怎样确立自己的价值取向,这都是心理学家的研究所无法回避的核心性理论问题。心理学的价值取向或价值定位,关系到心理学的科学地位、社会地位、历史地位和现实地位。

一、心理学探索的价值问题

不同时期和不同类型的科学价值中立说是有重要区别的,其中有认识方面的原因,也有社会、政治、经济、文化等方面的原因。但是,这些不同的科学价值中立说都是以主体与客体、存在与意义、事实与价值、实然与应然的划分为自己的理论基础,都主张科学本身的价值中立(value-neutrality)、价值自由或价值无涉(value-freedom),都比较彻底地解决了科学与价值的区分。这些主张的基本观点是一致的:科学知识与价值观念是完全对立的两极,两者互不相关,或者互不干涉。因为科学是关系到事实的,而价值是关系到目的的;科学是客观的,而价值则是主观的;科学是追求真理的,而价值则是追求功利的;科学是理性的,而价值则是非理性的;科学是可以进行逻辑分析的,而价值则是不能进行逻辑分析的。

在某种特定意义上,或在某个特定范围内,关于科学的价值中立说是可以成立的,或者是有意义的。例如,从科学认识上讲,价值中立说充分注意了不同认识主体之间价值观的差异、对立和冲突,主张尊重事实,服从证据,不因主体价值观而影响认识的进程。这对于确保科学认识的客观性具有重要的意义。从科学研究的逻辑上讲,把科学与价值在同一条件下严格区分开来,对于研究者客观地把握科学对象是十分重要的,因为科学研究同人类任何其他认识活动一样,是建立在主客二分的基础之上的。认识关系和价值关系虽有联系,但毕竟是两种不同的关系。价值中立说提醒科学不能僭越其范围,去处理自己力所不及的价值评价问题,这对于维护科学发展的自主性具有积极的意义。从实际效果上看,价值中立说对于抵御科学领域中主观随意性的侵入,确保科学的客观性和真理性,起到了一定的作用。

如果从整体上来历史地考察科学产生和发展的社会背景,以及科学对社会,尤其对现代社会的影响,就只能把价值中立说看作是一种幻想。整个科学活动,从科学研究的动机、科学战略的转移、科学探索的过程,到科学知识的体系、科学理论的评价等,实际都承载着价值。当代大科学的时代,认识和处理好科学与价值的关系具有十分重大的意义。科学应该把求真与求善有机统一起来,社会应该对科学活动的全过程加以调控,科学家则应该自觉承担起应有的社会责任。

美国科学哲学家劳丹(Larry Laudan,1941—　)试图把科学合理性的一般要求与价值论、方法论和事实层的共识统一起来,认为科学的理论、科学的方法和科学的价值总是处于一个网状的互动关系之中。科学家选择一种理论必须符合他们持有的方法论原则,并能够体现他们的价值论追求或目的论欲求。反过来,科学家接受的理论又会对其方法论和目的论的选择提出要求和限制。美国科学哲学家普特南(Hilary Putnam,1926—　)则对事实与价值的关系提出了独特的看法。他认为,事实陈述本身,以及人们据以决定什么是事实和什么不是事实的科学探究实践活动,都预设了价值。他提出了价值事实的存在,认为价值与事实是分不开的,价值就是事实的价值,事实也是有价值的事实。

科学的价值负载体现在整个科学活动的各个环节上。第一,可以从科学研究的动机上来看。动机是促使个人产生行为的原因,主要来源于内在需要和外在刺激。科学活动同人类其他一切活动一样,动机对研究课题的选择和研究过程的进展等都具有重要的影响。献身科学的动机有许多种,而不同性质的价值取向对科学探索活动的影响是不同的。第二,可以从科学研究的战略转移上来看。科学中的重大突破不仅有其科学思想基础,而且有其科学社会基础。这与科学家和科学共同体的价值判断有着十分密切的关系。第三,可以从科学探索的过程上来看。科学家和科学共同体进行的整个科学研究过程,科学问题的确立、科学方向的选择、科学实验的验证、科学假说的提出、科学理论的建构等,每一个环节都离不开价值的判断。第四,可以从科学知识的体系上来看。在科学知识体系中渗透着价值和价值判断因素。第五,可以从科学理论的评价上来看。科学评价和评价标准不仅是科学知识体系中必要的组成部分,而且是科学得以正常运行和发展不可缺少的环节。科学评价本身都要依据一定的价值观,不同的价值观念会对同一理论作出完全不同的评价。

科学家或投身科学的人都应该认识到,所谓的科学价值中立仅仅是纯粹的科学理想。这种科学理想的基础已经不复存在了。"为科学而科学"的"纯"科学研究都只不过是一种神话或幻想。① 科学研究、科学应用和科学本

① 刁生富.科学的价值中立与价值负载[J].学术研究,2001(6):68-72.

身,都是拥有和体现价值的,这包括科学的伦理价值、审美价值、认知价值和语境价值。

一是科学的伦理价值。科学的伦理价值是一个值得关注的新问题。这个新问题包括三个方面:科学认识主体的伦理价值问题;科学认识客体的伦理价值问题;科学认识结果的伦理价值问题。第一个方面涉及科学家的道德规范。这个问题应该没有争议,因为要想使科学研究有序进行,就必须设定科学家的行为规范。第二个方面涉及科学的环境和生态伦理的问题。第三个方面则涉及科学理论本身的伦理价值问题。

二是科学的审美价值。科学本身往往具有审美价值。科学家常常把自己看作一个艺术家,他们会按照美的规律从事科学创造和科学评价的活动。自然科学家之所以要研究自然界,不仅是因为这样做很有用,而且他们会从研究自然界的过程中得到乐趣,他们能够得到乐趣也是因为得到了美的享受。

三是科学的认识价值。在科学研究中,对于同一现象,对于不同事实,常常可以建立起多种理论或各种假说来进行解说和解释。不同的理论或假说都可能会有自身的不足和缺失,但对于某一现象或特定事实,相互对立的理论或假说也有可能都做出了特定的解释。科学哲学家库恩提出关于科学理论的五条标准——精确性、一致性、广泛性、简单性和有效性。精确性是指理论应当精确。就是说,在这一理论的范围内,从理论导出的结论应表明同现有的观察实验结果相符。一致性是指理论应当是同等的。理论不仅要内在相一致,而且要与现有解说对象的公认理论相一致。广泛性是指理论应当是普遍的。理论要具有广阔的视野。特别是,一种理论的结论应该远远超出其最初的特殊观察、专有定律或分支理论,而能够预言或预见旧的理论范式完全没有预料到的现象。简单性是指理论应当是简练的。理论应当为复杂的现象建立秩序,否则现象就成为各自孤立的、十分混乱的存在。有效性则是指理论应当是好用的。理论可以引导产生大量的研究成果。就是说,理论应该揭示出新的现象或已知现象之间未曾明确的关系。

四是科学的语境价值。理论的选择是复杂的,既要受客观因素的影响,又要受主观因素的影响,或者既要受到共有准则的影响,又要受到个人准则的影响。这种主观因素或个人准则就是科学的语境价值。所谓科学的语境价值,简略地说,就是指个人的偏好、信仰和兴趣等因素。① 可以把语境论当作是一种特定的科学观,也就是把科学放置在现实的社会、文化、历史等多元语境中来理解,把科学看成是依赖于语境的产物。

二、心理学探索的价值定位

当代心理学的研究是否具有价值的定位和价值的取向,或者心理学是一门价值无涉的科学还是价值涉入的科学,这是心理学研究必须面对的一个重大问题。可以说,当代心理学的发展和演变,有着独特的定位或取向,有着特定的价值定位或价值取向。

有研究认为,心理学的研究应该是价值无涉的或价值中立的。心理学作为一门科学的出现,受到了传统自然科学的巨大影响,特别是受到了传统自然科学的价值中立立场的重大影响。所以,心理学力求在自己的研究中确立价值的无涉,避免价值的涉入。无疑,这给心理科学带来了巨大的进步,使心理学的研究力求避免主观性和思辨性。但是,心理学在涉及人的心理行为时,在以人的心理行为作为特定的研究对象时,必然会有价值的涉入。价值无涉的立场只能是限制了心理学的社会影响力,甚至是限制了心理学研究的科学性。

有研究则认为,心理学的研究必然是价值涉入的或价值定向的。心理学如何和怎样才能成为价值涉入的科学,就成为心理学发展中的一个至关重要的问题。所谓的价值无涉是指一种中立的立场和客观的角度。这要求研究者不能在研究中把自己的偏见、好恶、情感、主张等带入或强加给研究对象。所谓的价值涉入是指一种价值的导向和价值的引领。这强调了研究者和研究对象的一体化,突出了人的意向性和主观性,或者说强调了人的自主性和主动性。

人本主义心理学的主要创始人和重要理论家马斯洛曾参加了哈佛大学社会学家索罗金发起的"创造性利他主义研究会",并与索罗金一起于20世纪50年代末共同召集了"人类价值新知识专题讨论会"。这一活动在美国心理学界和学术界影响很大。当时参加讨论的除了一些著名的心理学家以

---

① 邵夏. 论科学中的价值[J]. 社会科学家,2006(6):165-167.

外,还有著名的社会学家、经济学家、生物学家、人类学家等,一共数百名科学家和学者。马斯洛选编了在该讨论会上的主要发言,出版了论文集《人类价值新论》。①

什么是人的价值? 一般认为,近代思想家对于这个问题大致有三种不同的研究——自然主义研究、人本主义研究和本体论研究。自然主义研究是把自然科学方法应用于对人的研究,强调人的感性经验。人本主义研究主张人类经验的完整性,不仅包括感情或感性一类的事实,而且包括体验或动机一类的结果。本体论研究强调对存在本身的分析,以及对人类存在在宇宙总体存在中所处位置的分析。马斯洛说他提出的是一种整合的价值理论,是使上述三种层次的价值结合起来的尝试。

马斯洛提出,价值概念应以真实概念为先决条件,只有真实的东西才有价值,不真实的东西不具有价值。感性经验作为基础的一层是不能否定的。但是,人类在自然演化中所处的地位已使人类获得了一些特有的属性,能够通过感觉、理性和直觉的联合力量达到真知,因此,在向上的发展中,真、善、美能趋向统一,合为至善。一个人越是认识到、体验到真善美的实在价值,他或她的生活冒险旅程也就越幸福、越丰富、越有意义、越有价值。这一原理也适用于全社会和全人类。人类的主要历史使命就是在人自身的本性中,在人的意识和行为中,在人的社会文化中,在人与人、人与生物以及人与宇宙的关系中,进行真善美的无限创造、积累和完成。

依据这一设想,马斯洛认为心理学的任务就在于更多地提供关于人性和人的能力的知识,以及如何充分发挥人的能力和如何达到丰满人性的知识。当人性的特征更明确时,将能够越来越容易地选出一些人,他们可以被看成是更富有人性的特征,代表着全人类的终极价值。心理学家应该描述他们的价值追求和精神生活,使其成为人类共同向往的理想生活和心理境界。因此,人们也可以说,人本主义心理学体系的中心目标就是要建立这样一种以心理学资料为依据的整合价值理论。②

科学哲学家库恩的范式论批判了科学主义的价值中立说,提出了相对

---

① 马斯洛. 人类价值新论[M]. 胡万福,等,译. 石家庄:河北人民出版社,1988.
② 林方. 心灵的困惑与自救——心理学的价值理论[M]. 沈阳:辽宁人民出版社,1989:5-7.

真理观和多元价值论,为心理学的文化转向奠定了哲学基础。有研究专门考察了库恩的范式论与心理学的发展。① 科学主义认为,科学是价值中立的事业。科学的目标是求真,科学知识是有关事实的陈述的集合,因此科学与功利、善恶等价值的判断是无关的。科学家作为中立的观察者,应不带任何偏见地去研究、观察和记录外界发生的变化。这种观念将真理与价值对立了起来,认为科学只有远离价值才可以维护科学的纯洁性。在科学主义的影响下,主流心理学家抵制价值因素的卷入,强调心理学研究的客观性,声称心理学是价值中立的客观科学。心理学家极少关注文化因素,文化成为可有可无的存在而被排斥在心理学的领域之外。

库恩从三个方面对科学主义的价值中立说进行了批判。第一,科学研究具有相对性。范式就是某一科学家集团围绕某一学科或专业具有的理论上或方法上的共同信念,而且新旧范式或不同理论之间是不可通约的。第二,价值取向具有多元性。一方面,科学的内在价值与科学家追求的目标密切相关,而科学家追求的目标是各不相同的;另一方面,人们总有理由选择较好的理论,但是并不存在科学共同体所有成员都共同遵守的一组方法论准则。第三,多元价值具有整合性。可以从心理学和社会学的角度提出多元价值的整合问题。库恩将科学共同体的共同信念、专家集团的权威意见等,置于逻辑甚至一般方法的合理评价之上。这种相对真理观和多元价值论彻底打破了科学主义的价值中立说、科学客观性的神话。科学研究不再是不偏不倚的价值中立的活动,而是一种群体的信念指导下的活动,是在一定的文化历史条件下和一定的意识形态指导下进行的一种相对意义的活动。这种观点为心理学家重视文化、价值、社会历史和风俗习惯等因素提供了理论依据。显然,价值中立说并不是心理学研究的最好选择,心理学应该拥有自己的价值定位。

三、心理学探索的价值无涉

有研究指出,可以把科学中性化的纷繁多样的内容主要概括为,科学在内部和对外部来说都是中性的。② 科学在内部是中性的,主要就两方面的内

① 郭爱妹.库恩的范式论与心理学的发展[J].江海学刊,2001(6):102-107.
② 李醒民.科学是价值中性的吗?[J].江苏社会科学,2006(1):1-6.

容而言：科学研究活动和科学知识本身不受社会语境和价值观念的影响，也不做价值判断；科学知识不包含价值要素，从中也无法推出价值规范。科学对外部来说是中性的，是指科学成果在价值上是中性的，其技术应用才有好坏善恶之分。需要说明的是，科学的中性化并不等同于科学的客观性。科学的中性化和客观性不是一回事。中性化涉及科学是否采取特定的立场，客观性涉及科学是否值得信赖某种断定，两者之间并没有什么关系。

科学是中性的，科学是价值中立的，科学是价值无涉的，这种理解具有诸多的特点。把握住这些特点，对于全面深刻地理解科学、科学研究和科学事业非常具有帮助。第一，科学的中性化具有历史性，即在不同的历史时期的含义、所指、要点有所不同。近代的中性理想的起源可以追溯到与科学和社会有关的根本问题：效用问题，即理论和实践的关系问题；方法问题，即保证可靠的、客观的知识问题；价值问题，即利益起源和特点，及其与自然和劳动的关系问题。第二，科学的中性化具有语境性，即在不同的环境或背景中其内容有所差异。科学是中立的仲裁人、公正的评判者：可以给科学提出社会问题，公允的答案随之而出。科学提供了中立的历程，具有各种不同信念和原则的人可以在其上结合起来，所有的观点矛盾可以在其上加以克服。科学可以提供对立的利益之间的平衡，可以提供分歧的观点之间的统一，可以提供混沌的世界之间的秩序。第三，科学的中性化具有相对性，即在不同的时代，对不同的人而言意指不同的东西，必须借助随时间变化的特殊的目标来理解。第四，科学的中性化具有集成性，即价值中性理想不是单一的概念，而是在不同时期、为服务于不同社会功能而浮现的松散关联的理想之集合，只有针对具体语境才能理解这个集合的意义。第五，科学的中性化具有两面性，即科学的中性化既有防护性又有进攻性，既有积极的作用又有消极的后果。科学的价值中立的两面性集中表现在，既可以保证科学共同体的相对的自主性和研究的自由化，又可以成为科学家逃避社会现实和推卸社会责任的借口。

有研究指出，在讨论科学与价值的关系时，有一种长期以来引起人们争论的看法，即科学是价值无涉（value-free）或价值中立（value-neutral）的。其核心观点是：科学是追求纯粹真理的事业，是客观的，科学认识的活动是从无误的初始前提（如观察、公理）出发，达到对自然的真实的认识，科学是自然之境。价值是关乎目的的,是主观的、功利的、非理性的,是不能做逻辑分析的,价值是心灵之境。

科学价值中立的主张各有不同,但其实质均是围绕以下四个方面展开的。第一,科学研究的主体不包含价值性因素。这体现了科学家在从事科学活动时的一种职业态度。第二,科学研究的对象不包含价值因素。科学直接面对的对象是自然,由于自然界本身是没有价值的,故而科学也是价值无涉的。第三,科学研究的方法远离价值因素。要想获得对世界可靠的了解,必须使用可靠的方法在所谓的客观事物与主观事物之间做出区分。第四,科学发现的结果无价值因素。当谈到科学是中性的,是说科学发现的结果(而不是科学活动)就其本身而言无所谓好还是坏,因而是中立的。这只是描述的而没有激励或告诫的成分,而科学的应用则由来自事实外部的价值决定。

科学价值无涉作为一种科学认识方式,并不是某一历史阶段偶然出现的结果,而是贯穿科学认识的始终,只不过在不同的阶段表现形式各异。第一,当近代科学刚刚脱离宗教神学的束缚,但还没有巩固自己合法化地位时,强调科学与价值分离,是科学为自己建立的一种防御体系,是科学为抵抗那些阻碍其进步的观念所做的反拨,是科学为自己在这个世界开辟道路采取的一种方式。第二,19世纪科学发展的专业化,也是导致科学与价值分立的原因。第三,20世纪前期,强调科学是价值中性的,一方面是为了逃避无所不在的政治侵扰,另一方面是为了抵御社会批判、摆脱社会责任的挡箭牌。第四,20世纪后期,对科学价值中立说的奉行是对所谓"客观性危机"状态的拯救。尽管科学与价值无涉这种非此即彼的思维方式有各种各样的弊病,但是不能因此而无视其形成的合理成分。① 心理学也在价值无涉的立场和主张中获得了学科发展的好处。但是,这并不能成为心理学研究摆脱价值的理由。

四、心理学探索的价值关联

反科学思潮质疑科学的确定性、中立性、合理性和进步性。这在一定条件下有助于克服科学主义把科学绝对化的偏颇,但在急需发展科学的中国,这极

---

① 庞晓光."科学与价值无涉"何以可能? [J].科学学研究,2006(增刊):332-335.

易消解对科学的追求。尽管中国的主流意识非常重视科学,但科学之路却很难尽如人意:没有真正区分科学与伪科学,随心所欲地把科学当作自己的工具。在人类理性中存在理论理性与技术理性的分裂和整合,应该在科学的功利主义与终极价值之间保持必要的张力。当今在西方比较流行的反科学思潮,以"对科学的迷信"的批判者自居,是对科学与社会发展负面结果的畸形回应。片面强调科学的负面作用,把罪恶归于科学,把造成负面作用的真正责任者——不合理的制度放在一边,否定科学的进展永无止境,显然是错误的。

应该拒斥反科学思潮的相对主义。对科学确定性的质疑,在一定条件下有助于克服科学主义把科学绝对化,可是,更应该看到,这种反科学思潮常常走入极端,把科学认识的相对性夸大为相对主义,使科学的合理性最终也被抛弃了。

科学倡导理性精神,但在理性精神内部存在一种分裂和整合。理性包括理论理性和技术理性,前者试图以系统和逻辑的方式去了解世界,整理有关世界的零散知识;后者关注控制和改造世界的过程,相信同样的先决条件会产生同样的结果,并试图有意识地复现这些条件,以便按主体的需要获得预想的结果。科学探索或基础研究倾向于理论理性一极,而技术应用与开发研究则包含更多的技术理性成分。概而言之,前者更多地追求终极价值,而后者表现出浓厚的功利主义的兴趣。

在功利主义与终极价值之间应保持必要的张力。当今中国经济尚不发达的现实,要求人们大力发挥科学技术的功利作用,但若一味强调其功利的一面,由此造成的资源枯竭、道德失范等问题也将是致命的。对于中国这样一个人均资源极其匮乏的国家,如果科技被用来掠夺性地"利用"自然,那将是民族的灾难。如果科技在带来了一个工业化社会的同时也破坏了人文文化,那就是一个不可挽回的损失。①

有研究在论述科学中的价值时指出,科学的结构或内涵是由社会建制、研究活动、知识体系三大部类组成的,其中每一部类都或多或少渗透着科学价值。② 科学社会建制中的价值是以科学的规范结构或精神气质为中心展

---

① 刘大椿.科学的功利主义与终极价值追求[J].江西财经大学学报,2002(4):66-68.
② 李醒民.论科学中的价值[J].社会科学论坛,2005(9):41-55.

开的。这体现在维护科学的自主性、保证学术研究的自由、对研究后果的意识、基础研究和应用研究的均衡、科学资源的分配与调整、科学发现的传播、控制科学的"误传"、科学成果的承认和科学荣誉的分配、对科学界的分层因势利导诸方面。科学研究活动中的价值因素体现在探索的动机、活动的目的、方法的认定、事实的选择、体系的建构、理论的评价之中。科学知识体系中的价值因素体现在科学基础、科学陈述和科学解释之中。科学知识体系，或者更准确地讲，狭义的科学理论体系，是由科学原理、科学定律、科学事实三个层次构成的。为了建构科学理论，人们还必须有意识或无意识地做出或承诺某些为数不多的、形而上学色彩极强的基本假定，这就是科学预设（作为科学信念起作用）和科学传统（作为研究纲领起作用）。于是，就广义的科学理论体系而言，科学事实和科学定律是其低端层次，科学原理、科学预设和科学传统是其高端层次。科学知识体系中的价值成分按照从低端到高端这样五个层次的顺序，一般是递升的。或者反过来，价值成分则大体上是递降的。科学知识体系的五个层次都有可能包含价值成分，尤其是在其高端层次。

　　心理学的研究也建构了自己的科学知识体系，也同样不能摆脱与价值的关联。心理学的思想预设或理论前提都具有和包含着自己的价值内容，都体现和彰显着自己的价值定位。

五、心理学探索的价值取向

　　心理学的研究要涉及人的价值取向，就要涉及人的意向问题。人的意向在科学心理学的研究中得到了回避。意向、意向性成为心理学研究中难以逾越的障碍，而许多心理学家选择了放弃。因此，怎样面对和解决价值的问题，是心理学未来发展的核心问题。

　　心理学成为独立科学门类之后，就力图以自然科学的研究规范来约束自己。自然科学面对的对象是自然事物。自然事物没有价值选择的目的，没有价值评判的限制，没有价值定位的自觉。但是，人却完全不同。人有自己的价值生活、价值取向、价值评判和价值取舍。因此，心理学的研究无法回避人的价值问题，必须有价值的涉入和引导。在科学心理学的历史发展进程中，实证主义的心理学就否弃价值的问题，而把科学心理学定义为价值无涉的科学。相反,人本主义的心理学则力主心理学是价值涉入的科学,而强调不应该回避价值的问题。科学心理学的发展必须面对价值问题,并通过价值的研究来创造和引导人的现实生活。

心理学研究中的价值问题实际上体现在两个重要的方面。一是关于人的价值取向、价值定位、价值观念、价值评判等心理的研究。这就涉及心理学是否能够通过自己的科学研究方式,来揭示和解释人的价值心理。二是关于心理学研究的价值取向、价值定位、价值观念、价值评判等定位的研究。其实,这两个问题是直接相关的。涉及人类心理的价值问题,就要涉及学科研究的价值问题。在心理学的科学研究中,对客观性的追求显然消除了心理学研究的价值取向的问题,从而也就导致放弃了心理学对人的心理行为的价值取向的研究。心理学成为没有"价值"的学科。这也就是心理学的价值无涉、价值中立、价值回避、价值逃避的根由。

心理学研究应该面对人类的价值取向问题,也应该面对学科的价值定位问题。这就必须重新考虑和设定心理学的研究。心理学研究应该超越主体与客体、主观与客观的分割和分隔,追求一体化的历程和研究。这就是生成性的科学研究,就是生成性的生活创造。道就是一体化的存在,就是生成性的本源。这也就是心性的一体化的存在,就是心性的生成性的本源。

第四节　心理学的中心原则

在心理学的研究中存在着不同的理论原则。这些理论原则会成为心理学研究者依据的尺度或持有的纲领,或者在心理学的发展中,心理学有过以什么为中心或以什么为核心的研究定位。这支配了心理学研究者在心理学研究中的基本追求,也成为心理学研究者在学术性活动中的基本守则。心理学的研究曾有过以不同的原则作为研究的核心依据。这包括以探讨的问题为中心,以研究的方法为中心,以干预的技术为中心。这带给心理学研究的是完全不同的学术偏重,是完全不同的学科建树,是完全不同的学理发展。

一、问题中心

在心理学的研究中，心理学的探索是应该以问题为中心，还是应该以方法为中心，或是应该以技术为中心，这是决定心理学发展的重要的理论问题，也是决定心理学研究的重要的现实问题。

在心理学的发展和演变过程中，有过问题中心主义占有支配地位的时期。在这样的时期中，衡量心理学研究是否具有价值和意义的最根本尺度，就是看心理学研究着眼的问题和解决的问题。心理学的研究就是为了发现和解决心理行为的问题。能够确定和解决心理行为的问题，是心理学存在的价值。相对于心理学要考察的问题来说，方法和技术都是附属性的，都是为解决问题服务的。心理学的研究应该以问题为中心。

心理学研究以问题为中心与心理学研究持有的问题中心主义是有区别的。心理学研究以问题为中心是指，心理学研究的主要目的是针对问题的，是为了解决人的心理行为的问题，是从问题出发的。心理学研究持有的问题中心主义则是指，心理学的研究以问题或解决问题替代了方法的重要性，取消了方法的规范性，忽视了方法的科学性。心理学的研究应该强调问题中心，而反对问题中心主义，更应该警惕以反对问题中心主义来取消问题中心。

心理学的研究以问题为中心，说明了心理学的研究最重要的是发现、提出和确定最有意义、最有价值、最具重要性和合理性的问题。心理学研究能否做到以问题为中心，取决于心理学研究者的研究修养、研究素养和研究积累，也取决于心理学研究者的学术视野、学术鉴别和学术定位。心理学的理论修养、理论造诣是心理学家非常重要的基本功。这是学术研究的起点、定向和核心。心理学研究提出好的问题甚至会决定心理学的长期发展。因此，挖掘理论资源的能力，提出理论假设和进行理论建构的能力，决定了研究者的学术命运和学术前途。

心理学家提出要研究的问题可以表现在两个重要或关键之点上。一个是发现人的心理行为的重要方面、核心方面和关键方面，从而带动对人的心理行为的一系列更全面更深入的理解；一个是发现心理学知识体系和理论构成中的重要问题、核心问题和关键问题，从而提供新的理论设想、理论建构和理论概念。这两个方面就是心理学研究必须关注的基本内容。心理学的研究可以把人的心理行为作为研究的对象,也可以把心理学学科自身作为反思的对象。无论是关注哪一个方面,心理学的研究都是为了解决问题而进行的考察。

美国人本主义心理学家马斯洛就在心理学研究中倡导问题中心的原则。有研究在考察马斯洛的问题中心原则时指出,其中包含的两个基本含义。一是科学的目的是解决有价值的问题。科学不是为了形成"一套规则和程序",而是为了解决"可以为之奉献精力的最关键最紧迫的问题"。马斯洛本人就开列了一份有关学习、知觉、情绪、动机、智力、认识、思维、人格等许多值得研究而为传统心理学所忽视的问题清单,认为心理学应以解决这些问题为目的。二是科学研究是问题决定方法。科学的目标或者科学的目的表明了方法的重要性和合理性。科学家必须关心和重视自己的研究方法,但前提是方法能够有助于达到自己合理的目的,即解决重要的问题。方法只是一种研究的工具,并受研究的目的制约,为研究的学者所操纵。方法要适合问题,为问题服务,而不是相反。研究方法再完善,如果不能解决有价值的问题也是无用的。[①]

心理学研究以问题为中心,曾经在实证心理学诞生之前占有支配性的地位,但是很快就随着心理学研究中实证方法的运用而瓦解了。当然,问题中心并没有退出舞台,只是退居到非主流的地位。

二、方法中心

在心理学的研究中,问题中心与方法中心是相互对立的,也是彼此对应的。有的研究者主张心理学的研究应该以问题为中心,有的研究者则主张心理学的研究应该以方法为中心。这成为心理学发展中延续了很长时间的学术论争。心理学研究中的问题中心和方法中心,有着不同的研究原则、研究主张、研究重心、研究内容和研究结果。

美国人本主义心理学家马斯洛曾经考察了科学研究中的问题中心与方法中心。在他看来,方法中心就是认为科学的本质在于仪器、技术、程序、设备和方法,而不是在于疑难、问题或目的。持方法中心论的科学家往往不由

---

① 刘学兰.论马斯洛的问题中心原则[J].心理学探新,1992(4):8-10.

自主地使自己的问题适合自己的方法,而不是相反。方法中心论的另一个强烈倾向是将科学分成等级。马斯洛认为,这种划分科学等级的做法对科学和研究都是非常有害的。因为,在这个等级中,物理学被认为比生物学更"科学",生物学又比心理学更"科学",心理学则又比社会学更"科学"。只有依据方法的完美、成功和精确,才有可能设想这样的一个等级序列。方法中心论往往过于刻板地划分科学的各个部门,并在不同的科学部门之间筑起高墙,使这些部门分属彼此分离的疆域。科学中的方法中心论在科学家与其他寻求真理的人之间,在理解问题与寻求真理各种不同的方法之间,制造了巨大的分裂。方法中心通常不可避免地产生一种科学上的正统,这就会制造出科学上的异端。①

　　在心理学的研究或发展历程中,方法中心和问题中心是两种不同的立场和主张。方法中心是指在心理学的研究中,能够起决定作用的、能够引导研究的是方法。心理学研究是不是科学的,要看是否采用了科学的方法。方法的性质决定了心理学研究的性质。问题中心是指在心理学的研究中,能够起决定作用的、能够引导研究的是问题。问题的确定和解决决定了心理学研究的性质。心理学研究是不是科学的,要看提出问题和解决问题的科学性。

　　在科学心理学诞生和发展中,就曾经有过方法中心主义占有支配地位的时期。在这个时期中,心理学研究的性质是以运用了什么方法作为衡量的标准,是以是否运用了科学的方法来决定的。例如,在科学心理学发展史的研究中,就有这样的主张和观点。通常认为,德国心理学家冯特在莱比锡大学建立世界上第一个心理学实验室,标志着科学心理学的诞生。心理学运用了实验的方法,使心理学摆脱了哲学的思辨,成为了现代意义上的科学。在心理学的研究中是否运用了科学的方法,就成为心理学研究是否科学的根本标准。

　　心理学的研究以方法为中心和方法中心主义也是有所不同、有所区别的。以方法为中心是强调心理学的研究应该把方法的合理性、科学性和适用性放在重要的位置上,保证心理学研究可以通过科学的方法来有效地揭

---

① 马斯洛.科学中的问题中心与方法中心[M]//动机与人格.许金声,等,译.北京:华夏出版社,1987:14-22.

示和解释人的心理行为。方法中心主义则是在心理学研究中把方法放置在了决定性的位置上,方法的合理性和科学性决定了心理学研究的合理性和科学性。在心理学研究中,研究的中心和重心放置在了方法的规范化和精致化上,而忽视了问题的重要性和合理性,忽视了理论建构的核心性和创造性。

有研究对心理学中的方法决定论或方法中心主义进行过否定和批评。[①]研究认为,西方心理学在借用自然科学的研究方法时,并没有认识到研究对象上的区别,而盲目地相信方法的万能。这导致今天心理学的危机。方法决定论或方法中心论对心理学研究的损害在于如下三个方面。一是人类与动物不分。这是把人类与动物放在了同样的地位上,忽视或漠视人类与动物的心理行为的根本区别。二是心理与生理不分。方法决定论导致心理学的研究混淆了心理学与生理学的界线。三是整体与部分脱节。方法决定论导致心理学的研究为追求所谓的"客观"和"精确",或者把人的心理行为分割为互不相干的碎片,或者对人的心理行为进行人为的阉割,如将意识驱除出心理学的研究对象之外。该研究认为,解决心理学弊端的重要方面就是抛弃方法决定论,从方法决定论转向对象决定论。

心理学在追求科学化的历程中,把科学方法的运用看作保证心理学研究科学性的基础条件。这的确为心理学的科学化进程带来了根本性的改变。但是,方法、科学方法,在占有根本性和决定性的地位之后却忽视和排斥了心理学要研究的问题的重要性和关键性,这也给心理学的研究带来了一系列的缺失或弊端。

三、技术中心

关于现代科学心理学的不同研究类别及其不同排列顺序,可以有不同的设想和设计,这决定了心理学研究的定位和发展。在科学心理学的研究中,关于研究顺序原有的理解和认识曾经给心理学带来了影响和促进,但也一直给心理学带来了不利和阻碍。所以,重要的是了解原有的研究顺序,并

---

① 郭斯萍. 从方法决定论到对象决定论——试论 21 世纪心理学的发展方向[M]//杨鑫辉. 心理学探新论丛. 南京:南京师范大学出版社,2000:132-133.

且给出应有的研究顺序。

在心理学的研究和演变中，心理学的理论研究、方法研究和技术研究的顺序，曾经有过不同的变化。首先是理论、方法、技术的顺序。在这个顺序中，理论占有首要位置或支配地位。理论的范式、理论的框架、理论的假设、理论的主张、理论的观点等等，成为心理学研究的核心部分。其次是方法、理论、技术的顺序。在这个顺序中，方法占有首要位置或支配地位。方法的性质、构成、设计、运用和评判等，成为了心理学研究的支配的部分。在这样两个不同甚至对立的心理学研究类别的顺序中，技术都处在最末的位置上。技术被认为具有附属的性质，具有从属的地位。这在心理学的当代发展中应该受到颠覆。

心理学研究应有的顺序是技术、理论和方法。这是技术优先的思考。技术优先或心理学研究的技术优先，重视的是心理学研究中的价值定位、需求拉动、问题中心、效益为本。价值定位是指在心理学的研究中，研究者及其研究都应该拥有其非常明确的价值取向。在实证主义心理学的原有研究中，是主张价值中立的或价值无涉的，研究者必须在研究中持有客观的立场。技术中心则必然要有价值的取向。需求拉动是指心理学的研究是人的现实生活的需要拉动的。越是发达的社会，越是高质量的生活，就越是重视人的心理生活，就越是重视人的心理生活的质量。满足人的需求，满足人的心理需求，是心理学研究的根本目的。问题中心是指，心理学的研究必须以确定问题、研究问题、解决问题作为自己的核心。效益为本则是指心理学的研究还必须考虑自己的投入和产出，即怎么样以最少的投入获得最大的收益。在技术、理论、方法的顺序中，技术是由理论支撑的，理论是由方法支撑的，因此技术优先也并不是脱离了理论和方法的单纯的技术研究。

心理学研究者关于心理学研究对象的理解或定位，应该有一个重大或根本的转变，也就是从以心理现象作为心理学的研究对象转向以心理生活作为心理学的研究对象。所谓的心理现象是已成的存在，所谓的心理生活则是生成的存在。人的心理生活是创造性生成的过程，是人建构出来的结果。关于心理现象的研究是建立于心理学研究中研究对象与研究者的绝对分离。研究者通过自己的感官观察而得到的就是心理现象。关于心理生活的研究则是建立于心理学研究中研究对象与研究者的相对统一。研究者就是生活者。生活者通过自己的心灵自觉来把握、体验和创造自己的内心生活。① 对于心理生活来说,最重要的就是生活规划、规划实施和实施评估。人的心理生活是以创造为前提的,或者人的心理生活是人自主创造出来的。

人的心理不是自然天生的、遗传决定的、固定不变的,而是后天形成的、创造出来的、生成变化的。把人的心理看作已成的存在与看作生成的存在,这有着根本的不同。所以,心理学的研究不应该着重于已成的存在,而应该着重于生成的存在。或者,人的心理意识不仅是已成的存在,而且更重要的是生成的存在。心理学的研究不应该仅仅着重于已经存在的心理意识,而更应该着重于创造生成的心理意识。心理科学通过生成或创造心理生活而揭示和阐释心理生活。心理科学促使生成的、创造出来的心理生活,才会是合理的、优质的心理生活。

四、创造中心

心理学以什么作为自己的中心原则? 或者以什么作为自己的立身之本? 理论、方法、技术都曾经成为重要的选择。单一的或片面的选择会给心理学的研究带来巨大的改变和进步,同时也会给心理学的研究带来许多不利的影响和阴影。心理学在调整自己研究的中心原则时,应该考虑到怎样超越原有的道路或思路。

无论是人的心理生活,还是总的心理科学,最核心或最根本的性质就是其创造性或创新性。人的心理生活是创造出来的、创造性生成的。总的心理科学也同样是创造出来的、创造性生成的。这种双重的创造性,是心理科学的使命,也是心理学家的使命。心理学的研究不仅在于揭示和说明人的心理生活,而且在于创生和创造人的心理生活。心理学的反思不仅在于考察和解释心理学学科,而且在于创新和创成心理学学科。心理生活的创造、心理科学的创造,就是心理学家的核心性的任务。

正因为人的心理生活是文化的存在,具有文化的性质,心理生活的创造就是文化的创造历程和创造结果。正因为总的心理科学也是文化的存在,

---

① 葛鲁嘉.心理生活论纲——关于心理学研究对象的另类考察[J].陕西师范大学学报(哲学社会科学版),2005(2):112-117.

具有文化的性质,那么心理科学的创造也就是文化的创造历程和创造结果。这就是文化心理的创造过程和心理文化的创造过程。人通过自己的创造性活动而创造了自己的文化,形成了自己的文化传统。这也就是人创造了自己,人创造了自己的心理生活,人创造了属于自己的心理科学。

心理学在自身的发展历程中,曾经以理论为中心,以方法为中心,以技术为中心。以理论为中心,带给心理学的是理论的繁荣;以方法为中心,带给心理学的是方法的精致;以技术为中心,带给心理学的则是技术的进步。问题在于,怎样才能够超越理论中心、方法中心、技术中心。超越理论中心原则,超越方法中心原则,超越技术中心原则,最重要最核心的就在于能够确立起创造中心原则。把创造看作是人的心理生活的根本,把创造看作是总的心理科学的根本,才可以把心理科学引入当代的最合理、最正当、最根本、最明确的轨道。人的心理生活的根本就在于创新,创新是人的心理生活成长的本性。同样,总的心理科学的根本也就在于创新,创新是总的心理科学发展的本性。

心理学的科学化和本土化,中国心理学的科学化和本上化,必须走创新之路,只有走创新之路。创造或创新就应该成为心理学发展或中国心理学发展的核心原则和核心理念,就应该成为心理学发展或中国心理学发展的基本理念和基本追求。因此,心理生活的创造和心理科学的创造,是中国本土的心理学研究摆脱模仿和跟随、走向现实和未来的根本道路和唯一路径。

心理学的创造包括关于对象的创造和关于学科的创造两个基本方面。这决定了心理学的研究不仅仅是关于心理现象的描述和说明,也决定了心理学的推进不仅仅涉及心理学科的承继和复制,心理学家应该追寻的是突破和创新。怎样改变和创造人的心理行为或人的心理生活,怎样改变和创新总的心理科学或总的学科门类,这都是心理学研究的根本性任务。心理学有自己的理论、方法和技术,理论、方法和技术的创新应该成为心理学的学科追求。

任何的创造或创新都需要深厚的基础,心理学的创造或创新也是如此。任何缺失基础或缺失深厚基础的创造或创新,都只能是空虚的杜撰和空洞的幻想。可以说,心理学或科学心理学的发展已经走到了这样的一步,心理学已经在自身的发展历程和进程中奠定、累积和确立了自己文化的基础、社

会的基础、思想的基础、理论的基础、知识的基础、方法的基础、工具的基础、
学术的基础、研究的基础等。怎样才能把创新确立为心理学研究和发展的
核心价值、核心任务和核心追求,这应该是心理学研究者的根本关注和职业
素养。

作为心理学的中心原则,作为心理学研究的中心原则,创造性或学术创
造性、创新性或学术创新性,就是心理学家的本职和天命。这个中心原则也
是中国本土心理学发展的基本原则。中国本土心理学只有通过学术创新,
才能够拥有自己的学术地位,才能够确立自己的学术未来。这也是中国本
土的心理学发展从复制和模仿西方发达的心理学,转向了创造和创新自己
本土的心理学。

第三章　心理学的反思

　　心理学成为成熟学科的一个非常重要的标志,就是心理学拥有自我反思的能力。心理学是通过心理学哲学的考察和探索,才能够对自身的思想前提或理论预设进行合理化的设置和矫正。在心理学的研究中,心理学有自己的哲学思想的基础。这包括实证论、现象学、存在论、解释学和文化哲学基础。心理学哲学的理论反思涉及关于心理学的研究对象和研究方式的理论预设。

第一节　哲学思想的基础

　　在科学心理学的发展历程中,在西方心理学的历史演变中,心理学的学者、流派和探索都有自己的思想基础、理论预设和哲学根基。西方现当代哲学的不同流派、不同分支和不同思想,都曾经以自己特定的方式影响到心理学的具体探索和研究,其中就包括心理学研究的实证论基础、现象学基础、存在论基础、解释学基础和文化哲学基础。中国本土的心理学探索也有中国传统哲学的基础,也有传统中国哲学的支撑。可以说,东西方的哲学都曾经以各种方式影响了心理学的探索和研究。

一、心理学研究的实证论基础

　　实证论也可以称之为实证主义(positivism)。实证主义具有多种理论形态,在此主要泛指传统自然科学获取客观知识的科学方法论。实证主义的科学方法论,不仅涉及获取经验资料的方法,而且涉及构造科学理论的规则。实证主义坚持的原则在于,任何知识都必须依据来自观察和实验的经验事实,理论命题只有被经验证实或证伪,才具有实际意义。这种实证的原则在科学研究或心理学研究中最典型的体现,就是实验主义和操作主义。实验主义是对实验方法的强调和依赖,实验方法的长处在于保证了感官经验或经验事实的可靠性,不仅能使之得到精确的分解和测定,而且能使之得到必要的重复和反复的验证。操作主义是对理论规则的强调,操作定义的长处在于保证了科学概念的有效性,也就是任何科学概念或理论构造的有效性,都取决于得出该概念或该理论的程序的有效性。

心理学作为自然科学家族中的一员,采纳了实证主义的立场。这表现为科学心理学一度对实验主义和操作主义的投靠和依赖。许多心理学家都信奉实验方法,并坚信实验方法对理论的优先功效。这有时被称为以方法为中心。坚持实验主义的心理学研究者,会在实验室中像对待其他自然现象那样来捕捉和切割心理现象。操作主义也曾经在心理学中颇为流行,许多心理学家都希望借此来重新清理和严密界定心理学中的许多理论构造和理论概念。实证主义的立场使心理学只能以特定的研究方式来考察人的心理。

从 19 世纪后半叶开始,西方的现代实证主义作为一种时代精神和研究方法论融入或进入心理学。这就从方法论的层面强有力地推动了科学心理学的产生和发展,从而成为西方科学心理学占主流地位或居主导地位的哲学方法论。

科学心理学研究中的实证主义方法论有着特定的体现和表达。一是主客二分的研究范式。这种范式主张以自然科学的研究模式来规范心理学,将心理学的研究对象——人及其心理与行为视为与自然物或自然对象同等的认识客体,心理学的研究主体则只是反映客体的一面镜子。这种主张体现的是主体与客体的截然分离,无论是实验操作还是理论构建,均应彻底排除研究者的主体性,甚至是研究对象的主观性。物理主义(或自然主义、机械主义)的世界观、方法中心论的科学本质观、自然科学取向、逻辑主义与还原主义的研究原则、客观主义研究范式、因果决定论的心理学解释框架等,都是其最根本或最本质的特征。二是经验证实的研究原则。这指的是人们说话或行事据的法则或标准。经验证实是实证主义的核心思想。一个命题在理论上是否有意义,要看是否能在经验上得到证实。凡是能够在经验中得到证实的,就是有意义的,否则便是无意义的。持实证主义信念的科学心理学家也同样强调,任何概念和理论都必须以可观察的事实为基础,能为经验所验证,超出经验范围的任何概念和理论都是非科学的。三是还原主义的研究路线。研究路线在此处指进行科学研究时遵从的整体逻辑思路。科学心理学中实证主义方法论的研究路线主要体现为还原主义。这表现在将心理学概念和理论还原为具体的操作过程和观察的感知经验,如概念的操作性定义。这也表现为将心理经验的整体还原为部分或者将部分还原为整体,前者如构造主义的元素分析法,后者如格式塔学派的整体分析法。这也表现为将心理过程归结为生理的、物理的和化学的过程,用低级的表现形式来解释高级的表现形式。

实证主义作为科学主义心理学的方法论基础,为心理学的科学化进程作出了一定的贡献。然而,正是由于心理学对实证主义和实证精神的极端追求,引起了许多研究者对科学主义心理学的质疑。科学心理学的实证主义方法论的困境,就在于将适用于自然科学的研究原则移植到心理学研究中来,而丝毫不考虑其适用性。科学主义心理学在兴盛了半个多世纪以后陷入空前的危机。[1]

实证主义在现代西方心理学发展过程中也有过积极的作用。曾经有许多研究者对此进行过总结。实证主义的积极意义主要体现在如下四个方面。第一,相对于早期形而上学的纯粹的哲学思辨而言,实证主义科学观及其科学精神是一种时代的进步。实证主义追求科学的精神有力地推动着心理学中实验心理学工作者的艰难探索,并为今后心理学的进一步发展提供了有益的历史经验和教训。第二,实证主义推动了心理学研究的实证或实验方法的完善和发展。在实证方法的推广和运用过程中,实证主义作为一种"强大的思想力量",曾经起到过十分巨大的作用。第三,实证主义还推动了西方心理学的实证法研究,汲取了大量来自可观察事实的第一手有益数据和资料,丰富和充实了心理学的知识体系。第四,实证主义在当时科学主义盛行的历史条件下,客观上有利于心理学科学地位的巩固和

---

[1] 陈京军,陈功.科学心理学中的实证主义方法论问题[J].科学技术与辩证法,2007(6):40-42,54.

发展。

不过,实证主义也给现代西方心理学的发展造成过消极的影响。这体现在科学观、方法论、学科性等方面。科学观方面的研究表明,实证主义科学观是一种唯科学主义的狭隘的经验主义科学观,是一种小心理观,其导致多方面的消极影响:(1)导致心理学发展史上构造主义和行为主义两次重大的心理学危机。(2)把心理学限定在自然科学这一非常狭小的边界里,人为地缩小了心理学的学科范畴。(3)把人文主义心理学划定为非科学的心理学,从而排斥了实证心理学之外的心理学探索或心理学传统。(4)造成实证心理学更多地着眼于问题的微观细节,缺乏问题的宏观透视,从而导致实证心理学研究的问题水平的下降。(5)因为实证主义科学观重方法、轻理论,重视实证资料的积累、贬低理论构想的创造,导致其极度膨胀的实证资料和极度虚弱的理论建设之间日益增大的反差。(6)体现了反哲学的倾向,割断了心理学与哲学之间的天然联系,使心理学缺失对自己的理论前提的反思和批判。(7)强调了人性观的自然化倾向,对人的社会、文化和历史属性视而不见或有所忽视,导致心理学与人的现实生活的疏离和隔绝,造成心理学研究的局限和缺失。(8)小心理学观是唯科学主义的科学观,存在着对实证方法的崇拜,导致心理学研究中唯实证方法的倾向,忽视了其他研究方法的积极意义。

关于实证主义与现代西方心理学研究的关系,相关的研究关注了如下的重要方面。非常重要的是要严格区分实证主义与实证研究方法。应该深入开展有关实证主义和实证研究方法的相关专题探讨,将实证主义与实证研究方法的联系及区别、经验及教训、地位及作用、历史渊源及未来趋势等方面的对比或对照的考察和研究,进一步推进和深入下去。相关的一些基本概念及其相互关系还有待进一步明确和界定,以增加研究成果的明晰性,从而更加便于和强化心理学研究者在实际研究工作中的互动和交流。有研究认为,关于实证主义问题的研究,在心理学史的研究中依然体现或表达得不够。[①]

---

① 严由伟. 我国关于实证主义与现代西方心理学研究的综述[J]. 心理科学进展,2003(4):475-479.

二、心理学研究的现象学基础

现象学是当代西方哲学的重要哲学运动和思想派别。现象学（phenomenology）有着不同的主张，在此主要泛指传统人文科学获取有效知识的哲学方法论。现象学的创立者胡塞尔（Edmund Husserl, 1859—1938）反对实证主义把人的世界与物的世界等同起来，认为这使得现代自然科学促进了人对物的追求，却侵害了人的精神生活，使人的生存失去了尊严，失去了意义，精神变得空虚和枯竭了。现象学则能够为人类提供精神生活的源泉。精神是自有自为的、独立自主的。只有在这种独立性中，精神才能够确切得到真实的、合理的和科学的探讨。现象学重视意识分析，关注生活世界，探索人生意义，考察精神价值。

现象学把人的自我意识直接呈现出来的现象看作是真实的。现象学强调的是通过现象学还原达到纯粹的自我意识。现象学为人本立场的心理学或西方非主流的心理学提供了方法论。这体现在心灵主义的主张和现象描述的方法上，也体现在整体主义的主张和整体分析的方法上。心灵主义（mentalism）探索的是人的直观经验或直接体验的原貌，反对将心灵的活动还原为物理的、生物的、生理的过程。整体主义（holism）探讨的是整体的人或人的心理的整体性，反对将其分割或分析为一些碎片。整体分析式的研究排斥元素分析式的研究，强调有机的整体和整体的结构。现象学的方法论使心理学以特定的研究方式来考察人的心理生活。

在关于心理学的思想基础的研究中，特别是关于西方心理学的现象学思想基础的研究中，有许多的研究提供了相关的理解。有研究指出，现象学作为西方心理学中的两大方法论之一，对西方心理学的发展产生了不可忽视的影响。在心理学的研究中贯彻现象学的方法论，突出的独特方面就在于，重视意识研究、强调心理意向、面向现象本身、关注现象描述，等等。因此，正是现象学的这些特性，为非主流的或人文取向的心理学家以非自然科学的模式塑造心理学，奠定了重要的哲学基础。作为一种方法论，现象学遵循的以意识经验为研究对象、如实描述、问题中心、整体主义、先质后量、非还原论等原则，开创了西方心理学中人文主义的研究取向。纵观整个西方心理学的发展，现象学对心理学的影响是非常广泛而持久的。现象学不仅推动和促进了西方心理学方法论上的重要变革，为意动心理学、格式塔心理学和人本主义心理学的发展作出了突出贡献,而且正在影响和推动着超个人心理学、认知心理学和后现代心理学的发展,并将为未来西方心理学的持续发展提供重要的思想资源和方法指导。

现象学的具体特征可以表现在五个基本方面。一是强调自我的先验维度。在对待自我的问题上,现象学的鼻祖胡塞尔强调了自我的先验维度,肯定了多元的自我存在。胡塞尔就认为,一个人包含着一系列思想、行为和情感的尖锐对立。因此,自我并不是一个终成品,而是一个不断生成的过程。二是把意识的研究放在首位。胡塞尔将意识视为现象学的中心课题和概念,因此他的现象学也被称为意识现象学。三是强调意向性。在胡塞尔的现象学中,意向性作为不可或缺的基本概念,标志着所有意识的本己特征。这也就是,所有的意识都是关于某物的意识,而且这种意识可以得到直接的指明和描述。四是强调"面向事物本身"。这是本质直觉方法的基本原则,是指"直接的给予"或"纯粹的现象"。五是强调"现象学的思想态度"(哲学心态)。胡塞尔所说的"现象学的思想态度"是其在先验还原中遵循的一种哲学态度,是针对"自然的思想态度"(自然心态)提出来的。自然的思想态度即经验性的思想态度,是指以自然外界为认识起点的认识事物的思想方法。与"自然的思想态度"相对的是"现象学的思想态度",即人的认识是以认识主体自身为起点的一种认识活动,从而要求认识主体把以往对待世界的自然态度统统"搁置"起来,对其暂时不作任何陈述和判断,即存而不论。这样就可以使人摆脱关于外部事物和外部世界存在的预先设定。

现象学对西方心理学的影响主要表现在方法论层面上。可以说,现代西方心理学的现象学方法论,就是现象学这一哲学思潮在心理学领域的一种特殊表现。现象学在西方心理学中的方法论蕴意主要涉及六个重要方面。一是以意识经验作为研究对象。与实证主义不同,现象学并未把可以观察的事实作为自己的研究对象,而是以"现象"作为自己的研究对象。胡塞尔在此所说的"现象",或者现象学考察的"现象",并不是指人的感官把握的作为感官经验的"现象"。此处的"现象"实际上就是指人的意识经验,是人的心灵直接呈现出来的。这重视和强调的是心灵的本质。这种观点在西方心理学中的方法论蕴意,就是使心理学从简单效仿自然科学方法和远离人性的危机中解脱出来,成为人的科学。二是遵循如实描述的原则。现象学方法的一个非常显著的特点就在于遵循如实描述的原则,即不以任何假设为前提,通过中止判断或"加括号"的方法把事物的存在问题悬置起来,存而不论,而对经验进行如实的、不加任何修饰的描述。在此基础上,通过现象学还原发现意识经验的先验结构,从而达到本质直观。正是受到现象学方法的影响,完形主义心理学和人本主义心理学均强调对个体经验进行如实的描述。三是坚持以问题为中心。现象学作为一种主体性哲学,主张把人的主体性问题作为哲学研究的中心,重视意义和价值问题的研究。这一思想被心理学家发展成为问题中心的原则,用以反对实证主义的方法中心论。四是坚持整体性原则。以现象学为哲学背景的心理学家主张对完整的心理和整体的行为进行研究,要求"面向事物本身"。五是坚持先质后量的原则。由于现象学的研究对象是意识经验,其目的在于揭示事物的先验本质,在研究中多采用对主观意识经验的整体体验和描述的方法,强调质的分析。六是持有非还原论的主张。受现象学方法论影响的心理学家认为,还原论无助于理解人性,相反还会扼制人性,使心理学陷入危机。因此,他们提倡在心理的水平上研究心理,在行为的层次上研究行为,而不是将人的高级心理活动还原到较低级的层次上。①

现象学心理学、存在主义心理学和人本主义心理学一起,共同构成了心理学发展中的所谓"第三势力"。现象学心理学沿着三个不同的维度,表现为六种理论形态。在研究方式上,表现为思辨的现象学心理学和实验的现象学心理学;在研究取向上,表现为经验的现象学心理学和解释的现象学心理学;在研究领域上,表现为存在论的现象学心理学和超个人的现象学心理学。在这六种理论形态中,经验的现象学心理学最成熟,影响也最大,在当前的现象学心理学中占据着主流地位。

经验的现象学心理学兴起于20世纪60年代的美国,是美国本土意义上的现象学心理学。经验的现象学心理学具有五个重要特征。一是经验的现象学心理学以现象学为哲学基础,在学科观上提倡人文科学观点。这是从生活世界出发,在研究对象上持意向性观点,在研究取向上倡导质的研究取

① 石春,贾林祥.论现象学视野下的西方心理学[J].徐州师范大学学报(哲学社会科学版),2006(4):116-121.

向。二是经验的现象学心理学与自然科学的心理学相对,明确提出人文科学的学科观。自然科学的心理学通过模仿自然科学,继承了二元论和自然主义,忽略了生活世界,将心理现象视作自然物,难以公正地对待心理现象。经验的现象学心理学忠于心理现象的原本性,从给予的经验出发,搁置任何的先在假设。进一步,坚持心理具有意向性本质,始终与对象直接关联。另外,认为心理与对象的关联是意义的关联,而不是自然科学心理学持有的因果关联。经验的现象学心理学的"科学"方面是指能够获得普遍的知识。三是经验的现象学心理学是以生活世界为出发点。生活世界是人们身处其中并直接给予人们的世界。这是科学研究的源头。经验的现象学心理学反对将生活世界加以任何的抽象和剥离,强调从生活世界给予的一切出发进行研究。四是经验的现象学心理学在研究对象上持意向性观点。现象学心理学是以现象学哲学的意向性观点为根基。首先,这意味着心理具有意向性的本质。心理始终是指向于对象的,而对象可以是时空中的存在,也可以是非现实的或观念性的存在。其次,意向性意味着心理与世界的一致性。现象学心理学认为,在心理与对象的关联中,对象是经过意识的构造而直接显现出来的。意识因此超越自身,与对象直接关联。最后,意向性意味着心理与对象的关联是一种意义关联。在自然科学心理学那里,心理与对象之间存在因果关联:心理是其他因素作用的结果。但是,在经验的现象学心理学这里,心理与对象之间存在着意义关联。对于心理而言,对象始终是有意义的。五是现象学心理学在研究取向上倡导质的研究取向,反对自然科学的心理学过于重视量的研究取向。①

解释学理论形态的现象学心理学简称为解释的现象学心理学,是形成于经验的现象学心理学的背景之下。解释的现象学心理学是以解释学为哲学基础,提倡人文科学观,将生活世界当成出发点,坚持通过对文本的理解来生成新的意义。这倡导质的研究取向,并发展出可行的研究方法,成为当前现象学心理学的一种风头正劲的理论形态,从而深化了现象学心理学与人文科学心理学的联系,推动了现象学心理学向生活世界和生活实践迈进。

解释的现象学心理学发展于美国。20 世纪 70 年代,在美国形成了本土

---

① 崔光辉,郭本禹.论经验现象学心理学[J].华东师范大学学报(教育科学版),2008(2):52-58.

意义上的现象学心理学,即经验的现象学心理学。经验的现象学心理学进行了系统的建设,为解释的现象学心理学的产生创造了条件。解释的现象学心理学正是产生于经验的现象学心理学的背景之下,并与经验的现象学心理学一样,持有人文科学观,以生活世界为出发点,倡导质的研究取向。

但是,解释的现象学心理学也有自己的具体主张。该主张是以解释学为哲学基础,通过对文本的解读来产生新的意义。这不同于经验的现象学心理学以胡塞尔现象学为哲学基础,通过对现象的描述来获得本质结构。解释的现象学心理学的基本主张体现在五个方面。一是解释学是哲学基础。解释的现象学心理学是以解释学作为自己的哲学基础。现象学心理学的研究不再像胡塞尔所认为的是通过意识的描述抵达本质,而是通过此在的理解来彰显存在,发现存在的意义。二是科学观是人文科学。解释的现象学心理学与经验的现象学心理学一样,坚持人文科学观。解释的现象学心理学的人文科学观具有实践的取向。研究过程本身就是研究者身体力行的日常生活实践的一部分。在这种意义上,解释的现象学心理学有着较强的行动倾向。三是出发点是生活世界。与经验的现象学心理学一样,解释的现象学心理学也将生活世界作为研究的出发点。解释的现象学心理学从生活世界出发,关注人的经验。但是,在如何关注人的经验上,解释的现象学心理学与经验的现象学心理学存在着差异。解释的现象学心理学重视语言在经验中的作用,将语言视作理解经验的媒介,甚至接受了这样的解释学观点,即语言是存在之家。语言是人的存在方式,能够使经验在时间的流逝中得以保持。正是在这种意义上,解释的现象学心理学是通过文本研究人的经验。四是对象论是生活文本。解释的现象学心理学将文本作为研究对象,通过文本来关注人的经验。文本是书写下来的有关人的存在的记录,可以指所有的人类活动及其活动产物,其中包括经验过程、文学作品、艺术品、仪式、制度和神话,等等。文本主要分为现实生活文本和生活描述文本。五是方法论是质化研究。解释的现象学心理学在方法论上坚持质化研究。在质化研究上,解释的现象学心理学从存在的视角解释文本的意义。这不同于经验的现象学心理学。经验的现象学心理学从认识的视角描述经验的本质,侧重的是现象在特定情境中的意义,而不是现象普遍的本质。

解释的现象学心理学有自己的研究方法。这是将研究的过程视作解释的循环过程。研究者最开始是对文本产生初步的整体理解,接下来,在对文本各部分的深入理解中,研究者可能会改变自己的整体理解,进一步产生新的整体理解。研究者在对文本的整体理解与部分理解之间循环往复,这个过程是无限的。当研究者获得整体的、没有矛盾的意义,获得"格式塔"时,就可以结束研究。①

现象学对心理学的研究,特别是对非主流心理学的研究,产生了重大而深远的影响。这涉及的是有关心理行为的现实和表达,以及有关心理研究的方式和方法的重要方面和内容。

三、心理学研究的存在论基础

存在论也称为存在主义。存在主义作为一种哲学流派,影响了西方心理学中精神分析学和人本主义心理学的发展,蕴涵着诸多的心理学方法论的主张。存在主义不仅把个体的自我看成一个完整的心理实体,也把个体与他人、社会联系在一起,构成一种内外一致的人格整体。存在主义把自我视为主客同一的本真存在,重视人的价值和尊严,关心人的潜能与发展,突出了人的特性对心理学方法论构建的重要性。

存在主义与西方心理学的发展具有重要的内在关联。一是存在主义与精神分析的关联。在精神分析的发展历程中,存在主义的精神分析学就是存在主义哲学与精神分析学相结合的产物。这可以简称为存在分析学。在20世纪30年代,欧洲大陆的一批精神分析学家就发现,当时心理疾病患者的病因不再是维多利亚时代的性问题,而是因战争创伤和经济危机带来的许多社会问题。人们普遍感到人生的沮丧和生活的渺茫。这些人生目的和生活意义的问题正是存在主义哲学探讨的问题。这就很自然地把弗洛伊德的精神分析学与当时流行的存在主义哲学结合起来,站在精神分析学的立场对海德格尔等人的存在主义哲学进行了精神分析心理学化的改造,将其转变成了经验科学的方法,用以探讨人的心理生活和实施心理治疗。二是存在主义与人本主义心理学的关联。存在主义者并没有结成统一的思想联盟,但在人学的意义上却有着一些共同的思想倾向:以个人的非理性存在特

---

① 郭本禹,崔光辉.论解释现象学心理学[J].心理研究,2008(1):14-19.

别是个人的存在体验作为哲学的研究对象；以"我个人的生存或我个人的存在究竟有何意义"作为自己研究的中心课题，强调人的存在与其他一切存在的区别；反对科学主义，反对通过实证科学去寻求人的"本质"，主张以非理性主义的哲学方法去反思人的存在；以建立一种"新人道主义"的理论体系、拓展西方非理性主义传统并弥补马克思主义的"人学空间"为目标。

存在主义的心理学提供的心理学方法论具有五点蕴意。一是持有主客同一的研究范式。存在主义的心理学反对把认识和体验的主体与被认识和被体验的客体加以割裂，而主张人们既能把自我看作是事物在世界上发生时的一个对象，又能把自我看作是通过对这些对象进行解释评价、把对象投射到未来并转而反作用于对象的主体。二是坚持整体主义的研究路线。存在主义的心理学对人的看法是整体论的，其典型的观点是整体观。存在主义的心理学不仅把个体的自我看作一个完整的心理实体，也把个体与他人、个体与社会、个体与自然的关系联系在一起，构成一种内外一致的人格整体。三是持有价值关涉的研究立场。存在主义的心理学重视人的价值和尊严，关心人的潜能和发展。存在主义心理学结合社会生活的实际来研究人类存在的心理学问题，把人生的意义、价值的取向、自由的选择、心理的潜能和社会的责任等，作为自己的研究主题。四是坚持主观主义的研究方法。存在主义的心理学反对科学心理学的客观主义的研究范式。五是走向对话主义的研究传统。对话是人本主义思想家重视的一种研究传统，并将其贯彻在心理学的研究之中。①

存在主义的研究和发展曾经受到过精神分析心理学的重大影响。例如，存在主义就曾经引入精神分析，这导致的是存在主义观点和方法的精神分析心理学化。萨特对精神分析进行了存在主义的哲学化改造，而瑞士的存在主义者、精神分析学家则对存在主义进行了精神分析心理学化的改造，将其转变成了经验科学的方法，去探索心理生活和实施心理治疗。虽然他们仍然站在存在主义的立场上，但是他们直接受到弗洛伊德的影响，他们创立的存在分析学说也成为精神分析后期发展的重要分支。

---

① 雷美位,谢立平.存在主义的心理学方法论探析[J].长沙理工大学学报(社会科学版),2007(2)：30-32.

　　宾斯万格(Ludwig Binswanger,1881—1966)出生在瑞士的一个医生世家,在苏黎世大学取得了医学博士学位。他曾经有段时间在荣格的手下从事研究工作。在 20 世纪头十年中,他对弗洛伊德的精神分析十分醉心,并逐渐与弗洛伊德建立了私人友谊。1912 年,弗洛伊德还曾经看望过他。后来,宾斯万格接触和研究了海德格尔的哲学,觉得有必要将其转而制定为精神分析的心理学,用以克服弗洛伊德学说的缺陷,因为他已深切地感到弗洛伊德的学说正在不断脱离人的经验的现象实在。在 20 世纪 20 年代,他系统提出了把存在主义与精神分析相结合的基本思想,可以说,他是存在分析学派的实际奠基人。

　　鲍斯(Medard Boss,1903—1990)出生在瑞士。他毕业于苏黎世大学医学院,后成为该校的心理治疗教授和存在分析学会的会长,还担任过多年的国际临床心理治疗协会的主席。他钻研过弗洛伊德和荣格的学说。尽管他不认为自己是存在分析的创立者,但是他承认自己一开始受益于研读海德格尔的著作以及与宾斯万格的私人接触,当然他也成为海德格尔的亲密朋友。

　　宾斯万格和鲍斯均为存在主义者,他们的思想立足于对存在或本体的探索。在海德格尔看来,真正的存在是"人的存在"或"此在"(Dasein)。宾斯万格和鲍斯自称其学说为"此在分析"(Dasein analysis),他们试图分析的是个人的直接体验。宾斯万格认为,个人运用了某种先验的本体结构或世界的谋划,这是在现象的水平上发挥作用,并且决定着个体的实际体验。这些现象的构架赋予"此在"以意义。鲍斯则认为,"此在"不是由先验的结构构造的,反之,正是"此在"把意义透射于现象界。但是,他们均把"此在"说成是投向未来的,"此在"也有其历史性,"此在"的过去反映的是先前把"此在"投向未来的这个方向而不是那个方向的人承担的义务和做出的行动。

　　在海德格尔看来,个人的"此在"常常会沉迷于"他人"之中。宾斯万格和鲍斯据此指出,为了避免唯他人是从,人就必须真实地行动,为自己的义务承担责任。忧心于实现在自己生活的前景中出现的可能性,人就必须时而超越常轨而甘冒做出新的承诺的风险。如果做不到,那"此在"就会萎缩。情感则反映的是个人时刻都可以体验到的"此在"的独特的投向。显然,宾斯万格和鲍斯的基本思想是承继于海德格尔,但他们按照弗洛伊德的精神分析的模式,将其再造成了探索个体心理生活和进行心理治疗的经验方法。为此,他们也全面修正了弗洛伊德的学说。

从海德格尔的存在主义思想出发,宾斯万格区分了两种不同的焦虑,即存在的焦虑和神经症的焦虑。存在的焦虑是来自海德格尔所说的个人到这个世界上来的孤独无依、沉入虚无、面对死亡的感受。它可以被体验为烦心和空虚。神经症的焦虑则主要产生于一种萎缩的世界谋划(world-design),一种对世界的简单化的、不现实的构造。这使得个人面对挑战时很易于崩溃。鲍斯区分了两种不同的内疚,即存在的内疚和神经症的内疚。前者是来自个人的基本的负重感,正因为无法在生活中实现每一种选择,确定一种选择,就要放弃许多其他的选择。这种内疚每个人都有,反映的是对存在的现实估价。良心会产生存在的内疚,但这不是病态的。神经症的内疚则来自不健康的环境,即受他人制约而产生的失掉应承担的义务。宾斯万格和鲍斯认为,心理治疗是要消除神经症的焦虑和神经症的内疚,而不是要消除存在的焦虑和存在的内疚。

宾斯万格和鲍斯不讲压抑,而是提出"此在"的某个方面可以处于封闭的和不真实的状态。弗洛伊德所说的防御机制大部分被归于潜在的世界谋划(宾斯万格)或不真实性(鲍斯)。例如,他们把相信命运看作是一种真正的防御机制,认为听凭命运支配自己的存在和选择是逃避现实的手段,是对真实的生存的根本否定。他们指出,生活的根本任务就是从他人的制约下获取独立性,或者至少降低这种依赖的程度。如果"此在"并没有随着成熟而丰富起来,便可称之为停滞的"此在"。因而,个体应摆脱"普通人"的不真实生活,去确立自己独一无二的"此在"。

宾斯万格和鲍斯认为,心理上病态的人在于萎缩的"此在",停滞的"此在",或自我选择的不自由。这导致他们的一种存在的软弱,然后是彻底的崩溃。神经症患者是造成了他们自己严重萎缩的"此在"的人,他们放弃了自己对他人的自主,最终付出的就是不真实的代价。精神病患者在其妄想和幻觉中,反映的是一种全新形式的在世的存在。患者假定,独立的势力在嘲笑、威胁,然后实际控制一切。每种经典的症状都不过是这种存在的软弱和萎缩的"此在"的独特形式。宾斯万格和鲍斯认为,心理健康的人在于自由的选择,因而超越生活的常轨去确定可能性,采取一种成熟的看法,是独立负责的。存在分析的治疗便寻求帮助个人达到生活中的这三个主要目标。这强调的是未来，因为人必须结束过去，并开始构筑今后更好的生活。宾斯万格和鲍斯采纳了弗洛伊德的大部分精神分析的技术去从事心理治疗。不过，他们按照存在主义的思想对释梦和自由联想做出了完全不同的解释。

由上述可见，正是在弗洛伊德学说的影响之下，宾斯万格和鲍斯把存在主义精神分析心理学化了。他们创立的存在分析已经不是弗洛伊德定义的精神分析，而是一种存在主义的心理学。可以说，他们是用存在主义的思想给弗洛伊德的精神分析换了血，或者说，他们是用精神分析装饰了存在主义。因此，他们的学说是存在主义与精神分析的奇特联姻。

四、心理学研究的解释学基础

解释学也常常被称为释义学。解释学是现代西方哲学中非常重要的思想流派。解释学对西方现代心理学的发展产生过重大的影响。许多研究从不同方面考察过，解释学对西方心理学的思想性和理论性的引导作用。有研究指出，解释学、现象学、实证论共同成为了西方心理学方法论的"三大势力"，对西方心理学特别是对精神分析心理学的发展产生了巨大的影响。从发展来看，解释学经历了狄尔泰的理解心理学、海德格尔和伽达默尔的本体论解释学思想，以及利科的结构主义解释学和拉康的后现代精神分析学。解释学的方法论对心理学的发展产生了非常深刻的影响，将人的心理行为视为解释的文本，支持了人文科学倾向的心理学的发展，促进了精神分析理论与治疗方法的新发展，强调了心理学研究的系统性和动态性。①

有研究曾经系统考察了解释学与当代认知科学的关系。该研究认为有三个问题值得探讨。(1)人们怎样认识客体？也就是，人们怎样了解和理解世界中的各种客体？通过对这个问题的回答来表明，解释学和认知科学实际上并不对立。(2)人们怎样认识情境？也就是，针对各种类型的实际任务或在各种情境中，人们事实上是怎样认知处理的？通过对这个问题的回答来表明，解释学有助于认知科学。(3)人们怎样理解他人？通过对这个问题

---

① 谭文芳.解释学的心理学方法论蕴涵[J].求索，2005(7)：116-118.

的回答来表明,认知科学有助于解释学。该研究得出的结论就在于,最好把科学看成是运用任何可能的手段来说明有什么。有什么包括不能还原为计算过程或神经元在无意识水平上的激活,或者不能量化,或者无法不折不扣地客观化。然而,这对人类生活却是有意义的,必然要落入到解释学的领域。那么,讨厌和否定这一切的实在性,就是真正的不科学了。[1]

本体论解释学的发展为古典精神分析理论提供了新的研究方法,进而促进了现代心理咨询与治疗理论和方法的新发展。在弗洛伊德的精神分析理论中,潜意识是核心。他认为,潜意识是意识层面以外的活动,是一种无时间、非理性、非逻辑的心理现象,不能够直接被观察和认识到,而只能通过潜意识的符号才能加以了解。所以,在研究潜意识现象时,除了观察以外,最重要的就是要理解和分析意识层面的现象与潜意识的心理冲突之间的关系。这样,解释、理解、话语分析、协商对话便成为研究精神现象的手段之一。

利科(Paul Ricoeur,1913—2005)是 20 世纪法国的著名思想家。利科的解释学现象学使解释学的范围从文本扩展到人的心理行为,并扩展到整个历史领域。他认为文本的内在结构之间存在着关联,究其文本的符号并不单指符号的意义,而在其背后有着所指代的意义和内容。有研究指出,利科试图通过建立文本理论,从分析语言开始,借助现象学方法,经过语义学层次和反思层次,最后进入本体论层次,从而使方法论解释学和本体论解释学在本体论层次上统一起来。利科要在语言本身之内寻找理解是存在的方式,通过语义学的迂回之路达到存在问题。他认为,只有通过对隐喻和意义进行反思,才能达到理解的存在论根源。利科的这一思想深深影响到了作为欧洲存在心理学主要代表人物之一的拉康(Jacques Lacan,1901—1981)。拉康用起源于语义学和文化结构的人类文化规则来取代驱力、本能之类的生物学动力因素,从而对精神分析作了存在主义的改造。[2]

解释学的方法论蕴意及其对心理学的影响可归纳为四个方面。一是将人的心理行为视为需要解释的文本。体现在心理学的研究中,就是可以通

---

[1] 肖恩·加拉格尔.解释学与认知科学[J].邓友超,译.华东师范大学学报(教育科学版),2004(1):34-42.
[2] 丁道群.解释学与西方心理学的发展[J].湖南师范大学教育科学学报,2002(2):108-112.

过理解、体验的方式来解释人的意义和价值。二是支持了人文科学倾向的心理学的发展,促进了精神分析理论与治疗方法的新发展。解释学方法论在心理学研究中的引入,对自然科学主义的心理学研究取向发起了挑战,强调了人类复杂多样的心理活动并非用简单的数据就能替代,而应借助理解、解释、体验等人文科学的研究方法,对人的心理行为作出解释性的说明,极大地推动了人文科学的心理学的进步。三是强调心理学研究的系统性。解释学特别强调整体对于部分的重要性,正由于解释学将人的心理行为视为一个可以理解的文本,在探究其意义与内涵的同时必须把握文本的整体性与系统性,才能理解其真实的意蕴。四是强调心理学研究的动态性。解释学认为,人的存在和理解都会受到历史的制约和影响,强调了个体心理活动的动态性与发展性。①

　　解释学具有重要的心理学方法论意义。解释学方法论作为西方心理学方法论的"第三势力",支撑了人文科学倾向的心理学的研究,但同时其自身又具有浓厚的主观主义和非理性主义的色彩。纵观西方心理学百年发展史,解释学对现代西方心理学尤其对理解心理学和精神分析学有着巨大的影响,特别是对现代西方心理学具有方法论的指导意义。这主要体现在以文本为对象,以理解和解释为方法,重视整体性以及历史制约性原则等四个方面。一是以文本作为对象。解释学的关注焦点是日常实践活动的语义的或文本的结构。这个结构是一个有意义的关系整体。表现在心理学中,就是把人的心理行为看作一个有意义的、有内在结构的统一体,是一个文本。二是理解和解释的方法。与研究对象相适应,解释学运用的方法既不是逻辑分析的方法,也不是观察或实验的方法。解释学倚重的是内省、体验、理解和解释。三是关联性或整体性的原则。如果把人的心理行为看作一个文本,那么该文本必定遵循意义的整体性原则。关联性或整体性强调的是整体对于部分的重要性。四是时态性或历史制约性。人的存在和理解都表现为一种历史。相对于人类复杂的心理行为来说,纯粹的客观性和价值中立是无法实现的,因为人类的心理生活中包含有幸福、满意、本能或目的等价值指向成分。因此,解释学强调解释的时间性和历史性,强调解释必定受一

① 谭文芳.解释学的心理学方法论蕴涵[J].求索,2005(7):116-118.

定的历史文化条件、受解释者的知识经验、受解释者带有的"成见""期望"或
"设想"的影响,反而是一种十分合理的见解。

解释学方法论并非十全十美。首先,在强调理解的历史性时,认为理解
者所处的特定的历史环境、历史条件和历史地位必然影响和制约着理解者
对文本的理解,因此理解者不可能脱离文化历史的影响去做纯客观的研究。
突出理解的历史性并没有错,但是过度强调解释中的主观因素,否认有完全
符合客观实际的认识或解释则是片面和极端的。其次,解释学方法论带有
浓厚的非理性色彩。解释学家认为,生命本身是非理性的。理解和解释首
先是一个创造性的想象过程,是生命整体把握人自己及其创造的社会和历
史的能力。逻辑推理则不可能建立另一个人的生命整体,也不可能再现任
何一种历史的整体。这种非理性的方法论显然与理性的实证主义方法论是
对立的,而其缺陷也正是实证主义的优势,即缺乏普遍性、精确性和再验
证性。①

有研究认为,解释学或释义学的心理学是对现代主义与后现代主义的
超越。当代西方心理学中存在着现代主义和后现代主义的对立。两者在对
科学的地位、心理现象的实在性和知识的建构性等方面的认识上,存在着完
全对立的观点。释义学的心理学为超越这两种倾向的对立提供了一种可
能。在科学观、方法论方面,释义学既不同于传统的科学主义,也不同于后
现代主义的社会建构论,而是为心理学指出了一个新的发展方向。

释义学的心理学既反对现代主义心理学的科学主义倾向,也反对社会
建构论的相对主义倾向。释义学的心理学试图超越现代主义和后现代主义
的对立,把心理学建立在释义学的基础上。释义学原理为重建心理学的科
学观奠定了基础。传统的西方心理学一直试图把心理学建立在自然科学的
基础上,极力仿效自然科学的科学观和方法论。这种科学主义倾向伴随西
方心理学发展的始终,但是释义学早就指出心理学的研究不同于对物质或
物理现象的研究。心理学研究的是人,不同于自然科学研究的物。人是有
目的、有意识的,具有意向性能力。释义学观点的启示是,对心理现象的研
究必须重视心理现象本身的特点,采纳适当的方法,而不能盲目仿效自然科

---

① 王国芳.解释学方法论与现代西方心理学[J].南京师大学报(社会科学版),1999(4):80-85.

学的方法和模式。释义学的心理学也不支持后现代主义的社会建构论的观点。从主张心理现象不同于物理现象这一人文主义的观点出发,社会建构论走向了另一个极端,即把心理现象归结为一种社会建构,否认了心理现象的实在性,认为所谓的心理现象只不过是特定历史时期的话语建构物,没有本体论的地位。

在方法论方面,释义学的心理学反对现代主义心理学的方法中心论,但是释义学的心理学也不赞成后现代主义心理学的"怎么都行"的相对主义的主张。释义学的心理学采取了另外一条路线。一方面,主张现代主义心理学的方法中心论在人文科学的研究中是缺乏依据的,因为任何一种方法都不能保证其绝对的客观性。每一种观察都是一种解释,都是建立在前理解基础上的释义学循环。经验实证方法并没有认识论上的特权。另一方面,释义学的心理学认为,放弃方法,采取"怎么都行"的态度也是不可取的,必须采纳一定的标准来衡量方法的成败优劣。这个标准就是应用,把用一定方法获得的成果放到实际生活中去,检验其效果,以此评价方法的适当性。①

解释学或释义学为心理学的研究提供了独特的入手角度和探索基点。这重视的是心理存在的意义和对意义的理解。解释学不仅是一种认识论,也是一种方法论。

五、心理学研究的文化哲学基础

心理学的哲学基础,除了上述的西方文化传统中的哲学思想派别,中国本土文化传统中也有自己独特的文化哲学基础。这可以成为中国本土心理学发展的重要文化资源。中国传统文化中有百家的思想,但占主流和主导地位的则是儒、道、释三家。儒、道、释的心性学说,就是中国本土心理学研究的文化哲学基础。

1. 儒、道、释学派

儒家、道家和佛家各有不同的思想源流,但三家同作为中国文化的重要组成部分,也有共同的探讨主题。三家均把心灵、社会和宇宙作为一个整体来加以阐释,各自也常常吸收和借鉴别家的思想观点,进而更体现出了许多共同之处。

儒家、道家和佛家都努力寻求理解普遍的统一性。中国古代思想家通常就把道看作体现着这样的统一性。义理之道是儒家学说的根本和核心。自然之道是道家学说的根本和核心。菩提之道是佛家学说的根本和核心。

儒家、道家和佛家均不是把一以贯之的道看作人之外或心之外的对象化存在,而把一以贯之的道看作与人或心相贯通的人本化存在。蒙培元就提到,中国哲学的儒、道、佛三家都把心灵问题作为最重要的哲学问题来对待,并且建立了各自的心灵哲学。三家均认为,天道与心灵是贯通的。天道内在于人而存在,内在于心而存在。心灵对天道的把握,就不是通过外求的对象性认识,而是通过内求的存在性认识。中国哲学关注的是心灵的自我超越,是以心灵的自觉来提高精神境界,体认自身更高的存在,实现人的存在的意义和价值。①

儒家学派的主流涉及的心,同时是心,同时是性,同时是理,同时是道。人的本心就是性,所谓心性合一;而性则出于天,所谓天命之谓性。心、性、天是通而为一的。正如蔡仁厚所说,"这样的心,不但是一个普遍的心(人皆有之),是自身含具道德理则的心(仁义内在),而且亦是超越的实体性的心(心与性、天通而为一)"。② 尽管人心与本性或天道是相通的,但这是潜在的,是求则得之,舍则失之,人必须通过自己的内心修养来觉解和实现,所以儒家强调"下学而上达"。这也就是孟子所说的:"尽其心者,知其性也。知其性,则知天矣。"③儒家内圣成德的功夫就在于"存心养性""养其大体""先立其大"等,由此而达到"天人同德"或"天人合一",所谓"唯天下至诚,为能尽其性;能尽其性,则能尽人之性;能尽人之性,则能尽物之性;能尽物之性,则可以赞天地之化育;可以赞天地之化育,则可以与天地参矣"。④

道家学派也主张道内在于心而存在,这就是与道合一的道德心。道德

① 蒙培元. 儒、佛、道的境界说及其异同[J]. 世界宗教研究,1996(2):17-20.
② 蔡仁厚. 儒家心性之学论要[M]. 台北:文津出版社,1980:2.
③ 孟子·尽心上[M].
④ 中庸·第二十二章[M].

心来源于宇宙生生之道,具有超越之意。道德心的活动表现为神明心,具有创生之意。道德心是潜在的,而神明心则可以将其实现出来。道家的成圣之路,也是要达于天人合一的境界。与道合一,实际上是心灵不断的内在觉解,这就是老子所说的"涤除玄览"的功夫,也就是庄子谈到的"弃知"或"坐忘",进而便能做到"致虚极,守静笃",或"照之于天"。只要实现了道德心,或体认于道,就可以进入无为而无不为的境界。这也是心灵的自我超越,是精神境界的提升。

佛家学派则讲宇宙之心,这是宇宙同根、万物一体的形上学本体,这也称为"本心"或"佛性"。禅宗主张众生皆有佛性,佛性就在每个人的心中,或者每个人的心中本来就有佛性。佛家也讲作用之心,作用之心是本性之心的作用,是现实的或经验的,可以实现本体之心。佛家注重禅定修证的功夫,通过作用之心的活动来觉悟内心的佛性,从生死轮回中解脱出来,这种解脱也叫"涅槃",即与佛性或宇宙之心相合一。佛家中有渐修成佛或顿悟成佛的修证上的分别。渐修成佛强调逐渐的禅定修行,积累的境界提升。顿悟成佛则强调自然的不修之修,一跃的大彻大悟。也有强调渐顿并举的,渐修是养心,顿悟是见佛。

儒家、道家和佛家均认为,人可以通过内心修养来提升自己的精神境界,可以通过超越自我来实现"大我"或"真我",可以通过明心见性来体认普遍的统一性,可以通过意义觉解来获取人生的真意和完美。人的存在是作为不同的个人或个体,很容易陷入一己的偏见、私情和利欲,这无疑会阻碍其觉悟和实现内心潜在的道。尽管每个人都有可能与道相合一,但并不是每个人都会实现这种潜在性。因此,存在着人的精神境界的高下之分,达到最高境界的人是理想的人或拥有理想化的人格,儒家将其称为圣人,道家将其称为真人,佛家将其称为佛。每一家都强调由自我超越而实现的人格的超升。只有超越了一己之我,一个人就能成为圣人,成为真人,成为佛,从而把握宇宙的真实和融于永恒的道体。

2. 心性学说

中国文化中非常独特非常重要的理论贡献就是心性学说。中国文化具有的是崇尚道的传统,但是道并不是外在的或远人的。道是人心中的存在,心与道是一体的。道是人性的根本,是人心的本性。这就是心性说或心性论。可以说,只有了解心性学说,才能了解中国文化。

在中国的文化传统中,有着不同的思想流派和思想家。不同的思想派别和思想家开创和确立了不同的心性学说。这些不同的心性学说发展出对人的心灵或对人的心理的不同解说。儒家的心性学说是由孔子和孟子创立的。儒家学说的重心在于社会,或者说在于个体与社会的关系。儒家强调的是仁道。仁道不是外在于人的存在,而是存在于个体的内心。个体的心灵活动应该是扩展的活动,去体认内心的仁道。只有觉悟到了仁道,并且按仁道行事,才可以成为圣人。这就是所谓内圣外王的历程。道家的心性学说是由老子和庄子创立的。道家学说的重心在于自然,或者说在于个体与自然的关系。道家强调的是天道。天道也不是外在于人的存在,而是潜在于个体的内心。个体也可以通过扩展自己的心灵而体认天道的存在,并循天道而达于自然而然的境界。佛家的心性学说是由释迦牟尼创立的,并且是从印度传入中国的。佛家学说的重心在于人心,或者说在于个体与心灵的关系。佛家强调的是心道。心道相对于个体而言是潜在的,是人的本心。个体可以通过扩展自己的心灵而与本心相体认。

在中国的文化传统中,哲学是无所不包的学问。正如有学者所指出的,从某种意义上来说,中国的哲学就是一种心灵哲学,就是回到心灵的自身,解决心灵自身的问题。中国的哲学传统赋予了心灵特殊的地位和作用,认为心灵是无所不包的、无所不在的绝对主体。[①] 其实,中国本土文化中的心性学说就是关于人的心灵的重要学说。

儒家的心性论是儒学的核心内容,强调仁道就是人的本性,就是人的本心。通常认为,儒学就是心性之学。[②] 有研究就认为,心性论是儒学的整个系统的理论基石和根本立足点。所以,儒学本身也就可以称之为心性之学。[③] 儒家的心性论强调人的道德心和仁义心是人的本心。对本心的体认和践行,就是对道德或仁义的体认和践行。人追求的是尽心、知性、知天。这也就是孟子所说的:"尽其心者,知其性也。知其性,则知天矣。"[④]这也就

① 蒙培元.心灵的开放与开放的心灵[J].哲学研究,1995(10):57-63.
② 杨维中.论先秦儒学的心性思想的历史形成及其主题[J].人文杂志,2001(5):60-64.
③ 李景林.教养的本原——哲学突破期的儒家心性论[M].沈阳:辽宁人民出版社,1998:2-3.
④ 孟子·尽心上[M].

是孔子所说的"下学而上达"。儒家所说的性是一个形成的过程,也就是"成之者性",所以孔孟论"性"是从生成和"成性"的过程上着眼的。① 这就给出了体认仁道和践行仁道的心理和行为的一体化的历程。

道家的心性论也是道家的核心内容,把道看成是人的本性,是人的道心,也是人的本心。这强调的是人的自然本性。这一自然本性就是人的"真性",就是人的自然本心,也就是人的潜在本心。道家的心性论把无为作为根本的方式。无为就是道的根本存在方式,也是人的心灵的根本活动方式。无为强调的是道的虚无状态,强调的是"致虚守静"的精神境。无为从否定的方面意味着无知、无欲、无情、无乐。无为从肯定的方面则意味着致虚、守静、澄心、凝神。道家也强调"逍遥"的心性自由境界。② 老子强调的是人的心性的本然和自然,庄子强调的是人的心性的本真和自由。③

佛教的心性论也是佛家的核心内容,强调佛性就在人的心中,是人的本性或本心。中国的禅宗是佛教非常重要的派别。禅宗的参禅过程就是对自心佛性的觉悟过程。这强调的是自心的体悟和觉悟的过程。禅宗也区分了人的真心和妄心,区分了人的净心和染心。真心和净心会透视到人生或生活的真相。妄心和染心则会使人迷失真心和污染净心。④ 禅宗的理论和方法可以有明心见性和见性成佛两个基本命题。禅宗的修行强调的是无念、无相、无住。"无念为宗,无相为体,无住为本。"⑤

中国本土心理学的发展和演变应该立足本土的资源,提取本土的资源,运用本土的资源。在本土文化的基础上,在本土文化的传统中,在中国文化的背景下,在中国文化的资源内,来建构特定的心理学,来创造本土的心理学。这也是许多学者努力的方向。在中国本土文化的基础上来建构中国本土的心理学,这也是当前中国心理学研究者追求的目标。回到中国本土文化,挖掘中国本土文化中的心理学资源,这已经成为许多中国心理学研究者的自觉行动。不同的研究者着眼的焦点不同,关注的内容也不同,思考的方向也不同。但是,心性说或心性论是中国本土心理学传统中的根本的或核

---

① 李景林. 教养的本原——哲学突破期的儒家心性论[M]. 沈阳:辽宁人民出版社,1998:8.
② 郑开. 道家心性论研究[J]. 哲学研究,2003(8):80-86.
③ 罗安宪. 中国心性论第三种形态:道家心性论[J]. 人文杂志,2006(1):56-60.
④ 方立天. 心性论——禅宗的理论要旨[J]. 中国文化研究,1995(4):13-17,4.
⑤ 汤一介. 禅宗的觉与迷[J]. 中国文化研究,1997(3):5-7.

心的部分。

3. 本土资源

在不同的文化背景中,就是关于"心"或"心理"概念的理解也会有所不同,因此不同的文化就构成了不同的心理学的资源。有研究就指出,"心"或"心理"等词语在汉语中有相当长的历史,对这些词语的理解反映了中国人关于"心理"的认识和理解。中文的"心"往往不是指一种身体器官,而是指人的思想、意念、情感、性情等,故"心理学"这三个汉字有极大的包容性。任何学科都摆脱不了社会文化的作用,中国心理学也肯定会受到意识形态、科学主义和大众常识等方面的影响。近年来,中国的学者对心理学自身的问题进行了反思。从某种意义上说,中国人对"心理"和"心理学"的理解或许有助于心理学的整合,并与其他国家的心理学一道发展出真正的人类心理学。[①] 其实,在中国本土的文化传统中,也存在自己独特的心理学传统。这也是独立进行的、自成系统的心理学探索。在中国的心理学传统中也有着特定的和大量的心理学术语。当然,最重要的是提供对本土的心理学概念的考察和分析,并能够从中找到核心的内涵和价值。[②]

有研究考察了中国文化与心理学。[③] 在该研究看来,"东西方心理学"作为心理学的一个术语,其基本内涵就是要把东方的哲学与心理学思想传统,包括中国的儒学、道家、禅宗以及印度佛教和印度哲学、伊斯兰的宗教与哲学思想、日本的神道和禅宗等,与西方的心理学理论和实践结合起来。由于"东西方心理学"这一概念主要是西方心理学家提出来的,所以强调的是对东方思想传统的学习与理解。

有研究探讨了《易经》与中国文化心理学。[④] 研究认为,中国文化中包含着丰富的心理学思想和独特的心理学体系,这种中国文化的心理学意义也自然会透过《易经》来传达其内涵。研究以《易经》作为基础,分"易经中的心字""易传中的心意""易象中的心理"等几个方面,阐述了《易经》中包含的"中国文化心理学"。同时,研究也比较和分析了《易经》对西方心理学思想产生的影响,

① 钟年. 中文语境下的"心理"和"心理学"[J]. 心理学报,2008(6):748-756.
② 葛鲁嘉. 中国本土传统心理学术语的新解释和新用途[J]. 山东师范大学学报(人文社会科学版),2004(3):3-8.
③ 高岚,申荷永. 中国文化与心理学[J]. 学术研究,2008(8):36-41.
④ 申荷永,高岚.《易经》与中国文化心理学[J]. 心理学报,2000(3):348-352.

尤其是《易经》与分析心理学建立的关系。例如,汉字"心"的心理学意义可以是在心身、心理和心灵三种不同的层次上,表述不同的心理学的意义,但以"心"为整体又包容着一种整体性的心理学思想体系。在汉字或汉语中,思维、情感和意志都是以心为主体,同时也都包含着"心"的整合性意义。这也正如"思"字的象征,既包容了心与脑,也包容了意识和潜意识。

中国文化、中国哲学和中国传统中的心理学探索是非常值得进行挖掘的。这不仅是文化、哲学和传统中的心理学思想和心理学古董,而且是特定的心理学形态和心理学资源。问题的关键在于能够找寻到中国本土心理学的核心理论。这就是心性学说、心性心理学。在此基础上的发展就是中国心理学的当代创新性发展。

有研究曾试图把中国的新儒学看成是中国的人文主义心理学。[①] 但是,这种研究仍然没有很好地说明西方的人本主义心理学与中国的人本主义心理学的联系和区别。在该研究看来,与西方心理学以科学主义为主体的"由下至上"的研究思路不同,中国传统心理学探究走的是"由上至下"的研究路线,即从心理及精神层面最高端入手,强调心理的道德与理性层面,故其实质是人文主义的。现代新儒学作为人文主义心理学研究典范,具有心理学研究"另一种声音"的独特价值与意义。现代新儒学研究的背景及思路的展开,呈现出以传统心理学思想为深厚根基的中国近代心理学的独特个性与自信。中国心理学发展由于其特殊的历史条件,从进入近代时期开始,明显地区分为两条路线:一条是直接从西方引进的科学主义心理学,如果说这一路线是外铄的结果,那么另一条则是自生的人文主义心理学。近代时期不仅是中国科学心理学的确立与形成期,更是中国人文主义心理学在与外来文化的对撞、并融中,对自身特质的首次自觉、反省与确证,而现代新儒学无疑是担当这一重任的主角。西方心理学中的科学主义和人文主义主要是源自心理学学科的双重属性,而且人文主义更多是科学主义的附属与补充。中国近代心理学的科学主义和人文主义,从根本上来看,则是由本土文化繁衍的人文主义对自西方外铄而来的科学主义的抗衡,相比于西方人文主义的阶段性与工具性,本土的人文主义具有更多的主动性与自觉性。作为中

---

① 彭彦琴.另一种声音:现代新儒学与中国人文主义心理学[J].心理学报,2007(4):754-760.

国思想文化组成之一的中国心理学,将以其独步样式影响并带动西方心理学共同实现人性的真实回归也并非奢望。这也是现代新儒学之于中国心理学的最大贡献所在。

　　这样的理解存在着非常严重的问题。在西方的文化传统中,科学与人文是分离的,科学主义与人本主义是对立的,科学主义的心理学与人本主义的心理学是对抗的。但是,在中国的文化传统中,原本就没有这样的分离、分裂和分立。科学主义和人文主义的分离、分裂和分立是西方文化传统的特产。中国的本土文化是以道的存在作为根本,道是不可分割的,是浑然一体的。儒学的心理学价值也不在于仅仅是新儒学。无论是儒学也好,新儒学也好,其最大的心理学贡献应该是儒学的心性学说,是儒学的心性心理学。从中国本土心性心理学,或者从中国儒家的心性心理学传统,可以提取、发展和创新的是心道一体或心性统一的心理学。所以,没有必要按照西方的方式来开发中国本土的心理学。

第二节　心理学哲学反思

　　在心理学的历史发展中,心理学与哲学的关系是最引人注目的、最引起争议的。心理学与哲学的关系从名称上就可以体现出重要的变化。从早期的哲学心理学到当代的心理学哲学,就标志着这两个学科之间关系的重大转换。心理学哲学的探索就是心理学与哲学之间的交叉或跨界的研究,是对心理学研究的理论反思。心理学哲学的研究主要涉及有关心理学研究对象和研究方式的理论预设或前提假设的问题,主要是关于心理学研究对象和研究方式的理论前提的反思。这是心理学走向成熟的标志,并为心理学的发展带来了新的生机。

一、心理学与哲学的关系

　　在哲学和科学的发展历史上,心理学与哲学有着十分独特的关系。这种独特的关系至今仍然决定着心理学和哲学的学科发展。了解和认识心理学与哲学的关系,对于揭示心理学哲学的研究对象,显然具有十分重要的意义。从学科的历史发展的角度来看,心理学与哲学的关系经历了三个重要的发展阶段。第一个阶段是哲学完全包含或基本包容心理学的阶段。这个阶段中的心理学可称之为哲学心理学。这种心理学在历史上存在了相当长的时间,并且是历史上对人的心理行为的最具有主导性的解说和解释,所以心理学在相当长的历史时期中都是从属于哲学的。第二个阶段是哲学与心理学彼此分离或相互排斥的阶段。科学意义上的心理学是在19世纪中后期才诞生的。在成为独立的科学门类之后,为了维护自己的独立学科的地位,心理学在相当长的时间里极力排斥哲学,把自己与哲学严格地区分开来,否认自己与哲学有任何的关联。甚至在今天,仍然有许多的心理学家持有这样的态度。第三个阶段是心理学与哲学重新组合和相互促进的阶段。到了20世纪末期,哲学已经放弃了自己包罗万象的研究心态和研究方式,开始致力于对思想或理论前提的反思。同样,心理学在经历了急速的发展和扩张之后,也发现了自己的学科理论基础极度薄弱。学科理论基础的建设有一个十分重要的任务,那就是对学科的思想或理论前提的分析和反思。这不仅决定了心理学科进行理论建构的能力,也决定了心理学家提出理论假设的水平。心理学与哲学的关系的改变,并不能说明心理学与哲学就没有了关系,而只能说明心理学与哲学有了更特殊更密切的关系。这不仅对哲学家的研究提出了更高的要求,而且对心理学家的研究也提出了更高的要求。

心理学与哲学的关系并不是固定不变的,而是随着时代的发展在不断演变。大致上可以分成两个发展阶段来看心理学与哲学的关系,区分这两个阶段的标志就是心理学作为独立的科学门类的诞生。在前后两个不同的阶段,心理学与哲学的关系发生了重大的改变。

在从哲学中分离出来成为独立的科学门类之前,心理学包含在哲学之中,是哲学研究的组成部分。在这个阶段的心理学探索也被称为哲学心理学的探索。这是哲学家或思想家对人类心灵的性质与活动的解说和阐释,是他们建立起来的有关人类心灵的性质与活动的明确的思想体系。哲学心理学是建立在心理生活经验的直观基础上的哲学探索。实际上,在不同的文化传统中存在着不同的哲学心理学的探索。例如,可以区分开西方文化传统中的哲学心理学和中国文化传统中的哲学心理学。这是哲学心理学的两种文化样式。①

西方文化传统中的哲学心理学建立在主体与客体相分离的基础之上，或者说建立在研究者与研究对象相分离的基础之上。西方的哲学心理学是把人的心灵、精神、心理或行为作为哲学思辨的对象，并构造出概念化体系化的理论说明。这样的哲学心理学理论仅仅是有关人类心灵的一种直观推论或思辨猜测。这样，西方的哲学心理学理论就存在着两个致命的缺陷。第一，哲学心理学家缺乏验证的手段，而无法证实自己阐释人类心灵的理论揭示的就是对象本身的特性和规律。第二，哲学心理学家缺乏干预的手段，而无法使自己阐释人类心灵的理论控制和改变对象本身的属性和活动。后来的西方科学心理学的建立，就在于突破了哲学心理学的这两个缺陷。科学心理学一方面采用了实证的方法来验证理论的假设，另一方面采用了技术的手段来干预心理的活动。

中国文化传统中的哲学心理学则建立在主体与客体一体化的基础之上，是建立在研究者与研究对象一体化的基础之上的。中国的哲学心理学强调的是心灵的自觉或自我的超越。这是一种返身内求的学问，是通过人的内心修养提升人的精神境界，去体认内心潜在的天道，从而达于天人合一。显然，中国古代哲人对人的心灵的阐释，就不仅是思想观念的理论体系，而且是精神生活的践行方式。中国的哲学心理学从根本上来说就不存在西方的哲学心理学的那两个缺陷。第一，中国的哲学心理学提出的思想理论本身就是心灵的自觉活动过程的结果，形成一种思想理论的过程实际上也就是体悟印证它的过程。第二，中国的哲学心理学提供的思想理论本身就是心灵自我超越的精神发展道路，任何个人对它的掌握实际上都是在践行着一种心理生活的方式。可以说，西方科学心理学的诞生不可能终结中国的哲学心理学。中国的哲学心理学依然有其生命力。在19世纪中后期，心理学脱离了哲学的母体，成为了独立的学科。显然，此后心理学便不再从属于哲学，而与哲学之间有了清晰的边界。这使心理学与哲学的关系发生了根本的变化。科学心理学借用了最早从哲学中分离出来的自然科

---

① 葛鲁嘉.心理文化论要——中西心理学传统跨文化解析[M].大连：辽宁师范大学出版社，1995：46.

学的研究方式,并力图把心理学建设成一门经验科学,使之完全立足于经验事实。一方面,心理学运用了实证的方法,以证实关于人的心理行为的理论说明;另一方面,心理学运用了技术的手段,以干预或影响人的心理行为。因此,科学心理学家开始排斥哲学心理学,认为哲学心理学的探索毫无价值,仅仅是哲学家在安乐椅中关于心灵的玄想,是没有任何意义的思想垃圾。

科学心理学脱离了哲学并不等于与哲学没有了关系,而仅仅是改变了与哲学的关系的性质。其实,在科学与哲学分离开之后,哲学就在改变着自己的探索方式。哲学家不再去直接说明经验的对象,而把经验的对象交给经验科学去研究。哲学的探索则是反思经验科学家进行科学研究的理论前提或理论预设。

可以说,心理科学使人的心理行为成为经验科学的对象,使心理学的探索成为经验科学的方式。但是,在心理科学的研究中,任何一个心理学家都有自己从事研究的理论前提或理论预设。这是心理学家的研究立场,决定其对心理学研究对象和研究方式的理解。心理学研究的理论预设可以是隐含的,心理学家没有明确地意识到自己的理论立场,或者不自觉地运用了相应的理论前提。心理学研究的理论预设也可以是明确的,心理学家能够清楚地意识到自己的理论立场,或者自觉地运用了相应的理论前提。

实际上,心理学从哲学中独立出来成为经验科学中的成员之后,并没有就此摆脱了对哲学的依赖,而只是改变了对哲学的依赖方式。心理学的研究不可能是空中的楼阁,而必然要有自己的理论基础。对心理学研究的思想前提或理论预设的反思就是心理学哲学的探索。心理学哲学不再去直接探索人的心理行为,而是去直接探索心理科学的立足基础。这种探索的目的就在于使心理学的研究能够从盲目性走向自觉性。心理学哲学的探索一是反思心理学家关于心理学研究对象的预先的理论设定,二是反思心理学家关于心理学研究方式的预先的理论设定。

二、心理学哲学的研究对象

心理学哲学作为一门学科,也有自己特定的研究对象。心理学哲学的研究对象界定了这一学科的研究内容和研究方式。心理学哲学的研究对象主要包括两个方面的内容：一是有关心理学研究对象的理论预设或前提假设；二是有关心理学研究方式的理论预设或前提假设。

1. 关于心理学研究对象的预设前提或前提假设

心理学研究者在自己的心理学研究中，对于心理学的研究对象有着特定的理论预设前提，这成为心理学研究者理解研究对象的基点、出发点和立足点。关于心理学研究对象的理论预设或前提假设，主要包括八方面的内容：心理与物理的关系；心理与人性的关系；个体与群体的关系；心理与生理的关系；内容与机制的关系；元素与整体的关系；结构与机能的关系；意识与行为的关系。

2. 关于心理学研究方式的预设前提或前提假设

有关心理学研究方式的理解涉及心理学作为一门科学的预先设定。这个预先的理论设定无论是隐含的还是明确的，都决定着心理学家对心理学研究方式的理解和运用。有关心理学研究方式的理论前提有两个主要的来源。一是来自心理学家对自己从事的科学事业持有的立场或依据。当他们接受了一套心理学科学研究的训练，他们实际上也就确立了关于什么是心理学科学研究的理论设定。二是来自科学哲学家以科学为对象的哲学探讨，他们提供了什么是科学的研究、什么是科学研究的方法论等的基本认识。这些心理学研究方式的理论前提主要涉及五个方面的内容：关于心理学的科学性质的问题；关于心理学研究中的研究者与研究对象的关系问题；心理学的研究方法；心理学的理论概念；心理学的技术手段。

三、心理学哲学的理论反思

心理学哲学的研究并不是直接关于心理学研究对象的考察，而是直接对心理学研究涉及的有关研究对象的理论预设或理论前提的反思，以及对心理学研究涉及的有关研究方式的理论预设或理论前提的反思。通过哲学的反思来合理理解和设定心理学有关研究对象、研究方式的思想前提与理论预设，从而为心理学的研究奠定思想的基础和理论的根基，这对于心理学的研究来说，是非常重要、不可缺少的环节。

1. 反思有关研究对象的理论预设

关于心理学研究对象的理论预设可以是隐含的，也可以是明确的，这些理论预设决定着心理学家对研究对象的理解。对研究对象有什么样的理论预设,就会形成什么样的理解。心理学家关于研究对象的理论预设可以有两个来源:一是心理学家提供的研究传统,在先的心理学家建立的理论可以成为在后的心理学家理解对象的理论前提或理论预设;二是哲学家提供的理论基础,哲学家对人类心灵的探索也可以成为心理学家理解对象的理论前提或理论预设,这包括哲学心理学和心灵哲学的探索。如果以西方科学心理学的发展为例,就可以了解到心理学家是如何理解人类心理的,或者就可以了解到心理学家理解人类心理依据的理论前提。

一是心理与物理的关系。心理学的研究对象无疑是物质世界演化的产物,心理学家持有的世界观就会成为理解人的心理的理论前提。或者,心理学家对世界有什么样的看法,就会对心理有什么样的理解。科学心理学的诞生直接采纳了近代自然科学得以立足的理论基础。在涉及对心理学研究对象的理解方面,西方心理学的主流采纳了近代自然科学中的物理主义的世界观,把人的心理现象类同于其他的物理现象。尽管心理现象具有高度的复杂性,但可以还原为构成心理现象的更简单性的基础。在自然科学贯彻物理主义的过程中,物理学中有过反幽灵论的运动,生物学中有过反活力论的运动,心理学中也相应地有过反心灵论或反目的论的运动。这就使得西方心理学对研究对象的理解存在着客观化的倾向,而客观化甚至导致对研究对象的物化。实际上,人类心理与自然物理既彼此关联又彼此区别。人类心理也是自然的存在,也是自然发生和变化的历程,但人类心理具有自觉的性质,这种自觉的心理历程是文化创生的历程。正是人类心理的特殊性质,导致了人类心理的多样性和复杂性,也导致了理解人类心理的分歧、争执、对立和冲突。

二是心理与人性的关系。心理学研究的主要是人的心理,心理学家有关人性的主张就会成为理解人的心理的理论前提。或者,心理学家对人性有什么样的看法,就会对人的心理有什么样的理解。以人性的自然属性为理论前提,在心理学的研究中有依据生物本性对人的心理行为的理解。以人性的社会属性为理论前提,在心理学的研究中有依据社会关系对人的心理行为的理解。以人性的超越属性为理论前提,在心理学的研究中有依据自主创造对人的心理行为的理解。以人性本善作为理论前提,在心理学的研究中就会把人的心理理解为向善的追求。以人性本恶作为理论前提,在心理学的研究中就会把人的心理理解为向恶的追求。以人性可善可恶作为理论前提,在心理学的研究中就会把人的心理理解为受后天环境的制约。

除了上述两个一般性的理论前提,心理学家对人的心理还有许多具体的理论设定。这些具体设定也决定了心理学家关于人的心理的性质和内涵理解和阐释。

一是个体与群体的关系。人的心理的独特性在于,每个人都拥有完整的心理,而没有脱离开个体心理的所谓群体心理。反过来,人类群体又拥有共同的心理,而不存在彼此隔绝的、截然不同的个体心理。这给理解心理学的研究对象带来了分歧。在西方心理学的研究中,个体主义的观点就十分盛行。这种观点强调通过个体的心理来揭示群体的心理,而这无疑限制了心理学从更大的视野入手进行科学研究。

二是心理与生理的关系。人的心理与其生物基础相互关联。心身关系或心理与生理的关系一直是困扰着心理学研究的重大问题。在西方心理学的发展历史中,流行着心身一元论和心身二元论的观点,其中包括了唯物的心身一元论、唯心的心身一元论、平行的心身二元论、交互作用的心身二元论等。这无疑制约着心理学家对研究对象的理解。

三是内容与机制的关系。人的心理活动是内容和机制的统一体,但如何对待心理的内容和机制却有着不同的观点。在心理学的研究中,曾经存在着研究人的心理内容与研究人的心理机制的对立。相比较而言,心理活动的内容是复杂的、多样的和表面的。因此,心理学的研究常常倾向于抛开心理内容,而去探索心理机制。

四是元素与整体的关系。人的心理是由许多要素构成的,但又是一个相互关联、不可分割的整体。在对心理学研究对象的理解中,有着相互对立的元素主义的观点和整体主义的观点。元素主义是要揭示心理的最基本的构成元素,以及这些基本元素的组合规律。整体主义则是要揭示心理的整体特性,而反对割裂人的心理的原貌。

五是结构与机能的关系。人的心理是依照特定原则构成的结构,而该结构也具有特定的功能。在心理学的研究中,就有过构造主义心理学与机能主义心理学的对立和争执。构造主义强调心理学研究人的心理的结构,包括心理结构的构成要素和构成规律。机能主义则强调心理学研究人的心理的机能,包括心理适应环境和应对生活的机能。

六是意识与行为的关系。人的心理有内在的意识活动,也有外在的行为表现。心理学的研究曾经偏重过对意识的揭示,着眼于说明和解释人的内在意识活动。但是,心理学的研究后来也曾经抛弃过意识,把意识驱逐出心理学的研究领域,而把人的行为当作了心理学唯一的研究对象。

2. 反思有关研究方式的理论预设

有关心理学研究方式的理解涉及的是心理学作为一门科学的预先设定。该预设可以是隐含的,也可以是明确的。无论是隐含的还是明确的,这都决定着心理学家对心理学研究方式的理解和运用。有关心理学研究方式的理论前提也有两个主要的来源:一是心理学家对其从事的科学事业持有的立场或主张,当他们接受了一套心理学科学研究的训练,他们实际上也就确立了关于心理学科学研究的设定;二是科学哲学家以科学为对象的哲学探讨,他们提供了什么是科学的研究、什么是科学研究的方法论等的基本认识。例如,实证主义哲学就是主流心理学有关研究方式的基本立场。

一是关于心理学的科学性质问题。这也可以称之为科学的划界,即如何在科学与非科学之间作出区分的问题。心理学家正是依据科学的划界而区分出了所谓科学的心理学、前科学的心理学、非科学的心理学和伪科学的心理学。心理学从哲学中分离出来之后,心理学家就一直力图确立心理学的科学身份,就一直没有放弃过对科学性的追求。西方心理学采纳过实证主义的绝对标准,强调的是科学与非科学非此即彼的标准,而划分科学的标准或是可证实性,或是可证伪性。西方心理学也采纳过历史主义的相对标准,强调的不是超历史的标准,而是对科学进行历史的分析。所谓的科学是指科学家共同体持有共同的研究范式,科学活动就是在共同研究范式之下的释疑活动,而科学的进步就是科学研究范式的转换。在心理学中,心理学家总是依据自己对科学性的理解来对待心理学的探索。科学主义取向的心理学就总是否认人本主义取向的心理学研究的科学性质。

二是关于心理学研究中研究者与研究对象的关系问题。西方心理学的主导科学观分离了研究对象和研究者,或者是分离了研究客体和研究主体。

研究客体是已定的存在,是自在和客观的现象。研究主体则是描摹的镜子,是冷漠和中立的旁观者。在心理学的研究中,这是占有支配性的理论预设。这给心理学带来了巨大的进步,但也限制了心理学的研究。实际上,研究对象与研究者的分离是基于异己的自然物与人作为认识者的区分。但是,心理学的研究对象与研究者具有共同的性质。这可以按研究对象与研究者加以区分,也可以形成超越这种区分的联系。在心理学的研究中,研究者与被研究者也可以是一体化的,那就是心灵的自我超越活动和自我创造活动。这不仅是个体化的过程,而且是个体超越自身的过程。这不仅是心灵的自我扩展,而且是心灵与心灵的共创活动。

除了上述两个一般性的理论前提,涉及心理学的研究方式还有一些具体的理论预设。这些预设关系到心理学的研究方法、理论概念和技术手段。

一是心理学的研究方法。在心理学的研究中,主流的心理学家持有的是可验证性的原则。这个原则体现在两个重要的方面,即感官经验的证实和方法中心的原则。心理学研究者对与己分离的研究对象的认识应始于感官经验。研究的科学性就建立在研究者感官经验的普遍性上。因此,心理学的研究总是极力推崇客观的研究方法。这无疑是成功的,但也有不尽如人意的后果。人的心理也是内在的自觉活动,只通过外在观察者的感官是无法直接把握到的。只依赖于研究者感官经验的普遍性,心理学便无法把握到人的心理的完整面貌。实证方法的中心地位强调的是通过实证的方法来确立心理学的科学性质。心理学的研究运用实证方法是重大的进步。但是,运用实证方法和以实证方法为中心具有不同的含义。以实证方法为中心是为了确立实证方法的绝对支配性地位。这导致研究是从实证方法出发,而不是从对象本身出发。

二是心理学的理论概念。在心理学的研究中,主流的心理学家在运用概念和通过概念来建立理论时,总是力求坚持合理性的原则。这个原则体现在两个重要的方面:对概念进行操作定义;强调理论符合逻辑规则。心理学中的许多概念都来自日常语言,对科学心理学的研究来说,就存在着如何将日常语言转换成为科学概念的问题。心理学中流行过操作主义,许多心理学家都希望借助操作主义来严格定义心理学的概念。操作定义的长处在于保证了科学概念的有效性,也就是任何科学概念的有效性取决于得出该概念的研究程序的有效性。心理学理论的合理性则在于其逻辑的一致性。这需要的是科学语言的明晰化和科学理论的形式化。

三是心理学的技术手段。在心理学的研究中,主流的心理学家对人的心理进行技术干预,坚持的是有效性的原则。这个原则也体现在两个重要的方面:被干预对象的性质;技术干预的限度。心理科学的技术干预对象与其他自然科学的技术干预对象,既有类同的地方,也有不同的地方。人对其他自然对象的技术干预是为人谋福利,那么对象就具有为人所用的性质。心理科学对人的心理的技术干预则是直接为对象谋福利,那么对象就不具有为人所用的性质。这就是人的尊严或价值的问题。同样,其他的自然对象作为技术干预的对象,可以是被动的、按人的意愿进行改变的。然而,人作为技术干预的对象,就不是被动的、可以任意改变的,那么心理科学的技术手段就是有限度的。这就是人的自由或自主的问题。

3. 心理科学走向成熟阶段的标志

心理科学是从哲学传统中分离出来的,这种分离被看作是心理学的重大进步。在心理学家看来,心理学成为独立的科学门类之后,心理学中的任何哲学探讨或哲学思辨就已经被终结了,或没有存在的必要了。换句话说,心理学取得的进步就在于脱离了哲学,那么心理学的研究就不应再有哲学的参与。否则,就是心理科学的倒退,退回了原本已经超越了的时代。心理学家嘲弄哲学心理学的研究,将其称为"安乐椅中的心理学",是最省力的胡思乱想,是毫无价值的思想垃圾。然而,许多心理学家在抛弃哲学心理学的同时,还进一步排斥所有关系到心理学的哲学探讨。似乎只要心理学的研究有哲学的参与,就会使心理学研究的科学性受到影响,就说明心理学的研究还是幼稚的或不成熟的。对于心理学来说,哲学已经不再能够有助于心理学的研究,而心理学反过来却可以为哲学的研究提供科学的依据或证明。心理学在独立发展的很长一段时期里排斥所有的哲学探索,使之一直缺乏对自身理论基础的哲学反思。这造成了心理学的学科根基非常虚弱。实际上,从上述的探讨可以看出,心理学从哲学中独立出来之后,并没有脱离哲学,而只是改变了自身与哲学的关系的性质。当然,这本身也使哲学的研究产生了重大的改变,哲学不再直接说明经验对象,而是去反思关于经验对象的科学研究的理论前提或理论预设。任何心理学家的研究都有自己立足的理论设定,但这种理论设定可能是隐含的,也可能是错误的。这很可能给心理学的研究带来盲目性。心理学哲学的探讨却可以消除心理学研究的盲目性,使心理学拥有健康发展的自省能力。因此,心理学哲学的探讨不是心理学研究不成熟的标志,而是心理学研究走向成熟的重要标志,是心理学摆脱幼稚和盲目的重要标志。对于心理学与哲学之间的关系,无论是在心理学的学术界还是在哲学的学术界,都还存在着许多相当混乱、相当模糊的认识。

从心理学界来看,有研究曾引述了国外学者关于理论心理学的研究成果,并试图在我国心理学界为理论心理学的研究正名。这无疑是一件非常有意义的事情。当实证心理学的研究排斥理论心理学的研究,这不能不说是心理学研究的悲哀。尽管该研究认为理论心理学中的元理论的探讨与哲学息息相关,但其还是过于担忧哲学探讨的加入。从该主张持有的观点来看,与哲学的出发点不同,理论心理学利用哲学的成果,但是其本身并不是哲学。[①] 结果,对心理学元理论的探索就成为了心理学家的专利。其实,重要的不在于哲学是否加入了心理学的研究,而在于哲学加入心理学研究的方式。对心理学研究的理论前提或理论预设进行哲学反思,是心理学能够健康发展的基本保证。思想家并不是使心理学重新回到思辨的阶段,而是通过明晰心理学研究的理论预设和理论前提,使心理学自觉走向更合理的道路。

从哲学界来看,有研究曾探讨了心灵哲学、哲学心理学与心理学哲学的异同。该研究认为,这三个概念并没有什么根本的区别。[②] 但是,这样的看法不仅把哲学心理学与心理学哲学混同在了一起,而且将两者又与心灵哲学归在了同类。心灵哲学(philosophy of mind)显然是哲学的分支学科,那么心理学哲学的研究便成为了哲学家的专利。其实,与心灵哲学有所不同,心理学哲学是对现代科学心理学的理论基础的反思。

---

① 叶浩生.论理论心理学的概念、性质与作用[J].湖南师范大学教育科学学报,2003(3):58-61.
② 高新民.现代西方心灵哲学[M].武汉:武汉出版社,1994:1-5.

有的研究则从心理学和哲学的跨界角度探讨了心理学哲学。该研究认为,心理学哲学是心理学与哲学的交叉。"心理学哲学的任务就是研究心理学和心理学研究的哲学含义,具体地说,就是考察心理学概念的预设和意义,以便为心理学和哲学的进一步发展开辟道路。"①显然,可以把心理学哲学的探讨看作是心理学与哲学的跨界的探讨。但遗憾的是,该研究仅仅探讨了有关心理学研究对象的一些理论问题,而基本上没有探讨有关心理学研究方式的理论问题。

尽管存在着不同认识,但可以肯定的是,心理学哲学近年来的兴起已经引起了广泛的关注。而且,心理学哲学的探索是心理科学走向成熟的重要开端和标志。特别是在我国心理学的发展当中,更是迫切地需要心理学哲学的研究。中国现代的心理学并不是从中国本土产生出来的,而是从国外引入的,这导致中国心理学的发展存在两个重要问题。一是中国心理学对国外心理学的盲目接受和模仿。中国心理学通过引进和学习国外的心理学而获得了极大的益处,使自己有了很高的研究起点而无须从头开始。但是,如果缺乏对国外心理学的理论基础的反思,就会使积极的引进和学习变成盲目的接受和模仿。二是中国心理学的学术开拓力的缺失或不足。长期的接受和模仿,使中国心理学的自主研究没有确立起来,知识创新受到了很多限制。其中非常重要的就是尚缺乏对自主创造的立足基础的理论反思,从而使学术开拓力的提升受到了不利的影响。因此,加强心理学哲学的研究是决定中国心理学发展潜力和发展基础的重要任务。

① 章士嵘.心理学哲学[M].北京:社会科学文献出版社,1996:1.

第四章　心理学的基础

心理学成为一门科学,其研究和发展有着特定的基础。这体现为心理科学的科学思想的基础、科学认识的基础、科学技术的基础、科学创造的基础和科学发展的基础。心理学的科学思想的基础涉及心理学与其他相关学科的关系。心理学的科学认识的基础涉及心理学研究中科学认识的主体与客体之间的关系,以及心理学创新的思想方法论。心理学的科学技术的基础涉及心理学技术应用的技术思路、技术工具、技术手段。心理学的科学创造的基础涉及心理学的科学创新和技术创新,心理学需要原始性的创新。心理学的科学发展的基础涉及革命论和渐进论的不同主张。

第一节　科学思想的基础

心理学在成为独立的学科门类前后,与其他学科一直有着特定的关系。这种关系决定了心理学的发展和演变。但是,对心理学与相关学科的关系尚缺乏系统深入的探索。心理学与相关学科的关系经历了历史的演变,从心理学依附于其他学科的发展,到心理学排斥其他学科来保证自己的学术独立性,到心理学开始寻求与其他学科合作的关系,到心理学与其他学科应该建立共生的关系。这标志着心理学学科的成熟,也标志着心理学开始容纳所有学术的资源。这不仅意味着心理学借助其他学科的发展,而且意味着心理学可以为其他学科的发展提供可以借用的资源。从不同学科的学术独立到不同学科的学术共生,这是一个新旧时代的重大学术转换。

探讨心理学与其他相关学科的关系,是涉及心理学演变和发展的重大问题。心理学与其他相关学科的关系,在经过历史的长期演变后也有了当代的重新定位。这会在极大程度上加快推进心理学的发展,也会为其他学科的发展提供学术的资源。

一、关系的演变

心理学学科在自身演变和发展的过程中,与其他学科门类有着千丝万缕的联系,形成了十分独特的关系。心理学本身就有着各种不同的历史形态。① 在心理学独立之后,其他许多不同的学科也有以自己的独特方式,在涉及和考察人的心理行为。这些不同学科门类对心理行为的研究,为科学心理学提供了丰富的科学内容。②

心理学与其他不同的学科门类有着特定的关系。并且,这种关系不是原本如此的或固定不变的,而是伴随着时代发展和科学进步不断发生变化的、逐渐向前推进的。所以,探讨心理学与其他学科的关系,就首先必须探讨这种关系的历史演变和现实发展。

心理学与其他相关学科的关系发生的演变,具有的第一个非常重要、非常关键的转折点就是,心理学作为独立的学科门类的出现。或者,心理学在成为独立的学科门类之前,心理学与其他学科门类是一种特定的关系。这就是心理学依附于其他学科的关系,心理学是以其他学科的形态和方式存在和发展。心理学对人的心理行为的探索和研究,是按照其他学科的形态和方式来进行的。在心理学成为独立的实证科学门类之后,心理学与其他学科的关系才发生了根本性的改变。此时,心理学才开始有了独立的身份、发展和创造。在心理学独立之后的初期阶段,为了获得自己的独立身份,心理学也有过对其他学科的排斥或分隔,从而心理学与其他学科的关系就变成分立的关系。这无疑促进了心理学的自我推动和自主发展,但是也给心理学带来了许多不利的影响。这种不利的影响就体现在心理学的发展缺少甚至缺失了重要的学术性资源。

心理学与其他相关学科的关系发生的演变,具有的第二个非常重要、非

---

① 葛鲁嘉.心理学的五种历史形态及其考评[J].吉林师范大学学报(人文社会科学版),2004(2):20-23.
② 葛鲁嘉.类同形态的心理学总评[J].西北师大学报(社会科学版),2005(3):95-98.

常关键的转折点就是,心理学作为成熟的学科门类的出现。或者,在成为成熟的学科门类之前,心理学与其他学科是一种特定的关系。这也就是说,心理学与其他学科门类具有合作的关系,心理学需要借用其他学科的研究来促进揭示和解释人的心理行为。在成为成熟的学科门类之后,心理学与其他学科门类的关系就转变成了为了共生的关系。所谓共生的关系就是一荣俱荣、一损俱损的关系。任何其他学科的进步和繁荣都会带来心理学的进步和繁荣,反之也是如此。

正如有学者所认为的,心理学的发展从独白的时代进入了对话的时代。在21世纪,对话已经成为时代的中心话语。心理学的研究必须面对时代话语的转换,改变研究范式,从独白走向对话。对话是心理学发展的方向,也是心理学在社会文化和心理生活中重新树立权威和地位的必经之路。① 其实,所谓的心理学的对话的时代,就包括心理学与其他学科的对话,包括心理学从其他学科获取发展的资源。心理学需要的是放弃封闭的科学观,构建开放的科学观。② 心理学的研究需要扩展自己的方法论,③从而使心理学能够更具开放性和容纳性,使心理学能够吸纳更加丰富的资源和能够提供更具价值的资源。摆脱依附、放弃排斥、强化合作、促进共生,才是心理学走向繁荣的必由之路。

二、依附的关系

心理学在自身学科发展的历程中,曾经有过对其他相关学科的依附。心理学与其他学科的关系,最初始的就是依附的关系。这种依附关系是心理学在独立之前的一种依赖关系。在心理学从不成熟走向成熟的道路上,这种依附的关系开始表现为从属关系,后来表现为还原关系。

在特定的从属关系的阶段,心理学还没有自己独立的实证科学的形态,而是隐身在其他学科之中。心理学成为独立的实证科学门类只有一百多年的历史,但是心理学的探索却有非常漫长的历史。在心理学长期的发展历

① 周宁. 独白的心理学与对话的心理学——心理学的两种话语形态[M]. 昆明:云南大学出版社,2005:8 - 10.
② 葛鲁嘉. 大心理学观——心理学发展的新契机与新视野[J]. 自然辩证法研究,1995(9):18 - 24.
③ 葛鲁嘉. 对心理学方法论的扩展性探索[J]. 南京师大学报(社会科学版),2005(1):84 - 89.

史中,心理学曾一直栖身于哲学之中。哲学心理学就是最早出现的心理学历史形态之一。① 在人类文明的发展史上,哲学是一门最古老的学问。哲学一开始是无所不包的或包罗万象的。哲学涉及世界万物和世间万象。在哲学的追问和思辨中,哲学家也非常关注人类的心理问题,并不断地探讨人类心理的基本性质、主要构成和活动方式。因此,哲学心理学是哲学家通过思辨的方式对人的心理行为的说明、阐述和解释。这种思辨的方式带有推测、推论和推断的性质。哲学心理学这种最古老形态的心理学,在历史上存在了相当长的时间,并且是历史上对人的心理行为的最具主导性的解说和解释,所以心理学长期的演变都从属于哲学。

在特定的还原关系的阶段,在心理学的研究中盛行的是还原论的研究方式。还原主义曾经在心理学的研究中占据着支配性的地位。心理学在这一阶段的研究是将人的心理行为还原为导致心理行为的基础条件。例如,心理学的研究有过物理的还原、生物的还原、生理的还原,等等。其实,物理学看待世界的方式提供了物理世界的谱系。在这个谱系中,有物理的存在、化学的存在、生物的存在、社会的存在、精神的存在。物理学也提供了理解物理世界的还原主义的立场。依据这样的立场,处于根基的部分对于其他层面具有决定性的作用。或者,对其他层面的说明和解释可以还原到基础层面的性质和规律。这导致在心理学的研究中十分盛行对心理行为的物化研究,或者按照解释物的方式来解释人的心理行为。这成为心理学发展中的一个痼疾。

其实,还原论在心理学中的盛行,在很大程度上是因为心理学还缺乏自己独立的研究,而对其他的基础性学科有着严重的依赖性。对于心理学的研究来说,直接借用其他相对成熟学科的研究来解说人的心理行为,正是通过还原论的方式来进行的。心理学的研究就曾经长期地依附于生物学和生理学的研究。② 生物还原论曾经长期地滞留在心理学的研究之中,也就是把人的心理行为的性质、特征、活动机制、变化规律都还原为遗传的特性、生理的特性、生物物理的特性、生物化学的特性,等等。

---

① 葛鲁嘉.哲学形态的心理学考评——心理学的五种历史形态考察之二[J].河北师范大学学报(教育科学版),2005(4):76-79.
② 叶浩生.有关西方心理学中生物学化思潮的质疑与思考[J].心理科学,2006(3):520-525.

三、排斥的关系

在心理学成为独立的学科门类之后,心理学急于获取自己独立的科学身份。在这个过程中,心理学也曾经有过对相关学科的排斥,心理学的研究因此而回避其他有价值的研究内容、研究方式和研究工具。在这种排斥的关系中,心理学的独立就演变成为了心理学的孤立,心理学因此而丧失自己的丰富的学科资源。心理学在这种排斥的关系中甚至转换成为躲避和拒斥,变换成为批判和讨伐。这反过来更加强化了心理学的孤立。

如果从心理学独立的意义上说,心理学与其他学科的分离是非常正常的。心理学建立自己的学科边界,划定自己的研究范围,定位自己的对象内容,这都是一个独立的学科门类必需的发展历程和进步道路。但是,分离与排斥是有着根本区别的。所谓的分离是指独立或自立的进程或过程。所谓的心理学与其他学科门类的分离,是指心理学能够成为独立的学科门类,能够有独立自主的研究。排斥则完全不同。所谓的排斥是指割裂和拒绝的进程或过程。所谓的心理学对其他学科门类的排斥,是指心理学关闭了与其他相关学科进行沟通的门户,割断了自己与丰富的学科发展资源的关联。那么,心理学的研究就成为了孤芳自赏。

例如,心理学曾经有过对哲学的排斥。心理学成为独立的学科门类之后,是以实证科学或实验科学自居的。心理学与哲学曾经有过彼此的分离和相互的排斥。对于心理学来说,为了维护自己独立学科的地位而在相当长的时间里极力排斥哲学,把自己与哲学严格地区分开来,否定自己与哲学有任何的关联。甚至在今天,仍然有许多心理学家持有这样的态度。这甚至成为心理学家的一种病态的反应和排斥。心理学家忽略哲学的反思,是心理学明确自身研究的理论前提的十分必要的学术历程。[1] 但是,心理学与哲学仍然有着关联与互动。[2] 实际上,理论心理学的研究就包含着哲学反思的层面。[3]

心理学对其他相关学科的排斥可以体现在拒绝吸取其他学科提供的可

[1]　葛鲁嘉,陈若莉.论心理学哲学的探索——心理科学走向成熟的标志[J].自然辩证法研究,1999(8):33-38.
[2]　孟维杰.关联与互动:20世纪的科学心理学与分析哲学[J].心理学探新,2007(3):7-10.
[3]　葛鲁嘉.理论心理学研究的理论功能[J].山西师大学报(社会科学版),2005(4):1-5.

能的理论借鉴。这包括必要的理论框架、理论概念、理论建构、理论学说。心理学对其他相关学科的排斥可以体现在拒绝借鉴其他学科运用的研究方式和研究方法,包括具体的测评方法和数理方法。心理学对其他相关学科的排斥还可以体现在拒绝采纳其他学科行之有效的应用技术和应用手段。这种排斥的关系,不仅使心理学的研究视野受到了极大限制,而且使心理学的研究内容、研究方式、应用途径和应用技术都受到了极大制约。心理学的研究范围和研究深度都变得更窄更浅了。

心理学的独立和自立,曾经在很长的时间里是靠排斥与其他相关学科的关系来保障的。割断了与其他学科的血脉,断绝了与其他学科的往来,不仅不是心理学的独立和自立,反而会造成心理学的孤立和孤单。因此,排斥和拒斥其他学科,是心理学最失败的生存和发展策略。

四、合作的关系

在心理学的众多研究中,一部分心理学的分支学科或研究取向侧重的是与自然科学的关联,属于自然科学的性质。一部分心理学的分支学科或研究取向侧重的是与社会科学的关联,属于社会科学的性质。一部分心理学的分支学科或研究取向则侧重的是与人文科学的关联,属于人文科学的性质。所以,现代的心理学既有自然科学的传统,又有社会科学的传统,也有人文科学的传统。[1] 这决定了心理学在一系列学科群中的独特的地位和关系。这对于心理学来说,是十分重要的发展资源。而且,在心理学与一系列重要的自然学科、社会科学和人文科学形成的特定的联系和关系中,心理学才有自己的研究的视野和领域,才有自己的研究的定向和定位。这涉及与历史学的关联,[2]还涉及数学的影响,[3]也涉及物理学的榜样。[4] 这体现为自然科学的品性,[5]也体现为社会科学的探索。[6] 此外,心理学与其他学科的合作也体现在与横断科学的密切联系中。在现代科学的发

① 韩忠太,张秀芬. 学科互动:心理学与文化人类学[J]. 云南社会科学,2002(3):60-65.
② 郑剑虹. 历史学与心理学的结合[J]. 社会科学,1997(5):68-71.
③ 刘新学. 数学与心理学的发展[J]. 赣南师范学院学报,2004(4):31-34.
④ 郭永玉. 论物理学作为心理学的榜样[J]. 教育研究与实验,2002(4):41-43.
⑤ 孟维杰. 现代心理学自然科学品性探析[J]. 南京师大学报(社会科学版),2007(5):86-90.
⑥ 徐冰. 心理学与社会学之间的诠释学进路[J]. 中国农业大学学报(社会科学版),2007(3):167-176.

展进程中,所谓的横断科学是在概括和综合多门学科的基础上形成的一类学科,是从众多学科的研究对象中抽出某一特定的共同方面作为研究的内容,其研究横贯多个甚至一切领域,对具体学科往往能起到方法论的作用。信息论、控制论和系统论就是传统的横断科学。耗散论、协同论和突变论则是新兴的横断科学。无论是"旧三论"还是"新三论",都与心理学的研究有着密切的联系,或者都对心理学的研究产生过十分重要的影响。心理学与这些横断学科形成的关系就是合作的关系。这些横断学科与心理学结成了重要的研究联盟。

信息论的研究涉及信息的接收、编码、变换、存储和传送。受信息论的启发,一些心理学家也开始把人看作是接收、加工和传送信息的装置。信息加工的认知心理学就是以信息加工作为理论框架,把人的认知看作信息加工的系统,所以认知心理学也被称为信息加工心理学。正是运用信息加工的观点,认知心理学试图揭示人的内在心理机制,将其看作信息的获取、储存、复制、改变、提取、运用和传递等加工过程。认知心理学的研究涉及人的感知、注意、记忆、心象、思维、语言等。人的认知作为信息加工的系统,能够通过认知来表征现实世界或外部对象,能够通过认知的操作和计算来变换其表征的现实世界或外部对象。心理的表征和计算是所有认知活动或智能活动的基础。认知心理学的研究目的就在于揭示和说明心理的表征和计算。人的心灵或认知无论在结构上还是在资源上都是有限的。心灵作为信息加工系统依赖于神经基础,但不必归结于神经系统。因此,同样的信息加工过程可以在物理系统或生物系统等完全不同的基础上实现出来。脑科学的研究、认知神经科学的研究都为心理学研究的深入提供了必要的前提和基础。这关系到脑科学的研究,[①]也关系到多学科对意识与大脑的研究,[②]还关系到当代心理学的研究新进展。[③]

控制论的主张在于,任何的系统都要涉及调节、操纵、管理、指挥、监督等方面。控制论研究一切控制系统(包括生命系统、社会系统)的信息传输和信息处理的特点和规律,研究用不同的控制方式达到不同的控制目的。心理控

---

① 商卫星. 脑科学与心理学研究[J]. 医学与哲学(人文社会医学版),2007(1):5 – 10.
② 汪云九,杨玉芳,等. 意识与大脑——多学科研究及其意义[M]. 北京:人民出版社,2003:17.
③ 郭本禹. 当代心理学的新进展[M]. 济南:山东教育出版社,2003:359 – 382.

制论是运用控制论的原理和方法研究人的心理的科学,是心理学与控制论相互渗透而形成的学科。这是 20 世纪 70 年代以来形成的学科。心理控制论认为,人总是居于一定的系统之中,成为一定系统中的子系统,并与其他子系统构成一定的控制关系。人的行为是在人的心理支配下进行的,但人的行为并不是天然地适应于一定系统的功能要求,需要加以调整和控制。一般地说,心理控制论包括两类基本的研究内容:同系统相适应的人的心理状态(认同性、积极性、相容性、适应性),系统中人的心理控制(指令控制、诱导控制、威胁控制、监督控制、自我控制)。心理控制论的诞生,为传统的心理学研究提供了新的途径和方法,而且在人的各种活动领域中都有重要的实际意义。

系统论的研究表明,系统是由若干要素以一定结构形式联结构成的具有某种功能的有机整体,其中包括要素、结构、功能。整体性、关联性、时序性、等级结构性、动态平衡性等,是系统共同的基本特征。系统论的核心思想是整体观念,系统不是各个部分的机械组合或简单相加,系统的整体功能是各要素在孤立状态下没有的新质(整体大于部分之和)。研究系统的目的在于调整系统结构,协调各要素关系,使系统更加优化。从系统论来看,人处于物理系统、生物系统、社会系统的交叉点上。物理系统是人的自然属性的基础,生物系统是人的生物属性的基础,社会系统则是人的社会属性的基础。人的心理是一个多层次、多水平、多维度的复杂系统。

耗散论的观点认为,一个处于非平衡态的开放系统,通过不断从外界环境中获取物质和能量而带进"负熵流",进而可以从原来的无序状态转变为有序状态,使系统形成具有某种功能的新的层次结构。这种非平衡态下的有序结构被称为耗散结构。一个开放型的耗散结构系统(如人体系统、经济系统等)从外界环境吸收物质和能量而带进"负熵流"的功能特性,可称之为系统的耗散性。耗散结构论是关于系统自组织的理论,自组织就是进化。耗散结构论认为,生物体就是非平衡有序的结构系统,系统的形成和延续只能在系统不断与环境进行物质、能量、信息交换的条件下进行。著名的物理学家普利高津(Ikya Prigogine,1917—2003)认为,非平衡有序结构的特点是,一方面是有序,一方面是耗散,系统是在物质和能量不断耗散中形成和维持的。人的心理也是一个自组织的有序系统,心理发展和心理活动要通过不断同外界环境进行物质、能量和信息的交换实现。目前,耗散结构论也影响到了现代心理学。① 例如,皮亚杰的发生认识论、列昂节夫的活动理论、费斯廷格的认知不协调理论、斯腾伯格的智力三元理论等,基本精神都与耗散结构论一致。

协同论是应用广泛的现代系统理论,并在自然科学与社会科学之间架起了一座桥梁。协同论认为,一个系统从无序向有序转化不在于是否处于平衡状态,也不在于偏离平衡有多远,而在于开放系统内各子系统之间的非线性相干作用。这种相干作用将引起物质、能量等资源在各部分的重新搭配,即产生涨落现象,从而改变系统的内部结构及各要素之间的相互依存关系。一个由大量子系统组成的复杂系统,在一定条件下各子系统之间通过非线性相干作用能产生协同现象和相干效应,该系统在宏观上就能形成具有一定功能的自组织结构,出现新的时空有序状态。协同论是关于系统内部复杂自组织行为的理论。协同是形成自组织结构的内在根据。协同论的原理符合人的心理系统的特性。心理系统虽然受环境影响,与环境相互作用,但决定心理系统发展和变化的还是心理系统自身的变量。

突变论涉及不连续的现象。突变论研究的过程本身是连续的,但连续的原因造成了不连续的结果,这种现象就可称之为突变。突变论力图揭示造成这种不连续性的一般机制。突变的本质是系统从一种稳定状态经过失稳向另一种稳定状态的跃迁,这是自然界和生物界进化的内在动力之一。自然界有许多与不连续性有关的现象。这种不连续性既可以体现在时间上,如细胞分裂,也可以体现在空间上,如物体的边界或两种生物组织之间的界面。这种不连续性使人们在用连续性的数学方法处理问题时,面临巨大数量的状态变量的难题,而突变理论却可解决这一难题。当处理复杂系统时,只要观察到某些突变特征,就可选择合适的状态变量和控制变量,并用突变模型来拟合观察结果。突变论既可运用于自然科学,也可运用于心理科学。例如,在研究攻击行为、决策心理、语言识别、心理顿悟方面,突变理论都显现出了自己的优势。

随着当代的科学发展,又相继出现了相变论、混沌论和超循环论等所谓的新新三论。相变论主要研究平衡结构的形成与演化,混沌论主要研究确

① 李仲涟.耗散结构论与心理学[J].湖南师范大学社会科学学报,1989(5):36-41.

定性系统的内在随机性,超循环论主要研究在生命系统演化行为基础上的自组织理论。新新三论对心理学研究可以具有的理论价值和学术意义,或者心理学可以与新新三论具有的关系,可以从新新三论中获取的启示和引导,还值得学术界、心理学界等方面进一步地考察和探讨。其实,在我国心理学的研究中,很早就已经开始有了对新新三论的相关方面的探讨,如涉及混沌论的相关研究。①② 当然,这样的研究还属于介绍性的和初步性的,遗憾的是并没有后续的深化研究和扩展探索。心理学与这些横断学科的关系就是合作的关系。心理学研究中许多突破性的进展,就来自这些横断学科的建树。

五、共生的关系

20 世纪 90 年代初期,在认知科学的研究中出现了一种新的研究取向。这种新取向的倡导者将其称为共生主义研究取向(enactive approach),并认为这一取向超越了认知主义和联结主义,是其连贯的、接替的发展。瓦雷拉(Francisco Varela,1946—2001)等人于 1991 年出版的著作《具体化的心灵——认知科学与人类经验》,可以看作是共生主义研究取向的一部代表作。③ 认知主义的隐喻是计算机,联结主义的隐喻是神经系统,而共生主义的隐喻是人的生活经验。共生的观点强调,认知并不是先定的心灵对先定的世界的表征,而是在人从事的各种活动历史的基础上心灵和世界的共同生成。立足共生的观点,瓦雷拉等人认为,尽管近年来对心灵的科学研究进展很快,但很少从日常的生活经验来理解人的认知。这导致的是脱离日常生活经验的科学抽象,结果使心灵科学落入客观主义和主观主义的窠臼。实际上,这也就是把心灵与作为对象的世界分离开了,假定了内在心灵的基础和外在世界的基础,所以也可称此为基础主义。如果把认知主义、联结主义、共生主义看作认知心理学或认知科学的三个连续阶段,那么基础主义便随着上述理论框架的变化而逐渐地衰退和崩解了。

---

① 李薇,徐联仓.混沌现象及其在生理心理系统中的意义(一)[J].心理学报,1987(3):307-311.
② 李薇,徐联仓.混沌现象及其在生理心理系统中的意义(二)[J].心理学报,1987(4):394-398.
③ Varela, F. J., Thompson, E., & Rosch, E. *The Embodied Mind*：*Cognitive Science and Human Experience*. Cambridge, MA：The MIT Press,1991.

认知心理学乃至认知科学要采取共生主义研究取向,就必须包容人类的经验。瓦雷拉等人认为,佛教对心灵觉悟的探索和实践是对人的直接经验的极为深入的分析和考察。这不仅强调人的无我的心灵状态,而且强调空有的世界。因此,有必要在科学中的心灵与经验中的心灵之间建立一座桥梁,在西方的认知科学与东方的佛教心理学之间进行对话。这有助于克服西方思想中占优势的主客分离和基础主义的观点。瓦雷拉等人将引入佛学传统看作是西方文化历史中的第二次文艺复兴。总之,可以从中看到,认知心理学的研究范式的演化正在从一开始立足抽象的、人为的认知系统,转向立足生动的、具体的人的心灵活动。

生态学的出现不仅是一个新的学科的诞生,而且是一种新的思考方式的形成。这种方式突破了传统分离的、孤立的、隔绝的思考,建立了当代联结的、共生的、和谐的思考。这种方式不仅带来了对事物的理解上的变化,而且带来了研究者的眼界和胸怀的扩展。生态的核心含义是指共生。生态学的核心主张就是共生主义。所谓的共生不仅是指共同生存或共同依赖的生存,而且是指共同发展或共同促进的发展。其实,生态学的含义不仅是指生物学意义上的,而且包含着文化学、社会学和心理学的意义。生态学的含义在一开始的时候,更多地是在生物学意义上的理解。只是随着生态学的进步和发展,其意义才开始扩展到其他的学科领域,才开始进入到人类生活的各个方面。正因为有了生态的含义,才使得科学的研究和思考有了更宽广的域界。

其实,生态学的方法论能提供的是整体观、系统观、综合观、层次观、进化观、同生观、共生观、互惠观、普惠观等一些重要的思路、思想、思考。这可以改变原有心理学研究中盛行的思想方法和研究方式。[①] 整体观是通过整体来理解部分,或者把部分放置到整体之中加以理解。系统观是把系统的整体特性放在优先的位置上。综合观是相对于分析观而言的,是把构成的部分或组成的部分统合或统筹地加以理解。层次观是把构成的部分看作是分解成不同水平的、不同层次的、不同阶梯的、不同构成的存在。进化观是从发展的方面、接续发展的方面、上升发展的方面、复杂化发展的方面、多样化发展的方面等,去理解事物的进程、进展、优化和优胜。同生观是把生命

---

① 　葛鲁嘉.心理学研究的生态学方法论[J].社会科学研究,2009(2):140-144.

或生物的生长和发展看作是相互支撑的、互为条件的、互为因果的、互为前提的。共生观是把发展看作是彼此促进的、协同发展的、共同生长的。互惠观是把自身的发展看作是对他方发展的促进,同时又反过来促进自身的发展和进步。普惠观则是把个体成员的成长和发展看作是对整体的不可或缺的条件,在一个整体中,个体的变化和发展都是具有整体效应的。

生态学和共生论为理解心理学与其他学科的关系提供了重要的方法论,心理学与其他学科的关系就是共生的关系。心理学与其他学科的研究都可以置于生态学方法论的框架中。

第二节　科学认识的基础

有研究指出,属人性是认识客体的最本质的规定。如果没有了这一属性,客体与自在的存在就没有了根本的或本质的区别。"主客体之间存在着同时性",就是指认识主体和认识客体在历史上同时发生,并且同时并存。科学仪器与认识主体之间的最根本区别就在于,科学仪器不具备人特有的社会历史性和自觉能动性。科学仪器根本不属于认识客体范畴,而是从属于认识主体,并且是认识主体系统的要素之一。例如,对于主体而言,科学认识客体的存在具有客观性,这是其基本的属性。不论是巨大天体还是基本粒子,也不论是原生生物还是复杂人体,作为认识客体,都是客观存在着的具体物质形态,其运动规律均不以认识主体为转移。即使是人工自然,一旦被创造出来,就是对象化了的客观存在,其存在和发展规律同样不依赖于研究者的意识。甚至人的精神活动及其成果,虽然本身具有精神属性,但作为认识对象,就具有对象化的客观意义。因此,科学认识客体更本质的属性是其属人性。作为科学认识主体对象性活动的客体的,只能是外部世界中同主体现实的需要、本性和本质力量相适应,因而对主体具有现实意义的那一部分存在。可以把科学认识客体对于主体在发现自然规律的活动中的现实需要和现实能力的依赖性这一特点,叫做客体的属人性。①

---

① 李建珊. 科学认识论的若干问题[J]. 文史哲,2005(6): 130 - 137.

科学创新思维方法论研究曾长期停留于"直觉""顿悟""想象"等抽象概念,当代西方科学哲学在新的思想平台上对科学创新的思维方法进行具体的研究、描述和建立思想模型,这无疑是一个巨大的理论进步。目前,国外的科学创新方法论研究主要有三种取向,并初步形成三种理论模型:一是语境论取向,运用当代语言哲学的语境理论,从语境的层面揭示科学创新思维的方法和模型;二是意向论取向,把当代认知科学和心智哲学的意向性理论运用于科学创新思维问题的研究,从人类心智认知特征的层面揭示科学创新思维的方法和模型;三是隐喻论取向,把当代哲学关于隐喻的新理论运用于科学创新思维的方法和模型的研究。

一是当代语言哲学的语境理论为研究科学创新问题,提供了一种新的思想框架。从语境论来看,科学创新就是在特定创新难题与特定科学实践语境的相互作用中实现难题的求解。按照这种科学创新理论,科学创新是从特定的难题开始的,难题的解决就是创新的实现;任何难题都不可能是孤立的,而必定处于由相应的约束项目构成的语境之中,并通过各语境要素的相互作用来实现难题的求解。二是当代哲学的心理意向性理论为科学创新思维研究,提供了重要理论工具。选择意向论进路的学者认为,科学创新思维的本质是在思维中形成此前所未有的新的心理表征内容,而这个新的表征内容(即思想)正是通过心智的意向性活动建构起来的,正是在心智的选择性、超时空性和构造性的表征活动中形成的。科学创新的形成过程就是科学家运用心理操作程序对心理表征进行意向性心理操作,通过类别化、概念化、范畴化、模型化而形成新的精神表征。三是关于隐喻的理论也为人们探讨创新思维问题开辟出一条新的研究进路。所谓的科学创新,就是通过隐喻思维把尚未理解的事物与已经理解的事物联系起来,使新事物的某些方面的性质和关系通过已经理解的事物显示出来;或者是联系已经理解的事物,借助隐喻创造出新的事物,把不理解的事物转化为可理解的事物。①

心理学的科学认识和创新思维也同样依赖于上述的基础。语境论取向、意向论取向和隐喻论取向在心理学的创新发展中也得到了体现。这不仅对心理学史的研究产生了巨大影响,而且对心理学具体研究的理论建构

---

① 刘高岑. 当代西方科学哲学的科学创新研究述评[J]. 哲学动态,2008(1):67-71.

也产生了重要影响。

第三节　科学技术的基础

科学是科学共同体采取经验理性的方法而获得的有关自然和社会的规律性和系统化的知识体系。技术也是一种特殊的知识体系，一种由特殊的社会共同体组织进行的特殊的社会活动。不过，技术这种知识体系指的是设计、制造、调整、运作和监控各种人工事物与人工过程的知识、方法与技能的体系。

科学的目的与技术的目的并不相同。科学的目的与价值在于探求真理，揭示自然或世界的事实与规律，求得人类知识的增长。技术的目的与价值则在于通过设计和制造各种技术工具或人工事物，以达到控制自然、改造世界、增长社会财富、提高社会福利、增加人类福祉的目的。

科学的对象与技术的对象并不相同。科学的对象是自然界，是客观的独立于人类之外的自然系统，包括物理的系统、化学的系统、生物的系统和社会的系统。科学就是要研究自然的结构、性能与规律，理解和解释各种自然现象。技术的对象则是人工的自然系统，即被人类加工过的、为人类的目的而制造出来的人工物理系统、化学系统、生物系统和社会系统，等等。

科学与技术在处理问题和回答问题时使用的语词方面有很大的区别。在科学中只出现事实判断，不出现价值判断和规范判断，只出现因果解释、概率解释和规律解释，不出现目的论解释及其相关的功能解释。因而，科学只使用陈述逻辑。技术回答问题就不仅要使用事实判断，而且要做价值判断和规范判断，不仅要用因果解释、概率解释和规律解释，而且要出现目的论解释和相关的功能解释。

科学与技术在社会规范上也有所不同。科学共同体的基本规范具有普遍主义(世界主义)、知识公有、去除私利和怀疑主义等四项基本原则。技术的发明却在一定的时期里是私有的，是属于个人或专利人的。科学无专利，保密是不道德的，而技术有专利，有知识产权保护，泄漏技术秘密、侵犯他人专利、侵害知识产权等，都是不道德的，甚至是违法的。

有研究指出,技术哲学问题可以涉及六个方面的内容:一是技术的定义和技术的本体论地位;二是技术认识的程序论;三是技术知识结构论;四是常规技术与技术革命;五是技术与文化;六是技术价值论与技术伦理学。①

在学术界一直存在着技术中性论(value-neutral)与技术价值论(value-laden)之争。技术到底是价值中立的,还是技术本身就是负载价值的,这是个一直都没有厘清的问题。纵观技术中性论者与技术价值论者的观点,不难看出,之所以有这样的争论,主要源于对技术本质的不同理解。换句话说,技术中性论者与技术价值论者眼中的技术可能是根本不同的,两者之间存在着"知识分裂",而这一点可能正是造成技术中性论者与技术价值论者不能达成观点共识的根本原因。

在技术工具论者看来,技术就是工具、手段,技术工具论者并不否认技术的应用和技术的应用后果是有善恶之分的,是存在价值判断的,但技术本身(即技术工具、手段)是价值中立的,作为中立的技术工具只有效率高低之分,而不应从善恶等价值尺度出发去衡量,即应该把技术本身同技术的应用区别开来。

技术建构论与技术决定论的技术价值观是价值论。技术价值论主要表现为社会建构论和技术决定论两种观点。从社会建构论对技术本质的理解出发,自然会得出技术是负载价值的这一结论。现代技术自主地控制着社会和人,决定着社会发展和人的命运。技术成了一股强大力量,左右着人类的命运,技术的发展和进步无须依赖于人的力量和其他的社会因素,技术有着自身的独立的意志与目的,负载独立于人的客观存在的价值。

技术过程论的技术价值观是主张内在价值与外在价值的统一。从过程论的观点来看,作为显示技术的最初表现形态的技术发明不是单纯的手段,而是合目的的手段,手段承载了人的目的,也就承载了人的价值。但是,体现在技术手段中的人的价值也是潜在的,是没有成为现实的价值,因此技术发明不仅体现内在的真理价值,而且体现潜在的外在的社会价值。从技术发明到生产技术是技术形态的又一次转化,从技术发明转化为生产技术的

① 张华夏,张志林.从科学与技术的划界来看技术哲学的研究纲领[J].自然辩证法研究,2001(2):31-36.

过程,是技术的社会价值实现的过程,也就是技术原理与技术发明中承载的潜在价值转化为现实的过程。①

心理学的技术发明和技术应用同样立足于上述的基础。而且,心理学的技术问题和技术实施要更复杂更艰难。人类的存在和心理的存在不仅是可以被动改变的,而且是可以自主生成的。

第四节　科学创造的基础

有研究指出,科学创新是现代科学发展条件下,包括科学认识、科学发现和科学应用在内的从整体上描述科学活动过程的概念。技术创新的性质是认识创新与实践创新的统一。科学创新的性质界定为认识创新,是指创造或发明解释、分析世界的一种新方式,主要表现为概念创新、理论创新和方法创新。科学创新与技术创新是两种不同性质的创新活动。可以把科学创新的性质界定为认识创新,而技术创新作为发明的首次商业化应用过程,其性质属于实践创新。由此可以说,科学创新是一个认识论范畴,而技术创新是一个经济学范畴。科学创新与科学发现的区别在于,科学创新是着眼于科学的创造性活动,科学发现则是遵循固有的逻辑推理规则,揭示出客观事物中既有的规律。在科学哲学领域,用科学创新来代替科学发现和科学说明,是一个根本性的转换。因为,正是科学创新的概念范畴为科学中的创造性说明提供了一种可能的探索和研究。②

原始性创新是指通过科学实验和理论研究探索事物的现象、结构、运动和规律,或者运用科学理论解决经济社会发展中关键的科学技术问题。原始性创新的成果可以体现为重大的科学发现、理论创新、技术创新和工具发明等。原始性创新有不同的影响因素,不同的影响因素具有独特的内涵。可以将这些影响因素分为内在因素和外在因素。内在因素有原始积累、核

---

① 张铃,傅畅梅.从技术的本质到技术的价值[J].辽宁大学学报(哲学社会科学版),2005(2):11-14.
② 林晶.哲学视域中的科学创新——科学创新的概念释义[J].山东科技大学学报(社会科学版),2003(4):7-9.

心人物、团队协作、原创技巧、科研兴趣,外在因素包括创新氛围、激励机制(包括经费支持、评价体系、奖惩标准、实际待遇、政策体系、相应制度)等。原始性创新是始于问题,孕于积累。通过国家的科学能力基础、基础研究人才、学术传统、个体经验、知识传递和家庭教育等方面的科学积累,核心人物凭借自己的学术造诣,正确把握学科发展方向,为创新群体做出适宜的战略选择。①

心理学的发展,心理学在中国本土的发展,是需要通过原始性创新来推动的。在中国现代科学心理学的起步阶段,其发展是通过引进、介绍、翻译、复制和模仿来进行的。长期的追随和模仿,给中国心理学带来了许多研究上的便利,但也使中国本土心理学的发展付出了许多沉重的代价。在中国心理学早期的发展中出了许多的翻译人、评论人、介绍人、推荐人,但却鲜见开拓者、创新者、创建者、建构者。

没有创新的学科是没有生命力的,没有创新的心理学就是没有灵魂的心理学。在中国本土心理学的发展中,创新、学术创新、原始性学术创新,是决定中国本土心理学未来前途和命运的至关重要的方面。在没有创新的心理学中,在没有创新的心理学研究中,在没有创新的心理学发展中,跟随者和模仿者成了主流和主导,这会让中国的心理学失去发展动力。

第五节　科学发展的基础

有研究确认和确立了科学哲学家库恩的范式论具有的心理学方法论蕴涵。② 研究认为,对于心理学而言,库恩的范式论含有丰富的方法论思想和主张。在心理学的研究对象上,范式论对科学主义的分析与批判,对科学中的人性的肯定和张扬,都有助于科学心理学重新回到人的主题上。在心理学的研究方法上,范式论对自然科学的解释学特征的阐释,使人文心理学的解释学方法进入科学心理学成为可能。在心理学的理论建设上,范式论批

---

① 陈雅兰,等.原始性创新的影响因素及演化机理探究[J].科学学研究,2003(4):433-437.
② 丁道群.库恩范式论的心理学方法论蕴涵[J].自然辩证法研究,2001(8):56-59,69.

判了科学的"积累观",这就使理论心理学可能走向复兴。

有研究考察了库恩的范式论与心理学的发展。① 研究认为,库恩的范式论在心理学界引起了革命论与渐进论的争论,促进了对心理学的科学性的反思。库恩的范式论本质上是科学观和方法论,是对科学主义的反叛。库恩对文化历史、社会心理和价值取向等因素的关注,都有利于消除心理学中科学主义与人文主义的对立,并促进心理学的科学统一与理论整合。范式论十分强调理论学说或研究范式在科学研究中的作用,为理论心理学的复兴提供了哲学依据。库恩对科学主义的价值中立说进行了批判,提出了相对真理观和多元价值论,这也为心理学重视文化因素提供了方法论基础。该研究也认为,库恩的观点有利于心理学家认识到心理学研究的价值负荷特性,使重视社会历史文化因素成为可能。库恩的范式论也有利于摆脱西方中心主义对心理学的影响,而建立起心理学的多元文化模式。

有研究认为,范式论对心理学具有双重的意义,其中蕴含着深刻的矛盾。② 就积极的意义或方面而言,范式论有利于消除心理学不同研究范式之间的对立,促进不同范式之间的相互理解与融合。这会启发人们对传统心理学的理性主义人性观进行批判性反思,并彰显理论研究对心理学的重要性。就消极方面而言,如果不能全面把握范式论对心理学的方法论蕴意,盲目地将库恩的科学发展模式引进心理学,就意味着对心理学中的实证主义取向或倾向的认同。此外,范式论倡导的相对主义价值观则有可能加剧心理学的分裂与破碎。把范式论的相对主义真理观移植到心理学的研究中,不仅会使现存的各种心理学范式之间的横向联系变得更加疏远,而且历史上前后相继的心理学流派之间的关系也将被割断,以致至少从理论上和逻辑上看,心理学的分裂和破碎都会成为不可避免的结局。

如何理解科学的发展,如何解释科学的演变,或者推进一步,如何理解心理学的发展,如何解释心理学的演变,都是决定着心理学前途的非常重要的方面。心理学应该按照什么方式来发展,心理学应该由什么来决定自己的前途,心理学应该靠什么来推动自己的进步,这都是心理学研究者必须思

---

① 郭爱妹.库恩的范式论与心理学的发展[J].江海学刊,2001(6):102-107.
② 杨莉萍.范式论对于心理学研究的双重意义[J].南京师大学报(社会科学版),2001(3):90-96.

考和面对的重大问题。

　　心理学作为一门科学,其发展是取决于心理学内部的要素和动因,还是取决于心理学外部的要素和动因,还是取决于特定的组合的要素和动因,这也是心理学研究者要思考和研究的重大问题。应该说,心理学的发展、心理学研究的发展、心理学学术的发展,是需要自己立足的基础或根基的。否则,心理学学科的发展就会成为浮萍,就会随波逐流,就会漂浮不定。其实,强调心理学本土化的发展,最核心的就是为心理学的发展寻求文化的根基、文化的土壤、文化的环境、文化的资源和文化的滋养。

第五章　心理学的资源

　　在心理学的研究中,考察心理学的历史、现实和未来的形态或资源,将其作为心理学发展的重要基础,是心理学非常重要的研究内容。心理学的资源包括心理学的文化资源、思想资源、学术资源,心理学资源的考察涉及常识形态的心理学、哲学形态的心理学、宗教形态的心理学、类同形态的心理学、科学形态的心理学和资源形态的心理学。

第一节　心理科学资源论析

　　心理学在自身的历史进程和历史演变中实际存在着不同的、多样的历史形态,在自身的未来发展和未来进步中也将具有独特的、开放的未来形态,其中包括和涉及常识形态的心理学、哲学形态的心理学、宗教形态的心理学、类同形态的心理学、科学形态的心理学和资源形态的心理学。当代心理学的发展不应该抛弃、舍弃、放弃、遗弃和丢弃自己的不同历史形态的心理学,也不应该忽视、漠视、歧视、轻视和小视自己的可能未来形态的心理学。心理学应该把自己的不同形态当作发展和扩展自身的可以借用的文化历史资源和现实学术资源,从而扩大自己的视野,挖掘自己的潜能,丰富自己的研究,完善自己的功能。对学科资源、对心理资源的考察,是心理学学术研究非常重要的任务。忽略心理学自身的资源,会严重影响到心理学的健康发展。这也是讨论和分析心理资源的重要意义和重大价值。

一、资源的内涵

在关于心理学发展历史的研究中,在关于心理学演变进程的考察中,流行的经典说法是,心理学作为一门学科,曾经有一个长期的过去,但只有一个短暂的历史。这种描述的含义在于,心理学作为非实证科学的形态有数千年漫长的演变,但心理学作为实证科学的形态则只有一百多年短暂的发展。或者,作为现代的实证科学的心理学只有非常短暂的一百多年的历史,作为十分古老的和长期探索的心理学却有着十分漫长的、非常久远的过去。在关于心理学的历史演变的研究中,通常认为,心理学的发展只是一个连续的更替关系。现代的、后来的实证科学的心理学淘汰和取代了原有的、传统的其他形态的心理学,成为唯一合理的、独一正统的心理学。其他形态的心理学则成为了历史的古董和淘汰的垃圾。

但是,实际的情况并非如此。在科学形态的心理学诞生之后,其他不同形态的心理学仍然与之并存着,仍然发挥着各自的作用。通常还认为,历史上只有哲学的心理学和科学的心理学。科学的心理学是从哲学的母体中诞生出来的。科学心理学在取得独立之后,就取代了哲学心理学,成为唯一合理的心理学。其实,这只是一种非常幼稚的、极其单纯的理解。在人类的认识史中有过各种不同的关于心理行为的探索,或者出现过的心理学探索有着许多种不同的形态。这些不同形态的心理学并没有随着现代科学心理学的出现而消亡,而是依然存在于现实生活和学术研究之中,并在不同的生活领域和思想领域中发挥着重要的作用。这也就是,实际上存在有许多种不同形态的心理学。归结或总括起来,可以有六种不同形态的心理学,或者在人类文化史的角度共出现六种不同形态的心理学,即常识形态的心理学、哲学形态的心理学、宗教形态的心理学、类同形态的心理学、科学形态的心理学和资源形态的心理学。解读这六种不同形态的心理学,考察其相互之间的关系,对于心理学的发展和进步有着至关重要的作用。

对于心理学的学科发展来说,所谓的资源或学科资源是指学科生成或演化的基础条件,或者是指学科创生或创造的前提条件。任何的存在都有自己的生成和发展,任何的生成和发展都需要一定的条件或基础。那么,资源就是这样的基础条件或前提条件。资源是长期的历史积淀,是不断的条件积聚。这种资源的存在是促成进一步的发展所必需的。

如果更进一步去分析心理资源的含义,心理资源可以有两种重要的、不同的内涵:一是指心理行为发生的基础条件;二是指心理科学发展的基础条件。作为心理行为发生的基础条件是指,人的心理或心理生活是生成性的,或者是创造性的,在生成与创造的过程中是需要特定资源的。所谓的心理资源就是指人的心理或心理生活的建构基础、生成条件、成长养分和拓展依据。人的物质生活需要资源,人的心理生活也同样需要资源。作为心理科学发展的基础条件则是指,心理学学科的生成、发展和壮大,立足于多种多样的养分或滋养。这就包括自然的资源、文化的资源、社会的资源、历史的资源、现实的资源,等等。其实,心理资源的两种不同内涵也是相关的、相通的。或者说,无论是心理行为发生的基础条件,还是心理科学发展的基础条件,两者也有共同的、重叠的地方。养成心理行为的也会养成心理科学,反过来,促成心理科学的也会促成心理行为。心理行为与心理科学本来就应该是一体化的。

在心理学的研究中,考察人的心理行为的生理资源或心理资源,将其作为衡量人的心理或认知的重要方面,是心理学非常重要的研究内容。在心理学的研究中,考察心理学的历史、现实和未来的形态或资源,将其作为心理学发展的重要基础,也同样是心理学非常重要的研究内容。要更好更快地发展心理学,勘探、挖掘、开采、提取和运用自身的资源,是心理学研究必须关注和重视的任务。

心理资源具有自己的特性、特征、特点和特长。如果涉及心理资源的存在、功能、提取和转用,等等,就会涉及心理资源的一些十分重要的特性、特征、特点和特长。对心理资源的这些方面的把握和了解,是阐释和说明心理资源的非常重要方面。

首先,心理资源具有的一个重要特点是,心理资源既可以是有形的存在,也可以是无形的存在。有形存在的心理资源包括心理存在和变化的自然、社会、机体、大脑等物质条件。无形存在的心理资源则包括心理存在和变化的意义、价值、文化、符号等非物质条件。这就给心理资源的存在和理解带来了种种的不同和变化。如果仅仅重视有形的心理资源,或者仅仅重视无形的心理资源,都可能是非常片面的。其实,在心理学研究中还原论的盛行,就体现了把人的心理行为归结到实现的基础、条件或资源上。在心理学成为实证科学的门类之后,对人的心理行为的探索就一直立足还原论。例如,物理主义的还原就是把人的心理行为看作是按照物理规律活动的存在,生物主义的还原则是把人的心理行为看作是按照生物规律活动的存在。

其次,心理资源再有的一个重要特点是,心理资源既可以是自然的存在,也可以是社会的存在,也可以是文化的存在。自然的心理资源是在大自然的漫长演进过程中逐渐生成和积累起来的。这构成了人的心理存在和发展的自然基础和自然条件。显然,人的心理的存在和发展,不可能脱离开自然的构成、自然的过程、自然的环境。可以说,自然是人的心理行为依托的最基础的资源条件。人在长期的自然演进和演化过程中,就是依赖于自然资源来推动和改变的。人又是社会的存在,具有社会的性质。人不仅是个体化的,而且是群体化的。或者,人是按照社会构成的方式生存和发展的。社会的存在、社会的生活、社会的演变,也就成为人的心理行为的社会基础或社会资源。再者,人又是文化的存在。人创造了文化,人创造的文化反过来又成为人生存和发展的条件或资源。人按照文化的方式生活和发展,人的心理行为也有自己的文化印记和文化方式。

再次,心理资源还有的一个重要特点是,心理资源只有按照人的心理存在的方式来解读和转用才是有价值的。否则,心理资源也就不过是自然物理的存在。这也就是心理资源的人性化的价值。所以,心理资源和心理行为是互生的或共生的关系。脱离了任何一方,另一方的存在就会失去根基和理由。正是在这个意义上,心理资源的探索才会与心理科学的研究建立起关联。任何的心理学探索作为心理资源,都是取决于心理学对人的心理行为的独特的考察和探索。只有从与人的关联,从与人的心理行为的关联,从与人的心理行为的探索的关联,才会真正揭示出心理资源的内涵、特性、变化、功能,等等。

二、文化的资源

任何一个学科的生成、发展、进步、拓展,等等,都需要文化历史、文化传统、文化现实、文化发展、文化创造和文化建构的资源。心理学的生成、发展、进步和拓展也同样是如此。心理学与文化的关系就是指心理学在自身的研究、发展和演变的过程中,与文化的背景、文化的历史、文化的根基、文化的条件和文化的现实等产生的实际关联。心理学与文化的关系有着特定的和特殊的内涵,也经历了历史的演变和现实的发展。这包括经历了文化的剥离、文化的转向、文化的回归和文化的定位。心理学与文化的关系性质涉及文化心理学、跨文化心理学、本土心理学和后现代心理学。心理学与文化的关系界定则涉及心理学的单一文化背景和多元文化发展。心理学与文化的关系意义则涉及心理学研究的新视野、新领域、新理论、新方法、新技术和新发展。

1. 心理学与文化的关系内涵

心理学的发展和研究与文化有着十分密切的关系。[①] 文化与心理学有相互作用的关系。[②] 无论是关于心理学的发展,还是关于心理学的研究,研究者针对心理学与文化的关系的理解却千差万别。合理地理解心理学与文化的关系,是决定心理学的发展和研究十分重要的方面。心理学的学科、研究和发展,都植根于本土文化的土壤。但是,不同的心理学研究者关于心理学与文化的关系的理解和认识则是十分不同的。甚至在很长的历史时段中,很多的心理学家都并没有意识到文化对于心理学研究和发展的重要意义和重大价值。

尽管实证科学的心理学是在心理学实验室中诞生的,但是心理学学科本身的历史发展和演变却是在特定的文化生态环境中进行的。对于心理学的研究来说,无论是研究对象还是研究方式,都有着文化的体现、文化的性质或文化的特征。可以说,如果没有对心理学与文化的关系的合理考察和理解,就会使心理学的研究和发展具有很大的盲目性。其实,当心理学的发展依附于自然科学的传统,而忽视自己的社会科学和文化科学的传统时,心理学关于对象的理解和关于学科的理解都曾经是无文化的,因而心理学也就一度曾经是扭曲的和错位的。

有研究把跨文化心理学、文化心理学和本土心理学看作是涉及心理学

---

① 葛鲁嘉.心理文化论要——中西心理学传统跨文化解析[M].大连:辽宁师范大学出版社,1995:28-30.
② 纪海英.文化与心理学的相互作用关系探析[J].南京师大学报(社会科学版),2007(4):109-113.

与文化关系的三种不同的心理学研究,是有关文化与心理学关系的三种主要的研究模式,也是三种代表性的研究分支。其中,跨文化心理学的研究是对不同文化背景中的不同文化群体的心理行为进行比较,文化心理学的研究则是考察和解说文化对人的心理行为的影响,本土心理学的研究则是考察和解说本土背景中与文化相关的和从文化派生出来的心理行为。跨文化心理学、文化心理学和本土心理学,都为心理学的研究提供了独特的研究方式或研究模式,都成为心理学研究的重心和热点。这三种重要的研究模式从不同角度阐明了文化与心理学的关系。①

人的心理行为可以包括两极,对人的心理行为的研究也同样可以涉及两极,一极是自然生物的,一极是社会人文的。人的心理行为既是自然生物的,也是社会人文的。关于人的心理行为的研究和解说,就完全可以从自然生物方面入手,也同样完全可以从社会人文方面入手。因此,在心理学的研究和分支当中,就拥有从属于这两极的学科分支。从属于自然生物的心理学分支学科就有生物心理学、遗传心理学、生理心理学、神经心理学,等等;从属于社会人文的心理学分支学科就有社会心理学、文化心理学、民族心理学、跨文化心理学,等等。

尽管科学心理学把心理行为作为本学科的研究对象,但是科学心理学的早期目标仅仅把近代自然科学的成功研究方式移植到心理学中,而没有考虑到心理学研究对象的不同本质或独特性质。这导致的一个直接后果就是,心理学按照近代自然科学的方式来理解和对待人的心理行为,或者按照对待自然物的方式来对待人的心理行为。这种自然科学化的探讨和探索,就导致心理学的研究在许多方面无法合理地探索、理解和解说人的心理行为。心理学的研究因此而忽略和无视人的心理行为的文化特性,也因此而忽略和无视心理科学的文化属性。② 心理学当代的研究目标应该有一个重要的转折,那就是从研究对象的独特性质出发,去开创心理科学的独特研究方式,而不是以放弃人的心理行为的某些性质和特点去贯彻自然科学的研究方式。

---

① 乐国安,纪海英.文化与心理学关系的三种研究模式及其发展趋势[J].西南大学学报(社会科学版),2007(3):1-5.
② 孟维杰,葛鲁嘉.论心理学文化品性[J].心理科学,2008(1):253-255,248.

在心理学科学化的进程当中,西方主流心理学的研究就倾向于把人的心理理解为自然的现象,或者具有与自然现象类同的性质。这一方面促进了心理学成为独立的科学门类,使心理学越来越精密化,但另一方面也使心理学的研究具有一定的缺陷。缺陷主要体现在两个方面。一是心理学的研究成为无文化的研究,或者是弃除了人类心理的文化性质。如心理学早期的实验研究中,运用的刺激是物理的刺激而不是文化的刺激,着眼的反应是生理心理的反应而不是文化心理的反应。二是心理学的研究成为伪文化的研究,或者是扭曲了人类心理的文化性质。如心理学的一些研究中,仅仅把文化看作是一种外部的或无关的刺激因素,或者是假定了人类心理具有共同的机制,文化的内容只是其千变万化的表面现象。这也是在心理学研究中物理还原论、生物还原论等十分盛行的一个重要原因,也就是把复杂多样的人类心理还原到物理的或生理的基础上。

对心理学研究对象的理解必须发生一个重要的改变或转折。那就是不仅把心理理解为自然的和已成的存在,而且把心理理解为自觉的和生成的存在。如此看来,人的心理不仅是能够由研究者观察到的现象,而且是人自觉生成的生活。人的心理生活是通过心理的自主活动构筑的,也是人的心理自觉体验到的。这强调了人与其他自然物的不同,人的心灵具有自觉的性质,而其他的自然物则不具备这样的性质。其他的自然物只能成为研究者认识和改造的对象,而不能成为自己认识和改造的对象。心理生活是常人自主生成和自觉体验到的,这不仅可以成为研究者认识和改造的对象,而且可以成为生活者自己认识和改造的对象。心理生活的生成历程实际上就是文化的生成历程,所以说心理生活具有文化的性质,或者文化不过是心理生活的体现。对于人类的个体来说,作为人类生活产物的文化可以成为背景或环境。无论是就人类整体而言还是就人类个体而言,脱离了心理生活的文化只能具有自然物理的属性,脱离了人类文化的心理也只能具有自然物理的属性。

正是近代自然科学的研究方式使心理学迈进了科学的阵营,但这也使心理学的研究受到了很多局限。这种局限不在于是否揭示了心理学的研究对象与其他自然科学门类的研究对象的共同之处,而恰恰是在于无法揭示其具有的不同之处。心理学研究中的自然科学方式主要表现在三个方面:

追求心理学研究的客观性;依赖研究者感官经验的普遍性;确立实证方法的中心地位。

第一个方面是追求心理学研究的客观性,强调研究者与研究对象是分离的,追求客观性是为了消除研究者的主观性臆想或主观性附会,是为了从对象出发而完全真实地说明对象。这对于自然科学的研究来说无疑是成功的,但在心理学研究中引起了出人意料的后果。那就是在否弃研究者的主观性的同时,也否弃了研究对象的主观性。或者是在强调研究对象的客观性的同时,而否弃了研究对象的主观性。物理学中有过反幽灵论的运动,生物学中有过反活力论的运动,心理学中也相应地有过反目的论或反心灵论的运动。这就使得心理学研究对客观性的追求变成了对研究对象的客观化,而客观化甚至导致对研究对象的物化。

第二个方面是依赖研究者感官经验的普遍性,强调研究者面对与己分离的研究对象,或者研究者作为与己分离的研究对象的旁观者,他对于或关于研究对象的认识应始于其感官经验。研究的科学性是建立在研究者感官经验的普遍性上。一个研究者通过自己的感官把握到的现象,另一个研究者通过相同的感官把握到的也会是相同的现象。这对于自然科学的研究来说无疑是成功的,但在心理学的研究中也引起了出人意料的后果。那就是人的心理也是内在的自觉活动,这通过外在观察者的感官是无法或很难直接把握到的。或者,依赖于研究者感官经验的普遍性,使心理学无法把握到人的心理的完整面貌。

第三个方面是确立实证方法的中心地位,强调为了保证研究者感官经验的可靠性和可信性,只有通过实证的方法来确立心理学的科学性质。心理学的研究运用实证方法是心理学的一个重大进步。但是,运用实证方法和以实证方法为中心具有不同的含义。发展和完善实证方法是十分必要的,而以实证方法为中心则把实证方法摆放到支配性的地位和否弃性的地位。在心理学的研究中,以实证方法为中心导致研究不是从对象本身出发,而是从实证方法出发。实证的方法不是附属于对人的心理的揭示,而是对人的心理的揭示附属于实证的方法。在心理学的研究中,对实证方法的关注超出了对研究对象的关注。同样,在心理学的研究中运用了实证的方法,但是否定和排斥了其他合理有效的心理学研究方法。

正是上述的三个方面构成了心理学的小科学观。这使心理学跨入了自然科学的或实证科学的阵营,但也使心理学的研究忽视了人类心理的文化特性,也使心理学家忽视了心理学研究的文化特性。心理学常常是盲目地追求有关人类心理的普遍规律性,盲目地追求有关心理科学的普遍适用性。

2. 心理学与文化的关系演变

从哲学的怀抱中脱离或独立出来之后,西方心理学直接继承了西方近代自然科学的科学观,直接贯彻了西方近代自然科学的研究方式。这直接决定了心理学家采纳的研究目标,也直接决定了心理学家为达到目标而采纳的研究策略。此时的心理学家不是通过人的心理的独特性质引申出心理学的研究方式,而是通过贯彻引进的自然科学研究方式来对待人的心理。这种研究方式曾经长期支配了西方主流心理学的研究,也给心理学的发展带来了许多不利的因素。心理学的研究方式必然要面临着变革,这也是心理学现行科学观的变革。这种变革就可以体现在下述的三个方面。

第一个方面是使心理学的研究从对客观性的追求,延伸到对真实性的追求。这表明心理学的研究不仅要追求客观性,而且要追求真实性。人类心理的性质不在于其是客观性的存在还是主观性的存在,而在于其是真实性的存在。原有的心理学研究仅仅把物质化的或客观化的心理行为看作是真实的,这其实是对心理行为的精神化或主观化的漠视,是对人类心理的真实性的歪曲。从心理学研究对象的角度来看,心理的主观性或自觉性也都为真实性的存在,也都是真实性的活动,也都有真实性的结果。

第二个方面是使心理学的研究从对实证(感官)经验的普遍性的依赖,延伸到对体证(内省)经验的普遍性的探求。人类心理的基本性质在于其具有的自觉性,这涉及两个重要的问题。一是从研究对象的基本性质的角度,心理的自觉活动是研究者的感官经验无法直接把握到的。二是从研究者与研究对象不加分离的角度,心理都是自主的和自觉的活动。问题就在于,这种心灵的自觉活动能否把握到心理的性质和规律。心理的内省经验具有私有化的特征,换句话说,心理的内省自觉具有分离性和独特性,所以关键在于探求和达到内省经验的普遍性。体验和体证是替代内省和自省的重要研究方式,同样也能够达到经验的普遍性。①

　　第三个方面是使心理学的研究从以方法为中心转向以对象为中心。实证的心理学曾经有过以研究方法来取舍研究对象,甚至以研究方法去歪曲研究对象。心理学的研究必须以对象为中心。以对象为中心会涉及两个重要方面。一是心理学的研究不仅应该如实地揭示人类心理的原貌,而且应该促进生成人的心理行为。二是心理学的研究必须从对象的独特性质引申出心理学的独特研究方式。这包括人的心理的创造性生成的性质,心理学的研究也在于促进人的心理生活的创造性生成。方法是为揭示和创造对象服务的。心理学研究的科学性不在于是否运用了客观化的研究方法,而在于是否合理地确立了心理学的研究对象与研究者之间关系的性质,以及是否符合在此基础上确立起来的研究规范。

　　三个方面的转变最终都体现为要重新理解和确立心理学的研究对象与研究者之间的关系。心理学现有的研究都是建立在研究对象与研究者绝对分离的基础之上。这对于研究非心灵的对象来说是必要的和充分的,但对于以心灵为对象的研究来说,就可能是不完备的或者是有缺陷的。心理学的研究能否进一步建立在研究对象与研究者相对分离或不分离的基础之上? 以心灵为对象的研究无疑对科学的发展提出了挑战。中国本土的心理学传统可以为此提供重要的启示。这样的工作是非常艰巨的。这也是心理学本土化必须面临的任务,也是当代心理学研究的文化学转向的核心部分。

　　当代心理学发展的文化学转向,并不是要否弃原有的心理学研究,而是要对现有的心理学研究的不合理延伸作出限制,或是对现有的心理学研究的合理部分进行延伸。心理学研究中的研究对象与研究者的关系应该得到改变。要限制绝对的分离,要推动相对的分离。相对的分离是指彼此统一基础上的分离。彼此的统一是指心理学的研究对象与研究者共有的价值追求和共同的创造生成。这就是心理学的文化学要义。心理学对于心理行为的研究创造了特定的心理文化。心理文化可以成为特定的文化传统或历史

---

① 葛鲁嘉.体证和体验的方法对心理学研究的价值[J]. 华南师范大学学报(社会科学版),2006(4):116-121.

传统,成为文化的延续和文化的发展。心理文化既包括心理行为的文化体现和文化延续,也包括心理科学的文化传统和文化创造。因此,心理学的研究必然立足特定的文化,有自己的文化根基,延续在自己的文化传统之中。心理学的研究曾经靠摆脱、放弃、回避或越过文化的存在来发展自己,但心理学现在必须靠容纳、揭示、探讨或体现文化的存在来发展自己。心理学早期是排斥文化的存在来保证自己对所有文化的普遍适用性,而目前则必须是包容文化的存在来保证自己对所有文化的普遍适用性。心理学的研究不仅涉及文化,而且立足文化,甚至依赖文化,这是一个心理学演变和发展的历史性的变化,①是西方心理学发展的文化转向,②也成为心理学发展的新契机。③ 不同的心理学研究者对于心理学的文化转向有不同的理解。有研究认为,探讨心理学的文化转向有其方法论的困境。④ 有研究则认为,心理学文化转向有其方法论意义。⑤ 有研究主张,心理学文化转向研究应确立方法论原则。⑥ 有研究则认为,心理学发展的新思维应该是从文化转向到跨文化对话。⑦

心理学研究应该从以方法为中心转向以对象为中心。心理学研究以对象为中心,就要尊重和确证人的心理行为的文化的属性或文化的性质,就要考察和探索人的心理行为的文化的体现或文化的表达,就要承认和确立心理学研究的文化的基础或文化的方式,就要表现和张扬心理学研究的文化的取向或文化的引领。

3. 心理学与文化的关系性质

涉及心理学与文化的关系,就会涉及一些重要的心理学分支学科,这些分支学科都把文化的存在、文化的取向、文化的背景、文化的内容、文化的历史等纳入到心理学的研究中。这成为心理学研究中重要的发展和热点。通过了解这些心理学的分支学科,了解这些分支学科的研究方式和研究内容,

① 葛鲁嘉,陈若莉.当代心理学发展的文化学转向[J].吉林大学社会科学学报,1999(5):79-87.
② 叶浩生.试析现代西方心理学的文化转向[J].心理学报,2001(3):270-275.
③ 麻彦坤.文化转向:心理学发展的新契机[J].南京大学学报(社会科学版),2003(3):100-106.
④ 霍涌泉,李林.当前心理学文化转向研究中的方法论困境[J].四川师范大学学报(社会科学版),2005(2):49-54.
⑤ 麻彦坤.当代心理学文化转向的动因及其方法论意义[J].国外社会科学,2004(1):2-7.
⑥ 霍涌泉.心理学文化转向中的方法论难题及整合策略[J].心理学探新,2004(1):12-15,30.
⑦ 孟维杰.从文化转向到跨文化对话:心理学发展新思维[J].南通大学学报(教育科学版),2006(2):47-50.

就可以进一步和更深入地理解心理学与文化的关系的性质。其实,正是心理学学科的成熟和壮大,正是心理学研究的扩展和推进,使得心理学能够更合理地对待和处理自己与文化的关系。近些年来,这些关涉文化的心理学分支学科都有了非常迅猛的发展和十分快速的进步。在心理学的发展和演变过程中,这些与文化有着密切关联的分支学科,也都开始发挥着越来越重要的作用,引起越来越普遍的关注。在心理学大量的分支学科中,涉及文化的具体学科和研究取向包括许多,其中的文化心理学、跨文化心理学、民族心理学、本土心理学、多元文化论心理学等,都是关联和关系到文化的重要的心理学分支学科。这些不同的分支学科和研究取向,都通过特定的方式和特定的途径,探索和探讨了文化的课题、文化的专题、文化的论题。即使是在同一个学科门类之中,涉及文化的内容,涉及文化的研究,也存在着根本不同甚至根本对立的研究立场、研究主张、研究观点。

　　文化心理学是通过文化来考察和研究人的心理行为的心理学分支学科。[1] 近些年来,文化心理学有了较为迅猛的发展,正在受到越来越多的关注,特别是受到心理学研究者的普遍关注。[2] 有研究在西方解释学的基础上,探讨了文化心理学的知识是如何产生的。[3] 文化心理学的兴起与主流心理学面对的困境有关。[4] 文化心理学有着自己的发展线索,[5]也有着方法论的困境与出路,[6]还有着独特的历史和不同的取向。[7] 按照余安邦的考察,文化心理学经历了三个重要的发展时期或阶段。在不同的时期里,文化心理学的知识论立场、方法论主张、研究进路特色和研究方法特征都有重要的变化。20 世纪 70 年代之前,是文化心理学发展的第一个时期。在这个时期,文化心理学的研究目标是追求共同和普遍的心理机制。当时的文化心理学假定人类有统一的心理机制,从而致力于从不同的文化中去追寻这一本有的中枢运作机制的结构和功能。研究者通常采用跨文化的理论概念和研究工具,来验证人类心理的中枢运作机制的普遍特性。20 世纪 70 年代到

① 李炳全,叶浩生.文化心理学的基本内涵辨析[J].心理科学,2004(1):62-65.
② 田浩,葛鲁嘉.文化心理学的启示意义及其发展趋势[J].心理科学,2005(5):1269-1271.
③ 余德慧.文化心理学的诠释之道[J].本土心理学研究,1996(6):146-199.
④ 李炳全,叶浩生.主流心理学的困境与文化心理学的兴起[J].国外社会科学,2005(1):4-12.
⑤ 田浩.文化心理学的发展线索[J].内蒙古师范大学学报(哲学社会科学版),2005(6):92-95.
⑥ 田浩.文化心理学的方法论困境与出路[J].心理学探新,2005(4):7-10,30.
⑦ 王明飞.文化心理学发展历史及其三种研究取向[J].科教文汇,2006(6):146-147.

80 年代中期,是文化心理学发展的第二个时期。在这个时期,文化心理学开始关注人类心理的社会文化的脉络。当时的文化心理学转而重视人的心理行为与文化母体的联系,特别是从社会文化的脉络去考察和说明人的心理行为。这就不是从假定的共有心理机制出发,而是从特定的社会文化出发。这一方面是指有什么样的社会文化,就有什么样的心理行为模式,另一方面是指运用特定文化的观点和概念来探讨和说明人的心理行为的性质、活动和变化。20 世纪 80 年代中期之后,是文化心理学发展的第三个时期。在这个时期,文化心理学强调人的主观建构、象征行动和社会实践的文化意涵。文化不仅或不再是外在地决定人的心理行为的存在,而且是内在于人的觉知、理解和行动的存在。社会文化的环境和资源的存在和作用,取决于人们捕捉和运用文化的历程和方式。正是人建构了社会文化的世界,人也正是如此而建构了自己特定的心理行为的方式。此时的文化心理学开始更多地从解释学的观点切入,通过解释学来建立文化心理学的知识。[①] 文化心理学也因此而被一些研究者认为是心理学在方法论上的突破。[②]

　　跨文化心理学是心理学一个十分重要的和发展迅猛的分支学科。跨文化心理学通过文化或不同文化之间的比较,来考察和探讨人的心理行为。尽管在跨文化心理学的演变过程中,关于文化的地位、作用和影响的理解实际上有非常大的改变和转换,但是跨文化的心理行为研究仍然在关注和涉及不同文化中的心理行为。跨文化心理学的研究也提供了关于人的心理行为的非常重要和值得重视的研究结果。跨文化心理学是通过文化的变量来研究人的心理行为异同的一个心理学分支学科。[③] 它是研究和比较不同文化群体中的人的心理行为,以检验现有心理学知识和理论的普遍性,其根本目的就是为了建立普遍适用的心理学或人类的心理学。跨文化心理学涉及人的心理行为的文化特性,但其目前的研究立场和研究方式仍然存在着较大的争议。大部分的跨文化心理学研究都是以西方心理学为基调,采纳的是西方心理学的理念、框架、课题、理论、方法等。通过此类研究得出的普遍

①　余安邦. 文化心理学的历史发展与研究进路[J]. 本土心理学研究,1996(6):2-52.
②　李炳全. 论文化心理学在心理学方法论上的突破[J]. 自然辩证法通讯,2005(4):40-45.
③　郭英. 跨文化心理学研究的历史、现状与趋势[J]. 四川师范大学学报(社会科学版),1997(4):90-95.

适用的心理学或全人类的心理学,只能是西方心理学支配的心理学。

目前的跨文化心理学研究取得了许多重大的进展,但在方法论上存在着重大的困难与障碍。这在很大程度上限制了跨文化心理学研究的合理性。例如,跨文化心理学具有两种不同的研究策略,即主位的(emic)研究和客位的(etic)研究。按照通常的理解,主位的研究是指从本土的文化或特定的文化内部出发来研究人的心理行为,而不涉及在其他文化中的普适性问题。客位的研究则是指超出本土的文化或特定的文化,从外部来研究不同文化之中的人的心理行为。大部分的跨文化心理学研究都采取了客位的研究策略。但是,这样的研究策略常常是以西方的文化为基础或以西方的心理学为基调。杨国枢曾仔细地分析过主位的研究取向与客位的研究取向的内在含义。① 他认为,这两个研究取向有着三个对比的差异:研究的现象或是该文化特有的,或是该文化非特有的;在观察、分析和理解现象时,研究者或是采取自己的观点,或是采取被研究者的观点;在研究设计方面,或是采取跨文化的研究方式,或是采取单文化的研究方式。杨国枢认为,原有的跨文化心理学研究主要采取的是以研究者的观点探讨非特有现象的跨文化研究。在这样的研究方式中,来自某一文化的心理学者(通常是西方的学者,特别是美国的学者)将其发展或持有的一套心理行为概念先运用于本国人的研究,再运用于他国人的研究,然后就得出的结果进行跨文化的比较。这种研究方式后来受到许多学者的批评,一些跨文化心理学者也正在寻求更好的研究方式,如客位和主位组合的研究策略、跨文化本土研究策略等。

本土心理学的研究和潮流兴起于对西方心理学的唯一合理性和普遍适用性的质疑和挑战。② 这体现在了三个重要的努力方向上:反思和批判西方心理学;挖掘和整理本土的传统心理学资源;创立和建设本土的科学心理学。心理学本土化是一个世界性的潮流,中国心理学的本土化是其中的重要努力。中国心理学的本土化发展历程就可以作为一种范例。中国心理学

---

① 杨国枢. 心理学研究的本土契合性及其相关问题[J]. 本土心理学研究,1997(8):75-120.
② Kim, U. Culture, Science, and Indigenous Psychologies: An Integrated Analysis. In David Matsumoto(Ed.), *The Handbook of Culture and Psychology*. Oxford: Oxford University Press, 2001, pp. 54-58.

的本土化研究在一个比较短的时期里,取得了相当数量的和相当重要的成果。从中国心理学本土化的发展历程来看,可以将其大致区分为两个阶段。第一个阶段是保守的本土化研究时期,时段大约是从20世纪70年代末期到80年代末期。第二个阶段是激进的本土化研究时期,时段大约是从20世纪90年代初期到现在。① 心理学的中国化有着自己的学术演进和目标。②

在保守的本土化研究时期,中国本土的心理学者主要反思和批判西方心理学在研究内容上的狭隘;检讨和重估西化的中国心理学对解释中国人心理的缺陷;开辟和推动本土化的心理学具体研究。但是,这仍然是一个保守的时期,其主要特征在于仅仅试图扩展西方心理学的研究内容,使中国心理学转而考察中国人的心理行为。这在科学观上并未能超越西方心理学,或者仍然受西方心理学的研究方式的限制。这个阶段的研究是以中国人作为被试,但使用的工具、方法、概念和理论还是西方式的。

在激进的本土化研究时期,中国本土的心理学者主要反思和批判西方心理学在研究方式上的局限;力图摆脱西方心理学和舍弃西化心理学;尝试建立真正本土的心理学。这进入了一个激进的时期,其主要特征在于开始试图扩展西方心理学的研究方式,使中国心理学开始突破西方心理学的小科学观的限制,寻求更超脱的和多样化的研究方法和理论思想。但是,这个阶段的研究还带有相当的尝试性或盲目性。研究更多样化,但更具杂乱性。研究带有更多的突破性,而缺少必要的规范性。当前的研究没有相对一致的衡量和评价研究的标准。因此,重要的是建立或确立本土心理学研究、科学心理学研究的基本规范。

心理学的发展曾经建立在单一文化的背景或基础之上。多元文化论者认为,传统西方心理学就是建立在一元文化的基础上,只能适合西方白人主流文化。因此,他们主张文化的多元性,强调把心理行为的研究同多元文化的现实结合起来。③ 就世界范围来讲,存在着不同的国家和地区,有着不同的文化和传统。如东方文化和国家中的集体主义文化传统,强调群体的一

---

① 葛鲁嘉.中国心理学的科学化和本土化——中国心理学发展的跨世纪主题[J].吉林大学社会科学学报,2002(2):5-15.
② 葛鲁嘉.心理学中国化的学术演进与目标[J].陕西师范大学学报(哲学社会科学版),2007(4):118-123.
③ 叶浩生.多元文化论与跨文化心理学的发展[J].心理科学进展,2004(1):144-151.

致性、个人的献身精神、群体成员之间的相互依赖,等等。如西方文化和国家中的个体主义文化传统,强调个人独立、个人目标、个人选择和个人自由等。就一个国家来说,由于存在着不同的种族,因而也存在着不同的文化。美国这样的移民国家,文化的多元性就十分明显,存在着白人文化、黑人文化、亚裔人文化、同性恋文化、异性恋文化等多种文化,是典型的多元文化国家。在多元文化的国家里,如果仅以一种文化作为研究的范例,其研究结论就无法解释其他群体的行为,所以多元文化论者反对心理学中的普遍主义(universalism)的观点。传统的心理学研究排斥了文化的存在,其研究的发现和成果被认为是可以忽略文化因素而普遍适用的。也有很多的研究者对普遍主义的假设有质疑,但由于文化因素在实验研究中很难加以控制,他们也就采纳了普遍主义的假设。这在社会心理学的研究中十分严重,尽管文化对群体行为有十分重要的影响,但实验的社会心理学家仍热衷于在实验室中研究社会行为,以得到一个普遍主义的研究结论。正是从反对心理学的普遍主义出发,多元文化论者对西方心理学中的民族中心主义提出了强烈的批评。[1]

　　心理学发展面对的是多元文化的资源和多元文化的发展。[2] 在当代心理学发展中兴起的多元文化论运动,强调和倡导的是文化的多样性和多元性,认为传统的西方心理学仅仅是建立在白人主流文化基础之上的,而对世界上其他不同的文化都有所忽视和忽略。西方心理学的强势文化对其他文化传统中的心理学贡献和建树视而不见,甚至还按照自身的文化尺度和文化原则来贬低和歪曲其他文化传统中的心理学探索和研究。心理学中的多元文化论思潮带来了一种重大的改变。这种改变开始逐渐地渗透在了心理学研究的方方面面。多元文化论反对的是心理学中的普遍主义和单一文化支配的研究模式,认为一种文化下的心理学研究并不能无选择地应用到另一种文化中,心理学的研究应该同多元文化的现实结合起来。[3] 在心理学发展的早期,心理学曾经是靠放弃对文化的关注,来确立自己的研究对所有文

---

[1]　叶浩生.西方心理学中多元文化论运动的意义与问题[J].山东师范大学学报(人文社会科学版),2001(5):11-15.

[2]　叶浩生.关于西方心理学中的多元文化论思潮[J].心理科学,2001(6):680-682.

[3]　高媛媛,高峰强.试析心理学中的多元文化论对后现代心理学的贡献[J].山东师范大学学报(人文社会科学版),2007(6):96-99.

化的普遍适用性。在心理学的当代发展中,文化与心理学的相遇和关联成为了心理学面对的重大的历史和理论的问题。① 多元文化论运动被称为继行为主义、精神分析和人本主义心理学之后的心理学的"第四力量"。这一运动目前仍然面临着许多问题。多元文化的现实、多元文化的碰撞、多元文化的尺度能否成为心理学发展的新引导、新基础和新方向,正在受到越来越多的关注、探索和接纳。

4. 心理学与文化的关系意义

研究心理学与文化的关系可以为心理学研究提供新视野。考察和探讨心理学与文化的关系,可以更好地理解心理学与文化的实际关联性,可以更好地理解心理学与文化的关系的演变和发展,可以为心理学的考察和研究提供新的视野。在心理学的研究中,对文化的忽略和排斥,对文化的曲解和误解,都大大限制了心理学研究者的眼界和视野。这使心理学的研究很难更完整深入地把握人的心理行为,很难更系统全面地理解人的心理行为。合理地说明和解释人的心理行为的文化属性和文化本源,深入地考察和理解心理学研究的文化性质和文化根基,都可以大大有助于心理学的学科建设和学科发展。

研究心理学与文化的关系可以提供心理学研究的新领域。考察和探讨心理学与文化的关系,可以更有利于开辟和拓展心理学研究的新领域。在早些年,心理学与生物科学的联姻,促进了大量心理学分支学科的生成和发展。在近些年,心理学与文化科学的接近,也使与文化有关的心理学研究领域和心理学研究分支都有了扩大和增加。这可以包括后现代心理学的研究热潮、本土心理学的研究推进、多元文化论的研究纲领。这一系列的研究突破都极大地扩展了心理学的研究领域。这可以包括文化心理学分支学科的迅猛发展、跨文化心理学分支学科的快速成熟、社会心理学分支学科的极大扩张。这都使得心理学学科得到了很好的发展和壮大。

研究心理学与文化的关系可以催生心理学的新理论。心理学厘清自己与文化的关联性和依赖性,确立自己的文化基础和文化资源,就可以为心理

① Adamopoulos, J. & Lonner, W. J. Culture and Psychology at Acrossroad: Historical Perspective and Theoretical Analysis. In David Matsumoto(Ed.), *The Handbook of Culture and Psychology*. Oxford: Oxford University Press, 2001, pp. 15 - 25.

学的理论建构和理论创新,提供资源和养分的土壤和根系,提供灵感和想象的空间和平台,提供理论和应用的途径和方式。长期以来,心理学由于缺乏关于文化的探讨和探索,使心理学忽略和放弃了许多重要的文化滋养。这不仅使心理学的理论建设非常薄弱,也使心理学参与文化创建的功能受到了严重的限制。心理学本身失去与文化的密切关联,失去关于心理学与文化的关系的理论探索,就使得心理学的发展肯定会失去很多的机会和平台。心理学学科发展壮大的重要标志,就在于其理论学说的建构和创造。心理学的理论学说的提出和创造,就在于获取更大更好的平台和资源。挖掘心理学的文化资源,是心理学的理论新生的一个重要前提,[①]也是中国本土心理学原始性理论创新的一个重要基础。[②]

　　研究心理学与文化的关系可以催生心理学的新方法。对心理学与文化的关系的探讨,可以革新和创新心理学的方法论,可以衍生和创生心理学研究的新方法,可以把心理学的研究方式和研究方法放置在新的研究框架和研究范式之中。对于心理学的研究来说,其研究方法的确立和更新,曾经在很大程度上借鉴了自然科学的研究。这给心理学的研究带来了精确性,但也有对人的心理行为的曲解。如何把社会科学和文化科学的研究方法引入到心理学的研究中来,如何更好地确定心理学研究方式和研究方法的文化属性、文化优势和文化缺失,这决定了心理学研究方法的丰富化和多样化。

　　研究心理学与文化的关系可以催生心理学的新技术。心理学的技术应用包括心理学技术手段和技术工具的发明和创造,也包括心理学技术手段和技术工具的使用和推广。这都要涉及心理学应用的文化背景、文化条件和文化环境。心理学技术应用的文化适用性决定了心理学的社会影响和生活地位。怎样使心理学的技术应用更有效和实用,怎么使心理学的技术应用更加广泛和深入,关于心理学与文化的关系的探讨就起着重要的作用。

　　研究心理学与文化的关系可以促进心理学的新发展。心理学学科曾经在自然科学的基础上得到了快速推进和发展,也曾经在社会科学的基础上得到了快速推进和发展,还应该在文化科学的基础上得到快速推进和发展。

① 葛鲁嘉.新心性心理学的理论建构——中国本土心理学理论创新的一种新世纪的选择[J].吉林大学社会科学学报,2005(5):142-151.
② 葛鲁嘉.新心性心理学宣言——中国本土心理学原创性理论建构[M].北京:人民出版社,2008:12.

这必将使心理学的研究更加贴近人的生活和人的发展，也必将使心理学担负起更重要的社会责任和社会使命。

三、思想的资源

心理学的探索、建构和发展，都是学术思想的活动，都可以体现为学术思想的创造、发展和传承。在心理学的发展中，心理学家可能更加重视或关注的是心理学的理论、方法和技术，而很可能更为轻视或无视的是心理学的思想、理念和传统。心理学的发展实际上也可以体现为是心理学思想、理念和传统的演变。心理学思想史与心理学学科史并不是一个含义。心理学思想史也并不就是在科学心理学诞生之前的思想家关于人的心理行为的猜测和思辨的历史。这就好像是或好比说在科学心理学诞生之后，就终结了心理学思想史的进程。心理学思想是心理学思想家提供的。心理学作为一门实证科学，也同样需要思想家的思想创造。

心理学思想是关于心理行为的理解和思考，也是关于心理学研究的理解和思考。在人类思想史的演进历程中，心理学思想史是非常重要的组成部分。思想家提供了在自己的特定思想基础之上的关于人的心理行为的解说、解释和解析，也提供了在自己的特定研究基础之上的关于心理学探索的思考、思索和思想。

思想的起源、演变、发展和历史，都会成为后来的研究可供借鉴的资源，可供运用的资源，可供创新的资源。对于心理学的研究来说，心理学思想的起源、演变、发展和历史，就是后来的心理学研究的可供借鉴的资源、可供运用的资源、可供创新的资源。

心理学的思想资源就是心理学的学术积累、学术演进、学术成长的非常重要的内容。在心理学史的研究中，就曾经出现过把心理学的历史发展区分为了心理学思想史、心理学科学史。这实际上是把科学心理学的诞生作为重要的分水岭，在此之前的就是心理学思想史，在此之后的就是心理学科学史。这似乎是表明，心理学思想是非科学的思辨和猜测。应该说，这种理解是不合理的。心理学作为一门学科或者作为一门科学，也仍然有自己的思想创造和思想历程。甚至可以说，心理学的思想创造和思想历程反而是心理学发展的最重要的创造和历程。

　　心理学思想史的研究也常常把心理学思想的历史演变仅仅当作是学术追踪的内容。这也就是一种当代的对历史的还原,还历史以本来的面目。思想史的研究也就是思想演变的历史呈现。这种研究目的最根本的缺失是,没有把心理学思想的演变和发展当作心理学的资源和思想资源。因此,必须重新定位心理学思想史的研究,必须重新认识心理学思想的价值,必须重新理解心理学思想的内涵。把心理学思想的形成和发展看作心理学的思想资源,这是一个根本性的变化和转换。

　　思想史的研究、心理学思想史的研究,不是一种对历史和传统的展示和炫耀,不是一种对心理学思想历史和理论传统的呈现和标榜,而应该是一种对历史资源和思想资源的挖掘和提取,是一种对心理学理论资源和学术资源的开采和运用。这更应该是一种推进资源转化和利用的活动。但是,这在心理学思想史的研究中是最薄弱的一环。

　　心理学的考察、研究和探索,都是需要思想的活动,都是需要思想家的学问。应该说,在心理学的历史演变和发展过程之中,曾经出现过许多心理学的大思想家。在心理学成为实证的科学门类之后,实证心理学家开始对思想的活动有了偏见和回避。心理学思想也与心理学思辨画上了等号。所谓思辨的心理学则被称为安乐椅中的心理学,成为了一种猜测、推论和臆断。这种对思辨的躲避、对思辨的排斥,演变成为对思想的躲避、对思想的排斥。心理学的研究变成了一种技术活动和技术操作。这导致的最直接后果就是,心理学思想家日渐减少,心理学家的思想创造力日渐衰退,心理学思想性日渐弱化。心理学学科发展也就开始缺乏思想的创造和创造的思想。一个没有思想的学科是一个没有前途的学科,一个没有思想积累的学科也就是一个没有未来的学科。心理学学科发展应该关注思想,关注思想的内涵,关注思想的创造、积累和资源。心理学的思想是需要心理学的思想资源的。获取思想的资源是推动思想的创造的最根本的活动。

　　思想的资源是历史沉积的过程和结果。在人类的发展历程中,人关于自身心理的探索和考察从来就没有停止过。探索和考察的结果则有着不同的历史命运。有的被后继研究光大了,有的被历史尘埃掩埋了,有的被岁月冲刷磨灭了,有的被研究创造转换了。其实,思想的资源是可以进行挖掘和提取的。心理资源实际上就可以通过思想资源体现出来。心理学的思想资源的挖掘会给心理学的发展带来重要的思想财富。

追踪现代科学心理学的发展可以依据十个不同线索：文化的线索、国别的线索、时间的线索、组织的线索、人物的线索、事件的线索、器物的线索、思想的线索、学说的线索、学科的线索。这是理解和把握现代科学心理学产生、演变和发展的重要内容。这就包括了思想的线索。重视思想的线索就是关注思想的资源。现代科学心理学的真正内核是其心理学思想的形成和传播，这是现代科学心理学的实际灵魂。心理学学科的发展，最重要的体现就是心理学思想的发展。心理学的思想可以包含两个方面的内容：对心理学研究对象的理解和认识；对心理学研究方式的理解和认识。心理学在自己的历史发展中，对心理学研究对象的认识发生了一系列的变化。心理学成为独立的学科门类之后，最早是把意识当作心理学的研究对象，所以这个时期的心理学也常常被称为意识心理学。因为意识是研究者的感官把握不到的，而能够通过内省把握到，所以内省就成为心理学的研究方法。行为主义的诞生被认为是心理学发展中的一场革命。行为主义把意识排除在了心理学的研究对象之外，而把可以直接观察到的行为确立为心理学研究的对象。认知心理学的产生被认为是心理学发展中的一场革命。认知心理学又重新把人的内在认知过程确立为心理学的研究对象。心理学在自己的历史发展中，对心理学研究方式的认识也发生了一系列的变化。例如，有的心理学家就把心理学当作纯粹的自然科学来看待。这使得心理学曾经一度去全面模仿自然科学的研究方式和思考方式。①

心理学的思想资源关系到心理学历史的传统、发展的方向、研究的定位和学科的未来。因此，这种资源就成为基础和核心的资源。

四、学术的资源

心理学学科的发展和演变会形成一种独特的学术传统。学术传统形成的就是特定的学术资源。学术活动、心理学的学术活动，会涉及学术思想的创造、学术研究的推进、理论概念的构造、研究方法的定位、干预技术的发明等的活动。这些特定的学术活动都会与心理学的学术资源有着特定的关

---

① 葛鲁嘉.追踪现代科学心理学发展的十个线索[J].心理科学,2004(1)：159-160.

联。分解、了解、理解心理学的学科和学术的基础和根基就是十分重要的学术研究目标和研究内容。学术资源、心理学学术资源是有待挖掘的，是有待提取的。

学术资源的含义也许需要进行严格的界定。界定了学术资源才能够界定心理学的学术资源。有研究在涉及中国的文化传统时就区分了知识资源和学术资源，认为这是生活与学术之间的区分。[①] 研究指出，中国的文化传统正在从知识传统沦落为学术传统。这也就是说，文化的重建工作并不是要光大传统作为"学术资源"的意义，而是要赋予传统"知识资源"的地位。在该研究看来，所谓的"传统"仅仅是后人赋予的，而并不是对传统的了解。构成传统的最重要的是传统拥有的一些经典，并具体反映在知识的来源上。基于此，就可以换一个角度思考20世纪中国传统的失落，以及失落的究竟是什么。"五四"一代关于传统的立场，主要就体现在不把传统作为政治制度合法性的知识资源，传统也因此而呈现出由"知识资源"向"学术资源"的过渡。迄今，文化传统由各种"经典"向抽象化的象征符号过渡，意味着对传统文化的认知受到知识分子文化养成以及历史境况的影响，从中可见中国知识分子无论是批判传统还是弘扬传统，都不断在重新界定传统，并用新的象征符号表达。同时，"经典"的"学术资源"化，也表明传统作为"知识资源"的失落构成了20世纪中国文化命运的实质写照。

尽管上述研究表明的是希望恢复中国文化传统作为知识资源的地位和作用，而不是将其限定在研究者的书斋之中。这是从生活和现实出发对中国本土文化传统的考虑和认定。但是，把中国的文化传统作为学术的资源依然是不容忽视的。特别是在当代科学迅猛发展和学科加速分化的境况之中，学术的进步和壮大会使学术知识更快更好地进入社会日常生活。

学术的资源包括学术制度、学术传统、学术思想、学术创造，等等。在这些学术资源中，最核心最重要的就是学术思想的资源。这正是与前面所述的思想资源相通的。挖掘作为学术资源的学术思想，是思想史研究的内容。心理学思想史的研究就应该是对心理学的学术资源的提取、挖掘和阐释。

---

① 章清.传统：由"知识资源"到"学术资源"——简析20世纪中国文化传统的失落及其成因[J].中国社会科学，2004(4)：191-204,209.

这就应该超脱关于学科发展历史史实和历史资料的研究和积累。

拥有学术传统的学科才会拥有学科的学术资源。心理学学科也是如此。心理学的研究重视自己的研究对象、研究方法和应用技术，这是心理学研究非常重要的方面，但同样重要的还应该重视自己的学术资源。心理学在自身的演变和发展过程中，存在着不同而多样的形态。当代科学心理学的发展不应该抛弃其他形态的心理学，而应该将其当作自己可以借用的文化历史资源，从而扩大自己的视野，挖掘自己的潜能，丰富自己的研究，完善自己的功能。

心理学的探索有着十分久远的过去。通常人们认为，心理学的发展只是一个连续的更替关系，现代的科学心理学诞生之后，就淘汰和取代了原有的传统形态的心理学。实际情况并非如此。科学心理学诞生之后，其他不同形态的心理学仍然与之并存着，仍然各自发挥着自己的作用。过去人们还认为，历史上只有哲学的心理学和科学的心理学。科学心理学从哲学的母体中诞生之后，就取代了哲学心理学，成为了唯一合理的心理学。其实，历史上出现过的心理学有着许多种形态。这些不同形态的心理学并没有随着现代科学心理学的出现而消亡，而是依然存在于现实生活当中和学术研究之中，并在不同的生活领域和思想领域中发挥着重要的作用。这也就是说，实际存在有多种形态的心理学。归结起来，可以有六种不同形态的心理学。或者，在人类的文化历史和文化现实的角度，共出现了六种不同形态的心理学，即常识形态的心理学、哲学形态的心理学、宗教形态的心理学、类同形态的心理学、科学形态的心理学和资源形态的心理学。揭示和解读这些不同形态的心理学，考察和探索心理学的不同形态之间的关系，对当代心理学的发展来说，就有着至关重要的作用。

第二节　常识形态的心理学

第一种形态的心理学是常识形态的心理学，简称常识心理学，也常被称为民俗心理学、素朴心理学等。这是普通人在日常生活中创建的心理学，是存在于普通人生活经验中的心理学。实际上，自从有了人类，有了人类的意识,有了人类的自我意识开始,人就有了对自身心理行为和心理生活的经验直观的理解、解释和构筑。人都是依据常识而生活的。普通人在日常生活中,都会有关于自己、关于他人、关于自己与他人关系的生活经验或经验常识。这是一种素朴的理解和解说。例如,每个人都有自己的隐含的人格理论,并会通过他人的表现来推断他人的心理品性和特征,所以说每个人都是常识意义上的心理学家。所谓的常识心理学是指常人对心理行为的性质、构成、功能、根源和演变的归类、假定、猜想、解释和干预。常识心理学有个体化和社会化两个存在水平。个体化的存在水平,是个体在自己的生活经历和经验常识中获得的,是个人对心理行为独特的认识和理解。社会化的存在水平,是不同个体在交往和互动过程中共同形成的和共同具有的,个体可以在社会化的过程中接受和掌握隐含于社会文化的心理常识。

一、常识心理学的界定

常识心理学是来自常人的心理生活经验,通过日常交往而成为普遍的共识,并经由人际沟通得以传递和流行。常人通过常识心理学来理解、说明和构筑自己和他人的心理生活。这使常人有可能涉入自己和他人的心理生活,达成交互的心理沟通和影响。常识心理学属于人的世俗生活,并与人的日常生活是一体的。因此,常识心理学带有日常生活的模糊、流变和不定的特点。常识心理学可以是隐含的,从而成为常人认识和解说心理行为的知识背景,也可以是明确的,这就是常人直接描述和说明人的心理行为的日常知识。科学心理学时常面临着常识心理学的挑战。[1] 尽管科学心理学认为自己超越了常识心理学,但却无法替代常识心理学在常人生活中的作用。例如,心理学家对某个儿童心理行为的了解、解释和影响,也许还不如该儿童的母亲对其心理行为的了解、解释和影响。

常识心理学就是普通人拥有的心理学,是普通人对自身的心理生活、他人的心理生活及其相互关联的素朴理解和解释。虽然普通人不是科学意义上的心理学家,但他们都是常识意义上的心理学家。在日常生活中,常人时

---

[1] Wilks, K. V. The Relationship between Scientific Psychology and Common-Sense Psychology. *Synthese*, 1991(89), 15 - 39.

常在观察自己和他人的心理行为,对其进行必要的因果解释,试图改变自己的和影响他人的心理状态和行为方式。常识心理学就来自常人的心理生活经验,并通过日常交往而得以传递和流行。① 常识心理学是心理学存在的一个特定水平。②

这里所说的常识心理学,就是原本意义上或初期阶段中所说的本土心理学。按照原本或初期对本土心理学的定义,所谓的本土心理学就是由日常生活经验汇集起来的心理学思想体系,其本身就属于常识的范围。③ 在社会文化习俗中体现出来的常识心理学则是民俗心理学。目前,一些研究者常常是交叉使用这两个术语。尽管有研究者更愿意使用本土心理学,而不愿意使用像民族心理学、常识心理学和民俗心理学等,但是此处所说的本土心理学仍然是与之属于一个种类。④

科学心理学通过科学普及,也可以转换为日常生活中的心理学常识。这与前述的产生于日常生活经验的常识心理学属于不同种类的常识心理学。

二、常识心理学的构成

常识心理学与社会个体的生活是密不可分的,但常识心理学实际上很少受到学者的关注。实证的科学心理学家为了维护心理学的实证科学的性质,要么忽略常识心理学的重要性,要么否认外行的理解值得认真对待。近年来情况有了一些改变,一部分心理学家开始尝试透过常识心理学来了解人的心理生活,一部分哲学家和心理学家则开始尝试透过常识心理学来重构实证的科学心理学。

常识与科学之间存在着特殊的关联。有的学者就曾持有这样的主张,认为科学实际上就植根于常识之中。常识是基本的材料,科学就开始于常识,并必然借助常识。在日常生活中,人们也许是对常识进行修饰,也许是对常识吹毛求疵,也许是对常识进行批驳。但是,科学最终却要依赖于常

---

① 周宁,葛鲁嘉. 常识话语形态的心理学[J]. 辽宁师范大学学报,2004(1):49-51.
② 周宁,葛鲁嘉. 心理学的常识心理学水平[J]. 心理科学,2003(6):1138-1139.
③ Heelas, P. & Lock, A. *Indigenous Psychology*. New York: Academic Press, 1981, p. 3.
④ 葛鲁嘉. 本土传统心理学的两种存在水平[J]. 长白学刊,1995(1):30-34.

识,遵循常识的引导,从常识中获得灵感。否则,科学就不可能成为人的生活依赖。

所有的心理学家都在他们的科学思考中运用常识的观念。但是,在这样做时,通常并不分析常识和使之明确化。在日常生活中,常人拥有的民俗心理学是由大量心照不宣的原则和范式构成的松散网络,这制约着各种常识心理学术语的使用,像感觉、愿望、意图、信念、希望、担忧、痛苦、快乐,等等。许多心理学家都借用常识心理学的词汇。当然,实证的科学心理学采纳自然科学的定向,把心理科学的进步看作是抛弃常识、神话和迷信的过程。特别是行为主义心理学的兴起,把常识心理学的心灵主义的用语都当成了前科学的怪物。行为主义不仅把常识心理学扔进了垃圾箱,而且力图设计新的术语和概念取而代之。行为主义的创始人华生就认为,常识心理学的概念是未开化时期的遗留物,是迷信、魔法和巫术的拼凑物。

某些科学心理学家也强调了常识心理学对常人日常生活的重要性,及其对科学心理学具有的意义。他们把常识心理学称为外行的想法,是外行对人的心理行为的理解和解释。这些学者认为,外行通过自己的日常生活经验就能够证明自己的心理状态,知晓自己为什么在这样的情境中做这样的事情,在那样的情境中做那样的事情。可惜的是,心理学家常常看不到这样的事实,并忽略外行的见识。为此,有学者在半个多世纪之前,就向心理学家提示了外行的心理学理解的重要性。其实,外行声称拥有的那类经验在现代的科学心理学中几乎无容身之地。但实际上,正是普通人而不是科学家意识和把握到了基本的真理。外行对人的心理行为的理解很有可能会成为未来的心理学发展要面对的重要论题。常识心理学有时也被称为外行对心理行为的理解。实际上,每个普通人都拥有理解自己和他人的能力。这种能力给心理学家提出了一个自相矛盾的任务。对一个已经理解他自己的生物,心理学家寻求的是什么样的理解呢? 心理学家的反应常常是忽略这个问题,或者否认外行的理解需要加以认真对待。此等反应的结果是灾难性的,心理学家迟早要面临着常识心理学的挑战。科学心理学完全可以从常识心理学中学到很多有益的东西。

常识心理学体现出了不同的形式、意义和功能。所谓常识的独特之处就在于,常识既是模糊的,也是鲜明的。一方面,这种日常的知识构成了普通人观看世界和理解社会的框架。例如，人们可以"看"到各种各样的心理事件，但支配着人们这样去"看"的，则是常识心理学提供的参照系。因此，常识心理学隐退到了背后，正是在这个意义上，常识又是模糊的。另一方面，这种日常的知识就是人们对看到的世界的描述、说明和解释。人们看到了心理行为，就可以直接地进行陈述、判定、推论。因此，常识心理学就浮现了出来。正是在这个意义上，常识心理学又是鲜明的。

有研究则从另外一个角度去区分常识心理学。人们关于心灵的智慧就像关于事物的智慧一样有两种，一种是常识的，一种是科学的。但是，关于心灵的常识与关于事物的常识不一样，共具有两种形式，一种就是主观素朴的心理学，一种则是常识公认的心理学。主观素朴的心理学就是基于每一个体的日常心理生活的体验，这是自发的、非反思的、直接的和个己化的。实际上，每一社会个体都有他自己的心理生活的体验和经验，包括他自己的特定感知印象、特定情绪感受、特定心理状态、特定信念愿望等。可以说，每个人都是自然的和杰出的主观素朴心理学家。常识公认的心理学则涉及大量主观素朴的心理经验，但又显然与之完全不同。常识公认的心理学是基于对认知和行为的人际归因和评价等多方的和有效的社会实践。常识的观念不仅反映认知和行为的特点，而且反映社会规范、风俗习惯、环境条件。要成为社会的人，就要掌握社会常识。每个人实际上都是自然的和杰出的公共常识心理学家。

常识心理学既是普通人心灵活动的指南，也是普通人理解心灵的指南。常识心理学提供了有关日常心理生活的一套观念和规范，这成为社会文化习俗的重要构成部分。任何生活在该社会文化习俗中的人，都会在习得、掌握和运用日常语言时，习得、掌握和运用常识心理学的那一套观念和规范。科学心理学家在从事科学研究之前，实际上就已经拥有了常识心理学。这必然会不同程度地渗透到他们后来的科学心理学的研究之中。因为，心理学家在日常生活中也常常会按照常识及常识心理学去认知和行动。

在特定的或不同的社会文化中，存在着特定的或不同的常识心理学。本土的社会文化中会有本土的常识心理学。不同文化背景中的普通人理解自己心理生活的出发点会有非常大的差异。常识心理学就根源于本土的社会文化历史，并形成特定的常识心理学的历史传统。这种传统会积累起来，会流传下去,会透入生活,会支配心理,会引导行动,会促进沟通。

三、常识心理学的性质

对于常识心理学的性质来说,科学心理学诞生之后,常识心理学就被科学心理学认为是属于非科学的心理学,或者被认为是科学心理学淘汰了的知识门类。因此,科学心理学的一个非常重要的任务就是怎样把自己与常识心理学区别开来。在科学心理学的发展历史中,科学心理学家总是力求与心理常识或常识心理划清界线。

常识心理学的基本内涵在于,常识心理学是普通人的心理学,是普通人在自己的日常生活中总结出来的经验,是普通人理解自己的心理行为和理解别人的心理行为的依据。常识心理学来自人的社会生活,来自人对自己的社会生活经验的总结,来自人与人之间的相互影响。在日常生活中,普通人会对自身的心理生活、他人的心理生活及其相互之间的联系有着素朴的理解和解释。常识心理学使常人有可能涉入自己和他人的心理生活,达成交互的理解和影响。普通人不是科学意义上的心理学家,但却是常识意义上的心理学家。在日常生活中,普通人总是在观察、说明、解释、干预、影响自己和他人的心理行为。

常识心理学的存在、构成和体现可以包含个体化和社会化两个层次。尽管个体可以从社会常识或群体经验中获取心理常识,但是个体也拥有自己独特的生活经历和生活经验。因此,个体对心理常识的持有和理解是个体化的。心理常识通过社会个体之间的互动和交流,会逐渐地形成社会群体或社会整体能够共同理解的含义。这就是所谓"常识"的含义,即常识的"常"的含义。常人、大众、普通人、社会人可以共同掌握的心理学,也就是"常识"的心理学。

常识心理学在人的日常生活中具有重要的功能。常识心理学既是普通人理解心理生活的指南,也是普通人指导心理生活的指南。普通人在自己的日常生活中,都是根据自己的经验常识来解释生活事件,来安排日常活动。如果没有心理常识,自己和他人的所有心理行为就都难以理解、无法安排。

常识心理学是常人探索自己生活的依据。普通人正是通过常识心理学来考察自己和他人的心理行为。常识心理学最重要的特征就是普通人试图追踪日常生活中人的心理行为的原因。这包括在日常生活中去推测或者推断人的打算、意图、思考、动因、感受或规划，等等。这样，常人就会使自己和他人的行为变得可以理解、可以掌握。常识心理学通常是对人的心理行为动因的推断，也就是对人的心理行为的意向的推断，所以常识心理学也常常被称为意向性心理学或意向性推论的心理学。

常识心理学并不是一成不变的心理学，而是会与个体的生活体验、生活经历，与共同体的共同目标、共同生活一起变化。常识心理学总是伴随着人的成长或改变而不断地演化。常识心理学在人的日常生活中有着非常重要的地位。尽管常识心理学一直是科学心理学回避的、排斥的、贬低的、放弃的，但又是科学心理学无法回避的、无法排斥的、无法贬低的、无法放弃的。

在科学心理学诞生之后，科学心理学家就认为科学心理学取代了常识心理学，常识心理学就应该进入历史的垃圾箱。但是，常识心理学实际上仍然在普通人的日常生活中存在着，并发挥着重要的作用。可以说，常识心理学就是普通人日常生活的组成部分，是不可替代的。最重要的就是，科学心理学应该把常识心理学当作自己的资源、创新的资源和发展的资源。常识心理学的未来并不会随着科学心理学的发展和壮大而灭亡。正相反，常识心理学会从科学心理学中吸收资源。当科学心理学的普及使心理学的科学知识变成常识时，常识心理学就会通过科学化来进入和影响普通人的生活。

四、常识心理学的价值

科学心理学诞生和独立之后，许多心理学家就认为，科学心理学已经与其他形态的心理学划清了界线，其他形态的心理学都已经成为了历史的垃圾，其中就包括常识形态的心理学。在科学心理学家看来，只有现代意义上的科学心理学才是唯一合理的和规范的心理学。其实，这是一种谬误。常识心理学以及其他各种不同形态的心理学，不仅有其独特的历史意义和价值，而且有其重要的现实意义和价值。现代科学心理学实际上并不是简单地埋葬了其他形态的心理学，也不是简单地替代了其他形态的心理学。正相反，那些不同形态的心理学实际上成为了被埋藏的矿产，仍然在生活的不同领域中存在着，并在特定的领域里发挥着各自的作用。只要有效地开发和利用那些不同形态的心理学,就会推动和促进科学心理学的发展或飞跃。心理学是当代最有发展潜力的学科。这不仅在于心理学有着巨大的社会应用前景,而且也在于心理学有着深厚的文化历史资源。当代心理学的发展重视的是自己的未来前途和未来前景,而轻视和忽略的是自己的历史和文化的资源。这无疑大大限制了心理学的进一步发展,或者大大限制了心理学的眼界或视野。科学心理学的独立,并不等于说就是横空出世、独来独往。科学心理学仍然还是植根于文化和历史的土壤。关键的问题在于,科学心理学应该怎样提取文化传统中的资源,并从中去吸取什么样的养分,并把这种养分变成自己成长的动力和内容。[①]

在科学心理学之外,其他形态的心理学传统对当代心理学发展的实际意义和价值主要体现在四个方面。一是提供了某种特定的透视人的心理行为的角度或视角,这为全面深入地理解人的心理行为带来了可能。任何一种心理学传统都是在特定的方面或层面去理解人的心理。这尽管带有片面性、素朴性、扭曲性,但具有某种独特性、真实性、直白性。毫无疑问,常识心理学会在某种程度和某些方面启发科学心理学的研究和探索。二是提供了解释人的心理行为的独特的概念、理论、思想。其中有着多样的说明人的心理行为的内涵和意义。这些内涵和意义都是在长期的生活实践中累积和积淀起来的。三是提供了揭示和了解人的心理行为的非常独特的方式和方法。中国文化中的儒家、道家和佛家都提供了特有的心灵内省的方式和方法,或者提供了特有的体验和体证的方式和方法。这不仅是心灵认识和把握自身的方式和方法,而且是心灵改变和提升自身的方式和方法。四是提供了影响和干预人的心理行为的技术和手段。任何的一种心理学传统都有其改变或提升人的心灵的技术手段。从上述来看,科学心理学的发展其实拥有非常深厚的文化资源。丢弃、放弃、抛弃和舍弃这些文化资源,是科学心理学发展的一种不幸。任何心理学的创新,都不是凭空的,而应该是广泛地吸收所有可能的营养。这是心理学创新的必由之路。中国心理学不仅缺少创新,而且缺少创新的根基,缺少对创新根基的认识、理解和把握,缺少对

---

① 葛鲁嘉.中国心理学的科学化和本土化——中国心理学发展的跨世纪主题[J].吉林大学社会科学学报,2002(2):5-15.

创新资源的挖掘、提炼和再造。这就是探讨心理学各种资源的基本价值和实际意义。

第三节 宗教形态的心理学

第二种形态的心理学是宗教形态的心理学。宗教心理学可以有两个基本含义。一是科学的含义和科学传统中的宗教心理学,是科学家运用科学方法对宗教心理的研究。这是科学心理学的一个分支学科。二是宗教的含义和宗教传统中的宗教心理学,是宗教家按照宗教的方式对人的心理行为的说明、解释和干预。这是宗教文化的传统资源。宗教形态的心理学就包含了上述两种不同的宗教心理学。这是科学创立的宗教心理学和宗教创立的宗教心理学。这种宗教形态的心理学是十分丰厚的心理学资源。这种宗教形态的心理学不仅考察人的宗教心理,解释人的宗教心理,而且干预人的宗教心理,改变人的宗教心理。宗教中的心理学提供了关于人的信仰心理方面的重要阐释,以及干预人的心理皈依的重要方式。这为科学心理学的发展和进步提供了非常丰富和重要的心理学思想理论、研究方法和干预技术。心理学的创新就必须提取宗教形态的心理学中的资源。

一、宗教心理学的性质

宗教形态的心理学是心理学的六种形态之一。这包含有两种不同性质的宗教心理学。第一种是实证科学的含义和科学传统中的宗教心理学,是科学心理学家采纳科学的方式和运用科学的方法对宗教心理的研究。这实际上就是科学心理学的一个分支学科,形成的是科学的宗教心理学。第二种则是宗教体系的含义和宗教传统中的宗教心理学,是宗教家按照宗教的方式和教义对人的心理行为的说明、解释和干预。这是宗教历史的文化学创造,是宗教本身的心理学传统。这是宗教提供的心理学资源,是宗教涉及的心理学内容,是宗教开发的心理学方式。这形成的是宗教的宗教心理学,或者也可以称之为信仰的宗教心理学。

在此涉及的宗教的宗教心理学,其含义就是指宗教传统中或者宗教源流下的宗教心理学,即宗教创立的宗教心理学,是宗教中蕴含的宗教心理学。尽管这种宗教的宗教心理学并不是科学心理学的方式,并不是科学形态的心理学,但却是十分丰厚的文化学的资源、宗教学的资源和心理学的资源。科学心理学和科学心理学家长期以来没有重视这种重要的心理学传统资源,也没有去开发和利用这种重要的心理学传统资源。[①] 这种宗教的宗教心理学提供了非常丰厚的心理学的理论知识、探索方法和实用技术。世界上有基督教、伊斯兰教和佛教三大宗教,中国的文化传统中也有儒家、道家和佛家三大流派。无论是哪一种宗教还是哪一种流派,都非常关注人的心灵的性质、功能和活动,都有对人的心理行为和内心生活的系统阐述和全面干预。

以佛教为例,中国的禅宗是佛教的一个流派。禅宗的心理学对人的心理行为的阐述有着非常重要的意义和价值。[②] 禅宗心理学强调的是常心和本心的区分。以常心去观察和以本心去观察,会看到完全不同的东西,会体悟到完全不同的生活。从见山是山和见水是水,到见山不是山和见水不是水,再到见山还是山和见水还是水,这就是禅悟的过程,是一种心理的意义系统的转换。同样的山和同样的水,其心理意义已经发生了根本性的转变,因此人的心理生活就会相应地发生根本性的变化。对于怎样才能够从常心证见到本心,禅宗给出了一整套修身养性的功夫。所谓的"禅悟""禅定""解脱""证见",等等,都有其特定的或独特的心理学的含义和价值。这就是根据禅宗的基本学说来阐释和改变人的心理的禅宗心理学。这种宗教的心理学显然就是科学心理学发展非常重要的源流,心理学可以从宗教的源流中获得有意义的资源和启示。

二、不同的宗教心理学

宗教、宗教信仰、宗教活动等,不仅是人重要的社会性信仰活动,而且是人重要的精神性改变活动。或者说,宗教不仅是系列的组织、制度、活动、规范,等等,也不仅是多样的学派、思想、理论、学说,等等,而且是特定的心理、

① 葛鲁嘉.新心性心理学宣言——中国本土心理学原创性理论建构[M].北京:人民出版社,2008:23-27.
② 南怀瑾.禅宗与道家[M].上海:复旦大学出版社,1991:75-78,195-197.

意识、信仰、皈依、灵性、体验,等等,而且也是特定的行动、实践、作为、验证、弘扬,等等。这包括了在西方文化中的理解,①也包括了在中国文化中的理解。② 宗教心理是非常重要的人的心理存在。这不仅是科学心理学的研究对象,而且是宗教学说的解说内容。

在当代科学心理学的研究中,宗教心理学是众多分支学科中一个具体的分支学科。作为科学心理学的分支,宗教心理学就是科学心理学家通过科学的方式和方法,去揭示、描述、说明、解释、影响和干预人的宗教信仰活动中的心理行为。宗教心理学的研究考察宗教心理的性质和功能,宗教信仰的心理起因,宗教信仰的心理功能,宗教意识的发展和演变,宗教心理的培育和教育,宗教活动中的皈依心理,信仰的心理特征和作用,祈祷的心理历程和功能,等等。宗教心理学的研究可以涉及许多重要的方面,其中就包括宗教体验中的罪感和耻感,宗教培养中的良心与良知,宗教信仰中的意志与品质,宗教情感中的崇高与境界,宗教活动中的爱心与宽恕,宗教感受中的焦虑与恐惧,宗教成就中的幸福与满足,宗教引领中的成熟与美满,宗教活动中的合作与共享,宗教心理中的变态与罪恶,宗教生活中的质量与享受,宗教活动中的合作与共享,以及宗教意识中的成长与成熟。这都是科学心理学能够以科学的方式和方法去探讨、探索、影响和干预的方面,并提供科学的理解和阐释,进行科学的干预和影响。科学的宗教心理学诞生的时间很晚,或者说宗教心理学成为独立学科的时间很短,至今不过一百多年的学科历史发展。

在上述科学的宗教心理学之外,还有一种宗教心理学,它有特定的内容和含义。这就是在宗教活动中由宗教家建立起来的,隶属于特定宗教的宗教心理学。这是以宗教的方式和方法建立起来的并服务于特定宗教的宗教心理学。可以说,宗教是以其自己的方式建构了一种独特的心理学。正是在这种宗教的宗教心理学中,各种不同的宗教都给出了自己关于人的宗教心理行为的宗教式解说,都给出了自己对于人的宗教心理行为的宗教式干预。其实,在任何一个宗教教义和宗教学说中,都能找得到关于人的宗教心

---

① 里奇拉克.发现自由意志与个人责任[M].许泽民,等,译.贵阳:贵州人民出版社,1994:162.
② 梁漱溟.人心与人生[M].上海:上海人民出版社,2005:172-183.

理行为的阐述、理论、学说、方式、方法、技术、工具,等等。在不同的宗教教派之中,所谓的宗教都不仅是理论的活动,而且是实践的活动;都不仅包含着对人的心理行为的解说,而且包含着对人的心理行为的干预。因此,可以说宗教的宗教心理学也是一种特殊形态的心理学。这种心理学就孕育和蕴涵在宗教之中,就是以宗教的方式在影响着人的心理生活。这也就是,宗教有对人的心理行为的解说,也有贯彻和实施自己学说的践行。宗教的宗教心理学正是通过宗教的方式来考察、解说和改变人的心灵的性质和活动。这给出了大量的说明或解说、阐述或阐释人类心灵和心灵活动的理论,也给出了许多的影响或干预、改变或转换人类心灵和心灵活动的方式和方法。①宗教的宗教心理学给出的对人的心理行为的解说和阐释,都是从宗教的视野或视角出发的。宗教的宗教心理学提供的对人的心理行为的干预和改变都是采取宗教的方式和手段。这里面实际上也包含着关于人的心理行为的许多有益的学术性资源。

　　两类宗教心理学,也就是科学的宗教心理学和宗教的宗教心理学,既有着十分重要的区别,也有着不可忽视的联系。科学的宗教心理学是所谓的科学性质的或实证形态的心理学,这是科学心理学的一个分支学科,属于科学的阵营。宗教的宗教心理学则是所谓的宗教性质的或宗教形态的心理学。这是宗教学说的重要构成内容,属于信仰的阵营。所以,这两种不同的宗教心理学,其立足的基础不同,探讨的方式不同,说明的内容不同,干预的技术不同。但是,这两种不同的宗教心理学,都是对宗教心理的研究和考察,都是对宗教心理的说明和解释,都是对宗教心理的干预和影响。科学心理学和科学心理学家给予了实证科学的宗教心理学以系统探索和全面推进。在心理学成为科学的门类之后,在有了科学的宗教心理学之后,宗教的宗教心理学似乎就没有了存在的意义和价值。科学心理学的发展不但放弃了宗教的宗教心理学,而且忽视了宗教的宗教心理学体现的学术价值和具有的学术资源。这就使得宗教传统中的心理学并没有得到适当的考察和研究,或者是受到了冷落和忽视。这成为理解历史传统中的心理学和理解不同形态的心理学的一个薄弱环节。

---

① 葛鲁嘉.超个人心理学对西方文化的超越[J].长白学刊,1996(2):84-88.

三、两类心理学的关系

宗教的宗教心理学可以给科学的宗教心理学带来什么呢？这涉及科学的宗教心理学与宗教的宗教心理学之间的关系问题。西方实证的科学心理学在诞生之后，就认为自己是唯一合理合法的心理学，就认为自己已经把其他所有形态的心理学包括宗教形态的心理学都弃入了历史的垃圾堆，就认为宗教提供的关于人的心理行为的解说和干预，根本就不具有实际的科学性质，也就没有任何的学术价值。

科学的宗教心理学为人类理解和干预自己的宗教心理和宗教行为提供了科学的方式、科学的理论、科学的方法、科学的工具和科学的手段。这就使得人类从关于自己的宗教活动的盲目和愚昧中走了出来。尽管如此，宗教的宗教心理学实际上并没有真正消失和灭亡，仍然还在宗教生活的领域中发挥着自己特定的作用。应该说，宗教提供的宗教心理学是依据宗教的生活和实践得出的。普通生活者或宗教信仰者在习得和掌握了这种宗教的宗教心理学之后，这种心理学就会在普通生活者或宗教信仰者的生活中占据十分重要的地位，就会对普通生活者或宗教信仰者理解他人和自己的心理行为起非常重要的作用。只不过，这种所谓的宗教的宗教心理学并不是科学心理学的组成部分。

现在的问题就在于，这种宗教的宗教心理学对于科学心理学来说有着什么样的意义和价值。对于理解和解说人的心理行为来说，科学的宗教心理学已经替代了宗教的宗教心理学。但是，这种替代是否就意味着宗教的宗教心理学已经没有了任何的意义和价值呢？宗教的宗教心理学是通过宗教的方式和方法探讨和考察、说明和解说、影响和干预人的心理行为。宗教的宗教心理学提供的独特的心理学内容对现代科学心理学的研究具有重要的价值，这种价值迄今还没有得到系统考察，更没有得到合理利用。如何梳理、分析、考察和探讨宗教的宗教心理学，成为十分重要的学术任务。

在宗教的宗教心理学中，也有关于人的心理行为的系统的理解和解说。尽管这种独特的心理学也许并不具有科学的意义，但却是一种重要的心理学传统资源。科学心理学的成长和壮大可以从宗教的宗教心理学中得到重要的启示，获取有价值的原料，提炼可利用的成分，补充能吸收的营养。这就是所谓资源的意义、内涵、挖掘、利用、消化和吸收。强调宗教的宗教心理

学作为资源,并不是要降低科学的宗教心理学的地位,借用宗教的宗教心理
学是旨在壮大科学的宗教心理学,提升科学的宗教心理学的地位,扩大科学
的宗教心理学的影响。

可以说,蕴含在宗教中或由宗教提供的宗教心理学,存在和拥有十分丰
富的心理学的学术意义,以及十分重要的心理学的学术价值。这不是在贬
低和忽视科学的宗教心理学,而是在为其寻找和挖掘重要的学术资源。这
主要可以体现在三个方面。

其一,宗教的宗教心理学以宗教的方式给出了关于信仰、信念、价值定
位、价值追求等人的心理的意向性方面的解释和阐释。这正是实证科学的
心理学在自己的历史发展中有所回避、有所放弃、有所否定的方面。在科学
心理学诞生之后,科学心理学家曾经把运用实证方法看作心理学作为科学
的唯一尺度。所谓实证的方法,实际上是建立在研究者感官证实的基础之
上。对于人的心理的意向性方面来说,研究者的感官是无法直接把握到的,
因而是科学心理学的研究本身无法证实的或无法揭示的。所以,关于人的
信仰、信念、意向、价值等,很难运用科学的方法来证实。既然无法加以科学
地证实,就意味着这是可以放弃的或是可以忽略的存在,就意味着这是根本
不实的或完全虚假的存在。在相当长的历史时段里,实证的科学心理学并
没有去认真系统地研究和考察人的心理的意向性或价值性的方面。或者,
对信仰信念和价值取向的研究,实证的心理学至多是将其当作客观的对象
加以考察的,仅仅是去描述、证明或验证其作为心理现象的存在。或者,这
样的研究就只能是客观中立的、价值无涉的。因此,实证心理学的研究就根
本无法去说明和解释,无法去给出和引导对人的心理生活非常重要的价值
的取向、定位、赋予、评判和取舍等。这就等于是心理学研究放弃了原本在
人的心理生活中具有非常重要作用的价值问题。科学心理学的当代发展正
在努力填补这样的缺失,正在努力克服自己的不足,从宗教的宗教心理学
中,就可以获取相关的学术资源。

其二,在宗教的宗教心理学中,宗教家或宗教学者把人的一些独特的心
理行为置于重要的位置,给予了从特定宗教出发的十分特殊的关注,并进行
了特定宗教方式的探索。可以说,这些独特的心理行为是在人的宗教活动
以外的其他活动领域中很少存在的,或者是在人的宗教活动以外的日常生

活中很少出现的。但是,这些独特的心理行为在人的日常宗教信仰的生活中占有着十分重要的地位,并对人的日常生活产生了十分重要的影响。这包括在宗教活动中的那种奇异体验、茅塞顿开、出神入化、心悦诚服、顿然开悟、宁静平和、幸福安详、超拔解脱和喜悦极乐。这也包括宗教信仰者实际上得到的种种关于美好、高尚、圣洁、完善、永恒等的心理体验,以及对事物本质、存在价值、高峰体验、终极意义、神圣使命、神人相合等的种种心理体悟。①② 对于这些独特的心理行为的考察,这些涉及内在体验和精神追求的解说,正是实证的科学心理学研究中长期遗留的、缺少考察的研究空白,也正是实证的科学心理学必须面对的研究难题。尽管宗教的宗教心理学并不是以科学的方式去说明和解释上述那些独特的心理行为,但是它以宗教的方式体现了这些心理行为的现实存在和宗教意义。

其三,宗教的宗教心理学还给出了各种各样的、十分独特的践行方法,也就是力求实现的和达成目标的方式、手段、途径、步骤、程序等。无论是基督教、伊斯兰教还是佛教,都提供了净化人的内在心灵、提升人的精神境界、引导人的向善追求的方式和方法。例如,佛教传统中的禅宗心理学实际上就实行和提供了关于达成顿悟、入静、止念、超拔、无牵无挂、无虑无忧、无滞无碍、精神解脱、大彻大悟、极乐无忧等境界的方式和方法。对于改变、转换或提升人的心理或精神境界来说,这些技术和手段都是十分独特的,也都是有着特殊功效的。其实,宗教的宗教心理学正是通过相应的技术和手段,来改变人的心理和提升人的境界,来验证自己的理论和确立自己的学说。

可以肯定,宗教形态的心理学是一种十分重要的传统资源、文化资源、学术资源和心理资源。对于科学心理学的发展来说,非常重要的不仅是自己的学术目标,而且是自己的学术资源。科学心理学就面临着应该怎样去挖掘这样的历史资源,应该怎样去提取这样的传统资源,应该怎样去利用这样的学术资源,应该怎样去转换这样的创新资源等一系列挑战。这就是考察、探索和研究宗教形态的心理学实际具有的意义和价值。

中国本土心理学的当代发展,目前正在寻求的就是原始性的创新活动。

① 莫阿卡西.荣格心理学与西藏佛教[M].江亦丽,等,译.北京:商务印书馆,1994:18-20.
② 瓦西留克.体验心理学[M].黄明,等,译.北京:中国人民大学出版社,1989:138-139.

中国现代的心理学有过太多的对外国心理学的引进和模仿,而十分缺少创新,特别是原始性创新,尤其是立足本土文化资源的原始性创新。因此,中国本土心理学的发展必须认真地对待各种文化传统中的特别是本土文化传统中的心理学资源。这是中国本土心理学的学术根基,也是其发展的基础,也是其创新的起点,也是其思想的源泉,也是其成长的养分,也是其突破的动力。

第四节　哲学形态的心理学

第三种形态的心理学是哲学形态的心理学。哲学形态的心理学是心理学最古老的历史形态之一。在科学心理学诞生之前,心理学就寄生在哲学之中,是哲学的一个探索领域。心理学在相当长的历史时期中都依附于哲学。在哲学家关于世界和人生的思考中,就包含着关于人的心理、意识、情感、意志、人格等大量的心理学内容。这种包含在哲学思考或思辨中的心理学就是哲学心理学。哲学心理学的最重要研究方式是思辨和猜测。正是通过思辨和猜测,哲学心理学探索了人类心理行为几乎所有重要的方面。[1] 当心理学成为科学门类之后,哲学心理学在哲学研究中演变成为心灵哲学的研究,在心理学的研究中则演变成为理论心理学的研究,在心理学与哲学的跨界研究中则演变成为心理学哲学的研究。心理学哲学的研究就是考察或反思心理学研究中关于对象、方法和技术的理论前提或前提假设。

一、心理学与哲学辨析

哲学心理学是最早出现的心理学的历史形态之一。在人类文明的发展史上,哲学是一门最古老的学问。哲学一开始是无所不包的,或者是包罗万象的。在哲学的追问当中,哲学家也非常关注人类的心理问题,并不断地在探讨人类心理的基本性质、主要构成和活动方式。目前,心理学与哲学都是

[1] 葛鲁嘉. 心理文化论要——中西心理学传统跨文化解析[M]. 大连:辽宁师范大学出版社,1995:175-179.

独立的学科门类。在哲学和科学的发展历史上,心理学与哲学有着十分独特的关系。这种独特的关系仍然在决定着心理学和哲学的学科发展。了解和认识心理学与哲学的关系,对于揭示心理学哲学的内涵与功能,具有十分重要的意义。从学科的历史发展的角度来看,心理学与哲学的关系经历了三个重要的发展阶段。

第一个阶段是,哲学完全包含或基本包容心理学的阶段。心理学成为独立学科门类的时间很短,仅有一百多年的历史。在此之前相当长的历史时段中,心理学主要被包含在哲学当中。这个阶段中的心理学可称之为哲学心理学。哲学心理学是哲学家通过思辨的方式对人的心理行为的说明、阐述和解释。这种思辨的方式带有推测、推论和推断的性质。作为最古老形态的心理学,哲学心理学在历史上存在了相当长的时间,是历史上对人的心理行为的最具主导性的解说和解释,所以心理学在相当长的历史时期中都从属于哲学。

第二个阶段是,哲学与心理学彼此分离或相互排斥的阶段。实证科学意义上的心理学是在 19 世纪中后期才诞生的,至今不过一百多年的历史。心理学成为独立的学科门类之后,是以实证科学或实验科学自居的。在心理学成为独立的科学门类之后,心理学与哲学曾经有过彼此的分离和相互的排斥。对于心理学来说,为了维护自己独立的学科地位,在相当长的时间里极力排斥哲学,把自己与哲学严格地区分开来,否定自己与哲学有任何的关联。甚至在今天,仍然有许多的心理学家持有这样的态度。这成为了心理学家的一种病态反应和病态排斥。

第三个阶段是,心理学与哲学重新组合或相互促进的阶段。到了 20 世纪末期,随着哲学研究重心的转移,随着心理学学科的迅速扩展和壮大,心理学与哲学的关系又有了新的变化。在众多的科学学科从哲学中分离出去之后,哲学就已经放弃了自己包罗万象的研究心态和研究方式。哲学开始去致力于对思想或理论前提的反思。这不是哲学的畏缩或萎缩,而是哲学的重新定位。同样,心理学在经历了急速的发展和扩展之后也发现自己的学科理论基础极度薄弱。学科理论基础的建设有一个十分重要的任务,那就是对学科的思想或理论前提的分析和反思。这不仅决定了心理学学科进行理论建构的能力,也决定了心理学家提出理论假设的水平。心理学与哲学的关系的改变,并不等于心理学与哲学就脱离了关系,就没有了关系,而只能说明心理学与哲学有了更特殊更密切的关系。这不仅对哲学家的研究提出了更高的要求,而且对心理学家的研究也提出了更高的要求。

二、相关的研究领域

要了解哲学心理学的研究,就必须先了解哲学心理学与其他一些相关的重要研究领域的关系。正是这些关系决定了哲学心理学研究的性质、内涵、特征、未来等。这些相关的研究领域或研究门类包括心灵哲学、心理学哲学、理论心理学等。这在心灵哲学中得到了考察,①在心理学哲学中也得到了探讨,②在理论心理学中也得到了分析。③ 这都涉及通过哲学的方式对人的心灵、心理、意识、欲望、意向和思考等的探求。

首先是哲学心理学与心灵哲学的关系。要想区分开心理学哲学与心灵哲学的关系,并不很容易做到。心灵哲学是哲学的一个分支学科,是以哲学的视角和方式探讨心灵的性质和活动。其次是哲学心理学与心理学哲学的关系。心理学哲学并不直接涉及人的心理行为,而是反思或探讨心理科学研究人的心理行为的前提假设。这或者是使原有隐含的前提假设明确化,或者是使原有不正确的前提假设得到纠正。这直接决定着心理学家对心理学研究对象的理解。再次是哲学心理学与理论心理学的关系。理论心理学是心理学研究的一个重要分支学科。理论心理学最根本或最直接的作用,是负担关于人的心理行为的理论假设的建构。理论心理学对于心理学的发展来说是非常重要的,因为心理科学提出或构想理论假设的能力至少在我国的心理学界是非常弱的。我们也许已经见惯了对外国心理学理论的照搬,却很少看得惯自己的理论创新。心理学哲学的研究则并不直接去提出关于人的心理行为的假设,而是反思或批判有关人的心理行为的理论前提或理论假设。

随着各个学科相继从哲学中分离出来,心理学也走上了自己追求科学

---

① 高新民.现代西方心灵哲学[M].武汉:武汉出版社,1994:1-5.
② 章士嵘.心理学哲学[M].北京:社会科学文献出版社,1996:1.
③ 叶浩生.论理论心理学的概念、性质与作用[M]//杨鑫辉.心理学探新论丛(第1辑).南京:南京师范大学出版社,1998:65-74.

化的道路。但是,哲学与心理学始终保持着密切的关联。现在的哲学研究通过对理论思维前提的批判与反思,实际上影响着各个学科的具体研究,因为各个学科从事研究的研究者都拥有自己特定的理论预设或理论前提。这些特定的理论预设或理论前提可以是隐含性的。哲学的批判与反思可以促进隐含的预设明确化,以及明确的预设合理化,从而支配和影响着各学科的具体研究。

传统的哲学心理学是以思辨的方式来探讨人类的心理和行为,哲学的思辨存在着两个根本的缺陷:哲学家无法证明自己关于心理行为的说明涉及的就是心理行为本身,而不是一种猜测或推论;哲学家缺乏实际的技术手段去干预人的心理行为,使人的心理行为按照特定的构想去发生变化。基于这样两点,哲学心理学也被称为“安乐椅中的心理学”,并被后来科学的或实证的心理学家排斥。指出哲学心理学的缺陷,并不否定哲学思辨方式在心理学研究中的作用。心理学隐身于哲学,并按照哲学的方式提供了关于人的心灵的解说。哲学的思辨研究也以各种不同的方式影响到后来心理学的发展。如古代西方的颅相学通过人的头骨的凸起和凹陷来判断人的性格与能力,头骨凸起的地方相对应的心理功能就要强,头骨凹陷的地方相对应的心理功能就要弱。这种缺乏依据的推测实际上深刻地影响到了后来解剖学和生理学对大脑神经系统机能定位的研究。后来科学心理学诞生,自然就放弃了哲学心理学,但是这并不等于说哲学与心理学就没有了关系。现代哲学不再是包办心理学的研究,而是转向去反思和探讨心理学研究中的理论预设,使之从隐含变成明确。这样的哲学探讨就不再是哲学心理学,而是心理学哲学。

在心理学与哲学的关系发展的三个阶段里,哲学形态的心理学经历了三次重大的变身过程。在第一个阶段,哲学完全包含或基本包容心理学。心理学在成为独立的学科门类之前,属于哲学中的一个领域。这个阶段中的哲学形态的心理学就现身为哲学心理学。哲学心理学是哲学家通过思辨的方式对人的心理行为的说明、阐述和解释。这种哲学思辨的方式带有推测、推论和推断的性质。心理学在相当长的历史时期中都是从属于哲学的。在第二个阶段,哲学与心理学彼此分离或相互排斥。在这个阶段中的哲学形态的心理学则变身为理论心理学。实证科学意义上的心理学在 19 世纪中后期才诞生,心理学成为独立的学科门类之后,以实证科学或实验科学自居。心理学与哲学曾经有过彼此的分离和相互的排斥。对于心理学的研究来说,为了维护心理学独立的学科地位,心理学在相当长的时间里极力排斥哲学,把自己与哲学严格地区分开来,否定自己与哲学有任何的关联,甚至在今天也仍然有许多的心理学家持有这样的态度。在第三个阶段,心理学与哲学重新组合或相互促进。在这个阶段中的哲学形态的心理学则转身为心理学哲学。心理学哲学的研究是对心理学研究中关于心理学研究对象和关于心理学研究方式的理论预设或理论前提的反思,从而为心理学的研究提供合理的和有益的理论预设和理论前提。

　　无论是理论心理学的研究,还是心理学哲学的研究,已经与原初意义上的哲学心理学有了根本性的区别。无论是理论心理学,还是心理学哲学,都在心理学的研究领域或心理学的边缘领域中,成为了重要的学问,甚至成为了显学。

三、中西方的哲学心理学

　　哲学心理学是一门非常古老的学问。哲学心理学的任何探索都是根植于特定的文化传统。在不同的文化传统中,哲学心理学探讨的问题,研究的方式,强调的重点,得出的结果,形成的影响等,都有所不同,甚至有很大的差异。由于文化的差异,就存在着西方的哲学心理学和中国的哲学心理学。西方的哲学心理学是在西方的文化传统中降生的,而中国的哲学心理学则是在中国的文化传统中降生的。这是有着完全不同血统或学统的哲学心理学。

　　西方的哲学心理学是哲学家以哲学思辨的方式对人的心理行为的探索,是建立在西方文化主客体相分离的基础之上的。人的心理行为被当作客观的研究对象,研究者只是毫不关己的旁观者。哲学家可以依据日常生活的经验,来说明和解释人的心理行为。这种关于心理行为的描述、解说和理论是否就是客观对象的实际,研究者显然没有办法去证实。这种经验直观的研究必然就是哲学家的揣测、猜测、预测,必然就是哲学家的推论、推断、推演,等等。所以,在实证的科学心理学诞生之后,科学心理学家就放弃、抛弃和舍弃了哲学心理学,将其当成了历史的垃圾。

中国的哲学心理学则不同于西方的哲学心理学。中国哲学的思想家提供的不仅仅是关于人的心理行为的思辨猜测。中国的哲学心理学是建立在中国文化传统的主客一体的基础之上。在这样的哲学心理学中,没有所谓的研究者与研究对象的分离,每个人都可以既是研究者也是被研究者。物我不分的道就在每个人的心中。心道一体导致的是,对人的心理的揭示就是内心体道的过程,就是心灵境界的提升,就是人对内心道性的体悟和体验,就是人对内心道理的实践或实行。这就是中国文化传统中的所谓内圣外王。内心体道才能成为圣人,外在行道才能成为王者。关于如何体道和践道,中国本土的传统心理学给出了系统的理论解说和生活的实践行使。

哲学心理学探索的内容与其他相类似的学科分支探索的内容有很多的重叠。心灵哲学的探讨就与哲学心理学相类似。心灵哲学的研究有传统的心灵哲学和现代的心灵哲学,也有语言分析的心灵哲学和科学主义的心灵哲学。心灵哲学的研究有两个基本的或主要的目标——哲学的目标和心理学的目标。心灵哲学的哲学目标就在于通过心灵哲学的探索寻找到哲学思考的基础或者思考心灵的基础,心灵哲学的心理学目标就在于通过心灵哲学的研究为心理学的研究提供理论前提。心理学哲学的研究也与哲学心理学相类近。心理学哲学是对科学心理学研究中的理论前提或理论假设的哲学反思,这包括两个层面,一是有关心理学研究对象的理论设定,二是有关心理学研究方式的理论设定。这些理论设定或者是明确的,或者是隐含的。心理学哲学的研究就是为了反思和揭示那些隐含的假设,以及为了反思和梳理那些明确的假设。无论是心灵哲学的研究,还是心理学哲学的探索,都与哲学心理学有着各种各样的联系。哲学心理学实际上就是早期的历史性的根源,或者就是早期的哲学考察的前身。

四、哲学心理学的价值

哲学心理学有其研究的价值和学术的意义。哲学心理学的研究也有其历史的局限性和现实的缺陷性。这体现在,哲学心理学最基本的研究方式是思辨的方式,是思辨的猜测,是思辨的推论。这种研究方式使研究本身得出的结论根本无法验证。哲学思辨推论的方式有对心理行为的性质、活动、规律的理论说明,但这种理论的猜测和推论并没有合适的方式和手段来验证和证实自己的理论。

不过,这也并不是等于就可以宣布哲学心理学的死亡。在非常漫长的历史过程中,哲学心理学的探索提出并积累了大量关于人的心理行为的学说。尽管按照科学心理学的标准去衡量,这些学说都是哲学思辨的猜测,缺少实证科学的价值,但这是人类文化的财富。哲学心理学的这些思辨猜测的最直接依据,就是人类文化和日常生活中积累起来的常识的心理学。哲学心理学本身也给现代科学心理学的研究提供了相应的理论预设或理论前提。当实证科学的心理学放弃了哲学的探索,抛弃了哲学的根基的时候,其只是放弃和抛弃了传统哲学中无益的东西,重要的是不应该放弃哲学探索中对心理学研究有益的东西。

哲学心理学的传统中拥有很多矿藏,这些矿藏中存留着许多对科学心理学未来发展十分有益的东西。问题就在于,怎样去挖掘这些矿藏,去提炼这些矿藏,去利用这些矿藏。例如,在中国本土文化的资源中就存留着心性学说。这实际上就是一种传统的心理学,即心性心理学。怎样才能在心性心理学提供的资源的基础之上去发展或创造出新的心理学,这才是中国心理学努力的方向。正是在中国本土的心性心理学中,才有关于心理的理论解说、考察方法和干预手段。

哲学形态的心理学仍然值得研究者的重视,特别是值得心理学研究者的关注。问题的关键是挖掘、整理、提炼和转用。这是历史的形态,也是现实的资源,也是未来的根基。现在有了科学心理学,但还是应该有对哲学心理学的关注、考察、探讨和利用。这仍然是一个十分重要的学术目标和学术任务。对于作为历史传统资源的哲学心理学,需要放弃的是那种无视、漠视、歧视的态度,因为这样的态度从学术的角度来看是一种无知、刁蛮、盲目、无赖、霸道和耻辱。

从哲学心理学到心理学哲学的转换,是关于心理学的哲学探讨的一个重要转换,但是哲学心理学或哲学形态的心理学仍然是给心理学的研究和考察带来并积累了重要的学术性资源。在心理学成为独立的实证科学门类之后,心理学似乎把哲学当成自己发展的绊脚石。但是可以说,哲学从来都是心理学的朋友,而不是心理学的敌人。当代心理学哲学的探讨,则从哲学反思和前提批判的角度去考察并揭示心理学研究的理论前提。这为科学心理学的发展奠定了十分重要的理论基础,并且影响到心理学各个方面的探讨和发展。有研究从心理学哲学视野,探讨了主体心理学与存在心理学。① 有研究考察了本土心理学的哲学视野和解释学视野。② 有研究则探讨了人工智能的哲学。③

从根本上来说,心理学的研究无法否认和忽略哲学形态的心理学的存在、价值、功能和作用。无论怎样转换,哲学都对心理学研究产生了巨大而深远的影响。这决定了心理学探索的根源和基础,也决定了心理学研究的深度和广度。

第五节　类同形态的心理学

第四种形态的心理学是类同形态的心理学。类同形态的心理学是指在与科学心理学相类同或相类似的其他科学分支中的心理学思想、理论、方法和技术。在与心理学相类同的科学分支或科学学科当中,也有关于人类心理行为的相关研究和成果。这些研究和成果也在特定角度、方面或层次揭示并阐释了人类的心理行为,为心理科学的诞生和发展提供了不可忽视的内容、十分重要的方法和实用便利的技术。

一、类同形态的心理学的界定

作为心理学的六种形态中的一种,类同形态的心理学是指,在与科学心理学相类同、相类近或相类似的其他科学分支中,也存在着许多心理学思想、理论、概念、方法和技术。这些研究和成果也在特定的角度、方面或层次,也以特定的方式、方法或技术,揭示和阐释了人类的心理行为,并为心理科学的诞生和发展提供了十分重要的、不可忽视的基础和内容。因此,这些相关的或相近的学科门类也都与科学形态的心理学有着非常密切的关联。例如,在物理学的发展过程中,无论是光学的还是声学的研究成果,都对心

---

① 周宁.心理学哲学视野中的主体心理学与存在心理学[J].学习与探索,2003(4):19-21.
② 周宁.本土心理学的两种哲学视野[J].西北师大学报(社会科学版),2003(4):31-35.
③ Boden, M. A. *The Philosophy of Artificial Intelligence*. New York: Oxford University Press, 1990, pp. 1-20.

理学关于视觉和听觉的研究提供了丰富的内容。生物学特别是进化论对人类心理的发生和发展,对人类心理与遗传和环境的关系等,都提供了重要的理论解释框架和细致的特定思想学说。生理学特别是神经生理学的研究成果,也对心理学的发展产生过巨大的影响。苏联生理学家巴甫洛夫的高级神经活动学说,美国科学家斯佩里关于裂脑人的研究,都深深影响到了科学心理学的发展和进步。精神医学的发展也揭示了以异常形式表现出来的心理行为,为全面认识和了解人的心理行为提供了重要的内容。当代计算机科学特别是人工智能的研究,也提供了对人类智能活动的基本认识,也推动了现代认知心理学的发展。

实际上,心理学在自身的发展和演变的过程中,曾经不同程度上依附过一些相关联的或相类同的学科。心理学曾经隐身在哲学的研究之中,心理学也曾经化身在生理学的研究之中。其实,心理学在成为独立的科学门类之后,也还是曾经一再地以还原的方式,把类同学科的研究内容和研究方式并入自身。这种还原的方式,使心理学的研究常常更像是物理学的研究、生理学的研究、神经科学的研究、身心医学的研究,等等。现在的心理学已经成为独立自主的学科门类,但是这并没有实际阻止其他的学科门类以特定方式、从特定视角、在特定方面以及于特定层次关注和揭示人的心理行为。在当代,大科学的兴起已经表明,对许多特定对象的科学研究必须集合多个学科门类。例如,对人脑的研究或者脑科学就属于大科学,就汇聚了大量的相关科学门类。对人类心理行为的研究也同样属于大科学,也必须去汇聚大量相关科学门类的研究。所以,心理学研究应该改变自己狭隘的小科学观,心理学研究必须树立起集合和融汇不同科学研究的大科学观。①

类同形态的心理学表明了不同的学科门类也在各自特定的研究范围和研究方式中涉及了心理学的内容,也为更全面完整地理解和解说人的心理行为提供了可能。

二、类同形态的心理学的蕴意

现代科学已经发展到高度分化的阶段。在许多的科学分支中,以及在

---

① 葛鲁嘉. 大心理学观——心理学发展的新契机与新视野[J]. 自然辩证法研究,1995(9): 18 - 24.

各自的分支领域中,都存在有对人的心理行为的直接或间接的探讨。无论是在历史上还是在现实中,在对人的心理行为进行考察时,科学的心理学并没有独揽对人的心理行为的研究。各种不同的学科分支在不同的角度、层次和侧面也揭示并阐释了人的心理行为的某个片面、方面和层面。这样的研究成果也同样可以汇集成一种心理学的历史和传统的资源。当代心理学的发展实际上就面对着其他科学门类或科学学科给出的心理学思想、理论、学说、概念、方法、技术、工具等。①②

在哲学的研究中就蕴含着心理学的内容。在科学心理学诞生之前,心理学就隐身在哲学之中,也就是哲学心理学的探索。在科学心理学诞生之后,哲学心理学的探讨就让位给了心理学哲学的探讨。哲学心理学是哲学家以思辨的方式对人的心理行为的猜测和推论,心理学哲学则是对心理学研究中的理论前提或理论预设的反思和批判。③ 任何的心理学研究都有自己的理论前提或理论预设,这些理论前提或理论预设要么是明确地被研究者接受和掌握的,要么是隐含地被研究者确立和运用的。无论是哪一种探讨,实际上都涉及对人的心理行为的说明。哲学心理学是系统化的、深入性的探索,心理学哲学则是理论化的、原则性的探讨。尽管在科学的或实证的心理学脱离了哲学的怀抱和诞生为独立的科学门类之后,科学心理学家就极力反对一切形式的哲学探讨、哲学思辨和哲学推论,但哲学为科学心理学做出的贡献却是不可磨灭的,也是不容忽视的。

物理学对科学心理学的影响,在于其提供了考察和探究物理客体的基本科学方式和基本科学方法。物理学是最早从哲学中分离出来的科学学科。物理学为了在自己的研究中弃除哲学的思辨,而把物理学的研究对象确定为物理现象。对物理现象的研究必须采用客观的、系统的、精确的研究方法或观察的、实验的、定量的研究方式。物理学在脱离哲学的思辨并成为实验科学之后,有了突飞猛进的发展和进步。而且,物理科学也成为了带头的学科,成为了科学研究的楷模。心理学在早期成为实验科学之时,就是以

① 荆其诚. 现代心理学发展趋势[M]. 北京:人民出版社,1990:32.
② 朱滢,杨治良,等. 当代心理学研究[M]. 北京:北京大学出版社,1993:69-70.
③ 葛鲁嘉,陈若莉. 论心理学哲学的探索——心理科学走向成熟的标志[J]. 自然辩证法研究,1999(8):35-40.

物理学为榜样的。科学心理学在研究中曾甚至不惜把人的心理行为还原为物理的事实和规律。

化学对科学心理学的影响,则体现在许多重要方面。首先,化学为心理学提供了元素分析的、分解化合的、物质合成的研究内容和研究方式。特别是在科学心理学诞生的初期阶段,化学曾经极大地激发了科学心理学家的想象力和创造力。所以,西方心理学最早的心理学派别就是元素主义的心理学。这种心理学的研究就是寻找和确定最基本的心理元素,以及考察这些心理元素分解和聚合的基本规律。其次,化学对科学心理学的影响和贡献还在于对影响人的心理行为的神经传导化学递质的研究。这是在非常精细的层面上揭示了人的心理行为的实现基础和基本机制,提供了对人的心理行为的科学解说和阐释。

电子科学对科学心理学的影响,则在于提供了理解人的内在心理机制的外在途径和方式。人的心理意识常常被看作是黑箱,没有办法直接观察到。计算机科学则以模拟的方式实现了人工的智能。[①] 计算机对于心理学的研究,包括对于智力心理学的研究,都产生了重要的影响。[②] 早期的人工智能研究采纳的是符号的模型,也就是把人的心灵的性质和活动看作符号的加工,是符号的表征和计算。这种被称为认知主义的符号研究范式就是以计算机作为理论的隐喻或启示,或者是建立在人工智能与人类心理的类比的基础之上。尽管人工智能和人类心理分别是由计算机硬件和脑神经系统实现出来的,但两者在机能水平上被认为具有相同的信息加工性质。人的心灵活动没有什么神秘之处,其符号的计算过程完全可以由计算机复制或模拟出来。后来的人工智能研究采纳的是网络的模型,也就是把人的心灵的性质和活动看作神经网络的联结。这种被称为联结主义的网络研究范式是以神经系统作为理论的启示,或者是建立在神经系统与人类心理的类比的基础之上。有研究确立了在人工智能研究基础上的人工心理学的研究。

目前,在人工智能的基础上提出了人工心理学的概念,即利用信息科学

---

① 朱宝荣.计算机模拟:一种探索心理机制的现代方法[J].心理科学,2003(5):891-893.
② 林崇德,等.计算机与智力心理学[M].杭州:浙江人民出版社,1996:10.

的研究方法,对人的心理活动更全面构成内容(尤其是情感、意志、性格、创造等)的人工机器实现。这种探索提出和确立了人工心理学的概念、定义、目的、法则、研究内容、应用范围、研究方法,等等,试图确立人工心理学的理论结构体系。这被认为有利于人工智能的研究走向更深更高的层次。① 该研究还细数了人工心理学基础之上的,关于人工心理和人工情感的研究。人工情感(artificial emotion)的研究就是利用信息科学的手段,对人类情感过程进行的模拟、识别和理解,使机器能够产生类人的情感,并与人类自然和谐地进行人机互动。目前,对人工情感的研究主要有情感计算(affective computing)和感性工学(kansei engineering)两个相关的领域。人工心理学(artificial psychology)的研究就是利用信息科学的手段,对人的心理活动(着重是人的情感、意志、性格、创造)进行的更加全面的再一次人工机器(计算机、模型算法等)模拟。人工心理的研究目的,就在于从心理学的广义层次上研究认知、情绪、情感、动机的人工机器实现的问题。人工心理学是一门多学科交叉的科学,其理论就根源于心理学、脑科学、生理学、伦理学、语言学、神经科学、人类工学、感性工学、信息科学、人工智能、计算机科学、自动化科学,等等。

人工心理学的应用范围应该说是非常广泛的,主要涉及拟人机械、人工创造技术、感性市场开发、人性化商品设计、人工心理编程语言、情感机器人的技术支持、人类情感评价计算机系统(虚拟技术)、人类心理数据库及数学模型、人际和谐环境技术、人机和谐多通道接口等。人工心理的内容包括人工情感、人工意识以及认知与情绪的人工数字化技术。心理学家认为,人工智能下一个重大突破性的发展,可能就将产生于赋予计算机更多的情感智能的研究之中。人工情感是在人工智能理论框架下的一个质的进步。因为从广度上讲,人工情感扩展并包容了情感智能,从深度上讲,情感智能在人类智能思维与反应中体现了一种更高层次的智能。人工情感必将为计算机的未来应用展现一种全新的方向。②

生物学对科学心理学的影响,则在于提供了关于人的心理行为基础的

① 王志良.人工心理学——关于更接近人脑工作模式的科学[J].北京科技大学学报,2000(5):478-481.
② 王志良.人工心理与人工情感[J].智能系统学报,2006(1):38-43.

研究。生物科学包括遗传学、生理学、脑科学、神经科学,等等。在科学心理学的历史和现实的发展进程中,生物科学扮演了十分重要的、不可替代的角色。生物进化论就曾经对科学心理学的进步产生了决定性的作用。[①]　其中,遗传学关于遗传基因的研究,给出了人的心理行为的遗传基础。生理学的研究,特别是神经生理学的研究,给出了人的心理行为的生理基础。脑科学则是目前发展最快的大科学。生物学的研究,生理学的研究都曾一度支配了心理学的研究,甚至替代了心理学的研究。例如,1949 年之后我国的心理学发展,就曾全盘接受过巴甫洛夫的高级神经活动学说。在此期间,心理学没有了自己的研究,而只是介绍和借用神经生理学的研究内容和研究方式。目前心理学的发展早就摆脱了对生物学科的依赖和还原,但心理学仍然非常重视生物学的研究成果对心理学发展和研究的价值和意义。

　　生态学对科学心理学的影响,则在于提供了共生发展的生态学方法论。针对人的发展的研究,包括针对心理发展的研究,一开始采纳的都是单一发展的方法论。研究涉及的是分别的、隔绝的考察,而不是整合的、共生的考察。人的发展可以破坏环境,可以破坏未来。随着环境的恶化和生态的危机,人们开始越来越重视共生的发展。生态学本身也开始研究生态心理,研究人与环境的共同发展,也考察人的心理行为对环境的影响,对环境的破坏。因此,生态心理学和心理生态学就应运而生。[②]　在生态学的框架中,人的心理与他人、社会、环境、世界等都是彼此共存、相互依赖、共同成长的。

　　社会学对科学心理学的影响,则在于对人类社会、社会群体、人际关系和社会个人的研究,也涉及了社会心理的方面,也提供了对人的群体心理和社会心理的描述和解说。社会心理或群体心理,不同于个体心理或个人心理,也不是个体心理的简单集合,而是有新的性质、新的特征、新的表现和新的功能。社会心理包括社会生活环境中的个体心理、小群体心理和大群体心理。社会学的研究也包含着社会文化、文化心理、文化人格等方面,也提供了对文化与心理、文化与行为、文化与人格、文化与自我等的研究成果。对于社会心理学的学科来说,就有社会学中的社会心理学。这是从社会学

①　朱新秤.进化心理学[M].上海:上海教育出版社,2006:1-17.
②　葛鲁嘉.心理学研究的生态学方法论[J].社会科学研究,2009(2):140-144.

的视角,以社会学的方式,对人的社会心理行为的研究。

三、类同形态的心理学的价值

并不是只有心理学才关注对心理行为的研究,其他与心理学相类同的学科门类也从各自不同的学科视角,以各自不同的探讨方式和技术手段,对人的心理行为进行了多维度、多视角、多方面、多层次的探索。包含在不同学科门类中的心理学探索,得出了关于人的心理行为的不同的思想学说、理论解说、影响方式和干预技术。这种对人的心理行为的分门别类的研究给科学心理学提出了一个重要的任务,那就是怎样使科学心理学不至于分解、分散和消失在其他类同学科的研究中,但同时也使科学心理学怎样去吸取、提炼、接受、消化和融会类同形态的心理学研究。现在就有心理学家认为,科学心理学早晚会被类同的学科分解而消散在其他学科之中。心理学学科的发展就不过是从一个依附性的学科,发展到一个独立性的学科,再进展到一个消失了的学科。

尽管心理学面临着其他不同学科分支研究的挑战,甚至还面对着其他类同学科对心理学研究领域或研究对象的瓜分,但是心理学并不会失去自己在科学世界中的位置,也不会被其他类同学科肢解。问题在于,心理学怎样去对待其他类同学科提供的关于人的心理行为的研究成就和成果,或者说,心理学能从其他类同学科的研究中获得什么。毫无疑问,类同形态的心理学提供了对科学心理学来说非常重要的研究立场、研究视角、研究方式、研究方法、研究内容、技术手段、技术工具、技术干预、技术方案、技术应用等。但是,这些涉及人类心理行为的研究方式和研究成果,还都是各自归属于不同的学科门类,还都是各自孤立的、相互分离的,还没有在科学心理学的视野之内或还没有被纳入科学心理学的研究。

心理学曾经有过还原论十分盛行的时期。心理学的研究被还原成了物理学的研究,生物学的研究,遗传学的研究,生理学的研究,病理学的研究等。这实际上是心理学接受其他类同学科研究的不正确的方式。在心理学的发展历史上,有许多研究者立足其他不同的学科去研究人的心理行为。①

----

① 郭本禹.当代心理学的新进展[M].济南:山东教育出版社,2003:359.

因此,这都是从各自不同的学科出发去探讨和研究人的心理行为。例如,弗洛伊德曾经是一名医生,他就是从生物学、生理学和医学的立场和视角去揭示人的心理行为。科学心理学完全可以去吸收并借鉴其他不同学科涉及的心理学的理论、方法和技术,但不应该是以还原论的方式。还原论给了科学心理学许多相当重要的东西,但是也使心理学的研究无法合理地揭示人的心理行为。正是还原论使心理学的研究总是曲解人的心理行为。

其他类同形态的心理学提供了各种不同的理论、方法和技术。这有助于心理学扩展自己的研究视野,丰富自己的理论建构,提升自己的研究方法,增加自己的技术手段。在心理学的科学观上,这使科学心理学必须确立自己的大科学观。心理学的科学观涉及心理学学科的性质及边界,涉及心理学研究的理论、方法和技术的建构及运用。大心理学观可以使心理学放开自己封闭的边界,去广泛汲取其他类同形态的心理学提供的研究成果,并把这些研究成果转化成自己的学术资源。例如,对意识与大脑的多学科研究,就汇聚了哲学、医学、人类学、脑科学、语言学、人种学、人工智能等学科的研究。①

在科学心理学成为独立的学科门类之后,心理学曾经极力排斥过其他学科的研究,以维护自己刚刚获取的学科独立性。但是,在经历了这样的过程之后,心理学还必须作为独立的学科去吸收其他类同学科的学术养分和学术精华。心理学学科必须有能力去积聚、汇集、合并和综合一系列类同的学科中有关心理学的知识、理论、方法、技术、工具,等等。其他类同形态的心理学提供的,还只是分散的而不是完整的知识,还只是原始的而不是现成的部分,还只是独特的而不是关联的内容。但是,只要心理学能够放开自己的门户,汇聚相关的研究,提取有益的部分,吸纳必要的资源,就能够长足进步。类同形态的心理学就是心理学学术的资源,就是心理学创新的资源,就是心理学发展的资源。科学心理学的任务就是去挖掘、提取、精炼、使用和生成资源,以促进科学心理学的学术创新、理论创新、方法创新、技术创新、工具创新,等等。这才能够大力促进中国心理学的创新发展。中国本土心理学的进步就在于立足本土文化中的心理学资源的创新。

---

① 汪云九,杨玉芳,等.意识与大脑——多学科研究及其意义[M].北京:人民出版社,2003:44.

第六节　科学形态的心理学

　　第五种形态的心理学是科学形态的心理学。这常常被看成心理学唯一合理的形态,能够取代其余心理学形态,是占据主导和支配地位的心理学形态。但是,科学形态的心理学也面临着一系列重大的问题。这都是心理学发展中不可回避的问题。科学形态的心理学就是按照特定的科学观的标准,建构和发展起来的现代心理学。

　　作为心理学的第五种形态,科学形态的心理学从诞生之日起,就有着物理主义和人本主义,或实证论和现象学两种不同的研究取向,就一直是处于四分五裂的状态,统一是其长期不懈的努力。该形态有基础研究和应用研究的分类,也有理论、方法和技术的分类,关键是心理学研究类别的顺序。该形态的研究方式和方法有实验和内省的地位和作用之争。该形态从一诞生就有科学化的问题,而科学化的延伸是本土化的问题。心理学作为科学是通过科学的理论、方法和技术来描述、说明和干预心理行为。科学形态的心理学在短短进程中取得了飞速发展,但依然面临着重大的问题。

一、内在分裂与学科统一

　　科学形态的心理学从诞生之日起,就不是统一的科学门类。心理学的流派众多,观点纷杂,一直就处于四分五裂和内争不断之中。因此,心理学能否成为统一的科学,是心理学发展面对的重大问题。心理学的不统一体现在了学科发展的许多方面。理论的不统一涉及心理学拥有互不相容的理论框架、理论假设、理论建构、理论思想、理论主张、理论学说、理论观点,等等。方法的不统一则涉及心理学的研究采纳了各种各样的研究方法,而且方法与方法之间有相当大的差异和分歧。技术的不统一则涉及心理学进入现实社会、干预心理行为、引领生活方式、提供实用手段的途径和方式的多样化。其实,心理学的不统一不在于多样化,而在于多样化形态和方式之间的相互排斥和倾轧。这使得心理学内部争斗不断。随着心理科学的进步、发展和成熟,促进心理学的统一就成为重大的问题。

任何的研究都是有立场的,研究者总是从特定的起点出发,从特定的视角入手,从特定的思考开始。心理学研究也是有立场的。心理学的理论、方法和技术都会因立场的区别而千差万别。心理学的研究立场有时被描述为心理学的研究取向。这决定关于研究对象和研究方式的理解。心理学最根本的分裂是研究取向分裂为科学主义的和人文主义的,或是实证论的和现象学的。这两种取向相互对立、相互竞争,构成了现代心理学发展和演变的独特景观。[①] 西方科学心理学的发展并不是统一的历程,而是一直处于四分五裂的境地。最根本的分裂或最核心的不统一,就是实证与人本的分歧。[②] 关于研究对象的理解,实证立场的心理学持有的是物理主义的世界图景。关于研究方式的理解,实证立场的心理学运用的是实证论的研究方式。实证取向的心理学走的是自然科学的道路,这也是西方心理学的主流。主流心理学家力图把心理学建成自然科学的一个分支。他们采纳的是传统自然科学得以立足的理论基础,即物理主义和实证主义。物理主义是有关世界图景的一种基本理解,实证主义则是有关知识获取的一种基本立场。这形成了主流心理学对研究对象的理解,以及对研究方式的主张。关于研究对象的理解,人文立场的心理学持有的是人本主义的世界图景。关于研究方式的理解,人文立场的心理学运用的是现象学的研究方式。人文取向的心理学走的是人文科学的道路,是西方心理学的非主流。非主流的心理学研究则力图使心理学摆脱自然科学的专制,使心理学的发展立足人道主义和现象学的理论基础。人道主义是有关人的基本理解,现象学则是获取有关人的知识的一种基本立场。这形成了非主流心理学对心理学研究对象的理解,以及对心理学研究方式的主张。

心理学发展最重要的努力就是科学化和统一化,以使心理学成为一门统一的科学门类。心理学成为独立的科学门类之后,统一心理学就成为一个重大的学术目标。对于如何才能统一心理学,心理学家之间有着重大的分歧。在心理学的发展史上,出现过各种不同的统一尝试。其实,心理学统一的核心问题是心理学的科学观问题。正是科学观的差异导致对什么是科

① 葛鲁嘉. 心理文化论要——中西心理学传统跨文化解析[M]. 大连:辽宁师范大学出版社,1995: 51-65.
② 叶浩生. 西方心理学研究新进展[M]. 北京:人民教育出版社,2003:108-116.

学心理学的不同认识和理解。心理学的科学观涉及心理学科学性质的范围和边界,心理学研究方法的可信和有效,心理学理论构造的合理和合法,心理学技术手段的适当和限度等。心理学科学观的建构关系到研究目标和研究策略的制定和实施。心理学的发展应该确立起大心理学观,或心理学的大科学观。[①] 这可以使心理学从实证主义的小科学观中解脱出来,从而容纳不同的心理学探索。所以,心理学统一的努力应是建立统一的科学观。[②]

心理学的内在分裂涉及心理学的文化基础、研究取向、理论预设等一系列重要的方面。心理学的学科统一则涉及文化基础的解析,研究取向的借鉴,理论预设的反思。这成为了非常重要的心理学统一的方向。

二、价值取向与价值定位

当代心理学是否有价值的取向和定位,或者心理学是价值无涉的科学,还是价值涉入的科学,这是心理学研究必须面对的一个重大问题。作为一门科学的出现,心理学受到了传统自然科学的影响,力求在研究中确立价值无涉,避免价值涉入。这无疑给心理学带来了巨大的进步,使心理学的研究力求避免主观性和思辨性。但是,心理学在涉及心理行为时必然要有价值的涉入。价值无涉的立场限制了心理学的影响力,甚至是限制了心理学研究的科学性。

心理学如何和怎样才能成为价值涉入的科学,就成为心理学发展中的一个至关重要的问题。其实,价值无涉是指一种中立的立场和客观的立场。这要求研究者不能在研究中把自己的偏见、好恶、情感、主张等强加给研究对象。与此相反,价值涉入则是指一种价值的导向和引领。这强调的是研究者和研究对象的一体化,突出了人的意向性和主观性,注重了人的自主性和主动性。心理学的研究要涉及人的价值取向,就要涉及人的意向问题。人的意向在科学心理学的研究中得到了回避。意向、意向性成为心理学研究中难以逾越的障碍,许多心理学家选择了放弃。因此,怎样面对价值的问题,怎样解决价值的问题,是心理学未来发展的核心问题。

心理学成为独立科学门类之后,就力图以自然科学的研究规范来约束

---

① 葛鲁嘉.大心理学观——心理学发展的新契机与新视野[J].自然辩证法研究,1995(9):18-24.
② 葛鲁嘉.心理学的科学观与统一观[J].吉林大学社会科学学报,1996(3):1-6.

自己。自然科学面对的对象是自然事物。自然事物并没有价值选择的目的,也没有价值评判的限制,也没有价值定位的自觉。但是,人却完全不同。人有自己的价值生活、价值取向、价值评判和价值取舍。因此,心理学的研究无法回避人的价值问题,而必须有价值的涉入和引导。在科学心理学的历史发展进程中,实证主义的心理学就否弃价值的问题,而把科学心理学定义为价值无涉的科学。人本主义的心理学则力主心理学是价值涉入的科学,而不应该回避价值的问题。科学心理学的发展必须面对价值问题,并通过价值的研究来创造和引导人的现实生活。

三、研究类别与优先顺序

心理学的研究有不同的类别或方式。对这些类别和方式有不同的区分,也有不同的排序。心理学的研究可以区分为基础研究和应用研究,也可以区分为理论研究、方法研究和技术研究。心理学的基础研究与应用研究的区分包括研究目的的区别和评价标准的区别。基础研究的目的是说明和解释对象,形成知识体系。应用研究的目的是确定和解决问题,提高生活质量。基础研究的评价标准是合理性,即心理学的理论学说、研究方法和应用技术是不是合理的。应用研究的评价标准是有效性,即心理学的理论学说、研究方法和应用技术是不是有效的。心理学的理论研究、方法研究和技术研究的区分涉及不同的研究内容。理论研究涉及的是哲学反思或前提批判的层面,以及理论构想或理论假设的层面。哲学反思探讨的是心理学研究中的理论前提,包括关于心理学研究对象的理论前提和关于心理学研究方式的理论前提。① 在理论构想或理论假设的层面探讨的是心理学研究中的框架、假说、模型、学派、学说、理论、概念等。方法研究涉及的是心理学研究中的方式和方法。这包括心理学研究的方法论与方法,涉及哲学思想方法、一般科学方法和具体研究方法三个层面。技术研究涉及的是心理学应用中的问题,包括技术设计(即技术思想)的层面,也包括技术手段(即具体工具)的层面。

心理学在成为独立的科学门类之前,就有哲学家指出,人的心理意识只

---

① 葛鲁嘉,陈若莉.论心理学哲学的探索——心理科学走向成熟的标志[J].自然辩证法研究, 1999(8):35-40.

有时间维度,而没有空间维度。人的心理意识只随时间的流逝而变化,此一时不同于彼一时,所以无法测定和量化。因此,心理学只能是内省的研究,不能成为实验科学。这个结论对心理学具有的含义在于,心理是独特的,不同于物理。在心理学研究中,实验的方法是有限度的。该结论也导致在心理学研究中还原论的盛行,把心理行为还原为实现心理行为的基础。这包括物理的还原——把心理行为还原为物理的实在或规律,也包括生理的还原——把心理行为还原为神经系统、遗传基因等。

心理学独立之后,其研究就面临以什么为中心的问题。心理学研究中出现过以理论为中心,也出现过以方法为中心。前者突出了心理学研究的哲学思辨、理论构想、理论假设、问题中心。后者则主张方法决定理论、方法优先问题。心理学原有的优先顺序是理论、方法、技术,或是方法、理论、技术。心理学应有的优先顺序应是技术、理论、方法。技术优先的思考包括价值定位、需求拉动、问题中心、效益为本。当然,技术是由理论支撑的,理论是由方法支撑的。

四、研究方式与研究方法

心理学的基本研究方法是实验还是内省? 或者说应如何对待实验方法和内省方法的地位和作用? 实验与内省是心理学不同的研究方式。在心理学发展演变的历史进程中,实验的和内省的方式曾有过彼此的争执和排斥。研究者可能采取的是不同的方式和方法。心理学成为独立学科门类之后,就把实验确立为基本的研究方式和方法。德国心理学家冯特1879年在德国建立的世界上第一个心理学实验室,被看成是心理学作为科学诞生的标志。这是把实验的方式确立为科学的尺度。实验的一个最基本的特性就是具有客观性。这种客观性摒弃了有可能被带入心理学研究的主观的臆测或推论。在心理学的历史演变过程中,内省的方法曾被当作是最基本的方法。因为心理的存在被看成是内隐的存在,或是无法被直接观察到的观念的存在,所以只有内省才可以捕捉到观念的活动。但是,内省的一个最基本特性就是具有主观性。这种主观性有可能带入研究者的偏见或造成先入为主的主观臆测,所以在科学心理学诞生之后不久,这种方法就受到了诸多的质疑。如果把实验的方法或内省的方法推向极端,排斥其他可能的或合理的方法,那就是实验主义和内省主义。实验主义把实验当作科学的唯一尺度。这大大限制了科学的范围和途径。内省主义则把内省当作了解和把握意识对象的唯一方式和方法。这甚至限制了心理学成为现代意义上的科学。在实验方法的运用中,最重要的问题是定量与定性的问题。对于心理学的研究,定量研究与定性研究有哪一方占主导的争议。在内省方法的运用中,最重要的问题是私有与普遍的问题。心理学成为科学门类之后,就逐渐地放弃了内省的方法。心理学家普遍认为,内省是个体私有化的,而无法达到科学研究追求的普遍确证性。

科学心理学研究运用的方法就是科学方法。但在特定科学观的限定下,所谓的科学就是实证的科学。实证的科学运用的是实证的方法。心理学成为独立科学门类之后,就力图以实证主义的科学观来衡量自己的科学性。是否运用实证方法,就成为心理学研究是否科学的根本尺度。但是,中国本土传统心理学运用的方法不是实验的方法而是体验的方法,不是实证的方法而是体证的方法。体验或体证的方法就是通过意识自觉的方式,直接确立起自身的目标,直接体验到自身的活动,直接构筑了自身的心理。所以,体验或体证至少有两个重要特点:一是意识的自我觉知;二是意识的自我构筑。中国本土的心理学传统都强调知行合一的原则,主张内在对道的体认和外在对道的践行。这就是所谓的内圣与外王。内圣是要成为圣人,体道于自己的内心。外王是要成为王者,行道于公有的天下。这就是所谓的修性与修命。因为人心与天道内在相通,所以个体的修为就是对天道的体认。天道贯注给个体就是人的性命。对天道的体认就是修性与修命。这就是所谓的渐修与顿悟。渐修指修道的过程是逐渐的、积累的。顿悟指道不可分割,只能整体把握,只可突然觉悟。这是体道的不同途径和方式。

五、科学进程与本土改造

心理学诞生后的基本追求就是科学化,是使心理学成为真正意义的科学。当代心理学的重要发展就是本土化,是使心理学成为普遍适用的科学。[①] 心理

---

① 葛鲁嘉.中国心理学的科学化和本土化——中国心理学发展的跨世纪主题[J].吉林大学社会科学学报,2002(2):5-15.

学的发展经历了科学化。心理学家在早期有两个基本追求：一是使心理学成为严格意义上的实证科学；二是使心理学成为普遍适用的实证科学。为此，许多心理学家不是从研究对象的特性出发，而是简单模仿其他相对成熟的自然科学门类。心理学对自然科学化的追求，使之接受了物理主义的世界观和实证主义的方法论。这必然把人的心理类同于其他自然物并还原为物理或生理，人类的文化历史存在和心理的文化历史属性则受到了排斥。这使心理学以排除文化为代价来追求和维护科学性。忽视了人类心理是不同于其他自然现象的，心理学不可能靠自然科学化来保证科学性。西方心理学不但通过对自然科学化的追求来确立其科学地位，而且随着在世界各地的传播来确立其文化霸权。这就是按照自己的科学观，在有关心灵的科学观点与非科学观点之间划定了边界，把那些植根和起源于非西方文化的心理学体系都推入了非科学。这表现出对世界其他地方的心理学研究和贡献的有意忽视和缺乏兴趣。所以，在心理学的发展中，科学化就被等同于西方化，而西方化则被等同于全球化。

　　心理学的发展也经历了地域化和本土化。中国心理学的跨世纪发展就面临科学化和本土化两大主题。表面上，两者是矛盾和冲突的。科学化强调心理学作为科学是没有国界、普遍适用的，本土化则是十分多余、毫无价值的口号。本土化强调心理学的发展应消除西方心理学的霸权，而寻求并确立本土文化的根基和建立本土的心理学。这是心理学发展在地域上的转移，而与科学化无关。实际上，两者是相关和一致的。强调科学化就要推进本土化，强调本土化也就要确立科学化。中国现代科学心理学是从欧美传入的，其发展可以区分为两个时期和四个阶段：一是西方化时期，包括引进和模仿西方心理学阶段以及反思和批判西方心理学阶段。二是本土化时期，包括保守的阶段和激进的阶段，前者试图转换西方心理学的研究内容，把研究被试从西方人转换成中国人，把心理行为的背景从西方的文化转换成中国的文化；后者开始突破西方心理学的研究方式，寻求和尝试多样化的思想理论和研究方法。

　　科学化与本土化就相当于心理学的两条腿，只有两条腿走路，才能够使心理学有长足的发展。科学化和本土化都取决于心理学科学观的变革。这体现在重新理解心理学的研究对象和重新确立心理学的研究方式。西方的主流心理学把人的心理理解为自然现象。这既使心理学越来越精密化,也使心理学研究有了缺陷:一是无文化的研究或弃除了人类心理的文化性质;二是伪文化的研究或扭曲了人类心理的文化性质。心理是自然、已成的存在,也是自觉、生成的存在。西方心理学的研究方式也忽视了文化的特性,盲目追求人类心理的普遍规律性和心理科学的普遍适用性。心理学的变革应包括对研究方式的变革。科学形态的心理学是在西方文化中产生和发展起来的。但在西方心理学传播和发展的过程中,在其他心理学接受和模仿的过程中,反对文化侵略和文化霸权,促进文化交流与文化共享,就成为当代心理学的主题。①

心理学的发展经历了从前现代到现代,又从现代到后现代的历程。其实,在不同的时代里,心理学有不同的存在形态,有不同的发展任务。在前现代,心理学是隐身在哲学等其他学科门类中,其发展是借助其他学科的贡献。在现代,心理学是独立的发展,必须去创立自己的理论、方法和技术。在后现代,心理学不但成为重要的科学门类,而且对其他科学门类也有所贡献。现代科学心理学是在西方的文化中产生的。当时的西方文化具有优势地位和强势影响。因此,在西方心理学的发展和壮大、传播和扩展的过程中,一直就体现着文化侵略和文化霸权。这表现出对非西方文化中心理学传统的轻视、歧视、排挤和排斥,也表现出强迫非西方文化对西方心理学的全盘接受。目前在许多的非西方国家中,西方心理学仍具有霸主的地位,本土心理学的发展仍面临着困境。在当代,交流与共享已成为文化主题。如何达成文化的交流和共享,已经是文化发展、科学发展、心理学发展的重要任务。心理学必须扩展视野,放开边界,吸纳资源,从而奠定自身发展的基础,壮大自身发展的规模,提供对科学的促进,贡献对人类的服务。

第七节　资源形态的心理学

第六种形态的心理学是资源形态的心理学。资源形态的心理学把心理

---

① 葛鲁嘉,陈若莉. 当代心理学发展的文化学转向[J]. 吉林大学社会科学学报,1999(5):79 - 87,97.

学各种资源的开发、累积、运用、创造等作为心理学的核心性任务。心理学的研究不仅在于揭示和解释人的心理行为,而且在于为人的心理生活寻找、提取和提供心理学的资源,为心理学学科的发展和进步积累、确立和输入特定的资源。心理学的研究就是在挖掘资源、提取资源、创造资源、运用资源和转换资源。资源会成为心理学研究和发展的根本性方面,也会成为人的生活和心理生活的根本性方面。心理资源的稀缺、心理资源的丰富、心理资源的汇聚、心理资源的生成,这应该是心理学面对的重要现实。心理学的发展拥有自己的文化历史资源。这是心理学十分不同的历史发展和长期演变的形态。心理学所有的不同的历史、现实和未来的形态,都是心理学的发展可以借用的文化历史资源。心理学资源可以体现为不同的心理学历史形态,也可以体现为不同的心理学现实演变,也可以体现为不同的心理学未来发展。这包括常识形态的心理学、哲学形态的心理学、宗教形态的心理学、类同形态的心理学、科学形态的心理学和资源形态的心理学。当代科学心理学的发展不应该抛弃其他不同形态的心理学,而应该将其当作自己学术创新的文化历史资源,从而扩大自己的视野,挖掘自己的潜能,丰富自己的研究,完善自己的功能。

一、心理资源概述

心理资源是指可以生成和促进心理学发展的基础条件。例如,心理学的发展或成长就需要有自己植根的社会文化土壤。这就是心理学的社会文化资源。心理资源既可以成为心理生活的资源,也可以成为心理科学的资源。心理学面临着如何理解、看待、保护、挖掘、提取和转用资源的问题。

人的心理生活是生成性的、创造性的,心理生活的生成与创造的过程是需要特定资源的。或者说,心理生活的生成和创造并不是凭空进行的。心理资源的一个特定含义就是指,心理资源是人的心理生活的建构的基础,生成的养分,拓展的依据。人的物质生活是需要自然资源的,没有自然资源就没有人的物质生活。人的心理生活更进一步是需要文化资源、社会资源、历史资源和现实资源的。作为人心理行为的基础,心理资源具有自己独特的存在方式和存在形态。

任何一个具体的科学学科的生成、发展、进步和拓展,都需要文化、社会、历史和现实的资源。心理学学科也同样是如此。心理学的研究无论是有关学科的研究对象,还是有关学科的研究方式,都与文化资源、文化氛围、文化社会、文化历史、文化传统、文化现实等有着多样而密切的关联。问题就在于,心理学应该怎样获得、理解和对待自己必须面对的这些资源。重要的是,心理学应该能够从这些资源中获取自己发展必需的支持和支撑。对于心理学的研究来说,维护自己学科的独特性和独立性,并不就是与自己面对的各种资源的隔绝和分离,并不能够放弃和否弃自己的学科资源。

在心理学的研究和发展中,长期都把相关联的方面或有关联的资源,看成是心理学学科和发展的外部环境、外表条件、外在影响。这显然并不是从心理资源、心理资源提取、心理资源转换和心理资源利用的角度,去看待心理学与其他相关联的方面、基础、条件、环境、氛围的关系。例如,在心理学的发展和演变的过程中,心理学与文化就具有着十分密切的关联。但是,把文化理解成为心理学发展的外部条件,与把文化理解成为心理学发展的内在资源,这是有着根本区别的。这种区别可以导致对心理学发展和演变完全不同的理解和解说。因此,资源的理解就可以看成是一种重大的研究转换。要深入理解心理学的发展和研究,就要深入理解心理学与文化具有的十分密切的关系。当代心理学的文化转向就是在寻求心理学的文化资源。[1] 现代西方心理学也在挖掘文化的资源。[2] 这涉及心理学文化转向的方法论意义,[3]也涉及心理学文化转向的方法论难题。[4] 要推动心理学的发展和进步,就要把文化放在一个重要的地位上,就要在文化的基础上去建设和发展心理学。

在心理学的研究中,与文化相关联的、与文化相重合的心理学分支学科和心理学研究取向也在快速地扩展和成长。例如,文化心理学、跨文化心理学、民族心理学、历史心理学、本土心理学,等等,都已经成为心理学中发展最快的分支学科和研究取向。心理学与文化的关系,就是指心理学在自身

① 葛鲁嘉,陈若莉.当代心理学发展的文化学转向[J].吉林大学社会科学学报,1999(5):79-87,97.
② 叶浩生.试析现代西方心理学的文化转向[J].心理学报,2001(3):270-275.
③ 麻彦坤.当代心理学文化转向的动因及其方法论意义[J].国外社会科学,2004(1):2-7.
④ 霍涌泉.心理学文化转向中的方法论难题及整合策略[J].心理学探新,2004(1):12-15,30.

的研究、发展和演变的过程中,与文化的背景、文化的历史、文化的根基、文化的条件、文化的现实等产生的关联。心理学与文化的关系经历了一系列的改变和发展,其中包括文化的剥离、文化的转向、文化的回归、文化的定位。心理学与文化的关系还涉及一系列多样化的研究,包括文化心理学、跨文化心理学、本土心理学、后现代心理学的研究。

　　有研究对文化心理学的启示和发展进行了考察。① 有研究则是将文化心理学放在解释学或诠释学的框架中进行了探讨。② 有研究从西方的主流心理学面临的困境,考察了文化心理学的兴起。③ 有研究从跨文化研究方法的演变探讨了心理学与文化的关系。④ 有研究则综合地分析探讨了文化、科学和本土心理学。⑤ 有研究则对文化与心理学的结合进行了历史和理论的考察、探讨和分析。⑥ 心理学与文化的关系还涉及心理学的单一文化背景和多元文化发展。心理学与文化的关系定位显然会带来心理学的新视野、新领域、新理论、新方法、新技术、新发展。心理学在成为独立学科门类前后的阶段里,与其他的不同学科一直有着特定的关系。这种关系决定了心理学的发展和演变。但是,对心理学与相关学科的关系尚缺乏系统深入的考察和探索。心理学与相关学科的关系经历了历史的演变,从心理学依附其他学科的发展,到心理学排斥其他学科来保证自己的学术独立性,到心理学开始寻求与其他学科的合作关系,到心理学与其他学科应该建立共生的关系。这标志着心理学学科的成熟,也标志着心理学开始容纳所有学术的资源。这意味着心理学不仅借助其他学科来发展,而且可以为其他学科的发展提供可用的资源。从不同学科的学术独立到不同学科的学术共生,这是一个新旧时代的重大学术转换。

① 田浩,葛鲁嘉.文化心理学的启示意义及其发展趋势[J].心理科学,2005(5):1269-1271.
② 余德慧.文化心理学的诠释之道[J].本土心理学研究,1996(6):146-199.
③ 李炳全,叶浩生.主流心理学的困境与文化心理学的兴起[J].国外社会科学,2005(1):4-12.
④ Vijver, F. V. D. The Evolution of Cross-Cultural Research Methods. In David Matsumoto (Ed.), *The Handbook of Culture and Psychology*. New York: Oxford University Press, 2001, pp. 78-92.
⑤ Kim, U. Culture, Science, and Indigenous Psychologies: An Integrated Analysis. In David Matsumoto(Ed.), *The Handbook of Culture and Psychology*. New York: Oxford University Press, 2001, pp. 54-58.
⑥ Adamopoulos, J. & Lonner, W. J. Culture and Psychology at Acrossroad: Historical Perspective and Theoretical Analysis. In David Matsumoto(Ed.), *The Handbook of Culture and Psychology*. New York: Oxford University Press, 2001, pp. 15-25.

二、心理资源考察

心理学无论是对人的心理行为的研究,还是对其自身的反思,都需要挖掘、提取和转用自己的资源。这就需要对心理资源进行全面、系统和深入的考察。如何考察心理资源,怎样揭示心理资源,怎么解说心理资源,是心理学研究和发展的十分重要的任务和工作。

对心理资源的考察会涉及考察的视角。这是指研究者的研究立场和研究根基。对于心理资源,不同的研究者可以有自己不同的看待和理解问题的出发点和立足点,可以有自己揭示和解释问题的着眼点和着重点。包括否认、忽视和歪曲心理资源的存在,也是对待或看待心理资源的一种特定视角。考察的视角决定着研究者获取的关于心理资源的内涵和内容。眼界的不同、视域的不同,都决定着研究者捕捉到和提取出的心理资源的差异。

对心理资源的考察还涉及考察的学科。心理资源是文化的存在、社会的存在、历史的存在、生活的存在、人性的存在。这就给不同的学科分支提供了研究的内容。这就可以是多学科交叉和交汇的研究内容。由于不同的学科有不同的研究领域和研究方式,就会有对心理资源的不同的揭示和解释的侧重。例如,哲学、文学、社会学、人类学、历史学、政治学、文化学等对心理资源的考察,都会有不同的方面,也会有交叉的地方。

对心理资源的考察还涉及考察的内容。心理资源显然具有非常丰富的内涵、思想、解说、积累。分析心理资源的基本构成,解释心理资源的基本性质,确定心理资源的基本方面,追踪心理资源的演变发展,说明心理资源的特征特点,确定心理资源的现实用途,等等,都是系统考察心理资源的最基本内容。如何定位、分析、揭示、解释、说明和借用心理资源,这都可以有不同的方式。这可以是哲学反思的方式,考察关于心理资源作为心理学研究的思想前提和理论设定。这也可以是实证研究的方式,通过实证科学的手段来定性定量地分析和考察心理资源的存在和变化。这也可以是发展研究的方式,通过历史和未来的定位和定向来揭示和解释心理资源的演变和演化。

心理资源的考察结果可以成为人理解自身存在的重要内容,也可以成为发展关于人的心理研究的重要学术内容。人的心理生活的创造、建构和拓展需要资源的支撑。丰富人的心理生活和提升心理生活质量必须依赖心理资源的提供。同样,心理学的进步和发展也需要心理资源,这是心理科学必须依赖的基石和基础。

三、心理资源分类

心理资源是非常丰富的,有着非常丰富的内涵,有着非常丰富的思想,有着非常丰富的体现,有着非常丰富的积累。任何的一种心理学的形态都可以作为心理资源,不同形态的心理学都有自己存在和发展的多样化的体现。

如果从心理资源的角度去理解和分类,心理学就存在着不同的形态。这些不同形态的心理学都有着历史、现实和未来的演变。可以把心理学的不同形态看作历史,但更应该将其看作资源。从历史到资源,这是心理学研究中的重大进步。

常识形态的心理学是心理学的资源,常被简称为常识心理学,也常被称为民俗心理学、素朴心理学等。常识心理学是普通人在日常生活中创建的心理学,是存在于普通人生活经验中的心理学。常识心理学有个体化和社会化两个存在水平。个体化的存在水平,是个体在自己的生活经历和心理经验中获得的,是个人对心理行为独特的认识和理解。社会化的存在水平,是不同个体在交往和互动的过程中共同形成的和具有的,个体可以在社会化的过程中接受和掌握隐含于社会文化中的心理常识。常识心理学既是普通人心灵活动的指南,也是普通人理解心灵的指南。常识心理学是科学心理学发展的文化资源。

宗教形态的心理学也是心理学的资源。宗教心理学可以有两种不同的含义。一是科学的含义或是科学传统中的宗教心理学,是科学家运用科学方法对宗教心理的研究。这是科学心理学的一个分支,可称为科学的宗教心理学。二是宗教的含义或是宗教传统中的宗教心理学,是宗教家按照宗教的方式对人的心理行为的说明、解释和干预。这是宗教学说的组成部分,可称为宗教的宗教心理学。这既是宗教活动提供的传统文化资源,也是现代科学心理学的传统历史资源。宗教的宗教心理学提供了关于人的信仰心理方面的重要阐释,以及干预人的心理皈依的重要方式。这为科学心理学的发展和进步提供了非常丰富和重要的心理学思想理论、研究方法和干预技术。心理学的创新就必须提取宗教的宗教心理学中的资源。

哲学形态的心理学也是心理学的资源。在实证科学的心理学诞生和独立之前,心理学就寄生在哲学之中,是哲学的一个探索领域。哲学心理学最重要的研究方式是思辨和猜测。正是通过思辨和猜测,哲学心理学探索了人类心理行为大部分重要的方面。当心理学成为科学门类之后,哲学心理学在哲学研究中转换成为心灵哲学的研究。哲学心理学在心理学研究中转换成为心理学哲学的研究。这就转而去反思心理学研究中关于对象、方法和技术的理论前提或思想预设。

类同形态的心理学也是心理学的资源。类同形态的心理学是指,在与心理学相类同或相接近的科学分支或科学学科当中,也有关于人类心理行为的相关研究和研究成果。这些相关的或相近的学科门类也都与科学心理学有着非常密切的关联。并不是只有科学心理学才关注和研究心理行为,其他类同形态的心理学也都从各个不同的学科视角,对人的心理行为进行了多维度、多视角、多方面、多层次的探索。蕴含在不同学科门类中的心理学探索,得出了关于人的心理行为的不同的思想学说、理论阐释、影响方式和干预技术。这种对人的心理行为的分门别类的研究给科学心理学提出了一个重要的任务,那就是怎样使科学心理学不至于分解、分裂、消失和消散在其他类同学科中,以及怎样使科学心理学去吸取、提炼、接受、消化和融会类同形态的心理学研究。

科学形态的心理学也是心理学的资源。心理学作为科学是通过科学的理论、方法和技术来描述、说明和干预心理行为。科学形态的心理学在短短进程中取得了飞速发展,但依然面临着重大的问题。该形态从诞生起,就有物理主义和人本主义、实证论和现象学两种不同研究取向,就一直处于四分五裂的状态,统一是其一直不懈的努力。该形态有基础研究和应用研究的分类,也有理论、方法和技术的分类,关键是心理学研究类别的顺序。该形态的研究方式和方法有实验和内省的地位和作用之争。该形态从诞生就有科学化的问题,科学化的延伸是本土化的问题。

资源形态的心理学更是心理学的资源,是立足心理资源的开发和利用的心理学。心理资源是指可以生成和促进心理学发展的基础条件。如心理学的成长要有自己植根的社会文化土壤,这就是心理学的社会文化资源。

心理资源既可以成为心理生活的资源,也可以成为心理科学的资源。心理学面临着如何理解、看待、保护、挖掘、提取和转用资源的问题。心理学的发展不应该抛弃自己的文化历史传统,而应该将其当作可以借用的文化历史资源,从而扩大自己的视野,挖掘自己的潜能,丰富自己的研究,完善自己的功能。

四、心理资源提取

在当代心理学的发展历程中,后现代是心理学研究者所处和面对的历史时代、历史阶段、当代风潮、当代思潮。如何理解后现代的来临,如何面对后现代的问题,如何引领后现代的发展,这是心理学的发展必须经历的。在20世纪中期,西方的发达国家开始由现代工业社会步入后工业社会或信息社会。与之相应,其文化思潮也由现代主义转向后现代主义。后现代主义思潮被看作西方文化精神和价值取向的重大变革,并很快风靡欧美、震撼学界。科学心理学的发展显然无法脱离开这一大的文化氛围。文艺复兴之后,西方社会不仅大踏步迈向现代大工业社会,而且逐步确立起理性至高无上的地位和科学统观一切的权威,并以此构造了西方的现代文明。但是,当今的后现代主义运动则是对现代文明的批判和解构,即着手摧毁理性的独断和科学的霸权,强调所有的思想和文化平等并存的发展。后现代的精神在于去中心和多元化。这无疑打破了西方心理学的独霸地位,带来了不同心理资源的互惠互利。

心理学的本土化是心理学发展过程中出现的一种思潮、定位和寻求。从提出关于本土心理学的研究开始,心理学本土化经历了不同的历程,体现出了不同的目的。一是对科学心理学或正统心理学之外的其他心理学探索的关注和考察,这是本土心理学最基本的目的,也是本土心理学最一开始的基本含义。二是对西方实证心理学的霸权地位的挑战。三是对根源于本土社会文化的心理行为和研究方式的探索。四是对本土的心理学资源的挖掘和创造。五是对心理学研究的原始性创新的追求,希望能够在心理学的理论、方法和技术等方面有新的创造。

全球化既是产生全球性问题的历史前提,又孕育着解决全球性问题的可能性。不同学科视野中的全球化概念是有所不同的。在经济学、政治学、文化学、社会学等不同学科看来,全球化具有的就是不同的含义。当今的世界正在面临着日益突出的国际化趋势,国际社会的联系日益紧密,地球已经变成"地球村"。同时,人类也面临着越来越多的全球化的经济问题、社会问题、环境问题,等等。这些问题已经不单单是某一国家或民族各自的问题,而成为整个人类共同的问题。在这样的背景下,心理学正经历着一场转变,即由只关心单一文化背景转向多文化的融合,由方法中心论转向问题中心论,由单一理论转向复合理论。心理学并不能回避现实问题,要使心理学的研究具有现实性,必须以研究的问题为中心。心理学应该抛开传统的理论派别之争,摒弃对抗,围绕解决现实问题展开研究。这就是心理学全球化的内涵。

　　在中国本土传统文化的框架中并没有诞生出现代意义上的科学,中国的现代科学是从西方传入的。同样,中国本土文化中也没有诞生出西方现代意义上的科学心理学,中国现代的科学心理学也是从西方传入的,也带有西方文化传统的印记。在中国发展自己的科学心理学面临的一个非常重要的问题是,中国的本土文化中有没有自己的心理学传统。如果有,那么这种本土的心理学传统具有什么性质,包含什么内容?如果有,那么应该如何去理解、解说、阐释和对待这种本土的心理学传统?可以肯定的是,中国本土的文化传统中也有自己独特的心理学传统。最重要的问题就在于,中国本土的心理学传统能否成为中国科学心理学发展和创新的有益资源。所以,如何理解中国本土的心理学传统,就成为决定中国心理学未来发展的一项基础性的和发展性的研究任务。

　　中国心理学在新世纪的发展面临着一个重要的选择,那就是从对西方或对外国心理学的模仿中解脱出来,去寻找和挖掘中国本土的心理资源。新心性心理学就是一种植根于本土文化资源的创新努力,试图开辟中国心理学自己的新世纪发展道路。新心性心理学对于心理学研究对象的理解和对于心理学研究方式的确立有一个基本的变化。新心性心理学涉及心理资源、心理文化、心理生活、心理环境、心理成长和心理科学,即涉及心理学的学科资源、文化基础、研究对象、环境因素、对象成长和学科内涵。心理资源论析是对心理学立足的资源的考察,心理文化论要是对西方的心理学传统和中国的心理学传统的跨文化解析,心理生活论纲是对心理学研究对象的一种新视野、新认识和新理解,心理环境论说是对心理与环境关系的一种新的思考和分析,心理成长论本是对人的心理超越了发展变化的考察和认识,心理科学论总是对心理学的科学性质和学科发展的理解和探讨。

总之,心理学的未来发展应该把自己建设成为资源合理开发和有效利用的新型学科门类。心理学的未来形态就是资源形态的心理学。

第八节 不同形态的心理学的考察

各种不同形态的心理学不仅有其独特的历史意义和价值,同时有其重要的现实意义和价值,而且有其巨大的未来意义和价值。现代的科学形态的心理学实际上并不是简单地清除和埋葬了其他形态的心理学。相反,那些不同形态的心理学成为被埋藏的矿产,是心理学发展的重要资源,它们仍然存在,并在特定的领域里发挥着各自的作用。只要有效地开发和利用这些不同形态的心理学,就会推动和促进科学心理学的发展或飞跃。

在心理学的研究中,关于心理资源的考察应该成为重要的内容,应该引起心理学研究者的高度重视。如何考察心理资源,是首先要确定的问题。关于心理资源的考察涉及考察的视角、考察的学科、考察的方式、考察的结果。这是关系到心理资源研究的方法论的问题。

一、考察的视角

对心理资源的考察涉及研究者考察的视角问题。考察的视角是指研究者的研究立场、研究根基、研究出发点和研究立足点。对于心理资源,不同的研究者可以有不同的看待和理解问题的出发点和立足点,也可以有自己揭示、解释和解决问题的着眼点和着重点。其实,包括否认、忽视和歪曲心理资源的存在,也是对待或看待心理资源的一种特定视角。考察的视角决定了研究者获取的关于心理资源的内涵、内容。眼界的不同、视域的不同,都决定着研究者捕捉到和提取出的心理资源的差异。

对心理资源的考察,决定考察视角的是研究者的研究立场。不同的研究立场会导致研究者不同的研究视角。在心理学研究中,并不存在绝对中立的研究立场。任何研究都有自己独特的出发点。研究立场的差异,体现为研究者侧重的是不同的研究内容,获取的是不同的历史资源,发展的是不同的研究思路,得到的是不同的研究结果。

关于心理资源的考察可以有不同的视角。可以有历史主义的考察视角、现实主义的考察视角和未来主义的考察视角,也可以有哲学的考察视角、历史学的考察视角、社会学的考察视角、文化学的考察视角,还可以有心理学史的考察视角、理论心理学的考察视角、普通心理学的考察视角、文化心理学的考察视角,等等。

历史主义的考察视角把心理资源看作文化的发展演变和心理学研究的历史进程积累起来的,是历史的过程,也是历史的事实。心理资源就是历史的或传统的资源。这是研究者从历史过程或进程中去追踪心理资源的形成、积累和改变。而且,所谓研究的结果也就不过是复原心理资源形成和演变的历史过程。其实,心理学史的研究就是从历史起源和历史发展的角度去理解心理学的学科。当然,对心理学历史发展和演变的追踪可以依据不同的线索,如文化的线索、国别的线索、时间的线索、组织的线索、人物的线索、事件的线索、器物的线索、思想的线索、学说的线索、学科的线索。这是理解和把握现代科学心理学产生、演变和发展的十分重要内容。①

现实主义的考察视角把心理资源看作心理学研究的现实的基础,现实的存在,现实的形态。有现实的意义,也有现实的表达。心理学对心理资源的考察就是从现实的方面来考虑的。心理学发展的从历史到现实和从现实到未来的历程,都是在现实的基础之上。对于现实主义来说,历史主义是复古的考察,是用古代的或过时的内容来炫耀过去。未来主义则是虚无的考察,是以尚不存在的、仅具可能的内容来约束现在。

未来主义的考察视角从未来的心理学发展和心理学形态来考察和研究心理资源。这也就是把心理资源看作心理学未来发展的新延续、新形式、新用途,从而把未来的需要、未来的演变、未来的命运都确立为获取、提取、解析、解释、转换、转用的出发点和立足点。对于未来主义的考察视角,历史和现实都是不重要的、不稳定的、不确切的。只有从未来出发的探索,才有可能真正理解和把握心理学的传统资源。

---

① 葛鲁嘉.追踪现代科学心理学发展的十个线索[J].心理科学,2004(1):159-160.

二、考察的学科

对心理资源的考察还涉及考察的学科问题。这说明心理资源可以是多学科交叉和交汇的焦点。心理资源的存在是文化的、社会的、历史的、生活的和人性的存在。这就给不同的学科分支提供了研究的内容。而且，由于不同的学科有不同的研究领域和研究方式，因此就会有对心理资源的不同的揭示和解释的侧重或偏重。例如，哲学、社会学、人类学、历史学、政治学、文学、文化学和心理学对心理资源的考察等，都会有十分不同的地方，也会有彼此交叉的地方。如果从不同学科来看，每一个学科都有自己的研究领域、侧重内容、研究方法和技术手段。从不同的学科出发对心理资源的研究和揭示就很有可能得出的是不同的结果。

有研究专门探讨了哲学关于民众心理学的研究，以及牵涉的当代哲学研究的新问题。[①] 在该研究看来，民众心理学是当代心灵哲学和认知科学争论的热点和焦点。"民众心理学"（folk psychology，也可称之为民俗心理学）原本是心灵哲学中的一个术语。由于该术语的出现引发了广泛的哲学问题，因此现已成为英美哲学中使用频率最高的概念之一。在我国，这一术语也不陌生，常被译为"民族心理学""民间心理学""种族心理学""常识心理学"等。

与其他理论知识一样，民众心理学也有自己的理论实在，如信念、愿望、意图等命题态度，这也是由形式和内容两方面构成的。民众心理学的形式问题是指人们在归属心理概念、解释并预言他人行为时诉诸的心理资源是什么。目前，研究主要有三种答案：第一种是理论论（theory-theory），认为民众心理学是一种根据刺激、假设的心理状态与行为的因果关系来解释行为的理论或知识体系，是由一系列存在命题、普遍原则和理论术语组成的。第二种是模仿论（simulation theory），认为人们在解释和预言行为的过程中借助的不是一种理论，而是在运用自己心理资源的基础上对他人行动的模仿，即通过想象"进入"被解释者的情境，设身处地模仿他们的内在过程，从而对他们的行为作出身临其境的解释和预言。第三种是混合论，这是一种把理论论与模仿论结合起来的观点，认为在人们解释和预言行为过程中起

---

① 高新民，刘占峰. 民众心理学研究与当代哲学的新问题[J]. 哲学动态，2002(12)：7-11.

作用的民众心理学是理论知识与模仿能力的混合。

关于民众心理学的内容,目前占主导地位的是美国哲学家丘奇兰德(Patricia Churchland,1943—)提供的所谓标准的观点。丘奇兰德认为,民众心理学是人们关于心理现象的常识概念框架,其核心是命题态度,即关于心理命题的态度。命题态度中最重要最常见的是信念、愿望和意图。此外,民众心理学还包括这样的内容,如认为信念就存在于心灵之中,信念的存在可由内省确认,信念是人的行动的原因,等等。

因此,对民众心理学地位和命运的探讨,是心灵哲学向心灵深处探幽发微,以揭示其内在结构、运作过程和心理机制的重大课题,也是涉及面最广、分歧最大的一个领域。目前关于民众心理学的地位和命运主要有悲观主义、乐观主义和工具主义三种主张。

悲观主义的主要表现是取消主义(eliminativism)或者取消式的唯物主义,其倡导者主要有罗蒂(Richard Rorty,1931—2007)、费耶阿本德(Paul Feyerabend,1924—1994)、丘奇兰德和斯蒂克(Stephen Stich,1943—)等人。取消主义认为,认知科学可以从根本上提供关于人脑或心灵运作的正确说明,因此无需求助于常识心理状态和概念。大多数心灵哲学的理论对民众心理学的地位、命运抱有乐观主义的态度。这些理论在意向实在论的基础上肯定了具有语义性质和因果效力的命题态度的实在性,肯定了命题态度的意向性质和因果效力。关于民众心理学的工具主义则是介于悲观主义和乐观主义之间的一条中间路线。工具主义原本是实用主义的核心内容,认为思想、概念、术语、理论是人为了某种目的而设计的工具。因此,其真理性不在于与实际的一致,而在于能有效地充当人们行动的工具。

当代的心灵哲学围绕民众心理学的探讨和争论,既涉及常识层面的问题,如怎样描述常人的行为解释和预言过程,怎样对这一过程作出阐释,又提出了纯学理、高层次的哲学乃至交叉学科的问题,如人的内在认知结构、心理活动的过程、机制和动力学问题,心理状态的因果性、意向性、语义性及其根源问题,信念等命题态度的模块性、可投射性等问题,还明确提出了心理世界的结构图景、心理的本质、地位和命运,以及心理与物理的关系等问题。因此,关注和参与有关的讨论具有不可低估的理论和实践的意义。

首先,对民众心理学的反思,实质上是对传统心理观的根本和核心的反思。这对于重新认识心理世界的结构、功能，探索和揭示真实、客观的原因论、心理地形学、地貌学、生态学，无疑具有重要意义。其次，对民众心理学的研究有助于认识人、重建人的概念图式。人们常说"人是有意识的存在者"，"人的全部尊严在于思想"，人与动物的根本区别在于人有理性，但这种关于人的概念图式是建立在民众心理学基础之上的。民众心理学展现的这幅心理图景既涉及心理世界，又涉及心与身、心理与外部世界的关系，因此是关于什么是人的一种常识性概括，是一幅关于人的概念图式。最后，对民众心理学的研究孕育着未来哲学变革的契机和动力。从哲学的发展历程看，传统哲学是在民众心理学基础上构建自己的理论体系和概念框架的，如哲学中的同一论、二元论、唯心主义的一元论、功能主义等，都默认了常识的心理概念图式。马克思主义哲学在其形成和发展的过程中，也吸取了民众心理学的因素，如：认为哲学的基本问题是物质与意识、存在与精神的关系问题；人是有意识的类存在物；意识是人脑的机能；认识是人脑对外界事物的反映，认识要经历从感性认识到理性认识的过程等。很显然，围绕民众心理学的争论直接关系到这些与心理概念有关的哲学问题的命运。例如，如果真如取消主义和工具主义所说，心理或精神状态是虚妄不实的，那么哲学的基本问题就是一个假问题，对该问题的一切研究只是在做无用功。

三、考察的方式

对心理资源的考察还涉及考察的方式问题。如何定位、分析、揭示、解释、说明和借用心理资源，这都可以有不同的方式。这可以是哲学反思的方式，考察关于心理资源的思想理论中体现的思想前提和理论设定。这也可以是实证研究的方式，通过实证科学的手段来定性定量地分析和考察心理资源的存在和变化。这也可以是发展研究的方式，通过历史和未来的定位和定向来揭示并解释心理资源的演变与演化。

哲学的反思是对心理资源能够作为人的心理行为的存在基础的反思，也是对心理资源能够作为心理学探索的立足基础的考察。其实，哲学的探索或研究体现在了关于常识形态的心理学、哲学形态的心理学、宗教形态的心理学、类同形态的心理学、科学形态的心理学和资源形态的心理学作为思想资源、理论资源和文化资源的考察中。

　　心理学的研究可以通过实证研究的方式,来考察具体的心理学形态在个体或群体的现实生活中的体现,从而描述、揭示和解释特定的心理学资源在个体或群体的心理行为方面的表达。例如,常识心理学是普通人理解自己和他人的心理行为的重要的日常心理学学说。那么,常人在自己的生活中是怎样获得常识心理学的,是怎样运用常识心理学来解说自己和他人的心理行为的,常识心理学对常人的心理行为会有什么样的影响和作用,常人在自己的生活中是怎样构造和改变自己拥有的常识心理学的,这都可以成为心理学研究的对象内容。

　　在心理学研究中,关于心理学史的考察方式是特定的。如果把关于心理学史的考察转换成为对心理学资源的考察,其考察方式就应该有所改变和推进。了解关于心理学史研究的考察方式,对了解关于心理资源的考察方式具有重要的借鉴意义。心理学史的研究把心理学的资源看作心理学的历史遗产。心理学史的研究,无论是西方心理学史的研究,还是中国心理学史的研究,都有自己的研究方式和方法的问题。这在研究中被称为史论,如西方心理学史论和中国心理学史论。这方面的研究以高觉敷主编的著作和杨鑫辉发表的论文为代表。

　　在高觉敷主编的著作中,涉及了西方心理学史研究的方法论、西方心理学史的历史编纂学和西方心理学史的专题研究。在西方心理学史研究的方法论中,探讨的是实证主义、现象学、释义学、科学哲学与心理学研究的关系。在西方心理学史的历史编纂学中,探讨的是时代说与伟人说、厚古说与厚今说、内在说与外在说、量化说与质化说。[①] 杨鑫辉在其撰写的论文中,提出了中国心理学史论的内容体系是由价值论、方法论、范畴论、专题论、体系论、文献论和学史论七个有机部分组成的,并讨论了方法论、范畴论和体系论,提出了"一导多维"的方法论,即坚持一个指导思想,遵循多维研究原则,采用多种具体研究方法。坚持一个指导思想,就是用唯物的、辩证的、历史的观点作指导来考察历史上的心理学思想。中国心理学思想史的基本研究原则可以通过三个维度去建构。这包括对象维度——以心理实质为主线的原

---

① 　高觉敷.西方心理学史论[M].合肥:安徽教育出版社,1995:83-121.

则,框架维度——以现代心理学概念和体系为参照的原则,评价维度——科学历史主义的原则。具体研究方法方面则包括归类排比法、史料考证法、纵横比较法、系统分析法、实证检验法、义理诠解法、计量研究法等。[①]

其实,资源的考察方式要比历史的考察方式更广泛,心理资源的考察方式要比心理学史的考察方式更贴切。这就不仅仅是对历史的追踪,而且是对现实的考察,也是对未来的探索。这就决定了关于心理资源的考察应该有独特的方法论。

四、考察的结果

对心理资源的考察还涉及考察的结果。关于心理资源的考察结果可以成为人理解自身存在的重要内容,也可以成为发展关于人的研究的科学学科的重要的学术内容。人的心理生活的建构和拓展是需要资源的。每个社会个体在自身的存在和生活中,都有对自身的心理生活的创造和建构,这是需要有资源支撑的活动。丰富人的心理生活,提升人的心理生活的质量,需要心理资源。同样,心理学学科的进步和发展也需要资源,心理资源实际上也就是心理学资源。这种资源是心理学学科必然要依赖的基石和基础。

科学心理学诞生和独立之后,许多心理学家就认为,科学心理学必然与其他形态的心理学划清了界线,其他形态的心理学都已经成为历史的垃圾,只有现代意义上的科学心理学成为了唯一合理的心理学。其实,这是一种谬误。各种不同历史形态的心理学不仅有其独特的历史意义和价值,而且有其重要的现实意义和价值。现代科学心理学实际上并不是简单地清除和埋葬了其他历史形态的心理学。相反,那些不同历史形态的心理学成为被埋藏的矿产,仍然存在着、演变着,并在特定的领域里面发挥着各自的实际作用。

心理学是当代最有发展潜力的学科。这不仅在于心理学有着巨大的社会应用前景,而且在于心理学有着深厚的文化历史资源。但是,当代心理学的发展重视的是自己的未来前途和未来前景,而轻视和忽略了自己的文化根基和历史资源。这无疑大大限制了心理学的进步或发展,或者大大限制了心理学的眼界或视野。其实,科学心理学的独立,并不等于就是横空出

① 杨鑫辉.中国心理学史论研究[J].江西师范大学学报(哲学社会科学版),2001(4):18-22.

世,独来独往,而是心理学仍然还植根于文化和历史的土壤。关键的问题在于,科学心理学应该从中吸取什么样的养分,并把这种养分变成自己成长的动力和内容。

在科学心理学之外,其他形态的心理学传统对当代心理学发展的实际意义和学术价值主要体现在四个方面。一是提供了某种特定的透视人的心理行为的角度,这为全面深入地理解人的心理行为带来了可能。任何一种心理学形态都是在特定方面或特定层面去理解人的心理,尽管带有片面性,却具有独特性。这无疑会启发科学心理学的探索。二是提供了解释人的心理行为的独特的概念、理论、思想,其中有着多样的说明人的心理行为的内涵和意义。这些内涵和意义都是在长期的生活实践中累积和积淀起来的。三是提供了揭示和了解人的心理行为的非常独特的方式和方法。如中国文化中的儒家、道家和佛家都提供了特有的心灵内省的方式和方法。这不仅是心灵认识和理解自身的方式和方法,而且是心灵改变和提升自身的方式和方法。四是提供了影响和干预人的心理行为的技术和手段。任何一种心理学传统都有其改变或提升人的心灵的技术手段。

从上述来看,科学心理学的发展其实有着非常深厚的文化资源,有着非常丰富的历史积淀,有着非常宽广的学术背景。如果丢弃、放弃、抛弃和舍弃这些文化资源、历史积淀、学术背景,那将是科学心理学发展的一种不幸和损失。其实,任何心理学的创新,包括理论创新、方法创新、技术创新,都不是凭空的,而应该广泛地吸收所有可能的营养。这是心理学创新的必由之路。中国心理学不仅缺少创新,而且缺少创新的根基,缺少对创新根基的认识、理解和把握,缺少对创新资源的挖掘、提炼和再造。这就是探讨心理学各种历史形态的基本价值和实际意义。[①]

对心理学的资源进行考察,意味着心理学的一种重新定位和重新出发。心理学拥有的资源越丰富,就越有着巨大的发展潜力。因此,心理学的资源探取就决定了心理学可能的未来。如果割断与自身资源的关联,心理学就会失去自己更大的发展空间。

---

① 葛鲁嘉.心理学的五种历史形态及其考评[J].吉林师范大学学报(人文社会科学版),2004(2): 20-23.

第六章　心理学的发展

　　考察和探讨心理学发展的历史进程、当代演变和主要思潮，关系到心理学历史研究的原则和尺度，涉及西方心理学的发展和中国心理学的演变。心理学当代发展的思潮包括后现代心理学思潮、社会建构论心理学思潮、女权主义心理学思潮、进化心理学思潮和积极心理学思潮。心理学本土化则体现了心理学未来发展的重大转换。这涉及心理学研究的本土定位、本土资源、本土理论和本土方法。

第一节　心理学历史研究的原则与尺度

　　关于心理学历史演变、现实发展和未来走势的研究，需要有特定的研究基础或思想基础。这通常被称为心理学史论的研究。例如，关于中国心理学史的研究就需要有中国心理学史论。有研究指出，中国心理学史论的内容体系可以由价值论、方法论、范畴论、专题论、体系论、文献论和学史论七个有机部分组成。中国心理学史的价值论，强调研究中国心理学史的意义与作用。中国心理学史的方法论，包括方法论、具体研究方法和编纂学。中国心理学史的范畴论，包括中国心理学史的基本范畴、术语以及中国传统心理学思想特有的范畴。中国心理学史的专题论，包括人物、著作、专题、分支学科的心理学思想研究。中国心理学史的系统论(后改为体系论)，包括按历史顺序对各个时期主要心理学思想家的系统研究，以及按范畴、专题、分支作总体考察的系统研究。中国心理学史的文献论，包括专篇、专著和散见思想的挖掘、考证、注释、整理和汇编等。中国心理学史的历史论(或称史学史），即建设这门学科的发展历史研究。关于中国心理学史的方法论问题，有研究提出，中国心理学思想史的基本研究原则可以通过三个维度去建构：对象维度——以心理实质为主线的原则；框架维度——以现代心理学概念和体系为参照的原则；评价维度——科学历史主义的原则。具体研究方法方面过去被人们忽视，很少有人提到理论层面来探讨。原先只提出归类排比、史料考证、纵横比较和系统分析四种方法。随着研究工作的深入，又增加了实证检验法、义理诠解法、计量研究法等。[1][2]

　　有研究在探讨关于中国古代心理学思想史的研究方法论时，曾提出三个统一的原则。[3] 一是科学主义取向与人文主义取向的统一。古今中外的思想家、教育家、心理学家对人的心理的研究，可以归结为两种取向，即科学主义取向与人文主义取向。科学主义取向的基本特征是，主张以心理现象作为研究对象，强调心理学的自然科学性质，重视研究的客观性，倡导量的研究，即定量分析。人文主义取向的基本特征是，主张干预人的精神生活，强调心理学的社会科学性质，重视研究的主体性，倡导质的研究，即定性分析。中国心理学史的研究应当采取科学主义取向与人文主义取向统一的立场。二是外在逻辑原则与内在逻辑原则的统一。在中国心理学史研究的一般方法上存在着两种倾向或原则，即外在逻辑原则与内在逻辑原则。所谓外在逻辑原则，就是用西方现代心理学的框架来审视中国古代心理学思想的基本事实、理论观点与体系结构，并以之为参照，来进行评判、评价、取舍和扬弃。所谓内在逻辑原则，则是以中国心理学思想本身固有的基本事实与发展逻辑为基础，来揭示其特点、结构与规律。中国心理学史的研究应当强调外在逻辑原则与内在逻辑原则的结合和统一。三是"挖掘、整理"方法与"解释、建构"方法的统一。"挖掘、整理"方法与"解释、建构"方法往往紧密联系、不可分割，总是相互推进、彼此渗透。在研究中，既不可能也不应当把两者割裂并对立起来。

　　考察和研究心理学的演变和发展，可以从不同方面、按不同标准和依不

① 杨鑫辉.关于中国传统心理学思想研究的几个问题[M]//心理学探新论丛(第1辑).南京：南京师范大学出版社,1998：127-135.
② 杨鑫辉.中国心理学史论研究[J].江西师范大学学报(哲学社会科学版),2001(4)：18-22.
③ 燕国材.关于中国古代心理学思想研究的几个问题[J].心理科学,2002(4)：385-390.

同线索来进行,对此应该有一个总体的和基本的把握。如果放开研究的眼界,追踪和把握现代科学心理学的发展可以有十个基本线索。这就是文化的线索、国别的线索、时间的线索、组织的线索、人物的线索、事件的线索、器物的线索、思想的线索、学说的线索、学科的线索。[①] 这是分析和理解现代科学心理学产生、演变和发展的重要内容。现代科学心理学的产生和发展可以从不同的方面或侧面去考察,或者可以依据不同的线索或历程去追踪,通过这些线索就可以更全面更深入地理解和把握现代科学心理学的产生、演变和发展。

一是文化的线索。尽管现代科学心理学认为自己是跨文化普遍适用的科学门类,但是不可否认,现代科学心理学是文化的产物。科学心理学是在西方的文化土壤中生长出来的,显然是西方文化的产物,根基于特定的文化传统或文化土壤。现代科学心理学的产生和发展带有明显的文化烙印。科学心理学从西方诞生之后逐渐传播到世界各地,一度被认为或被奉为唯一合理的心理学探索。这种信念导致排斥或否定其他文化传统或文化土壤中产生和发展起来的心理学。如果按照西方的科学心理学的标准,中国本土就没有自己的心理学传统,也就不可能有中国自己独特的心理学。实际上,这已经成为一种偏见,并且大大限制了科学心理学发展可以利用的文化资源。其实,中国也有自己的心理学传统,这一传统就植根于中国本土的文化。中国本土文化中的传统心理学也有自己了解人的心理行为的方式和方法,也有自己解释人的心理行为的概念和理论,也有自己干预人的心理行为的手段和技术。只不过,中国的心理学传统不能按照西方科学心理学的标准去衡量。

二是国别的线索。现代的科学心理学是在特定的国度产生和发展起来的。在不同的国度里,心理学的实际的性质、特定的内容、偏重的问题、产生的效果、发展的速度等,都是不同的或独特的。在任何一个国度里都有自己的心理学发生和发展历程。例如,在中国,心理学的发展有着非常曲折的经历。在 19 世纪末 20 世纪初,许多中国的知识分子奔赴欧美,去寻找拯救中国的真理。其中的一些人留学海外学习的就是西方的科学心理学。他们抱

---

① 葛鲁嘉.追踪现代科学心理学发展的十个线索[J].心理科学,2004(1):159-160.

有的目标是改造和建设国人的心理。正是他们把西方的科学心理学引入了中国，为中国科学心理学的起步和发展带来了科学的方法、理论和技术。科学心理学在中国的命运经历了三次大起大落。第一次是在20世纪初到20世纪50年代，是中国心理学全盘西化的时期，但是在1949年之后西方心理学受到了批判。第二次是在20世纪50年代到20世纪60年代，是中国心理学"全盘苏化"的时期（受苏联心理学特别是巴甫洛夫学说的影响），但是在"文化大革命"期间，心理学被当作唯心主义的伪科学，被彻底砸烂了。第三次是在20世纪70年代末期，"文化大革命"结束，心理学重新作为一门科学得到了恢复和发展。

三是时间的线索。现代科学心理学的发展有着十分鲜明的时代烙印，与时代的进步紧密相关。如果通过时间的线索来了解心理学的发展演变，可以按照不同的尺度而有不同的时间分段方式。例如，可以按照世纪来进行划分或分段，这样可以了解19世纪心理学发展演变的历程和规律，也可以了解20世纪心理学发展演变的历程和规律，还可以了解21世纪心理学发展的走势和趋向。也可以按照更长的时段来进行划分，如古代的心理学、中世纪的心理学、近现代的心理学、新世纪的心理学。在每个世纪里，还可以区分出更细致的时间段。时间的线索还可以与国别、文化、组织、学派等不同方面结合起来，去细致地了解相关方面内容的发展和演变，如中国古代的心理学、中国近代的心理学、中国现代的心理学，等等，精神分析早期的兴起、精神分析后期的演变，等等。

四是组织的线索。现代科学心理学的发展演变，也可以体现为心理学家群体共同的努力，以及一些重要的学术组织和心理学机构诞生、活动和兴衰的历程。心理学的学术组织，对推动心理学的学术活动，对促进心理学思想和理论的传播，对扩大心理学对现实社会和现实生活的影响，对汇聚心理学的学术资源，等等，一般都具有十分重大的作用。心理学的学术组织可以是世界心理学学会，也可以是中国心理学学会，也可以是精神分析研究会，也可以是人本主义心理学学会，等等。无论是涉及哪一个心理学的学术组织，都可以从组织的发起和成立、组织的人员和成分、组织的重大活动和事件、组织的历史演变和兴衰、组织的学术建树和成就等方面去进行考察和追踪。

　　五是人物的线索。现代科学心理学的发展演变,都是心理学家创造和推动的。特别是那些划时代的心理学学者,那些著名的心理学思想家,那些有创建的心理学研究者,他们的经历和学说正是心理学发展的具体生动体现。对心理学家的了解可以包括心理学家所处的时代背景,生活的社会条件,个人的学术经历,创立的主要思想和推动的学说发展。其实,追踪和考察著名心理学家的生活历程和思想轨迹,就可以深入地了解心理学。对人物的了解可以通过著名心理学家的传记,这可以是心理学家的自传,也可以是由他人撰写的著名心理学家的生活传记或思想传记。例如,著名的精神分析学家弗洛伊德就有许多种传记,包括他自己写的自传,也包括他人从不同角度撰写的传记。了解著名心理学家的人生道路、学术道路、思想历程、学术历程,也同样可以追踪心理学的发展演变。

　　六是事件的线索。现代科学心理学的发展演变历程中,总是有着一些十分重要的历史事件的发生和演变。这些历史事件可以是多样和复杂的,如果把一些心理学的历史事件串联起来,就会看到心理学学科前进的脚印。可以对与心理学发展演变有关的历史事件进行各种不同的区分。例如,与心理学间接有关的社会历史事件,或者是在心理学学科外部发生的社会历史事件;与心理学直接有关的社会历史事件,或者是在心理学学科内部发生的社会历史事件。例如,第二次世界大战的爆发,迫使大量欧洲的心理学家逃往美国。这使世界心理学研究和发展的中心从欧洲转向美国,使美国很快成为世界心理学研究和发展的大国和中心。

　　七是器物的线索。现代科学心理学的发生发展也可以体现为心理学研究的工具、仪器和设备等的创造和发明。任何新的工具、新的仪器或新的设备的发明和运用,都会给心理学的发展带来巨大的推动作用。现代科学心理学的诞生标志,就被认为是德国心理学家冯特 1879 年在德国莱比锡大学建立的世界上第一个心理学实验室。心理学实验室的建立和心理学实验的开展,给心理学的研究带来了根本性的改变。心理学研究工具和研究手段的发明和更新,也都有可能给心理学带来巨大的进步和根本的改变。例如,计算机的发明和出现,就使得心理学家有可能通过计算机来模拟人的心理意识的内在过程。这就促进了认知心理学的诞生。

　　八是思想的线索。现代科学心理学的真正内核是其学术思想的形成和创造,这是现代科学心理学的实际灵魂。心理学学科的发展,最重要的体现就是心理学思想的发展。心理学的思想可以包含两个方面的内容:一是对心理学研究对象的理解和认识;二是对心理学研究方式的理解和认识。心理学在自己的历史发展中,对心理学研究对象的认识发生了一系列的变化。心理学成为独立的学科门类之后,最早是把意识当作心理学的研究对象,所以这个时期的心理学也常常被称为意识心理学。因为意识是研究者的感官把握不到的,但能够通过内省把握到,所以内省就成为心理学的研究方法。行为主义的诞生被认为是心理学发展中的一场革命。行为主义把意识排除在心理学的研究对象之外,而把可以直接观察到的行为确立为心理学研究的对象。认知心理学的产生被认为是心理学发展中的又一场革命。认知心理学重新把人的内在认知过程确立为心理学的研究对象。心理学在自己的历史发展中对心理学学科的认识也发生了一系列的变化。例如,有的心理学家就把心理学当作纯粹的自然科学来看待。这使得心理学去全面模仿自然科学的研究方式和思考方式。

九是学说的线索。现代科学心理学的思想都体现在十分具体的、解说心理行为的学说当中。应该说,心理学在自身的发展过程中,就心理行为提出了各种各样的学说。其实,人的心理行为可以按照不同的标准进行划分。每一种具体的心理行为都可以有不同的心理学家从不同的角度、层次或侧面进行研究,从而提出不同的理论或学说去进行说明和解释。从学说的线索,不仅可以了解不同学说的立足点、出发点、侧重点、着眼点等,而且可以了解某一学说的历史演进、当代热点、未来前景等。各种不同的心理学学说,都有其产生的背景和历程,都有其鼎盛和衰落,都有其延续和未来。任何的心理学学说,无论是其核心的理论概念,还是其主要的理论构成、基本的理论原则和主要的理论范式,都有特定的变化发展的方式和过程。

十是学科的线索。现代的科学心理学是一个高度分化的学科。心理学本身已经拥有十分庞杂的分支学科,每一个具体分支学科本身都有着自己的演变和发展历程。了解每一个具体的心理学分支学科的进程,或者把握每一个具体的心理学分支学科的线索,不仅可以透彻了解和深入思考心理学本身的综合和分化的过程和道理,而且可以全面把握具体心理学分支发展中的经验和教训。每一个具体的心理学分支学科都有其研究对象的确立、研究领域的划分、研究方法的运用、理论框架的形成、理论概念的定义、理论学说的提出、应用手段的成形、应用技术的实施、应用成果的评估等。这都是把握学科线索的重要方面和内容。

对科学心理学的历史发展和未来走向的追踪，应该从笼统的、单一的、模糊的，转向精细的、多维的、明确的。这不仅是心理学史研究的扩展和进步，理论心理学研究的深入和细化，而且是心理学的自我反思和自我觉解，心理学的日渐壮大和走向成熟。心理学史的研究早就应该越出传统的轨道，而与文化、社会、思想、方法等研究相结合。这样的研究不仅提供心理学发展的史实，而且提供心理学发展的方向、道理、依据、可能和路径。一个人的自觉是一个人走向成熟的重要标志。同样，心理学的自觉也是心理学走向成熟的重要标志。

第二节　西方心理学的历史演进与走向

现代科学心理学常常就是指西方科学心理学。西方科学心理学并不是统一的，而是分离为实证的研究取向与人文的研究取向。现代心理学从诞生之日起，就有上述两种分庭抗礼的研究取向。实证的心理学研究取向与人文的心理学研究取向，或称之为心理学的物理主义取向和心理学的人本主义取向，也可以称之为心理学的实证论取向和心理学的现象学取向。这两种不同的研究取向相互对立、相互竞争，构成了现代心理学发展和演变的独特景观。西方科学心理学的发展一直处于四分五裂的境地。最根本的分裂或者最核心的不统一，就是实证与人本的分歧。心理学研究中最重要的是心理学家的研究立场。心理学在成为独立的学科门类之后，或者在成为实证的科学学科之后，就一直认为自己是中性的或中立的。心理学家希望自己保持中立，或者不应该把自己的偏见带入心理学的研究，而应该按照心理学研究对象的本来面目去揭示其规律，心理学研究中盛行的就是客观的描述。但是，在心理学实际的研究中，研究者总是会把自己的思想和意向、价值和取向带入到自己的研究中。研究者总是从特定的起点出发，从特定的视角入手，从特定的思考开始，任何的心理学研究都是有立场的。心理学研究的理论、方法和技术都会由于立场的区别而千差万别。心理学的研究立场有时候被描述为心理学的研究取向。在心理学的演变和发展过程中出现了许多不同的研究取向，这是不争的事实。在西方心理学的发展历程中，就出现过实证取向的研究和人本取向的研究。

首先是实证立场的心理学。实证的立场主要体现在两个方面：一是关于研究对象的理解；二是关于研究方式的理解。实证取向的心理学走的是自然科学的道路，这也是西方心理学的主流。主流的心理学家力图把心理学建设成为自然科学的一个分支。他们采纳的是传统自然科学得以立足的理论基础，也就是物理主义和实证主义。物理主义是有关世界图景的一种基本理解，而实证主义则是有关知识获取的一种基本立场。这形成了主流心理学对心理学研究对象的理解，以及对心理学研究方式的主张。

关于研究对象的理解，实证立场的心理学持有的是物理主义的世界图景。当代的科学心理学实际上是从广义的物理科学中分化出来的。在心理学成为独立的科学门类之时，物理学是当时最成熟的学科。因此，物理学看待世界的方式，或者物理学对研究对象的理解，就一度成为心理学研究的楷模。物理学看待世界的方式提供了物理世界的谱系。在这个谱系中，有物理的存在、化学的存在、生物的存在、社会的存在、精神的存在。物理学也提供了理解物理世界的还原论立场。依据还原论立场，处于根基的部分对于其他的层面具有决定性的作用，或者对其他层面的说明和解释可以还原到基础层面的性质和规律。这导致在心理学研究中十分盛行的是对心理的物化的研究，或者按照解释物的方式来解释人的心理行为。这实际上成为心理学发展中的一个痼疾。

关于研究方式的理解，实证立场的心理学持有的是实证论的研究方式。与心理学研究中的物理主义世界观相吻合的就是实证论的研究方式。实证论的研究方式有两个隐含的理论前提或理论假设。一是设定了研究客体与研究主体的分离，研究主体或研究者只能是旁观者。旁观者不能把自己的主观意向或者主张观点带入到对客观对象的研究中去。二是设定了研究主体或研究者必须通过感官来把握研究客体或者研究对象，只有感官的印证才是可靠和可信的。这种理论假设为心理学研究带来的是方法中心、实验主义和操作主义。方法中心是指把心理学的实证研究方法放在了决定性的位置。这决定了心理学的科学性质、实际发展和未来道路。实验主义是指把实验方法的运用和实验程序的确定看作心理学研究的根本方式或唯一方式。操作主义是指把理论的合理性建立在了实证研究具体操作程序的合理性上。

其次是人文立场的心理学。人文的立场同样体现在两个方面：一是关于研究对象的理解；二是关于研究方式的理解。人文取向的心理学走的是人文科学的道路，这是西方心理学的非主流。非主流心理学家力图使心理学摆脱自然科学的专制。他们使心理学的发展立足人道主义和现象学的理论基础。人道主义是有关人的基本理解，现象学则是获取有关人的知识的一种基本立场。这形成了非主流心理学对心理学研究对象的理解，以及对心理学研究方式的主张。

关于研究对象的理解，人文立场的心理学持有的是人文主义的人性理解。心理学的研究是关于人的心理的研究。心理学的研究就是要从人出发，以人为本。人拥有独特的性质，或者人不同于其他的自然物。要想认识人，了解人的心理，就要从人的本性出发，去关注或涉及人的地位、尊严、价值、存在、潜能、自由、创造，等等。

关于研究方式的理解，人文立场的心理学持有的是现象学的研究方式。与心理学研究中的人本主义世界观相吻合的就是现象学的研究方式。现象学的研究方式也有两个隐含的理论前提、理论预设或理论假设。一是设定了研究客体与研究主体的统一，研究主体同时也可以是研究对象。二是设定了研究主体或研究者必须通过体验来把握研究对象，只有内省的体验才是真实的。这种理论假设为心理学研究带来的是问题中心、心灵主义和整体主义。问题中心是指心理学研究不应该从方法出发，而应该从问题出发。不是方法决定问题，而是问题决定方法。心灵主义是指心灵不同于其他事物，心灵具有独特的性质。正是心灵的独特性质决定了心理学研究具有的独特性质。整体主义是指对人的心灵的研究不能采取肢解的方式，不能去割裂人的心理，而必须完整地把握人的心理。

现代心理学一直处于分裂的境遇与统一的追求之中。当代心理学从诞生之日起，就不是一门统一的科学门类，就一直处于四分五裂和内争不断之中。心理学为什么会四分五裂，心理学能否成为一门统一的科学，是心理学发展必须面对的重大问题。

　　首先是心理学的不统一。心理学的不统一体现在心理学学科发展的许多方面,包括心理学的理论、方法和技术。理论的不统一涉及心理学拥有互不相容的理论框架、理论假设、理论建构、理论思想、理论主张、理论学说、理论观点,等等。方法的不统一涉及心理学研究采纳了各种各样的研究方法,而且方法与方法之间有相当大的差异和分歧。技术的不统一则涉及心理学进入现实社会、干预心理行为、引领生活方式、提供实用手段的途径和方式的多样化。其实,心理学的不统一不在于该门学科的多样化,而在于多样化形态与多样化方式之间的相互排斥和相互倾轧。随着心理学学科的进步、发展和成熟,如何促进心理学的统一就成为心理学发展的重要任务。

　　其次是统一的学术努力。心理学成为独立的科学门类之后,统一心理学就成为一个重大的学术目标。但是,如何才能统一心理学,心理学家之间却有着重大的分歧。在心理学的发展史上,出现过各种不同的统一尝试。这些尝试包括知识论的统一、价值论的统一以及知识与价值的统一。其实,心理学统一的最核心问题是心理学的科学观问题。正是科学观的差异导致对什么是科学心理学的不同认识和理解。心理学的科学观涉及的是有关心理学研究对象的范围和边界,心理学研究方法的可信和有效,心理学理论构造的合理和合法,心理学技术手段的适当和限度。心理学科学观的建构关系到心理学的研究目标和研究策略的制定和实施。心理学的发展应该确立起大心理学观或心理学的大科学观。这可以使心理学从实证心理学的实证科学观中解脱出来,从而容纳不同的心理学探索。所以,心理学统一的努力应该是建立统一的科学观。

　　当代心理学的追求与发展在心理学诞生之后的一个基本目标就是科学化,或者是使心理学成为一门真正意义上的科学。当代心理学的一个重要发展就是本土化,或者是使心理学成为一门普遍适用的科学。

　　心理学的发展经历了一个全球化和科学化的历程。在西方心理学的早期发展中,心理学家有两个基本追求:一是使心理学成为严格意义的实证科学;二是使心理学成为普遍适用的实证科学。为了实现前者,许多心理学家不是从心理学研究对象的特性出发,而是简单模仿其他相对成熟的自然科学门类。心理学对自然科学化的追求,使之接受了物理主义的世界观和实证主义的方法论。这必然把人的心理类同于其他自然物和还原为物理或生理。人类的文化历史存在和心理的文化历史属性则受到了排斥。这使得心理学对科学性的追求和维护是以排除和超越文化为代价的。这忽视了人类心理与其他自然现象的区别,心理科学不可能靠自然科学化来保证自己的科学性。西方心理学不但通过对自然科学化的追求来确立其科学地位,而且随着在世界各地的传播来确立其文化霸权。这是按照自己的科学观,在有关心灵的科学观点与非科学观点之间划定了边界,并把那些植根和起源于非西方文化的心理学体系都推入了非科学一类。结果,这表现出了对世界其他地方的心理学研究和贡献的有意忽视和缺乏兴趣。所以,在心理学的发展历程中,科学化就被等同于西方化,而西方化则被等同于全球化。

　　心理学的发展也经历了一个地域化和本土化的历程。中国心理学的跨世纪发展就面临科学化和本土化两大主题。表面上,两者是矛盾和冲突的。科学化强调心理学作为科学是没有国界和普遍适用的,因此本土化就是十分多余和毫无价值的口号;本土化则强调心理学的发展应消除西方心理学的霸权,而寻求和确立本土文化的根基,建立本土的心理学,这是心理学的发展在地域上的转移,与科学化并无关联。实际上,两者是相关和一致的。强调科学化就是要推进本土化,强调本土化也就是要确立科学化。中国现代科学心理学是从欧美传入的,其发展历程可区分为两个时期四个阶段。这就是西方化时期和本土化时期,前者包括引进和模仿西方心理学阶段以及反思和批判西方心理学阶段,后者包括保守的本土化阶段和激进的本土化阶段。保守的本土化阶段是试图转换西方心理学的研究内容,把研究被试从西方人转换成中国人,把心理行为的背景从西方的社会文化转换成中国的社会文化。激进的本土化阶段则开始突破西方心理学的研究方式,寻求和尝试多样化的思想理论和研究方法。中国心理学对科学化的追求从西方化走向本土化之后,本土化就不仅是心理学的发展在地域上的转移,而且是对西方心理学设定的科学观的突破。正因为西方心理学在科学观上存在着问题,才会有心理学本土化的兴起。心理学本土化最终依赖的就不是地域化而是科学化。这种依赖有两个基本点:一是为本土心理学研究建立规范,使其能够有序发展;二是推动整个心理学科学观的变革,使心理学成为一门真正意义的科学。

　　科学化与本土化就相当于心理学的两条腿,缺少了任何一条腿,都会影响到心理学的进步。只有两条腿走路，才会使心理学有长足的发展。无论是科学化还是本土化，最终都取决于心理学科学观的变革。心理学科学观的变革体现在重新理解研究对象和重新确立研究方式上。西方主流心理学倾向于把人的心理理解为自然现象或具有与其类同的性质。这既促进了心理学成为独立科学门类和越来越精密化，也使心理学研究有了一定缺陷。一是无文化的研究或弃除了人类心理的文化性质。二是伪文化的研究或扭曲了人类心理的文化性质。对心理学研究对象的理解应有重要改变或转折，把心理既理解为自然和已成的存在，也理解为自觉和生成的存在。西方心理学不仅对研究对象的理解忽视了人类心理的文化特性，而且对研究方式的确立也忽视了心理学研究的文化特性，总是盲目追求有关人类心理的普遍规律性和有关心理科学的普遍适用性。心理学要进行变革，还必须对现行研究方式进行变革。

有研究指出，纵观西方心理学的发展历史和理论状况，可以看出现代心理学是沿着三条路线行进的。[①]　这实际上是对纷繁复杂的西方心理学的演变进行的简约化和条理性的梳理和概括。

一是自然科学主义的路线。自然科学主义的心理学具有三个方面的主要特征。在心理属性上，认为心理的属性如同自然事物属性一样，是客观的，是由部分构成的，是可还原分析的，是可定量研究的。在研究思路上，主张心理学的研究应当同自然科学一样，采用还原分析的方式，确立实验研究的基础，形成逻辑一致的理论。有研究将自然科学主义路线总结为一元论、机械论、操作论和决定论四个方面。一元论把自然科学看成是一个系谱，根部是物理学、化学和其他的物理科学，上部则是生物学、生理学和心理学。从上到下是可以还原的。机械论认为心理学可以通过研究心理自身解释心理现象，而不必通过借助外在的东西如迷信、上帝等来解释。操作论认为科学或理论的有效性依赖于发现和验证理论的操作的有效性。决定论认为心理有确定的因果关系。在研究方法上，强调自然科学的客观方法，引进诸如物理学、生理学等自然科学的实验方法。如今，心理学的实验已经成为精密、精巧、完善的专门学科。尽管自然科学主义的路线给心理学探索和研究带来了精确性和精密性,但是也带来了片面性和还原性。

二是存在人本主义的路线。存在人本主义的心理学思路具有下述的主要特征。在研究对象上,这种研究路线对心理现象本质的理解是,人的心理本性是独立于自然的独特存在,是人自身具有的,是不同于自然现象的。在研究思路上,这种观点认为,人性的东西是不能用简单的实验方法来研究的,应当用整体的、思辨的方法来进行心理学研究,这样才能把握人的根本特性。研究方法上,主张非自然实在的方法,如人本主义的反思和观察等方法、梦的分析、联想分析、自然情景的观察等。存在人本主义的路线强调人性而不是物性,重视心理而不是生理,主张自主决定而不是还原决定。

三是辩证唯物主义的路线。这构成了现代心理学百年发展的第三条路线。马克思主义学说本身在西方就有很大的影响,而且在一些国家取得政权以后,辩证唯物主义成为一些国家的哲学社会科学研究的指导思想。在这样的背景下,心理学家有组织地(如苏联)和自觉地(如法国和美国的一些心理学家)以辩证唯物主义为指导开展心理学研究,形成了不少理论。在对心理基本性质的认识上,认为心理是脑的机能,是客观现实的主观反映,是人的社会实践的产物。研究思路侧重于人与社会关系的角度,用物质决定意识、矛盾促进发展等辩证唯物主义的方法解释心理学的问题。在研究方法上,采用辩证的方法与实证的方法相结合的方法。

第三节　对中国本土传统
心理学的理解

中国是一个历史悠久的文明古国,有着博大精深的文化传统,但是在现代文明的进程中一度落在了后边。在中国本土传统文化的框架中并没有诞生出现代意义上的科学,中国的现代科学是从西方传入的。同样,中国本土文化中也没有诞生出西方现代意义上的科学心理学,中国现代的科学心理学也是从西方传入的,也带有西方文化传统的印记。

在中国发展科学心理学面临的一个非常重要的问题就是,中国的本土文化中有没有自己的心理学传统。如果有,那么这种本土的心理学传统具有什么性质？包含什么内容？如果有，那么应该如何去理解、解说、阐释和对待这种本土的心理学传统？可以肯定的是，中国本土的文化传统中有自己独特的心理学传统。因此，最重要的问题就在于，中国本土的心理学传统能否成为中国科学心理学发展和创新的有益资源。所以，如何理解中国本土的心理学传统，就成为决定中国心理学未来发展的一项基础性、发展性的研究任务。[①] 到目前为止，在对中国本土传统心理学的研究中出现过一些十分不同的见解和观点。总结起来，共有六种不同的理解。

一、在西方心理学框架下的理解

中国在发展自己的心理科学的过程中，走的是一条十分曲折的发展道路。如果去除中华人民共和国初期的"全盘苏化"过程，去除"文化大革命"时期的政治化过程，就其根本方面和主流发展来说，中国现代的心理学一直都是在引进和模仿西方的科学心理学。可以说，中国现代的科学心理学就是外来的、传入的。伴随着这个进程，尽管有一些研究曾经试图去发掘、提取和阐释中国文化传统中的心理学思想，但是持有的框架、衡量的标准、评价的尺度，提取的内容等，仍然是西方科学心理学提供的。实际上，这些研究就是在按照西方科学心理学的筛子去筛淘中国本土文化传统中的心理学内容。正是按照西方科学心理学的标准或尺度，关于中国本土传统心理学的研究至少得出了三个相关的结论。

一是认为在中国的文化传统中并没有诞生出所谓现代意义上的心理学，所以也就谈不上什么中国的心理学传统。或者，在中国的文化传统中，只有一些孤立的、零碎的和片段的心理学猜测和心理学思想，而并没有出现现代意义上的心理科学。或者，在中国的文化传统中就根本没有或并不存在什么心理学的东西。例如，高觉敷主编的《中国心理学史》就提到，在西方的科学心理学传入中国之前，中国根本就没有什么心理学，有的只是某种关于人的心理的思想猜测。[②]

二是认为在中国的文化传统中存在和具有一些思辨猜测的、主观臆断

---

① 葛鲁嘉.中国心理学的科学化和本土化——中国心理学发展的跨世纪主题[J].吉林大学社会科学学报，2002(2)：5-15.

② 高觉敷.中国心理学史[M].北京：人民教育出版社，1985：1-2.

的心理学思想。这缺乏科学的依据和科学的证明。此类心理学思想只具有历史的意义,而不具备现实的意义;只具有哲学的意义,而不具备科学的意义。在这样的主张和观点看来,中国古代的思想家提供的心理学猜测,至多不过是安乐椅中的玄想,根本就是无法确证的或无法证实的推论。这些所谓的心理学思想应该被科学心理学抛弃和取代。

三是认为在中国的文化传统中,完全可以按照西方科学心理学的尺度来挖掘、分类和梳理心理学思想。在对中国本土传统心理学思想的研究中可以看到,从中国古代思想家的所谓心理学思想中分离出来的,是所谓的普通心理学思想、教育心理学思想、社会心理学思想、生理心理学思想、发展心理学思想、管理心理学思想等。①② 因此,充斥在中国心理学思想史研究中的是一种贴标签式的方法,得出的都是一些费解的、特别奇怪的结果,如孔子的普通心理学思想等。

可以肯定,在中国本土的文化传统中并没有产生出西方意义上的科学心理学,也不应该按照西方心理学的知识框架来理解中国本土文化中的心理学。这就必须转换现有的西方心理学的知识框架,设置一个新的文化学的框架。西方心理学在心理学研究中贯彻的是无文化或弃文化的方式。而西方心理学的这种单一文化支配原则或单一文化通行原则,被贯彻到了关于中国本土心理学的理解之中。心理学研究中需要文化学的转向。③

框架的问题是核心的问题,是决定着如何理解中国本土心理学传统的根本问题。借鉴不等于照搬,尤其是涉及思想和理论的框架。

二、从中国本土文化出发的理解

如果完全放弃西方科学心理学的研究框架,而从中国本土文化传统出发去理解,或者,如果重新确立一个更合理更适用的参考系,就可以得出完全不同的研究结果和研究结论。④ 其实,中国本土的文化传统中也有一套自

---

① 杨鑫辉.心理学通史(第一卷)[M].济南:山东教育出版社,2000:2.
② 杨鑫辉.中国心理学思想史[M].南昌:江西教育出版社,1994:11-12.
③ 葛鲁嘉,陈若莉.当代心理学发展的文化学转向[J].吉林大学社会科学学报,1999(5):79-87,97.
④ 葛鲁嘉.大心理学观——心理学发展的新契机与新视野[J].自然辩证法研究,1995(9):18-24.

己独特的心理学。这实际上也是系统的心理学,而不仅仅是一些零碎的、片段的心理学思想。在特定的文化传统中,有没有或者是不是系统的心理学,可以按照三个标准来衡量。第一个标准是看有没有一套独特的心理学术语、概念和理论,可以用来描述、说明和解释人的心理行为;第二个标准是看有没有一套独特的心理学研究方式和研究方法,可以用来考察和揭示人的心理行为;第三个标准是看有没有干预人的心理行为的手段和技术,可以用来影响和改变人的心理行为。按照这样三个标准来衡量,中国的文化历史或文化传统中同样具有系统的心理学。这种心理学传统有自己的理论建树、探索方式和干预技术,只不过这种心理学不是西方文化中的所谓科学心理学意义上的。

中国本土文化传统中的心理学有自己独特的理论概念和理论解说。不过,这套理论概念和理论解说不同于西方科学心理学提供的概念和解说。例如,中国的思想家所说的心、心性、心理,所说的行、践行、实行,所说的知、觉知、知道,所说的情、心情、性情,所说的意、意见、意识,所说的思考、思想、思索,所说的体察、体验、体会,所说的人格、性格、人品、品性,所说的道理、道德、道义、道统,等等,都有其独特的含义。对这些独特心理学术语的探讨,可以为中国心理学的发展提供十分重要的学术资源。如果把中国本土的心理学术语和概念与西方外来的心理学术语和概念进行比较,就可以得出对心理学的新的理解。

中国文化传统中的心理学有自己独特的验证理论的方式和方法,而不仅仅是思辨和猜测。尽管在中国的本土文化当中并没有产生出西方科学意义上的实证方法或实验方法,但是中国古代的思想家提出了知行合一的原则,也就是践行或实践的原则。任何的理论解说或理论构造,包括心理学的理论解说和理论构造,其合理性要看能否在生活实践中获得预期的结果,或者说行动实现的是否就是理论的推论。这形成的是另外一套验证理论的途径。如果把西方科学心理学的研究方法与中国传统心理学的验证方法相对比,那就是实验与体验的对应,实证与体证的对应。体验的方法或体证的方法就是中国本土心理学独特的方式和方法。

中国文化传统中的心理学有自己独特的干预心理行为的手段和技术,并形成了对人的心理生活的引导、扩展和提升。这样,人的心理就有了横向扩展和纵向提升的可能。心理的横向扩展在于能够包容更多的内涵,包容天地,包容他人,包容社会,包容自己等。心理的纵向提升在于能够提高或提升心灵的境界。这是一种纵向比较的心性心理学。人的心灵境界有高下之分,境界最高尚的就是圣人。因此,中国本土的心性心理学提供的是境界等差的学说,是境界高下的学说,是境界升降的学说。心理的差异实际上也就成为德行的差异、品德的差异、人品的差异、为人的差异、境界的差异。反思、反省就成为重要的手段和技术。

三、片段破碎和语录摘引的理解

正因为是以西方的科学心理学作为尺度和标准,所以在抽取和摘引中国古代思想家的心理学思想的过程中,得出的就是一些破碎的片段和支离的语录。这等于是打碎了一个完整的东西,而又把一些碎片按照不同的方式进行了重新的组合。所以,在中国古代心理学思想的研究中,最常见的就是摘引中国古代思想家的语录,然后对其进行从古代汉语到现代汉语的翻译和解释,再将其归类到现代心理学知识结构中。

对中国本土心理学传统的这种片段破碎和语录摘引式的理解,使人们看到的是中国古代思想家仅仅以非常肤浅的形式,或者仅仅以非常幼稚的话语表达出来的某种前科学形态的心理学猜想。如果按照西方科学心理学的标准,这些萌芽形态的心理学思想只具有历史遗迹的意义,而没有现代科学的价值。这仅仅表明了中国文化历史中有过某些关于人的心理行为的猜想或猜测,满足一种幼稚的文化虚荣心。于是,对中国本土心理学传统的研究就成为考古发掘和博物展览,就成为历史清理和装订造册。

在这种方式下对中国古代心理学思想史的研究程序,就是着重翻阅中国古代的历史典籍,并从古代典籍中去寻找古代思想家说明和解释人的心理行为的话语段落,然后把古代的文言文翻译成现代的白话文,再按照现代的科学心理学去理解其中的所谓心理学的含义,去评价这些含义对科学心理学的意义和价值。甚至就仅仅是为了证明,中国古代的心理学猜想是在西方科学心理学之前,是比西方的心理学思想家更高明更伟大的发现。

这种关于中国古代心理学思想史的研究方式和方法,常常演变成非常肤浅的文字游戏、语言游戏、智力游戏、思想游戏、猜想游戏、组装游戏。而且,更严重的问题还在于,这种类型的研究已经变成了一种研究习惯、研究方式、研究思路、研究态度和研究定势。这使得对中国本土心理学思想的研究变成了翻译的活动,变成了猜想的活动,变成了解释的活动。

四、完整系统和深入全面的理解

如果放弃片段破碎和语录摘引的理解,而采纳完整系统和深入全面的理解,就可以看到,在中国本土的文化传统中也存在着一种十分独特的心理学。尽管这种心理学不是西方意义上的科学心理学,但也是一种非常系统的心理学探索。中国古代思想家提供的心理学可以称之为心性学说。如果进一步引申,这种心性学说就是心性心理学,就是一种独特的心理学传统,就是中国本土文化对心理学事业的独特贡献。

中国文化传统中非常完整、非常重要的理论贡献就是心性学说。在中国的文化传统和文化源流中,不同的思想派别有不同的心性学说,不同的心性学说发展出对人的心理的不同解说。儒家的心性学说是由孔子和孟子创立的。儒家学说的重心在于社会,或者在于个体与社会的关系。儒家强调的是仁道。仁道不是外在于人的存在,而是存在于个体的内心。个体的心灵活动应该是扩展或超越一己之心来体认内心仁道的过程,是践行内心仁道来行道于天下的经历。只有觉悟到了仁道,并且按仁道行事,才可以成为圣人。这就是"内圣外王"的历程。道家的心性学说是由老子和庄子创立的。道家学说的重心在于自然,或者在于个体与自然的关系。道家强调的是天道。天道也不是外在于人的存在,而是潜在于个体的内心。个体也可以通过扩展自己的心灵,而体认天道的存在,并循天道而达于自然而然的境界。佛家的心性学说是由释迦牟尼创立的,是从印度传入中国的。佛家学说的重心在于人心,或者在于个体与心灵的关系。佛家强调的是心道。心道相对于个体而言是潜在的,是人的本心。个体可以通过扩展自己的心灵而与本心相体认。

心理学的研究有自己的研究方法,科学心理学运用的是科学的研究方法。但是,在特定的科学观的限定下,所谓的科学就是实证的科学。实证的科学运用的是实证的研究方法。心理学在成为独立的科学门类之后，就力图以实证主义的科学观来衡量自己的科学性。是否运用了实证方法，成为心理学研究是否科学的一个根本尺度。在中国文化传统中心理学运用的方法不是实证的方法，而是体证的方法。所谓体证的方法，就是通过意识自觉的方式，直接体验到自身的心理，并直接构筑了自身的心理。所以，体证至少有两个重要的特点，一个是意识的自我觉知，一个是意识的自我构筑。①首先是"内圣"与"外王"。中国本土的心理学传统十分强调知行合一的原则，主张内在对道的体认和外在对道的践行。这就是所谓的"内圣外王"的基本含义。内修要成为圣人，体道于自己的内心。外为要成为王者，行道于公有的天下。其次是修性与修命。正因为人心与天道是内在相通的，所以个体的修为实际上就是对天道的体认。天道贯注给了个体，就是人的性命。对天道的体认就是修性与修命。再次是渐修与顿悟。个体的修为或体悟有渐修与顿悟的不同主张。渐修认为修道的过程是逐渐的，是一点一滴积累而成的。顿悟则认为道是不可分割的，只能被整体把握，被突然觉悟到。这是体道的不同途径和方式。

五、限于传统和解释传统的理解

从认为中国本土文化中根本没有自己的心理学传统，到认为中国本土文化中有自己独特的心理学传统，这是一个根本性的进步和变化。这可以引导对中国本土心理学完全不同的探索和研究。但是，从认为中国本土文化中有自己独特的心理学传统，到从学术研究出发去挖掘、梳理和阐释中国本土的传统心理学时，却常常存在着仅仅限于传统和解释传统的局限。②③④无论是回到传统，还是遵循传统，都变成了一种自我封闭的心理学史或中国心理学思想史的研究。这在很大程度上不是推进了中国心理学的发展，而是大大限制了中国心理学的发展。

① 葛鲁嘉. 中国本土传统心理学的内省方式及其现代启示[J]. 吉林大学社会科学学报,1997(6)：25－30,94.
② 杨鑫辉. 诠释与转换——论中国古代心理学思想史研究方法的新发展[J]. 南京师大学报(社会科学版),2002(4)：95－101.
③ 杨鑫辉. 中国心理学史论研究[J]. 江西师范大学学报(哲学社会科学版),2001(4)：18－22.
④ 燕国材. 关于中国古代心理学思想研究的几个问题[J]. 心理科学,2002(4)：385－390,508.

限于传统和解释传统就是回到传统和遵循传统。在本土心理学的研究中,承认中国传统文化中也有自己独特的心理学是一种进步。但是,在心理学的研究中,如果仅仅是限于传统、解释传统和回到传统,就是一种倒退。承认在中国本土的文化传统中有自己独特的心理学,并不是要贬低和放弃现代的科学心理学,并不是要证明和确定现代科学心理学的学术贡献早在中国文化历史中就已经完成了。对中国本土文化中的心理学传统的研究和探索,是要立足本土的传统,是要借用本土传统的心理学资源。因此,对于中国本土心理学传统的挖掘,不是为了展示,而是为了创新。任何学科的发展都需要资源,心理学的发展也是如此。中国本土文化传统中的心理学对中国心理学的发展来说,就是一种十分有益的学术资源。

任何的资源都是需要挖掘、利用和转化的。对中国本土心理学的发展来说,本土文化的资源也是需要筛选和提炼的。重新去发现古典文献,仔细去阅读古典文献,认真去解释古典文献,详尽去分析古典文献,这都不是本土心理学研究最终的目的。对中国本土传统心理学进行研究的最终目的,就是要奠定创新的基础,确立创新的立场,启动创新的程序,获得创新的结果。这就必须突破限于传统和解释传统的理解,而必须确立立足发展和力求创新的理解。

六、立足发展和力求创新的理解

中国本土文化传统中独特的心理学就是心性学说,这种心性学说也可以称之为心性心理学,而在此基础上的新发展就可以命名为新心性心理学。中国本土文化中的心性心理学仅仅是传统意义上的古老的心理学。中国心理学在 21 世纪的发展并不是要回到原有的老路上去,而是一种在汲取中国本土文化资源基础上的创新,所以将其命名为新心性心理学。新心性心理学是立足中国本土文化的心性学说,但又是一种全新的、独特的心理学的探索和创造。新心性心理学的探索主要由六个部分的内容构成,分别涉及心理学的学科资源、学科基础、研究对象、对象背景、对象成长和学科反思。第一部分涉及的是心理资源,是对心理学的历史、现实和未来形态的考察。第二部分涉及的是心理文化,是对西方的心理学传统和中国的心理学传统的跨文化解析。第三部分涉及的是心理生活,是对心理学研究对象的一种新的理解和新的视野。第四部分涉及的是心理环境,是对心理与环境关系的一种新的思考和分析。第五部分涉及的是心理成长,是对超越了心理发展的心理成长的考察。第六部分涉及的是心理科学,是对心理学的命运与前途的全景考察。

心理资源的探索针对的是可以生成和促进心理学发展的基础条件。心理学的发展有着自己的文化历史资源,这就是心理学十分不同的历史发展和长期演变的形态。所有不同的心理学形态都是心理学发展可以借用的文化历史资源。心理资源可以体现为不同的心理学历史生成,也可以体现为不同的心理学现实演变,也可以体现为不同的心理学未来发展。这包括常识形态的心理学、哲学形态的心理学、宗教形态的心理学、类同形态的心理学、科学形态的心理学和资源形态的心理学。当代心理学的发展不应该抛弃自己各种不同的形态,而应该将其当作自己学术创新的资源。心理学的成长要有自己植根的社会文化土壤,这就是心理学的社会文化资源。心理资源既可以成为心理生活的资源,也可以成为心理科学的资源。心理学面临着如何理解、看待、保护、挖掘、提取和转用资源的问题。心理学的发展应该光大自己的文化历史传统,应该立足自己的文化历史资源,从而扩大自己的视野,挖掘自己的潜能,丰富自己的研究,完善自己的功能。

心理文化的探索是从跨文化的角度,对生长于不同文化根基和相应于不同心理生活的中西心理学传统进行比较和分析,探讨两者之间沟通的可能性和心理学发展的新道路。[①] 起源于西方文化的科学心理学,立足客观的研究方法和客观的知识体系,提供了对心理现象的合理的理论解释和有效的技术干预,但其仅仅揭示了人类心灵和精神生活的一个部分或特定侧面。起源于中国文化的本土心理学也是自成体系的心理学探索,并揭示了有意义的内心生活和给出了自我超越的精神发展道路。西方的心理学传统是中国现代科学心理学的直接来源,目前则正在经历本土化的历程和改造。中国本土的心理学传统在西方文化中的流传,也使西方的科学心理学得到了启示和受到了影响。促进两者的沟通,将有助于形成新的心理学科学观,并

---

① 葛鲁嘉.心理文化论要——中西心理学传统跨文化解析[M].大连:辽宁师范大学出版社,1995:300.

推动心理学的新发展。确立心理文化的概念,在于重新审视西方心理学的文化适用性,并推进对其进行改造;在于重新审视中国本土的心理学传统,并推进对其进行挖掘。这有利于合理对待从西方引入的心理学,开创中国自己的心理学发展道路。

心理生活的探索是试图从中国心理文化的传统入手,重新理解和认识心理学的研究对象。原有的西方式的科学心理学,是从研究者的感官印证的角度出发,把心理学的研究对象确立为心理现象。这把人的心理类同于物的物理,而忽视了人的心理的一个非常重要的特性。那就是人的心理是自觉的,心理的活动能够自觉到自身。这种心理的自觉不仅是自我的觉知和意识,而且是心性的建构和创造。这就不是把人的心理理解为心理现象,而是理解为心理生活。心理生活不是已成的存在,而是生成的存在。心理生活在人的生活中处于核心的地位,所以应该成为心理学关注的中心。但是,心理科学诞生之后,为了使之成为所谓真正意义上的实证科学,许多心理学研究者力求使心理学向当时相对成熟的自然科学靠拢。这就使得心理学把心理现象定位为心理学的研究对象,而放弃或忽略了心理生活的意义和价值。其中一个非常重要的原因是人们已经习惯了按西方心理学设立的标准来衡量和建设心理学。一旦放大了视野,特别是从中国本土文化的视角出发,就会认识和理解到有关心理学研究对象的完全不同的内容范围。因此,心理生活应该在心理科学中占有重要的位置,成为当代科学心理学发展的核心性内容。

心理环境的探索是试图从人类心理的视角重新理解环境。对于心理学研究来说,如何理解环境的存在和作用,就决定了如何理解人的心理行为和生存发展。物理的环境对人来说仅仅是外在的、间接的,而只有心理的环境对人来说才是内在的、直接的。人的心理行为不是孤立的、封闭的存在。在心理学的发展历史中,心理学家却很少系统深入地考察和分析过环境。或许,心理学直接面对的是人的心理行为,环境并不是心理学应该关注的内容。随着心理学的成熟和发展,随着对人的心理行为的了解和理解的深入和细化,心理学的研究领域也在扩展和放大,对环境的理解和解释也就必然要发生变化。因此,也就有必要对环境进行重新的思考。一个重要的心理学概念就是心理环境。心理环境是人的心理觉知和觉解到的环境,是人赋予了意义和价值的环境。这已经超出物理意义上的、生物意义上的环境。心理环境对人的影响是最切近的、最直接的。人可以在心理上分离出自己所处的环境,并生成和建构这样的环境,进而调整或调节自己的心理行为。所以,心理觉解到的环境是人建构出来的环境。融入了人的创造,就使得心理环境的含义超出了物理和生物环境的界限。人对心理环境的创造体现在心性主导的创造性构想,这可以突破物理的或生物的环境;也体现在心性支配的创造性活动,这可以改变物理的或生物的环境。

心理成长的探索是把心理学研究着重于成熟和发展转向着重于成长和提升,把着重于生物和生理转向着重于心理和心性,把强调心理的直线发展转向全面扩展,把强调心理的平面扩展转向纵向提升。心理成长概念的含义涉及心理成长的基础、过程、目标、阻滞、引导、促进和开发。心理成长有着特定的文化内涵、文化创造、文化思想、文化方式和文化源流。心理成长与心理文化的关系就在于心理成长的心理文化资源、心理文化差异、心理文化沟通和心理文化促进。心理成长与心理生活的关系就在于考察人的心理生活的含义、扩展和丰富。心理成长与心理环境的关系就在于探索人的心理环境的含义、建构和影响。心理成长与心理资源的关系就在于挖掘心理资源的含义、构成和价值。心理成长实际上就是心理生成的过程,是生成的存在,是创造的生成。心理成长会关系到个体的心理成长,是个体生活的建构,是心理生活的创造。心理成长也关系到群体的心理成长,是群体的共同成长,是群体的心理互动,是群体的心理关系,是群体的成长方式。心理成长也会关系到人类的心理成长,是种族的心理,是民族的成长,是心理的成熟,是生活的质量。

心理科学的探索关系到心理科学本身的学术反思、学术突破和学术建构。这可以带来关于如何推进心理学的学术进步、如何扩展心理学的学术空间、如何引领心理学的学术未来、如何确立心理学的本土根基、如何激发心理学的学术创新等一系列方面最重要的学术突破。对于心理科学及其发展来说,最重要的是心理学的科学理念。这涉及心理学的科学观,包括科学观的含义、功能、变革和确立。心理学的科学观存在着对立,也就是小科学观与大科学观的对立,封闭的科学观与开放的科学观的对立。心理学的科学观经历着演变和变革,其中就包括自然科学的科学观、社会科学的科学观、人文科学的科学观。科学观或心理学的科学观具有文化的内涵或性质。心理学的科学尺度则彰显着心理学的科学内核和科学标准。这在心理学的研究中有强调和偏重理论中心、方法中心和技术中心的不同。心理学有着自己的科学基础，这包括哲学思想的基础、科学认识的基础、科学技术的基础、科学创造的基础和科学发展的基础。心理学的科学内涵涉及学科的科学性、研究的科学性和应用的科学性。心理学具有自己的学科或科学的资源，这涉及心理资源、文化资源、思想资源和历史资源。心理学的科学发展涉及追踪的线索、心理学的起源、科学心理学的起源、心理学的演变、科学心理学的演变和心理学的发展前景。心理学拥有的科学理论涉及心理学的理论建构、理论构造、理论形态、理论演变和理论创新。心理学的科学方法涉及心理学的方法论、方法中心和研究方法，以及研究方法的科学性、多样性和适用性。心理学的科学技术涉及心理学的技术思想、技术应用、技术手段、技术工具和技术变革。心理学的科学创新则涉及创新的基础、途径、氛围、方法和体现。

第四节　心理学当代发展的新思潮研究

心理学的发展不仅面对着多样化的思想潮流，而且心理学本身的发展也会形成或构成特定的思想潮流。心理学的思想潮流会在相当长的时间里、相当广的范围中影响和支配心理学的研究。在当代心理学的发展中，后现代心理学思潮、社会建构论心理学思潮、女性主义心理学思潮、进化心理学思潮、积极心理学思潮等，都极大地冲击和影响了心理学的发展和演变。在这些不同思潮的影响下就出现了特定的心理学探索，这包括后现代心理学、建构论心理学、女性主义心理学、进化心理学、积极心理学等。

一、后现代心理学思潮

在当代心理学的发展中，后现代是心理学研究者所处和面对的历史时期、历史时代、历史阶段、当代风潮、当代思潮和当代转换。如何理解后现代的来临，如何面对后现代的问题、如何引领后现代的发展，这是心理学的发展必须经历的。

1. 现代的心理学

20 世纪中期,西方发达国家开始由现代工业社会步入后工业社会或信息社会。与之相应,其文化思潮也由现代主义转向后现代主义。后现代主义思潮被看作西方文化精神和价值取向的重大变革,并很快风靡欧美、震撼学界。科学心理学的发展显然无法脱离开这一大的文化氛围。

文艺复兴之后,西方社会不仅大踏步迈向现代大工业社会,而且逐步确立起理性至高无上的地位和科学统观一切的权威,并以此构造了西方的现代文明。当今的后现代主义运动则是对现代文明的批判和解构,即着手摧毁理性的独断和科学的霸权,强调所有的思想和文化平等并存的发展。后现代的思潮、后现代的文化、后现代的精神,就在于去中心和多元化。

法国哲学家利奥塔德对后现代知识状况的分析,对于理解心理学可能的发展具有十分重要的启示。在他看来,当科学知识(自然科学)与叙事知识(人文科学)从同源母体中分离出来之后,科学知识便一直对叙事知识的正确性和合法性提出质疑和挑战,认为叙事知识缺乏实证根据,无法证明其合理性。叙事知识则把科学知识看作叙事家族的变种,而对其采取宽容退让的态度。这造成的是科学的霸权主义扩张。不过,科学本身也并不能证明自己的合理性,反而要借助启蒙运动以来的两大堂皇叙事来确定自己的合理性,那就是自由解放和追求本真。自由解放导致的是以人为中心的主体性膨胀,追求本真导致的是理性至上的科学独霸。因此,科学在破坏叙事知识基础的同时,也给自己的合理性带来了危机。后现代主义文化思潮带来的就是这种元叙事的瓦解。人们不再需要有一个统一的标准去衡量所有产生知识和传述知识的活动,各种知识和文化可以并行不悖。

近代科学兴起之后,便建立了自己的一套理性的真理判据或科学的游戏规则,并将其当作唯一的合理性标准,把不符合这一标准的实践知识和文化传述都看作是原始和落后的东西,是应该为实证科学所铲除的垃圾。实际上,人类构建了关于世界的不同阐释,这很难用一个共同的标准去衡量。问题不在于去确定哪一种阐释是唯一合理的,而在于去确定怎样促进各种不同阐释的并行发展和怎样在各种不同阐释之间建立沟通。

西方心理学自成为独立的学科之后,发展出两种不同的研究取向,即科学主义取向和人文主义取向。德国心理学家艾宾浩斯倡导自然科学的、分析的、解释的心理学,德国哲学家狄尔泰则倡导人文科学的、描述的、理解的心理学,两者构成了一种对立和对抗。马斯洛将其称为机械主义的科学和人本主义的科学。金布尔将其说成是当代心理学中的"两种文化",即科学文化与人文文化。①

这两个研究取向并不是平等的。科学主义取向占有主导地位,成为主流心理学;人文主义取向不占主导地位,成为非主流心理学。主流心理学一直力求成为自然科学家族中的一员,坚持运用客观的研究方法和遵循科学的基本规则。这确立的是分析和还原的研究方式,立足的是物理主义或机械论的观点,采取的是霸权扩张的姿态。非主流心理学则努力引导心理学跃出自然科学的轨道,坚持探索各种可能的心理学研究方法和拓展心理学研究的理论视野。它反对的是分析和还原的研究方式,立足的是心灵主义或现象学的观点,采取的是反抗霸权的姿态。

西方的实证心理学一直把自己看作是超越本土文化的科学努力。它陆续输入或传入了其他文化圈,为在其他文化圈中建立和发展实证的心理学作出了巨大贡献。但是,这也在很多时候表现为一种科学帝国主义的入侵。实证心理学对本土的心理文化采取了一种歧视甚至敌视的态度。这不仅常常忽略本土具文化色彩的心理生活,而且极力排斥本土具文化价值的心理学传统。当代针对实证心理学毫无限制的称霸扩张,出现了两股强有力的反叛力量,一是迅速扩展的对西方实证心理学的本土化改造,试图使之更贴近特定文化圈中的心理行为,二是逐渐升温的对本土心理学的关注,试图使被实证心理学排斥的东西重放光彩。这两方面不可忽视的努力也出现在我国的心理学界,其中也就孕育着我国心理学发展的新的生命。

西方的实证心理学并未能终结也不可能终结其他的心理学传统。有人会认为,我国并非处于后现代社会,无后现代文化氛围,其问题在于实证科学的弱小,而不在于实证科学强大到足以侵吞人文精神。实际上,我国从西方发达国家引入了先进的实证心理学,又富有深植于本土文化和社会生活

---

① 葛鲁嘉.新心性心理学宣言——中国本土心理学原创性理论建构[M].北京:人民出版社,2008:
122-125.

的心理学传统资源,只有避免相互的对立、排斥和削弱,促进彼此的沟通、交流和发展,才会有助于我国开拓出心理学成长的新道路。

2. 后现代心理学

后现代心理学是与所谓的后现代社会、后现代思潮、后现代主义相关联的心理学发展和心理学探索。从现代到后现代,以及从现代主义到后现代主义,这成为社会演进和思想演变的重要进程。所谓的后现代主义是指一种与现代主义相对应的文化思潮。这一思潮起始于 20 世纪 60 年代的法国和美国。20 世纪 80 年代则风靡了整个西方,并扩展到全世界,成为当今世界盛行的一种综合性思潮。1979 年,利奥塔德发表了《后现代状态》一书,从认识论角度论述后现代(即当今西方社会)的文化特征。[①] 实际上,后现代主义思潮是一种既具有多元性又具有某种一致性的思维方式,是一种企图解构和超越现代哲学和文化理念的思想潮流,这集中体现了西方哲人对"现代"哲学的强烈不满情绪。实质上,后现代主要不是指时代性意义上的一个历史时期,而是指一种思维方式,这种思维方式以强调否定性、去中心、不确定、非连续和多元性为特征,大胆的标新立异和彻底的反传统、反权威精神是这种思维方式的灵魂。[②]

在有的研究看来,"后现代"是相对于"现代"而言的,其具有两重不同而又相关的含义。一是就社会进程与时代特征而言,现代社会指西方近代以来发展资本主义造就的工业文明社会,现代性就是其经济、政治、社会机制和启蒙时代确立的以人为主体和以人为中心的理性主义、个体主义、自由主义等基本价值。相对于现代社会和现代性而言,后现代社会与后现代性是指西方工业文明的社会状态、机制与文化价值在当代有重大变迁、转折。二是就文化样态和文化精神而言,现代主义是 19 世纪末 20 世纪初出现在西方的反抗近代资本主义传统价值的非理性主义文化思潮,如尼采哲学、文学艺术中的达达主义、象征主义、未来主义、先锋主义。后现代主义对这种现代主义文化既有传接和承袭,也有批判和更新。后现代主义文化有自己的不同的思想主张,其首要和核心的哲学思想是法国的后结构主义和美国的新

① 姚介厚."后现代"问题和后现代主义的哲学与文化[J].国外社会科学,2001(5):10-17.
② 刘金平.试论后现代主义思潮与后现代心理学[J].河南大学学报(社会科学版),2003(5):43-47.

实用主义。这种哲学思想的基本倾向是反对传统哲学,放弃了对人的主体性的弘扬;反对历史主义,将人类全部文化创造的历程看作是受"无意识"支配的文化碎片。也有后现代的一些思想家不满于上述的摧毁性的思想立场而提出了建设性的或建构性的后现代思想。①

有研究指出,"现代的"西方心理学显然具有以现代性为特征的问题。首先是以实证主义为基础的研究思路;其次是以机械论、还原论和自然论为基础的"人性假设";再次是以价值无涉为基础的心理学研究的价值中立观点。后现代心理学的观点主要有放弃追求普适性,承认历史性和具体性;批评唯一性,提倡多元性和差异性;坚持心理学的中间学科地位。②

有研究认为,作为后现代主义文化重要组成部分的后现代心理学,不仅在反思现代主义心理学的基础性前提方面提供了批判性的精神资源,而且在认识论、方法论和应用性等方面提供了建设性的思想资源。后现代主义思潮对当代心理学的贡献,主要表现在对现代科学公共知识的进一步约束和完善上。作为后现代思潮的社会建构主义提供了关于知识构成和知识积累的核心假设。这就为理解心理学的知识演变和发展奠定了知识论和认识论的基础。首先,后现代心理学的批判性精神资源能够促进心理学科自身的不断反思与进步。其次,后现代心理学中的建构主义思想在理论上丰富了科学认识论的实质性内容。最后,后现代主义有助于推动心理学界科学知识公共程序的进一步完善。③

有研究则认为,倡导心理学后现代转向的心理学研究者,都对科学主义心理学的研究法则和理论设定深感不满。这些研究者主张用整体论、建构论、去客观化、或然论和定性研究,来取代心理学研究中因袭已久的原子论、还原论、客观论、决定论和定量分析等。这在一定程度上开启了心理学研究多元化、系统化的局面,为心理科学在后现代境遇中真切、多样和系统地研究人的心理与行为提供了可能。后现代的主张和现代的主张的区别和对立在于整体论对原子论,建构论对还原论,去客观化对客观论,或然论对决定

① 姚介厚."后现代"问题和后现代主义的哲学与文化[J].国外社会科学,2001(5):10-17.
② 刘金平.试论后现代主义思潮与后现代心理学[J].河南大学学报(社会科学版),2003(5):43-47.
③ 霍涌泉.后现代主义能否为心理学提供新的精神资源[J].南京师大学报(社会科学版),2004(2):86-91.

论,定性研究对定量分析。①

　　有研究则主张,当代西方心理学中存在着现代主义取向和后现代主义取向的对立和冲突。冯特以来的西方心理学流派大多属于现代主义的范畴。现代主义体现出三个特征:重视科学价值,强调科学的方法;信奉经验主义,坚持经验的证实;主张个体主义,确立个体的地位。后现代主义取向的核心是社会建构主义,其核心的主张在于:对现代心理学的理论基础进行批判和解构;把社会建构论当作是自己的认识论基础;促进心理学研究实践的转变,即从重视语言形式向语言的意义和作用的转变,从重视个体中心向关系模型的转变,从重视经验实证向话语分析的转变。尽管现代主义和后现代主义形成了鲜明的对照,但两者也存在着一些共同方面,从而构成了超越两者的基础。超越两种取向需要以科学实在论作为元理论的基础,并需要双方的互补、合作和开放的态度。超越两种取向对立的关键,就在于双方能够采取合作的态度。事实上,持有两种不同取向的心理学家已经意识到彼此相互理解、相互沟通和相互合作的重要意义,认识到相互吸收、坦诚合作对双方都有益。两种取向的超越需要在方法论上持开放的观点。②

　　有研究则指出,所谓的后现代心理学包含着许多十分不同的理论体系,如社会建构论心理学、话语心理学、叙事心理学、女性主义心理学、多元文化心理学等。其中,社会建构论心理学处于中心的地位。这些理论观点以对西方现代主义心理学的解构和重构为特征而维系在一起,共同构成了西方心理学中的后现代主义取向。后现代心理学主张心理的社会建构;强调互动的基础作用;关注话语的中介意义;坚持问题的中心地位;运用多元的研究方法。③

　　从前现代心理学到现代心理学,从现代心理学到后现代心理学,这是心理学随时代转换的发展。前现代心理学依赖思辨和推论,现代心理学重视方法和实证,后现代心理学强调多元和共生。心理学显然经历了重要的蜕变,迎来了学术的新生。

---

① 高峰强. 论后现代视界对科学主义心理学研究法则的超越[J]. 山东师范大学学报(社会科学版),2000(4):66-70,76.
② 叶浩生. 西方心理学中的现代主义、后现代主义及其超越[J]. 心理学报,2004(2):212-218.
③ 况志华,叶浩生. 当代西方心理学的三种新取向及其比较[J]. 心理学报,2005(5):702-709.

二、社会建构论心理学思潮

有研究指出,社会建构论是西方心理学后现代取向的主要代表,具有四个特征。一是反基础主义。认为心理学的概念并没有一个客观存在的精神实在作为基础。二是反本质主义。认为人并不存在一个固定不变的本质,所谓人的本质是社会建构出来的。三是反个体主义。主张个体的心灵、心理、心性、理性、意识、行为都是社会的、文化的、互动的、对话的、建构的产物。四是反科学主义。反对科学主义将科学绝对化,反对将科学视为唯一合理的知识模式,反对科学的无限制应用导致的生态和社会的危机。从主流心理学面临的批评和促进心理学家对学科自身的反思方面来说,西方心理学的后现代取向有其合理的一面,但是其反实在论倾向和相对主义的科学观却是值得商榷的。①

1. 社会建构论的方法论蕴意

有研究探讨了社会建构论及其心理学的方法论蕴意,指出了依据社会建构论的观点,实在是社会建构的产物。实在的知识并非科学的"发现",而是一种"发明",是根植于一定社会和历史的人们互动和协商的结果。这种观点认为,心理现象不是一种精神实在,而是一种话语建构,服务于一定的社会目的。这一观点颠覆了传统心理学的本体论基础,对心理学的认识论和方法论产生了深远的影响。

传统的心理学把知识归结为一种个体占有物的个体主义倾向和把知识的起源归结为外部世界的反映论观点,使得心理科学呈现出四个特点:第一,追求自然科学的客观性、精确性,强调方法的严格性。第二,从个体内部寻找行为的原因,试图超越历史和文化的制约性。第三,为了获得客观的结论,研究者力求摆脱价值偏见和意识形态的影响,努力做到客观公正、价值中立。第四,最重要的是镜像隐喻(mirror metaphor)成为心理科学的根本隐喻(root metaphor),心理学家虔诚地以为心理的内容来自外在世界,心理学的真正知识是对精神实在的精确表征或反映。

社会建构论则有如下基本主张。首先,实在是社会的建构。如果说实

① 叶浩生.社会建构论与西方心理学的后现代取向[J].华东师范大学学报(教育科学版),2004(1):43-48.

在是社会建构的结果,其深层含义就是说,如果人们没有建构,实在就根本不存在,或者至少就不是现在这个样子。此外,建构的过程是通过语言来完成的。由于语言符号的社会文化属性,随着社会和文化历史的不同,就出现了不同的实在。其次,知识是社会的建构。社会建构论认为,知识不是一种"发现",而是思想家的"发明",是人们在社会交往中协商和互动的结果。最后,心理是社会的建构。传统心理学把认知、记忆、思维、人格、动机、情绪等心理现象视为人体内部的一种精神实在,这种精神实在如同物质实在那样,简简单单的就在那里(out there),等待着人们去认识和发现。社会建构论是站在反基础主义和反本质主义的立场上,认为并不存在一个独立于话语的精神实在。从心理是社会的建构这一观点出发,社会建构论认为,所谓的心理现象并不是一种内部实在,而是一种话语形式。作为一种话语形式,心理现象不存在于人的内部,而是存在于人际中,存在于社会互动的人际交往过程中。

社会建构论的方法论对于心理学研究具有三方面的意义和价值。第一,社会建构论把人格、情绪、记忆和思维等心理现象定位于人际互动的社会交往过程,从社会起源的角度分析心理现象,这对于克服心理学方法论上的个体主义倾向具有积极的意义。第二,把心灵置于社会实践活动中,从关系的角度看待心理现象,对于促进心理学的文化转向具有重要的意义。第三,社会建构论有关心理是一种文化建构的论点有助于心理学家重新认识心理与文化的关系,进而影响到心理学的科学观和方法论。①

社会建构论心理学将人的心理行为放置在了社会动态生成的背景之下,将人的心理行为的生成性、建构性和创造性突出在了重要的地位上。这就使心理学立足新的基础去理解人的心理行为成为了可能。

2. 社会建构论与心理学理论

有研究探讨了社会建构论与心理学理论的未来发展。② 研究指出,知识具有建构的特性,心理学的概念、理论、定律和结论都具有协商和建构的性质。把理论视为一种社会建构,而不是对经验事实的概括和抽象,这就为心

① 叶浩生.社会建构论及其心理学的方法论蕴含[J].社会科学,2008(12):111-117,185.
② 叶浩生.社会建构论与心理学理论的未来发展[J].心理学报,2009(6):557-564.

理学理论的未来发展开辟了新的视角。第一,理论不是一种对事实的描述,也不仅仅是在事实收集之后对事实之间关系的解释。理论是一种建构,不是如绘制地图一样的描述。建构意味着对事实、素材和数据的积极筛选,意味着创新和创造,在这一过程中,某些成分被保留了下来,某些成分被剔除了出去。从更深层次的意义上讲,是理论陈述"建构"了现实。第二,理论既然是一种社会建构,那么也意味着不同的社会或同一社会不同的历史时期提出的理论是不一样的。传统上,受逻辑实证主义理论观的影响,心理学家追求理论的超文化、普适性特征。根据这种观点,理论应植根于系统的经验观察,独立于文化和历史的观念。但是,理论是社会建构,文化历史因素就必然在理论的建构中扮演着积极的角色。第三,作为一种社会建构,理论带有明显的文化历史特征,那么价值观念和意识形态必然影响理论的建构。既然理论是建构的,是特定话语群体的人们互动和协商的结果,由此建构出来的理论又服务于该话语群体的利益,那么这种理论必然或多或少、或明或暗地负载着该群体的价值偏爱和意识观念。第四,理论作为一种社会建构不仅具有反思和批判的功能,理论作为心理学家的话语,同语言一样具有行动的特征。理论具有力量,且可以产生结果,促进心理学实践的变革。未来的心理学理论将关注理论的行动特征。从社会建构论的视角来看,理论作为一种话语具有操作的特性。换言之,理论是可以产生结果的,并不仅仅是一种描述和概括。未来的心理学理论要与社会实践融合在一起,在社会实践中建构理论,在理论的导引下产生行动,充分地发挥理论的行动特征,从而促使心理学的健康发展。

有研究从社会建构论心理学中萃取出批判、建构、话语和互动四个核心概念,各代表一个思想层面,以此构成了社会建构论心理学思想的体系。[①] 第一,批判。心理不是对客观现实的反映。社会建构论心理学隶属后现代的研究范式,其首要特征是对现代心理学的思维方式的批判,以此构成社会建构论心理学的思想基础。这包括对主客二元思维的批判,对反映论的认识论的批判,对现代个体主义的批判,对现代本质主义的批判。第二,建构。心理是社会的建构。与建构相对应的范畴是反映,体现着建构论与反映论之间

---

① 杨莉萍.析社会建构论心理学思想的四个层面[J].心理科学进展,2004(6):951-959.

的对立。社会建构论先以其批判否定了"心理是对现实的反映",接下来的问题必然是"心理是什么?"社会建构论呈现的核心命题是"心理是社会的建构"。第三,话语。话语是社会借以实现建构的重要媒介。心理是多种因素长期共同建构的结果,其中最重要的建构力量来自话语。社会建构论视话语为一系列日常惯习、经验常识和生活方式构成的结构,其中隐藏着大量的隐喻和叙事,制约着常人对自己和世界的定义。因此,社会建构论是借话语研究对心理的建构过程和机制作出进一步解释。社会建构论心理学思想产生于当代哲学与社会理论中的语言转向。新的语言观认为,语言为个体提供了一个划分经验的范畴和意义系统,并因此生成和建构了个体经验。第四,互动。社会互动应取代个体内在心理结构和心理过程成为心理学研究的重心。社会建构论心理学研究由话语进一步延伸,进入互动领域。心理学的研究对象、研究重心必须由个体内部的心理结构和心理过程向个体外部人与人之间的关系和社会互动过程转移。互动体现了后现代社会建构论关系主义对人的认识。这不仅是将客体还原为另一主体,同时强调互为主体彼此作用的交互性和对等性,使得现代心理学中要么受制于客体、要么主宰客体的心理主体,能够将自己与客体或对象作为一个利益共同体考虑,并在与客体或对象的对话中不断地重构自我、重构对象。

三、女性主义心理学思潮

有研究考察了西方女性主义心理学的发展。[①] 研究指出,女性主义心理学(feminist psychology)是在 20 世纪 60 年代和 70 年代的西方女性主义运动中形成和发展起来的一股心理学思潮。这是以女性主义立场和态度重新解读和审视主流心理学的科学观与方法论,着重批判父权制社会体系下主流心理学中表现出来的男性中心主义的价值标准,揭示主流心理学及其研究对女性经验的排斥与歪曲。

1. 女性主义心理学的兴起

女性主义心理学产生于 20 世纪 60 年代末 70 年代初。这一时期的女性主义心理学基于女性主义经验论,关注点是批判心理学中的性别不平等现

---

① 郭爱妹. 当代西方女性主义心理学的发展[J]. 国外社会科学,2003(4):24-30.

象,以及揭示心理学理论与实践中包含的男性中心主义的偏见。尽管经验论的女性主义心理学家对科学方法提出了批判,但却认同现代主义的科学方法以及科学主义关于"什么是好科学"的实践。

20世纪80年代,由于女性主义立场认识论的影响,女性主义心理学开始从"性别平等基础上的"心理学发展为"以女性为中心的"心理学。女性主义心理学中的激进派不满于经验主义倾向的保守性,认为传统的主流心理学的科学方法是基于男性中心主义的世界观,而应为心理学中的性别歧视和男性中心主义偏见负责的是心理学自身的概念框架和规范准则。因此,必须推翻心理学研究传统中的主流男性话语,建立女性主义心理学理论,希望创建一种关于女性、女性作主和为女性说话的全新的以女性为中心的心理科学。

20世纪90年代,在后现代的女性主义思潮的影响下,女性主义心理学发生了后现代转向。后现代女性主义心理学否定所有的宏大叙述,主张建立局部的、分散的小型理论,否定传统形而上学的二元对立,主张反本质主义,倡导多元方法论,从而实现了对传统女性主义心理学的超越,推动了女性主义心理学的进一步发展。

女性主义心理学对于主流心理学的质疑与批判主要表现在三个方面。第一,主流心理学从来就是一种带有性别歧视与种族偏见的心理学。第二,主流心理学是一种充分体现男性中心主义价值观的所谓"无女性的心理学"(womanless psychology)。第三,主流心理学是一种脱离社会历史情境的厌女主义的(misogynist)心理学。主流心理学宣称心理学是价值中立或价值无涉(value-free)的科学,认为只有价值中立的研究,才能产生没有偏见的知识。因此,研究把个体看作是脱离社会情境的抽象的存在,关注个体普遍的、一般的心理过程,隔断了个体行为与社会地位、社会性别、社会历史、社会信仰等文化价值因素的关系,抵制对文化价值因素的考虑。

女性主义心理学对于西方心理学有着重要的方法论指导意义,这主要表现在五个方面。第一,女性主义心理学将社会性别作为一个重要的变量引入心理学研究,使女性与女性经验成为心理学的合法的研究范畴。第二,女性主义心理学强调社会历史情境与关系的重建,这使主流心理学重视文化价值因素成为可能。第三,女性主义心理学关注意义与权力之间的关系,这在一定程度上冲击了主流心理学的保守主义（conservatism）倾向。第四，女性主义心理学的社会性别建构论有利于摆脱本质主义面临的困境，促进心理学的后现代转向。第五，女性主义心理学倡导多元方法论，促使主流心理学界采取多种研究方法以增加研究结论的效度。

2. 女性主义心理学的取向

女性主义心理学本身的研究也存在着不同的研究取向。这导致的是不同的女性主义心理学的研究。有研究指出，有三种不同的女性主义心理学的研究取向，即实证主义取向、现象学取向和后现代取向。①

实证主义取向的女性主义心理学基于女性主义的经验论。这忠实于心理学中的实证主义的研究传统，但对主流心理学的核心假设，即对价值中立与客观主义提出了质疑。这种主张认为，主流心理学中存在着严重的性别歧视与男性中心的偏见，其原因在于心理学研究未能严格遵循公认的科学方法论程序，使迷信、无知、传统和偏见带来的敌意态度和虚假信念渗入到了科学研究的进程中。因此，这种主张尊重心理学的科学主义传统，并试图通过更严格地遵循科学研究的规范要求，超越实证主义传统的文化根基，消除心理学研究中的男性中心主义偏见，使之成为真正客观的和公正的心理学。

现象学取向的女性主义心理学基于女性主义立场的认识论。这是女性主义心理学中的激进派。这种主张不满于实证主义倾向的保守性，认为传统的主流心理学的科学方法是基于男性中心主义的世界观而应为心理学中的性别歧视和男性中心的偏见负责的，就该是心理学自身的概念框架和规范准则。因此，必须推翻心理学研究传统中主流的男性话语，建立女性主义的心理学理论，才能从根本上消除科学的男性化，建构女性主义的"后续科学"（successor science）。

后现代取向的女性主义心理学基于后现代女性主义（postmodern feminism）。这种主张拒绝寻求普遍的女性立场，认为个人身份是受个体差异和立场的影响，例如民族、种族、性向、阶级，等等。而且，知识从来就不是

① 郭爱妹. 试析女性主义心理学的三种研究取向[J]. 南京师大学报(社会科学版),2001(6):83-89.

中立的和客观的。现实植根于社会关系与历史情境。研究者应将注意力集中于意义的建构以及权威者如何控制这些意义上。这种主张认为，科学批判只是提供一种改造现实的可能性，并不追求新的科学模式的建构。重建意味着重新落入男性中心主义圈套，树立的是新的权威和话语。因此，研究主张采用解构的方法，重新解读主流心理学中有关女性的所谓"科学的"知识，从中发现隐含的男性偏见。女性主义心理学是对父权制文化下主流心理学无视或蔑视女性经验和女性主体性的一种"纠正"，这种对主流心理学的批判与审视，实际上已动摇了主流心理学的价值中立的神话，造就了一个声势浩大的批判传统男性中心文化的女性视角，从而具有特定的价值和意义，是心理学理论研究更趋成熟的表现。

3. 女性主义心理学的探索

有研究分析了女性主义心理学的探索。研究指出，女性主义心理学是在 20 世纪 60 年代和 70 年代西方女权主义运动的"第二次浪潮"中形成并发展起来的，是具有明确政治目标的心理学理论、研究与实践。长期以来，心理学内部对女性对象或女性议题的普遍忽视、心理学本身的危机与困境及反实证潮流的兴起，都为女性主义心理学的产生提供了机遇。女性主义对传统心理学中存在的男性中心主义偏见，以及对心理学的核心假设与科学方法论，都进行了不遗余力的批判，并试图通过对研究议题的重新规划、解释和修正，以及对基本概念、理论构造和研究方法的变革，来重建与传统心理学相异的女性主义心理学。女性主义对于心理学，无论在学术建制方面还是在知识生产方面，都产生了不可忽视的影响，充当了心理学学科变革的发起者和促进者。

立足于一种全新的社会性别理论，强调女性作为"他者"的话语和价值，女性主义心理学开辟了一条关注女性日常生活，强调女性主体价值，以反思、批判与重建为主题的研究道路。在反思与批判中重建心理学的理论与实践，这种尝试对心理学很具启发意义，女性主义心理学由此发展成为当代心理学中的一支生力军。

西方心理学研究领域中有两个值得一提的现象，为女性主义心理学的产生提供了机遇：一是长期以来心理学内部形成的对女性或女性议题的普遍忽视；二是心理学本身的危机与困境及反实证潮流的兴起。心理学学科对女性学者与研究被试的边缘化。忽视女性与女性经验,男性往往被不成比例地用作研究被试,而研究结果却推论到女性;女性心理学家较多集中于应用领域与社会服务领域,难以进入学术殿堂,学科地位低下。作为一种学科建制和知识模式的心理学本身,也正遭遇着前所未有的危机与困境。一方面,心理学面临诸多挑战。新的科学发现的事实,打破了心理学原有的教条,而且随着女权主义运动及第三世界国家的心理学研究的影响,建立在美国白人男性视野中关于人类本性的观点与看法受到了质疑。另一方面,实证主义方法论的霸权已经威胁到心理学的学科地位,导致心理学学科本身的危机和边缘化。心理学面临的危机与困境以及反实证潮流的兴起,在一定程度上削弱了心理学的实证主义范式,也促进了女性主义对科学心理学范式的持久挑战,以及女性主义心理学的积极渗透与发展。

女性主义对传统心理学进行了批判。女性主义心理学本质上是一种批判的力量,其首要特征就是对传统心理学进行不遗余力的批判,并以此构成女性主义心理学的思想基础。长期以来,心理学在追求人类心理一般规律的目标指导下,有意或无意地忽视了女性心理的研究,心理学的理论与实践一直受到男性界定的心理学的"未被承认的"性别主义假设的影响。女性主义者开始意识到,仅仅在现有的心理学框架内进行批判与修补是不够的,更重要的是要把批判的触角直接指向心理学的核心假设与科学方法论。

心理学至少在四个方面需要变革。第一,价值无涉论。主流心理学认为,科学家应该是一个价值无涉的观察者,其任务仅仅是收集事实。在女性主义看来,研究者与被研究者之间任何形式的互动均构成关系,而这种关系不可避免地会影响心理学研究。第二,普适性原理。主流心理学认为,通过实证的范式可以获得人类行为的普遍规律。但在女性主义者看来,普适性原理至少存在着研究的实践价值问题、对研究结果的解释问题、研究对象的代表性问题以及心理学研究的时空独特性问题。第三,客观性原则。女性主义者对"事实独立于科学家"的观念提出挑战,科学家需要用合适的语言来表述自己的研究,需要将自己的研究放在一定的理论框架与解释系统内,需要使用适合研究的统计测量方法,还需要选择展示自己研究成果的形式。第四,方法决定论。主流心理学从传统自然科学和实证主义那里,继承了物理主义与机械论的观点以及实证的研究方法和实证科学的理论规则。女性主义批判了这一倾向，认为其目的只是在寻求与自然科学相一致的尊重。

西方的女性主义心理学对许多的研究领域进行了新的探索。女性主义在进入心理学之初，是以批判正统和填补空白的姿态而出现的，即批判心理学领域对女性及相关议题的忽略与歪曲。第一，对男性化假设、方法与研究结果的经验主义批判是女性主义心理学采用的重要策略。第二，女性主义心理学以社会性别为中心，关注女性的经验与议题，拓展了心理学的研究领域。第三，女性主义还积极进行心理学史的重建工作，将女性在心理学发展史中的地位问题作为一个重要的学术领域，研究那些参与心理学发展的女性心理学家的生活、工作及贡献，以及使她们处于无形化与边缘化地位的社会力量，并且努力将女性观点与女性主义意识整合进心理学的课程。

女性主义希望通过方法论的变革，创建一个关于女性、属于女性自己以及为女性说话的全新的心理科学。无论女性主义心理学有多少不同的重建与变革的方案，从根本上说都可以归结为一种源于日常生活经验，强调作为"他者"的女性主体价值的反思的心理学、批判的心理学。

女性主义在当代心理学中产生了重要的影响。在心理学的知识生产方面，女性主义的触角已经延展到心理学的所有领域，并充当了心理学学科变革的发起者。第一，女性主义对主流心理学的性别主义模式进行了批判，对心理学理论研究视野进行了拓展。第二，女性主义是对现代心理学中占主导性地位的自然科学研究模式的祛魅。第三，女性主义心理学以社会性别为基本分析范畴，透视了主流心理学中包含的男性中心主义偏见，使社会性别和社会性别理论成为女性研究与心理学研究的革命性工具。第四，女性主义心理学有着明确的政治目标与社会行动倾向，强调"个人即政治"，认为女性主义心理学的研究目的就在于促进有益于女性的社会与政治变化。①

女性主义心理学在心理学的研究对象上，对原有的心理学研究的偏颇和缺失进行了纠正，使心理学不再是以男性对象的结果来推论人类心理，来扭曲和漠视女性心理。在心理学的研究方式上，对原有心理学的思想学说、理论概念、研究方式、考察方法、技术工具中对女性的贬低、排斥和否定进行

① 郭爱妹."他者"的话语与价值——女性主义心理学的探索[J].徐州师范大学学报（哲学社会科学版），2009(1)：118-125.

了揭露和修正。在心理学的社会应用上，对原有心理学轻视女性、忽视女性的引导和干预进行了改变。

四、进化心理学思潮

进化心理学是对主流心理学的反思和批判。进化心理学认为，人的生理和心理机制都应受进化规律制约，心理是人类在解决生存和繁殖问题的过程中演化形成的，科学的进化论应该成为研究人类心理起源和本质的一个重要理论依据。随着心理学的新发展，进化心理学的发展也必将成为"21世纪心理学研究的新方向"。

进化心理学普遍认同六个基本观点。第一，心理机制是进化的结果，过去是理解心理机制的关键。要充分理解人的心理现象，就必须了解这些心理现象的起源和适应功能，即心理机制的产生及其作用。"过去"不只是指个体的成长发展经历，更主要是指人类的种系进化史。在人类进化过程中，"过去"不仅在人类的身体和生存策略方面刻下了很深的烙印，同样也在人的心理和相互作用策略方面留下印记，成为探索心理机制的基础。第二，生存与繁衍是人类进化过程中的主要问题。在人类进化的过程中，人的心理就是在解决这些问题的过程中通过自然选择演化形成的。第三，心理进化源自适应压力，功能分析有助于理解心理机制——人的心理是适应的产物，某种心理之所以存在，是因为能解决适应问题。不理解心理现象的适应设计，就很难对心理现象有充分的了解。心理学的中心任务就是去发现、描述或解释人的心理机制，而确定、描述和理解心理机制的主要方法是功能分析。功能分析就是弄清某些特征或机制是怎样用来解决那些适应问题的。第四，心理机制是由特定功能的"达尔文模块"构成的"瑞士军刀"结构。进化心理学主张，心理机制是由大量特殊的、功能上整合设计的、处理有机体面临的某种适应问题的机制构成的，不同的适应问题会采用不同的解决方法。有研究把这些具有特定功能的心理机制称作"模块"或特定范围的认知程序。有研究则把心理隐喻为"瑞士军刀"，包括有不同的工具，每一个都能有效完成某个任务。第五，心理机制是在解决问题的过程中演化形成的。人的心理机制是演化形成的解决适应问题的策略，具有以下三个特征：在人类进化史上解决了个体生存和繁殖的有关问题；从环境中积极提取或消极接受某些信息或输入,对于有机体解决适应问题具有特殊的作用;通过一定的程序(或决策规则)把输入的信息转换成输出,以调节生理活动、给其他心理机制提供信息或产生外显的行为,解决某个适应问题。第六,行为是心理机制与环境互动的结果。进化心理学反对外源决定论,但并不认为自己属于内源决定论或遗传决定论。人的行为是心理机制与环境相互作用的结果:心理机制是社会行为的前提,对来自社会环境的影响高度敏感;社会环境则影响心理机制的表现方式、强度和频率。①

动态进化心理学的产生,一方面源自弥补传统进化心理学的缺陷,另一方面则得益于动态系统理论提供的新视角。进化心理学假定,有机体的形态结构、生理过程和行为特征在基因程序中就已预先指定。这虽然并不否认环境、经验对心理行为的影响,有时还承认基因和环境的交互作用,但是在大多数情况下,环境只不过是基因指令的"催化剂"或"起动装置"。动态系统理论是一种复杂的跨学科理论,是关于复杂的多元系统(从微观组织到宏观组织)如何随时间而变化的研究。这强调的是非线性过程的普遍存在,重视双向因果关系的研究。这种主张认为,并不存在某种能控制有机体发展的力量,有机体也不具有某种预成的特征。发展是一种自我组织的、或然性的过程,引起发展过程中形式和顺序变化的是有机体内外成分之间复杂的动态的交互作用。动态系统理论中,最令进化心理学家感兴趣的是自我组织和社会空间几何图。自我组织是指在系统各成分的交互作用中自发出现新行为结构和模式的动态变化过程。社会空间几何图是指社会系统动态交互作用的模式,其形状受环境、生物和心理因素的影响。动态进化心理学展示了一种更鲜活完整的心理学图景:心理过程与心理内容研究的整合,解释目标与预测目标的整合,生物人形象与社会人形象的整合,静态研究与动态分析的整合。②

进化心理学不仅是一种心理学的研究取向,而且是一种心理学的研究思潮。这不仅引导了心理学的具体研究,而且推动了心理学的当代演变。这体现或表明了对人的心理行为的更为复杂的机制进行科学考察的可行进路。

---

① 严瑜.进化心理学对主流心理学的反思和批判[J].武汉大学学报(人文科学版),2008(4):425-429.
② 彭运石,刘慧玲.超越传统:动态进化心理学研究进展[J].心理学探新,2008(2):16-20.

五、积极心理学思潮

积极心理学目前在西方和世界心理学界引起了普遍的兴趣和关注。积极心理学关注力量和美德等人性中的积极方面,致力于使生活更加富有意义。积极心理学是利用心理学目前已比较完善和有效的实验方法与测量手段,来研究人类的力量和美德等积极方面的一个心理学思潮。积极心理学的研究对象是平均水平的普通人。这要求心理学家用一种开放性的和欣赏性的眼光去看待人类的潜能、动机和能力等。这与传统的心理学研究有很大的不同。在以往的心理学中,关注的是病态、幻觉、焦虑、狂躁,以及对于死亡的恐惧等,而很少关注健康、勇气、善良、友爱,以及对于幸福的追求等。目前关于积极心理学的研究,主要集中在研究积极的情绪体验、积极的人格特征、积极的心理过程对于健康的影响,以及对于天才的培养。

积极的情绪体验是积极心理学研究极其关注的中心之一。当前,关于积极情绪的研究很多,主观幸福感、快乐、爱等等,都成了心理学研究的新热点。积极情绪与健康积极的心理和情绪状态在保持生理健康上也有很大的意义。积极的情绪状态(如乐观)可以增加人的心理资源,使人相信结果会更好。在积极心理学的研究中,有许多涉及创造力与天才的培养问题。①

同样还有一些研究关注到积极心理学作为一种新的研究思潮。研究指出,从 20 世纪中期开始,一些心理学研究开始探索人的积极层面,大大地推动了积极心理学的发展。特别是马斯洛、罗杰斯等倡导的人本主义思潮及其激发的人类潜能运动,对现代心理学的理论产生了深远影响,在一定程度上引起心理学家对于心理活动的积极一面的重视。这为现代积极心理学的崛起奠定了理念基础。

当前,研究最多的积极情绪是主观幸福感和快乐。主观幸福感是指个体对于自身的快乐和生活质量等幸福感指标的感受。快乐这种积极情绪也是积极心理学的重点研究方向之一,很多研究从不同角度对其进行了探讨。在积极心理学中,积极的人格特征也引起了越来越多研究者的兴趣。在积极的人格特征中,引起较多关注的是乐观,因为乐观让人更多地看到好的方

---

① 李金珍,王文忠,施建农.积极心理学:一种新的研究方向[J].心理科学进展,2003(3):321-327.

面。积极情绪与健康的关系也得到了关注。对于情绪和身体健康的了解大多局限于负面情绪是如何导致疾病的,而对于积极情绪如何增进健康却知之甚少。在积极心理学的研究中,还有许多研究是关于创造力与天才的培养的。①

有研究指出,积极心理学是 20 世纪末兴起于美国的一股重要心理学力量,也是当今心理学舞台上比较活跃的一个领域。对于积极心理学的出现,有人认为这是一场心理学革命或心理学研究范式的转变。但是,通过仔细分析积极心理学与传统主流心理学、人本主义心理学的关系,并对心理学发展中的革命性和非革命性变化的特点做了概括,最终得出的结论是:积极心理学从目前来看不是心理学发展史上的一场革命,其本身并不存在研究范式上的根本转变。

在美国兴起和发展的积极心理学运动,是以人的积极力量、善端和美德作为研究的对象,强调心理学不仅要帮助那些处于某种逆境条件下的人知道如何求得生存并得到良好的发展,更要帮助那些处于正常环境条件下的普通人学会怎样建立起高质量的社会和个人生活。

但是,认为"积极心理学"这一词语的出现,便意味着传统主流心理学是一种消极心理学,因而这是一场心理学的革命,这其实是一种误解。积极心理学确实对传统主流心理学表现出了不满,在多种场合对其进行了批判。但是,这种不满和批判仅限于抱怨传统主流心理学在过去的一段时间内变得失衡了,过分关注了"问题"而忘记了人类还有自己的积极力量和积极品质等。因此从某种程度上说,积极心理学只是对传统主流心理学的一种修正或完善式发展。

从积极心理学的研究目的来看,积极心理学其实就是想寻找到现象世界(主要是人性积极方面的现象世界)背后的规律——使普通人生活幸福的规律,这种信念与传统主流心理学的信念是一脉相承的。从积极心理学的研究方法来看,与传统主流心理学相比,积极心理学在研究方法上基本没有什么实质性的新突破,还是借助主流心理学在其发展过程中积累的一些方

---

① 崔丽娟,张高产.积极心理学研究综述——心理学研究的一个新思潮[J].心理科学,2005(2):402-405.

法，如调查研究法、比较法、实验法等。从积极心理学的研究内容来看，人的发展是一个系统的、整体的过程，在不同的阶段也许会有所侧重，但就人的整个发展来看，问题的克服和积极的培养也许应是一个平衡的统一过程，这一点与积极心理学持有的心理学平衡观是相符的。

积极心理学与人本主义心理学有着密切的联系，也有着很大的区别。积极心理学是对人本主义心理学的超越。积极心理学公开否认自己是一次心理学革命，而一直自称是对 20 世纪第二次世界大战以来传统主流心理学的补充。积极心理学从不攻击整个传统主流心理学，甚至还在各种场合多次指出传统主流心理学的贡献，而只是用一种不太响亮的声音指出传统主流心理学的不足——忽视了培养人的积极方面，偏离了心理学的平衡观。

关于积极心理学的出现是否就是心理学中的一场革命，研究则并没有给出积极的理解。有研究认为，积极心理学在目前并不具有革命的特征，因而积极心理学不能算作是一场心理学的革命。积极心理学运动的兴起，至多只能算是当代心理学发展的一种补充，或是一种非革命性的发展。这使原来具有片面倾向的心理学变得更全面、更合理和更平衡。就目前来说，积极心理学的这种变革运动更主要的是发生在心理咨询和临床心理学领域，还没有涉及整个心理学领域，因而也就谈不上是一种整个心理学领域意义上的范式革命。[①]

积极心理学承担着矫正传统心理学研究的缺失和促进未来心理学研究的转向的重任。这给现代西方心理学的发展带来了冲击，并迅速地影响到了当代的社会生活。积极心理学不仅是心理学本身的变革和转身，而且影响到了相关学科的走向和思路。

第五节　心理学本土化的演变与未来

心理学的本土化是对心理学西方化的历史性的反叛，也是心理学在更大的范围内去寻求和寻找自己的学科和学术发展的资源。关于心理学的本

---

① 任俊，叶浩生. 西方积极心理学运动是一场心理学革命吗？［J］. 心理科学进展，2005（6）：856－863.

土走向,涉及心理学研究的本土定位、本土资源、本土理论和本土方法。心理学的本土化实际上就是心理学的一个新生的过程。

一、心理学研究的本土定位

心理学的科学性质是心理学本土化的核心问题。立足西方文化传统的科学的心理学一直认为自己是唯一合理的心理学,除此之外的心理学探索,或者立足不同文化传统的心理学探索,就都可以划归非科学的心理学。这涉及的就是心理学的科学性质的问题。关于心理学的科学性质的理解就是心理学的科学观的问题。所谓心理学的科学观,是对如何建设和发展心理科学的基本认识,并决定着心理学家采纳的研究目标,以及为达成目标而采取的研究策略。这体现在这样一些问题的解决上,如什么是心理科学,什么是心理学的研究对象,怎样确定心理学的研究方法,怎样构造心理学的理论知识,怎样干预人的心理现象或心理生活。可以这样说,心理学的科学观构成了心理学家的视野,决定了心理学家的胸怀。在心理科学的开创和发展中,占有主导性和具有支配性的科学观是小心理学观。它是从近代自然科学传统中抄袭而来的,并广泛地渗透到心理学家的科学研究之中。小心理学观在实证的(即科学的)与非实证的(即非科学的)心理学之间划定了截然分明的边界,心理学要想成为科学,就必须把自己限制在边界之内。实证的心理学是以实证方法为核心建立起来的,客观观察和实验是产生心理学知识的有效程序。实证研究强调的是完全中立地、不承担价值地对心理行为事实的描述和说明。实证心理学的理论设定是从近代自然科学承继的物理主义和机械主义,这大大缩小了心理学的视野。科学心理学以小心理学观来确立自己,就在于其发展还是处于幼稚期。这与其说是为了保证心理学的科学性质,不如说是为了抵御对心理学不是一门严格意义上的实证科学的恐惧。但是,这种小心理学观正在衰落和瓦解,重构心理学的科学观已经成为心理科学十分重要的基础性工作。心理学的发展已经进入迷乱的青春期,正在经历寻找自己道路的成长的痛苦。心理学的新科学观应该是大心理学观,心理学走向成熟也在于能够拥有自己的大心理学观。大心理学观不是要否定心理学的实证性质,而是要开放实证心理学自我封闭的边界。大心理学观不是要放弃实证方法,而是要消解实证方法的核心性地位,使心理学从仅仅重视受方法驱使的实证资料的积累,转向也重视支配方法的使用和体现文化的价值的大理论建树。大心理学观也将改造深植于实证心理学研究中的物理主义和机械主义的理论内核,使心理学从盲目排斥转向广泛吸收其他心理学传统的理论营养。大心理学观无疑会拓展心理学的视野。科学观的问题在心理学中国化的历程中也体现为本土化的标准问题,这也就是本土性契合的问题。①

心理学的文化转向是心理学本土化的方向问题。心理学曾经靠摆脱、放弃、回避或越过文化的存在来发展自己,但心理学现在必须靠容纳、揭示、探讨或体现文化的存在来发展自己。在心理学成为独立的科学门类之后,在心理学追求自己的科学性的过程中,曾经把科学的客观性和科学的普遍性与文化的建构性和文化的独特性对立了起来。心理学早期排斥文化的存在来保证自己对所有文化的普遍适用性,而心理学目前则包容文化的存在来保证自己对所有文化的普遍适用性。② 这是一个历史性的变化。问题就在于揭示这一变化的历程及其对发展心理科学的意义和价值。③ 心理学研究中的文化问题主要体现在两个方面:一是涉及心理学的研究对象,即人的心理行为的文化内涵的问题;二是涉及心理学的研究方式,即心理学理论、方法和技术的文化特性的问题。这就是要摆脱原有的心理学研究把人的心理行为理解为自然现象,而不是理解为文化生活。这就是要摆脱原有的心理学研究把心理学的研究确立为自然科学的研究方式,而不是社会和文化科学的研究方式。心理学的中国化就是要把心理学的研究定向在文化传统、文化资源、文化建构、文化互动和文化融合的方位上。

心理学的原始创新是心理学本土化的生命问题。目前,中国心理学的发展最缺少的就是原始性创新。相当长时期中对西方发达国家的心理学研究的引进和模仿,使中国的心理学研究者习惯了在西方心理学中引经据典,习惯了用西方的语言复述西方的研究。再进一步是用西方的语言叙述自己的研究,更进一步则是用自己的语言阐述自己的研究。这对于中国本土的心理学发展来说需要的就是学术创新。学术的生命就在于创新。没有创

① 杨国枢. 心理学研究的本土契合性及其相关问题[J]. 本土心理学研究,1997(8):75-120.
② 葛鲁嘉,陈若莉. 当代心理学发展的文化学转向[J]. 吉林大学社会科学学报,1999(5):79-87.
③ 叶浩生. 试析现代西方心理学的文化转向[J]. 心理学报,2001(3):270-275.

新,就没有学术。越是全新的突破,越需要深厚的基础。没有深厚基础的创新,实际上就是胡言乱语,就是痴人说梦。所以,创新需要积累,学术创新需要学术的积累,心理学的学术创新需要心理学的学术积累。心理学研究的原始性创新可以是理论上的创新,可以是方法上的创新,也可以是技术上的创新。

　　心理学本土化的发展将把心理学确立为广义的文化心理学。文化心理学也是通过文化来考察和研究人的心理行为的一门重要的心理学分支。近些年来,文化心理学有较为迅猛的发展,文化心理学的成果正在受到人们越来越多的关注。文化心理学实际上经历了三个重要的发展时期。在不同的时期里,文化心理学的知识论立场、方法论主张、研究进路特色和研究方法特征都有重要的变化。在文化心理学发展的第一个时期,文化心理学的研究目标是在追求共同和普遍的心理机制。当时的文化心理学假定了人类有统一的心理机制,从而致力于从不同的文化中去追寻这一本有的中枢运作机制的结构和功能。在文化心理学发展的第二个时期,文化心理学开始关注人类心理的社会文化的根源,转而重视人的心理行为与文化背景的联系,从社会文化出发去考察和说明人的心理行为。这一方面是指有什么样的社会文化,就有什么样的心理行为模式,另一方面是指运用特定文化的观点和概念来探讨和说明人的心理行为的性质、活动和变化。在文化心理学发展的第三个时期,文化心理学强调的是人的主观建构。文化不再是决定人的心理行为的外在存在,而是人的觉知、理解和行动的内在存在。正是人建构了社会文化,人也正是如此而建构了自己特定的心理行为的方式。[1]　其实,文化心理学不仅是一个心理学的分支,而且可以作为心理学研究和发展的理论范式。这就会实际上影响到对心理学研究对象的理解和对心理学研究方式的确立。

　　心理学本土化的发展将把心理学确立为广义的历史心理学。任何心理学的发展都有自己的历史渊源、历史演变、历史传统和历史延续。心理学的本土化也是在为心理学确定其历史的传统,这种历史的传统给定了科学心理学的发展历程、发展道路、发展形态、发展方向和发展可能。所谓历史的

[1]　余安邦.文化心理学的历史发展与研究进路[J].本土心理学研究,1996(6):2-60.

心理学,并不就是指过去的心理学,被超越的心理学,被扬弃的心理学,而是指心理学的历史根脉、历史传续、历史进步和历史道路。最重要的是,心理学应该有自己的历史资源。本土心理学应该成为自身未来发展的历史资源。

心理学本土化的发展将把心理学确立为广义的生活心理学。中国的学理的心理学有着十分清晰的引进国外发达国家的心理学的标签,常常是与中国本土的生活有着十分重要的和清晰的界线。这就把生活本身出让给了常人的常识心理学。科学心理学的研究就成为象牙塔中少数人的特权。中国心理学本土化的一个十分重要的目标,就是能够使科学心理学的研究走入本土文化中普通人的日常生活。科学的心理学能不能成为生活的心理学,就成为心理学本土化的一个十分重要的定位。中国本土的心理学应该成为生活的心理学。

心理学本土化的发展将把心理学确立为广义的创新心理学。中国心理学的本土化并没有现成的道路好走,并没有现成的东西可以继承,并没有现成的方式可以照搬。这就决定了中国心理学的本土化历程必须走创新的道路。对于中国本土心理学来说,原始性创新应该成为重要的学术目标。对于中国现代心理学来说,这却是非常薄弱的环节。对于原有的许多心理学研究来说,引进的才是心理学,创新的却很难被认可是心理学。

心理学本土化的发展将把心理学确立为广义的未来心理学。严格来说,中国心理学的本土化并不仅是为了解决心理学发展的现实问题,更是为了解决心理学发展的未来问题。这种未来的心理学应该代表着中国心理学的发展方向、发展可能、发展潜力和发展定位。中国心理学的本土化不仅要确定自己发展的道路,而且要提供自己发展的可能。这包括创立新的学说理论、新的研究方法和新的技术手段。

二、心理学研究的本土资源

心理学的文化根基是心理学本土化的资源问题。心理文化的概念就是用以考察心理学成长的文化根基,探讨心理学发展的文化内涵,挖掘心理学创新的文化资源。心理学的产生和发展都是立足特定的文化,或者文化就是心理学植根的土壤和养分的来源。但在过去,无论是心理学的发展还是对心理学发展的探索,都缺失了文化的维度。文化是考察当代心理学发展和演变的重要视角。当代心理学的发展越来越重视对文化、心理文化、文化心理的探讨。西方科学心理学和中国本土心理学生长于不同的文化根基,植根于不同的心理生活。起源于西方文化的科学心理学,立足实证的研究方法和客观的知识体系,提供了对心理现象的某种合理理论解释和有效技术干预。但是,这仅仅揭示了人类心理的一个部分或侧面。起源于中国文化的本土心理学也是自成体系的心理学探索,并揭示了具有意义的内心生活和给出了精神超越的发展道路。提出心理文化的理念,有利于探明不同文化传统中蕴藏的心理学资源和推进对其挖掘,有利于审视西方心理学的文化适用性和推进对其改造,有利于考察中国本土的心理学传统和推进对其解析。中国现代科学心理学主要来自西方科学心理学,问题是中国本土也有自己的心理学资源。探察该资源,就要扩展心理学的视野和设置文化学的框架,将中国本土心理学看作与西方实证心理学具有同等文化价值的探索。要发展中国本土的心理学,就有必要追踪中国本土文化中的心理学传统,确定其蕴含的资源,具有的性质,包括的内容,起到的作用。心理文化的探索力图找到和深入挖掘心理学创新的文化根基。中国有自己的文化传统、心理文化、心理学探索和创新性资源。[①] 东方的文化、传统、宗教中的心灵探索和解说,也成为当代认知科学跃进的阶梯。[②]

中国本土心理学的发展和演变应该立足本土的资源,提取本土的资源和利用本土的资源。在本土文化的基础上来建构特定的心理学,也是近些年来许多学者努力的方向。在中国本土文化的基础上来建构中国本土的心理学,也是当前中国心理学研究者追求的目标。回到中国本土文化,挖掘中国本土文化中的心理学资源,这已经成为许多中国心理学研究者的自觉行动。不同的研究者着眼点不同,关注的内容也就不同,思考的方向也就不同。

有研究指出,"心"或"心理"等词语在汉语中有相当长的历史,对这些词语的理解反映了中国人关于"心理"的认识和理解。中文的"心"往往不是指一种身体

① 葛鲁嘉.心理文化论要——中西心理学传统跨文化解析[M].大连:辽宁师范大学出版社,1995:161.
② Varela,F. J. Thomption,E.,& Rosch,E. *The Embodied Mind*:*Cognitive Science and Human Experience*. Cambridge,MA:The MIT Press,1991,p. 23.

器官,而是指人的思想、意念、情感、性情等,故"心理学"这三个汉字有极大的包容性。任何学科都摆脱不了社会文化的作用,中国心理学亦曾受到意识形态、科学主义和大众常识等方面的影响。近年中国学者对心理学自身的问题进行了反思。从某种意义上说,中国人对"心理"和"心理学"的理解或许有助于心理学的整合,并与其他国家的心理学一道发展出真正的人类心理学。①

中国文化传统中有自己独特的心理学传统,这也是独立的、自成系统的心理学探索。在中国的心理学传统中也有着特定的、大量的心理学术语,最重要的是提供对本土的心理学概念的考察和分析,并能够从中找到核心的内涵和价值。②

有研究考察了中国的文化与心理学,在该研究看来,"东西方心理学"作为心理学的一个术语,基本内涵就是要把东方的哲学和心理学的思想传统,其中包括中国的儒学、道家、禅宗以及印度佛教和印度哲学、伊斯兰的宗教与哲学思想、日本的神道和禅宗等等,与西方的心理学理论及实践结合起来。由于"东西方心理学"的概念主要是西方心理学家提出来的,所以该概念强调的是对东方思想传统的学习与理解。③

中国本土的学者也探讨了《易经》与中国文化心理学。研究认为,中国文化中包含着丰富的心理学思想和独特的心理学体系,那么这种中国文化的心理学意义也自然会透过《易经》来传达其内涵。研究以《易经》为基础,分"易经中的心字","易传中的心意"和"易象中的心理"等几个方面阐述了《易经》中包含的"中国文化心理学"。同时,研究也比较和分析了《易经》对西方心理学思想产生的影响,尤其是《易经》与分析心理学建立的关系。例如,该研究指出,汉字"心"的心理学意义可以是在心身、心理和心灵三种不同层次上表述不同的心理学的意义,但是以"心"为整体却又包容或包含着一种整体性的心理学思想体系。在汉字或汉语中,思维、情感和意志,都是以心为主体同时也都包含着"心"的整合性意义。这也正如"思"字具有的象征,既包容心与脑也包容意识和潜意识。④

---

①　钟年. 中文语境下的"心理"和"心理学"[J]. 心理学报,2008(6):748-756.
②　葛鲁嘉. 中国本土传统心理学术语的新解释和新用途[J]. 山东师范大学学报(人文社会科学版),2004(3):3-8.
③　高岚,申荷永. 中国文化与心理学[J]. 学术研究,2008(8):36-41.
④　申荷永,高岚.《易经》与中国文化心理学[J]. 心理学报,2000(3):348-352.

应该说,中国文化、中国哲学和中国传统中的心理学是非常值得挖掘和提取的。这不仅是文化、哲学和传统中的心理学思想和心理学古董,而且是特定的心理学形态和心理学资源。问题的关键在于找寻中国本土心理学的核心理论。这就是心性学说、心性心理学。在此基础上的新发展,就是中国本土心理学的当代创新,就是新心性心理学的本土理论创新,就是新心性心理学的核心理论建构。

有研究曾试图把中国的新儒学看成是中国的人文主义心理学,但是这种研究仍然没有很好地说明西方的人本主义心理学与中国的人本主义心理学的联系和区别。在该研究看来,与西方心理学以科学主义为主体的由下至上的研究思路不同,中国传统心理学探究走的是由上至下的研究路线,即从心理及精神层面最高端入手,强调心理的道德与理性层面,故其实质是人文主义的。现代新儒学作为人文主义心理学的研究典范,具有心理学研究"另一种声音"的独特价值与意义。现代新儒学研究背景及思路的展开,呈现出以传统心理学思想为深厚根基的中国近代心理学的独特个性与自信,这是现代新儒学对中国心理学的最大贡献。中国心理学发展由于其特殊的历史条件,在进入近代时期开始明显地区分为两条路线:一条是直接从西方引进的科学主义心理学,如果说这一路线是外铄的结果,那么另一条则是自生的人文主义心理学。近代时期不仅是中国科学心理学的确立与形成期,更是中国人文主义心理学在与外来文化的对撞、并融中对自身特质的首次自觉、反省与确证,而现代新儒学无疑是担当这一重任的主角。西方心理学中的科学主义和人文主义主要源自心理学学科的双重属性,而且人文主义更多是科学主义的附属与补充。中国近代心理学的科学主义和人文主义,从根本上来看则是由本土文化繁衍的人文主义对自西方外铄而来的科学主义的抗衡,相比于西方人文主义的阶段性与工具性,本土的人文主义具有更多的主动性与自觉性。作为中国思想文化组成部分的中国心理学,将以其独步样式影响并带动西方心理学共同实现人性的真实回归并非奢望。这也是现代新儒学对中国心理学的最大贡献。[1]

儒学也好,新儒学也好,其重要的心理学资源和最大的心理学贡献应该

---

[1] 彭彦琴.另一种声音:现代新儒学与中国人文主义心理学[J].心理学报,2007(4):754-760.

是儒学的心性学说,是儒学的心性心理学。科学主义和人文主义的分离、分裂和分立是西方文化传统的特产,在中国的文化传统中原本就没有这样的分离、分裂和分立。从中国本土心性心理学,或者从中国儒家的心性心理学传统中,可以提取、发展和创新的是心道一体或心性统一的心理学,所以没有必要按照西方的方式来开发中国本土的心理学。

三、心理学研究的本土理论

本土心理学是在不同的文化土壤中生长出来的心理学,在不同的文化中会有不同的本土心理学。心理学的本土化,就是为了导向和建构植根于特定文化土壤的心理学。文化是具有异质性或多样性的存在,文化又是具有独特性的存在。这就必须承认,在不同的文化传统、文化根基和文化环境里,就会生长出和存在着不同的心理学。在西方心理学的产生和发展历程中,西方心理学就曾经把自己当成是唯一合理的心理学,进而对其他文化传统中的心理学要么视而不见,要么极力排斥。这体现在西方心理学的研究进展中,[①]也体现在当代心理学的研究进展中。[②] 然而事实是,在不同的文化传统和文化历史中确实存在着不同的本土心理学。

这涉及本土心理学的隔绝与交流。心理学的本土化进程导致心理学与本土文化建立起了密切的联系。不同社会文化之间的差异和区别,也很容易造成不同的本土心理学之间的相互隔绝和相互分离,甚至是相互对立和相互排斥。不同的本土心理学之间的交流就成为重要的任务。其实,任何的交流都要有共同的基础。如何寻找到共同的基础,就成为本土心理学之间有效交流的重要任务。这就必须开创性地揭示西方心理学的科学观问题,力图突破小心理学观的限制,设置一个更宏观的文化历史框架,从而将西方实证心理学和中国本土心理学看成是具有同等价值的探索。

这也涉及心理学的文化与社会资源。心理学本土化的一个非常重要的目的,就是建立起心理学同文化与社会资源的关联,或者是为了使心理学植根于本土文化与社会的土壤。心理学的研究常常是处于资源短缺的状态之

---

① 叶浩生. 西方心理学研究新进展[M]. 北京:人民教育出版社,2003:186.
② 郭本禹. 当代心理学的新进展[M]. 济南:山东教育出版社,2003:170.

中。这并不是说心理学没有或者缺乏相应的社会文化资源,而是说心理学并没有意识到或自觉到自己的社会文化资源,或者并没有去挖掘和提取自己的社会文化资源。中国的文化传统中蕴藏着丰富的心理学资源,却没有得到充分挖掘和利用。心理学的发展需要资源或文化资源。西方心理学就是植根于西方的文化传统,从本土的文化资源中获取了心理学发展的动力和研究的方式。中国心理学的创新和发展也同样应植根于中国的文化传统,从本土文化资源中获取心理学发展的动力和研究的启示。

这也涉及心理学发展的传统与更新。任何根源于本土文化的心理学发展,都有自己的历史传统。心理学的生存和演变,不可能完全放弃或脱离自己的传统。或者,心理学的发展和变革,都是在传统的基础上进行的。但是,心理学的发展又必须是对传统的超越,又必须是基于传统的更新。例如,在中国的文化历史中就有着十分重要的心理学传统,那就是心性心理学。在中国的文化传统中,不同的思想派别有不同的心性学说。不同的心性学说,发展出了对人的心理的不同解说。例如,儒家的心性说实际上就是儒家的心性心理学。儒家强调的是仁道。仁道不是外在于人的存在,而是存在于个体的内心。个体的心灵活动应该是扩展的活动,去体认内心的仁道。只有觉悟到仁道,并且去践行仁道,才可以成为圣人。这就是内圣外王的历程。中国心理学在新世纪的发展并不是要回到原有的老路上去,而是在汲取中国本土文化资源基础上的心理学创新,故将其命名为"新心性心理学"。新心性心理学以探讨和揭示心理科学、心理文化、心理生活和心理环境为目标,以开创和建立中国自己的心理学学派、理论、方法和技术为己任,以推动和促进中国心理学的创新、创造、发展和繁荣为宗旨。[1]

这还涉及心理学演变的分裂与融合。科学的心理学或西方的科学心理学从诞生之日起,就处于分裂的状态之中。心理学能否成为统一的学问,能否成为统一的学科,成为心理学发展中的重大问题。对心理学本土化的发展来说,不同的本土心理学是否会延续或加重心理学的分裂,就成为重要的问题。心理学能否统一和怎样统一是其发展面对的课题。心理学的不统一

① 葛鲁嘉.新心性心理学的理论建构——中国本土心理学理论创新的一种新世纪的选择[J].吉林大学社会科学学报,2005(5):140-149.

体现在价值定位方面,即心理学是价值无涉的还是价值涉入的科学。价值无涉是指中立和客观的立场。这要求研究者不能把自己的取向强加给研究对象。价值涉入是指价值的导向和定位。这强调的是研究者与研究对象的一体化,突出的是人的意向性和主观性,重视的是人的自主性和主动性。心理学的不统一也体现在理论、方法和技术方面。理论的不统一在于心理学拥有不相容的理论框架、假设、建构、思想、主张、学说、观点、概念等。方法的不统一在于心理学容纳了多样化的研究方法,而方法之间有巨大的差异和分歧。技术的不统一在于心理学进入现实社会、引领生活方式、干预心理行为、提供实用手段的途径和方式多样化。心理学不统一不在于多样化,而在于多样化形态和方式之间相互排斥和倾轧。随着心理学的进步、发展和成熟,促其统一就成为重大问题和目标。心理学有过各种统一的尝试,包括知识论的统一、价值论的统一和知识与价值的统一。心理学统一的关键是建立共有的科学观。正是不同的科学观导致了不同的心理学。心理学科学观涉及心理科学的边界和容纳性,理论构造的合理和合法性,研究方法的可信和有效性,技术手段的限度和适当性。

四、心理学研究的本土方法

心理学的研究方式和研究方法也可以有本土的特性和特征。这就是心理学本土化的方法问题或方法论问题。心理学的方法论也是心理学研究的基础。心理学的研究可以包括三个基本部分:一是关于对象的研究,涉及的是心理学的研究对象,是对心理行为实际的揭示、描述、说明、解释、预测、干预等等;二是关于方法的研究,涉及的是心理学的研究者,探讨的是心理学研究者持有的研究立场、使用的具体方法;三是关于技术的研究,涉及的是有关研究对象的干预和改变。心理学研究的方法论也因此应该包括三个基本方面:一是关于心理学研究对象的理解,即研究内容的确定,力求突破对人的心理行为的片面理解;二是关于心理学研究方式和方法的探索,即研究方法的创新,力图突破和摆脱西方心理学的科学观的限制,为心理学的研究重新建立科学规范;三是关于心理学技术手段的考察,即干预方式的明确,力争避免把人当作被动接受随意改变的客体。

方法论是任何科学研究的基础。这既是思想的基础,也是方法的基础,也是技术的基础。所以,心理学方法论的探讨是关系到心理学学科发展的核心问题。心理学研究最基础最核心的方面就是方法论的探索。但是,传统心理学中的方法论主要考察心理学研究运用的具体研究方法。这包括心理学具体研究方法的不同类别、基本构成、使用程序、适用范围、修订方法等。随着心理学发展和进步,心理学方法论的探索必须跨越原有的范围,应该包括关于对象的立场,关于方法的认识,关于技术的思考。因此,对心理学方法论的新探索,可以说就是反思心理学发展的一些重大的理论问题和方法问题。这些问题的解决关系到中国心理学的发展,也关系到整个心理学的命运与未来。

扎根理论研究方法论(grounded theory methodology)是 20 世纪 60 年代由美国社会学家格莱瑟(Barney G. Glaser,1930—)和斯特劳斯(Anselm Leonard Strauss,1916—1996)提出的质化研究方法,很快就受到不同学科学者的关注。该方法论目前是在社会科学中使用最广泛却误解最深的研究方法论之一。目前,该方法论在许多学科领域得到了广泛的应用,如在教育学和在心理学的研究中。在现有的研究方法论文献中,至少存在着三个扎根理论研究方法论的版本:格莱瑟和斯特劳斯的原始版本(original version);斯特劳斯和科宾(Juliet M. Corbin)的程序化版本(proceduralised version);查美斯(Kathy Charmaz)的建构主义的扎根理论(constructivist's approach to grounded theory)。

格莱瑟和斯特劳斯在 1967 年出版的《扎根理论的发现:定性研究的策略》著作中,最早阐述了扎根理论。该书共分三个部分进行了阐述。一是比较分析生成理论,包括理论取样,从实体理论到形式理论,定性分析的不断比较的方法,分类和评估比较研究,阐述和评估比较研究;二是资料的灵活运用,包括定性资料的新来源,定量资料的理论阐释;三是扎根理论的含义,包括扎根理论的可信性,对扎根理论的分析,洞察和理论的发展。①

斯特劳斯和科宾在 1998 年的著作《定性研究基础:发展扎根理论的技术和程序》中,共分三个部分系统考察了扎根理论。该著作包括三个基本内

---

① Glaser, B. G. & Strauss, A. L. *The Discovery of Grounded Theory: Strategies for Qualitative Research*. New York: Aldine de Gruyter,1967,p. 9.

容。一是基本的考虑,包括导言、描述、概念序列、理论化,理论化的定性和定量的相互作用,实践的考虑。二是编码程序,包括对资料的微观考察的分析,基本操作——提出问题和作出比较,分析工具,开放编码,主轴编码,选择编码,加工编码,条件和序列矩阵,理论取样。三是获得的结果,包括写作的论文、著作和关于本研究的讨论,评价的标准,学生的问题及回答。①

按照相关学者的研究,扎根理论研究方法论的要素涉及一系列相关的重要方面。这些方面对于理解和运用扎根理论研究的方法论,都是非常重要的。② 一是文献运用。文献回顾可谓是扎根理论研究方法论较之其他研究方法论最具差异性和争议性的研究步骤。避免一个特定的、前期的文献回顾,其目的是让扎根理论研究尽量自由开放地去发现概念、研究问题,并对数据进行分析。这样做也是为了防止已知的文献对后来数据分析和解读带来的污染。在研究开始就把已知文献放在一边,同时也容许研究者进行理论取样并不断进行其他相关数据比较。二是自然呈现。通过对不断涌现的数据保持充分的注意力,以便使研究者保持开放的头脑来对待研究对象涉及的问题,而不是研究者本身的问题,这是扎根理论研究要具备的基本条件之一。三是基本模式。扎根理论是提出一个自然呈现的、概念化的和互相结合的、由范畴及其特征组成的模式。形成这样一个围绕着一个中心范畴的扎根理论的目标,既不是描述也不是验证。其目的在于形成新的概念和理论,而不仅仅是描述研究发现。原则上讲,扎根理论研究分析的生活世界中存在的实证问题,是在最抽象、最概念化和最具有结合性的层面。四是过程分析。扎根理论是对抽象问题及其(社会)过程的研究,并非问卷调查和案例研究等描述性研究那样针对(社会)单元的研究。扎根理论的分析关注重点是社会过程分析(social process analysis),而不是大多数社会学研究中的社会结构单元(social structural units)(譬如个人、团体、组织等),所以扎根理论形成的是关于(社会)过程的范畴,而不是(社会)单元。基本社会过程可以分为基本社会心理过程和基本社会结构过程,后者有助于在社会

① Strauss, A. L. & Corbin, J. (1998). *The Basics of Qualitative Research*: *Techniques and Procedures for Developing Grounded Theory*. Newbury Park, CA: Sage,1998, pp. 12-13.
② 费小冬.扎根理论研究方法论:要素、研究程序和评判标准[J].公共行政评论,2008(3):21-43.

结构中存在的基本社会心理过程的运作。五是数据为本。在扎根理论研究方法论中，一切皆为数据。这个要素极其重要。在这个研究方法论中，数据包含一切，可以是现有文献、研究者本身及其研究对象的观点、历史信息或个人经历。无论什么研究方法论，研究者本身的主观参与是一直存在的。六是跨越场景。正如上述社会单元和社会过程之间的分析比较中指出的，扎根理论因其侧重于对社会心理或结构过程的分析，故不受时间、地点或人物的限制。扎根理论可以跨场景、人物和时间而应用。与其他研究方法论有所不同的是，扎根理论研究的成果应该具有更大的可推广性、全覆盖性、可转移性和可持久性。

有研究详尽考察了扎根理论的思路和方法。[①] 研究认为，扎根理论是一种质化研究的方式或方法，其主要宗旨是从经验资料的基础上建立理论。研究者在研究开始之前一般没有理论假设，直接从实际观察入手，从原始资料中归纳概括，然后上升到理论。这是一种从下往上建立实质理论的方法，即在系统收集资料的基础上寻找反映现象的核心概念，然后通过这些概念之间的联系建构相关的理论。扎根理论一定要有经验证据的支持，但扎根理论的最主要特点不在于其经验性，而在于扎根理论是从经验事实中抽象出新的概念和思想。在哲学思想基础上，扎根理论方法基于的是后实证主义的范式，强调对目前已经建构的理论进行证伪。

扎根理论的基本思路主要包括五个方面。一是关注资料。扎根理论特别强调从资料中提升出理论，认为只有通过对资料的深入分析，才能逐步形成理论框架。这是一个归纳的过程，从下往上将资料不断地进行浓缩。与一般的宏大理论不同的是，扎根理论不对研究者自己事先设定的假设进行逻辑推演，而是从资料入手进行归纳分析。二是关注理论。扎根理论特别强调对理论保持敏感性。由于扎根理论的主要宗旨是建构理论，扎根理论特别强调研究者对理论的高度关注。不论是在研究设计阶段，还是在收集分析资料的阶段，研究者都应该对自己现有的理论、对前人的理论以及对资料中呈现的理论保持敏感，注意捕捉新的建构理论的线索。三是关注比较。这是不断比较的方法。扎根理论的主要分析思路是比较，在资料与资料之

---

① 陈向明.扎根理论的思路和方法[J].教育研究与实验,1999(4)：58-63.

间、理论与理论之间不断进行对比,然后根据资料与理论之间的相关关系提取出有关的类属及属性。四是关注抽样。这是理论抽样的方法。在对资料进行分析时,研究者可以将从资料中初步生成的理论作为下一步资料抽样的标准。这些理论可以指导下一步的资料收集和分析工作,如选择资料、设码、建立编码和归档系统。五是关注框架。这是主张灵活运用文献。使用有关的文献可以开阔视野,为资料分析提供新的概念和理论框架,但同时注意不要过多地使用前人的理论。

扎根理论的操作程序一般包括五个方面:一是从资料中产生概念,对资料进行逐级登录;二是不断地对资料和概念进行比较,系统地考察与概念有关的生成性理论问题;三是发展理论性概念,建立概念与概念之间的联系;四是理论性抽样,系统地对资料进行编码;五是建构理论,力求获得理论概念的密度,即理论内部有很多复杂的概念及其意义关系,应该使理论概念坐落在密集的理论性情境之中,力求获得理论概念的变异度,力求获得理论概念的整合性。

第七章　心理学的理论

心理学的理论涉及的是心理学的理论建构、理论演变和理论研究。心理学的理论建构探讨的是心理学概念产生和定义的方式,心理学理论构成和检验的方式。心理学的理论演变探讨的是心理学理论的传统、资源、范式、更替和创新。心理学的理论研究探讨的是理论心理学的研究内容、研究方式、研究历史和研究价值。

第一节　心理学的理论建构

作为一门科学,心理学研究运用的概念和理论,都有着自己的形成过程和建构方式。这就要涉及关于心理学理论建构的考察,其中包括心理学概念产生和定义的方式,也包括心理学理论构成和检验的方式。任何心理学的概念或理论,都有产生和定义、构成和检验的问题。

一、心理学理论建构的考察

科学理论是以客体为原型而形成的主体描述客体的模型图景,社会科学理论是以客体为中心而形成的使主体实践活动客体化的叙述图景。一个科学理论的建构包括四个重要方面:一是必须在科学理论的指导下观察客观的事实;二是描摹这个可观察系统;三是将科学理论模型还原于原型并进行检验;四是对检验的结果放之于理论场中,受到其他辅助性理论的检验,并看其覆盖面有多大。只有做到这四个方面,一个科学理论的建构才算是比较全面了。社会科学理论是主体在征服和改造自然过程中的人的社会关系实践的客体化的叙述图景。这展现的是人与人的多重复杂关系,归纳起来为三点:一是时间上的分离关系,指一定时代的主体与不同时期或时代的社会历史运动之间在时间链条上的不同步性;二是空间上的分离关系,指特定地域、国度、民族中的认识主体与其他地域、国度和民族社会历史客体之间在存在的空间上的异地性;三是存在方式上的异质性,主体在主体实践活动客体化过程中寻求的语言符号系统、民族心理中文化积淀和传统思想观念的方式,掌握和再现客观对象的方式、方法,都各不相同和各有千秋。

符号化和形式化的人工语言决定了科学理论的覆盖面:抽象化和人工化的自然语言决定了社会科学理论的覆盖面。科学理论是由科学语言构成的,这既具有一般语言的特征和功能,又具有作为一种特殊语言的特点。第一,科学语词意义的单义性。科学语词(科学术语)是专门用于科学认识中作为表达科学认识成果意义的固定词语。例如,电子衍射、波函数、基因等等,这一般不会因科学家的主观意识而影响词义。第二,科学语句意义的确定性。科学语句的确定性是由科学语词的单义性决定的,科学理论通常由科学思想、科学认识、科学推理、科学命题、科学定理和科学定律组成,科学语句之间的关系是一种确定关系,也就是任何一个科学家在理解科学语句陈述的意义时都是相同的。第三,科学语言形式的单纯性。在科学语言中,科学语词意义的固定性、科学语句意义的稳定性,就必然决定着科学语句在结构形式上的单纯性。第四,科学语言的国际性,国际性的科学语言是以前三者为前提条件的。

科学理论的建构是从假设到定律的纯化过程,社会科学理论的建构是从抽象事实到普遍原理的泛化过程。所谓假说是在科学事实上的猜测,从假说到定律的纯化实质上就是在选择中建构科学理论。科学理论的形成过程是由科学理论←→科学定律←→科学概念←→科学事实组成的能够循环往复地自我组织、自我调节和自我反馈的动态系统。

一般来讲,形成科学理论的逻辑方法可以有解释建构法、模型描述法等方法。解释建构法在认识的秩序上是从个别到特殊,再从特殊到一般,从而发展出科学理论,也就是从经验事实到科学定律,然后再建构一定的理论来解释客观的自然现象。解释建构法是服从实践的需要而产生出来的,这种需要常常是从解释新的事实和解决新的矛盾开始的。模型描述法是形成科学理论的逻辑方法,是将模型作为原型客体的再现,并视为建构科学理论的中介,也就是从认识研究对象的外部表现入手,然后通过分析和综合深入了解事物的内部机制,并为这种内在机制构造一个模型,进而再用这个模型来描述和解释该对象,从而达到现象与本质、内容与形式、必然与偶然之间的有机统一。科学理论的真理性最终要通过实践来检验,科学理论的发现和形成总要经历一个历史过程。面对主客观条件的限制,对于复杂的科学问题,无法立即就能建立起一种在解释、描述和预测等功能方面都满意的理论来,因而科学概念和科学理论的形成都只能是在研究实践中不断改善和进步。

社会科学的理论由社会科学的事实和发现、概念和范畴、规则和规律组成。社会科学的事实和发现就是指社会关系之网,社会科学的概念和范畴就是指社会关系之网上的网结,社会科学的规则和规律就是指贯穿网结之间的经纬。那么,如何才能建构起社会科学的理论? 一般而言,社会科学的理论是从基本事实抽象出普遍原理的过程。这就是从社会生活和社会关系中找到社会科学理论的生长点,该生长点是个别与一般、个性与共性、现象与本质、必然与偶然、内容与形式的统一体。这是研究的起点,但不一定是逻辑的起点。逻辑的起点是最抽象的、最本质的、最必然的概括,而后面的概念、范畴、规则、规律等就包容在逻辑的起点之中。①

对心理学的理论建构的考察,实际上包括了心理学的概念形成、理论语言、逻辑规则、理论模型、理论构成、理论演变等。这在心理学的研究中,常常被隐匿在心理学研究者具体研究的背后。

二、心理学概念的产生方式

概念是理论构成的基石或基础。科学理论就是由科学概念组合构成的。涉及概念或科学概念,就会涉及一系列的基本关系。这是决定概念的基本内涵和实际价值的对应关系。这主要会涉及三组对应的关系:科学的概念与学科的概念;科学的概念与常识的概念;科学的概念与本土的概念。科学的概念与学科的概念既有重要的联系,也有重要的区别。科学的概念

---

① 陈波.科学理论与社会科学理论建构方法比较研究[J].求索,1991(5):38-41.

是概念的科学含义,学科的概念则是特定学科分支中有特定领域性的概念。科学的概念与常识的概念也是既有重要的联系,也有重要的区别。科学的概念是在科学研究中确定其基本含义的,而常识的概念则是在普通人的日常生活中生成和使用的。科学的概念与本土的概念也是既有重要的联系,也有重要的区别。科学的概念具有跨本土的和普遍性的含义,而本土的概念则是在特定文化圈的文化构成中具有特殊性的含义。

解释中国本土传统心理学提供的心理学术语,有分类、考察、解析和评价的问题。它们分别有不同的尺度。分类的尺度可以是不同衡量的尺度。其实,能够从中国历史传统的文化中,从中国本土文化的典籍中,从中国古代学者的学说中,分拣和提取出描述人的心理行为的大量术语。问题是怎样对这些传统心理学的术语进行分类。这实际上是一个非常重要而又非常困难的工作。考察的尺度可以是不同学科的尺度。仅仅罗列出涉及人的心理行为的特定术语,并没有多大的意义。问题是怎样对这些术语进行考察。考察可以有不同学科的尺度,可以按照不同学科的特定领域和特定思考来进行。解析的尺度可以是不同时代的尺度。分析和解释大量的心理学术语,或者解析传统心理学的术语,显然是一项非常重要的基础工作。问题是解析必须面临不同时代的尺度。评价的尺度可以是不同视角的尺度。如何评判和评价中国本土传统心理学的术语,这必须涉及不同的基点、起点、视域和视角。①

追踪心理学的源流、演变和发展,考察心理学的扩张、扩展和扩大,可以根据不同的线索。其中,非常重要的就是文化的线索。西方的科学心理学可以称之为实证的科学心理学,这是起源和发展于西方本土文化的心理学传统。中国的传统心理学可以称之为本土的心性心理学,这则是起源和发展于中国本土文化的心理学传统。其实,在西方的科学心理学或实证心理学中,创建和运用了大量的心理学术语或概念,这些术语和概念有其特定含义和使用范围。同样,在中国的本土心理学或心性心理学中,也创建和运用了大量的心理学术语或概念,这些术语和概念的含义与西方的科学心理学

① 葛鲁嘉.中国本土传统心理学术语的新解释和新用途[J].山东师范大学学报(人文社会科学版),2004(3): 3-8.

有着根本而明显的不同。对西方的心理学传统与中国的心理学传统进行比较是非常重要的研究工作。

西方的科学心理学继承了实证科学的传统，提供了一整套理论、方法和技术，特别是提供了一系列的心理学的概念和概念范畴。例如，实证、实验、心理、人格、生理、性格、感觉、感知、知觉、思维、情绪、情感、思想、本能、心境、动机、意志，等等。这些基本概念和概念范畴都有其明确的含义或定义。中国本土的心性心理学传统在长期的历史演变和发展中，也形成了属于自己非常独特的一整套理论、方法和技术，其中就包括一系列重要而特有的心理学的基本概念和概念范畴。例如，体证、体验、心性、人品、生活、品格、感受、感悟、知道、思考、情理、情义、思念、情欲、心情、欲望、意念，等等。

其实，在任何一种心理学的探索和传统中，都创造和运用了一系列的心理学的基本概念和概念范畴。这就会成为特定的心理学传统的核心内容。如果掌握和理解了这些核心的内容，就可以真正借助这些心理学的遗产来促进心理学的当代发展。可以说，中国本土文化传统中并不缺少心理学的资源，而是缺少对这些传统资源的挖掘和阐释。所以，在我国的文化传统中可能有着非常丰富的心理学传统资源，而缺乏的是对这些传统资源的认识；可能有对本土心理学传统资源的认识，而缺乏的是对这些心理学传统资源的挖掘；可能有对本土心理学传统资源的挖掘，而缺乏的是在此基础上的心理学理论创新。[①]

原始概念、基础概念和核心概念都是心理学理论突破和理论创新的产物。这有其独特的产生方式，也就是独特的文化、生活、思想的源泉和根基，也就是生成、淘汰、沿用的机制和依据。

三、心理学概念的定义方式

任何的概念，任何的心理学概念，都有定义的问题。涉及概念的定义，可以包括三个重要方面。作为思想单元的概念，指的是思想者个人的知识、见解与观点构成的概念。构成的思想和知识的模块并不一定是要经过实际

① 葛鲁嘉.西方实证心理学与中国心性心理学概念范畴的比较研究[J].社会科学战线，2005(6)：34-37.

客观的验证,有可能只会是一些错误的东西。概念的生命周期取决于思想者个人的认知变化。作为知识单元的概念,指的是知识模块的全部特征,是在特定的时间经过专业人士或权威机构一致确认后形成的概念。概念的生命周期取决于认知方面的动态变化。作为认知单元的概念,指的是具有生命周期的知识单元的概念已经完结。因此,依据认知的动态变化,某些特定的知识特征也会相应地发生变化,其结果是形成新的独立的知识单元。

一是作为思想单元的概念定义。首先,概念无论是作为思想单元,还是作为心理构想,其定义都只适用于人类个体的思维过程,即思维无疑是与个人相关。思想单元是人储备的大量的或众多的知识单元,可以在思维过程中进行无数的组合调用。其次,在思维过程中,一个概念的各种特征或知识模块只可能是部分而非全部地被激活和应用。人的思维过程会或多或少有意识地指向某个确定的目标,并要达到这一目标。再次,在特定的交际语境中激活的特征数目与特征类型,会随着语言具有的条件、个人拥有的知识和个人的语言特征而加以变化。最后,思想单元在思维过程中非常重要,由于思维是属于个人的心理活动,对于专业领域的同一个概念,任何个体都难免会带有自己主观的臆断和想法。要想达成共识和成为规范,似乎还缺乏科学的和客观的成分。因此,概念作为思想单元的定义需要其他内容的补充与完善。

二是作为知识单元的概念定义。首先,作为知识单元的概念定义,理应包括在特定时空中可以运用的全部概念知识。这是一种理想的境地。其次,知识单元的概念可以作为术语分析的基础。这意味着术语分析的结果会以一种综合一体化的术语单位的形式反映出来。人们对概念内容的引申、升华、纯净化、标准化的过程,既是减少个人确认知识特征的主观性的过程,也是达成专业共识、得到主流公认、实现共有目标的过程。把概念视为知识的单元意味着,在术语分析中要尽量包括全部知识的特征,这样才能够达成术语知识单元综合一体化的目标。最后,根据语用方面的要求,一个综合一体化的术语单位可以拆分为若干个应用型单元。在术语学的研究中,同一个概念属于多个不同的学科领域的认知层面或概念成分,这种现象早已屡见不鲜。而且,不同学科领域的同一个概念又会对不同的知识特征或知识模块有不同的侧重点。

　　三是作为认知单元的概念定义。首先,将概念作为认知单元,是概念动态变化分析的一个重要方面。概念的动态变化与获得更牢固更稳定的知识意义,与概念的实际功能和生命周期,是紧密联系在一起的。一方面,各个专业领域的研究人员、科技人员的工作目标少不了要对已有的人类知识进行确认、修正、改进与完善,而更重要的是,要能够不断地创造新的知识;另一方面,在特定的时间内,通过分析概念的功能便可观察到概念的动态变化。其次,将概念作为认知单元,代表着以认知科学为先导的现代术语学派。与传统的术语概念理论不同的是,认知单元是在不断演变的;认知单元具有典范(prototype)的特征结构,是按照范畴进行的归类;比喻的认知模式在概念发展中起着重要的作用;多义词和同义词在概念认知中有其作用,不能忽略对其进行的客观性描述;概念范畴中的成员具有家族的相似性和模糊性等特征。最后,需要指出的是,代表认知学派的术语学概念理论,并不是传统的术语学概念理论的替代品。认知单元的概念定义是思想单元的概念定义的补充。两者并不是对立的关系,也不是新的所谓时髦的东西要"颠覆"旧的所谓传统的东西。①

　　心理学的概念很难进行清晰明确的定义,因为常人也在日常生活中使用大量的心理学概念,只不过这种使用是在常识水平上。心理学研究者在日常生活中也运用常识心理学的概念。这几乎不可避免地给心理学研究中的概念界定带来了严重问题。心理学概念的合理界定就成为常识和科学研究中难以回避的问题。

四、心理学理论的构成方式

　　科学理论既是对研究对象的描述,也是对研究对象的解说。科学理论是一般性的说明,而不是形而上学的说明。因此,借助归纳法建立的经验归纳结构的科学理论,是由事实和定律构成。成熟的或高级的科学理论是由科学公理(基本概念和基本假设)及其推导出的科学命题、科学定律和科学事实所组成的严密逻辑演绎体系。

　　重要的是,科学理论究竟是进行描述的,还是用来说明的。科学回答的

---

① 梁爱林.关于概念的定义问题[J].术语标准化与信息技术,2005(2):9-15,20.

问题是有关事件怎样(以什么方式或在什么条件下)发生和事物如何联系的问题。因而,科学家获得的至多只是精确的和综合的描述体系,而不是说明的和解释的思想体系。科学说明必须符合两个特定的要求,即说明的相关性要求和检验性要求。说明的相关性要求意指,引证的说明性的知识为人们相信被说明的现象真的出现或曾经出现提供了有力的根据;说明的检验性要求意指,构成科学说明的那些陈述必须能够接受经验的检验。科学的说明可以采取演绎性的解说(deductive-nomological explanation)和归纳性的解说(inductive-statistical explanation)两种不同的基本形式。从广义上来说,现代解说理论可以分为演绎主义(deductivism)、语境主义(contextualism)和实在主义(realism)三种。对于演绎主义来说,说明一个事件必定是从一组初始(和边界)条件出发,加上普遍定律,从而演绎出关于该事件的一个陈述。同样,对定律、理论和科学的说明也是借助演绎的小前提进行的。语境主义认为,说明本质上存在于社会交流中,这种交流发生在讲解者和听讲者之间,通过交流消除了听讲者对某事物的疑惑。一些语境主义者把注意力集中在说明事件的实用方面或社会方面,另一些则是集中在说明唤起想象力的或启发性的内容上。在实在主义看来,说明是要对给予说明的现象或事件发生的未知模式所做的一种因果性说明。

科学理论的构成方式涉及科学理论具有的构成要素。逻辑经验论者对科学理论的要素做过系统的研究,认为科学理论都是由形式系统、对应规则和概念模型三个部分组成的。形式系统就是所谓的假设、抽象演算,是由逻辑句法以及一组初始概念和公理两个部分组成。利用逻辑句法提供的形式规则和变形规则,可以从公理推导出理论的全部定理(科学定律)。对应规则就是把理论语言与观察语言对应起来,前者的意义可以由后者导出。概念模型就是对形式系统作语义的解释,这可以施加于形式系统的初始概念和公理或公设之上,由此使抽象的演算变成具体的科学理论。

科学理论的构成方式涉及科学理论具有的基本结构。在前科学的时期,以及在科学的初期,或在一门科学的初创阶段,其理论形态往往是经验的归纳。这种结构的科学理论主要由事实和定律两种要素构成。经验归纳结构的科学理论是满足于经验事实的收集、整理、分类和抽象。仅有的科学定律基本上都是直接从经验事实归纳概括而来的,其涵盖性和普适性不是很大。一般而言,假设演绎结构是科学发展到成熟时期的产物,即科学理论开始步入到公理化、形式化、系统化的形态。假设演绎结构的理论取代经验归纳结构的理论,可以说是科学发展的一个必然结果。①

心理学理论的构成也是在自身学科的独特性中体现出了科学理论的一般性的构成方式。当然,如何在心理学哲学研究中,将心理学理论的构成纳入到研究的视野,并对心理学的理论进行构成性的分析,是理论心理学研究的重要课题。应该说,关于心理学理论还缺乏这种基本的分析和考察。

五、心理学理论的检验方式

有关科学与非科学的划界问题,始终是一个在科学哲学的研究中困扰着研究者的举世难题。这个问题的实质是要分析清楚科学不同于其他任何非科学的观念形式的基本性质,或者是要划出一个界线来回答"科学是什么"。历史上的科学家与哲学家在这个问题上的思考和研究,其着重点都是要划清科学与形而上学的界线。事实上,如果在这个问题上分离清楚了,科学与其他非科学的界线也就会清楚了。

逻辑实证主义的科学划界标准是以可证实性标准为基础的。可证实性标准则又与意义标准相关联。陈述可以划分为有意义的陈述和无意义的陈述两个大类。无意义的陈述无所谓真假。有意义的陈述则称为命题,命题则有真假的分别。一个陈述是否有意,通过可证实性的标准来区分。有意义的陈述又可以分为分析命题和综合命题。这两类命题的证实方法是有所不同的。分析命题是分析可证实的;综合命题是综合可证实的。分析命题是指真假仅以意义的分析为根据而不依事实的存在为根据的命题。分析真理相应就是以意义为根据而不依赖于事实的真理。逻辑实证主义关于科学与非科学划界的理论,就是建立在区分分析命题与综合命题的理论基础上的。实证论是把可证实性标准与意义标准、划界标准紧密地捆绑起来,其中的核心就是可证实性原则。因为对于实证论,可证实性既是意义的标准,也是划界的标准。划界标准被看作是与意义标准密切关联着的。实证论的可证实性概念的基础又在于中性观察和归纳合理性的假定。

---

① 李醒民.论科学理论的要素和结构[J].中国政法大学学报,2007(1):20-30.

对于逻辑实证主义学派来说,可证实性是实证主义哲学的核心概念之一。逻辑实证主义的最大特色就是反对形而上学,而反对形而上学的最主要的武器就是可证实性的标准。可证实性的标准既是意义的标准,又是区分科学与形而上学的划界标准。首先,是可证实性的标准与意义的标准,即反形而上学。逻辑实证主义提出了划界的问题,其主要目的是要拒斥形而上学,揭露形而上学的陈述完全是一些无意义的假陈述,并没有告诉人们任何东西。其次,是逻辑实证主义把有意义的命题分成为分析命题和综合命题两类。分析命题是先天为真的。分析命题实际上是一些重言命题,可以通过意义分析判定分析命题为真,即分析命题是分析地可证实的。综合命题是一些事实命题,是经验上可证实的。再次,是逻辑实证主义的可证实性含义的演变。早期的逻辑实证主义者强调的是可证实性,但是可证实性的原则经常会受到批评,所以到了 20 世纪 30 年代,一些逻辑实证主义者就对可证实性的标准进行了修改,改为可检验性标准。所谓可检验即意味着可证实或可证伪。

20 世纪 20 年代末以后,逻辑实证主义就建立起了可证实性原则。此后,争论的焦点就集中在探讨经验上可证实的含义。第一,原则上可证实。逻辑实证主义强调,作为意义标准或划界标准的可证实性,只是说原则上可证实(或被否证),而不是实际上被证实。第二,强可证实与弱可证实。早期的逻辑实证主义强调强可证实。强可证实当然会遇到困难。所以在后来,逻辑实证主义区分了强可证实与弱可证实两个不同的概念。强可证实是指,当且仅当一个命题的真实性在经验中可以被确切证实时,这个命题才是强可证实的。弱可证实是指,如果经验能使一个命题或然地为真,那么这一命题就是弱可证实的。第三,直接证实与间接证实。直接证实是指,一个陈述是直接可证实的,如果该陈述本身是一个观察陈述,或者该陈述与一个或几个观察陈述之合取,至少可导致一个观察陈述,而这个观察陈述不可能从其他的前提单独地推演出来。间接证实是指,一个陈述满足了以下条件:这个陈述与某些其他前提之合取,就可导致一个或几个直接可证实的陈述,而这些陈述不可能仅仅从其他前提单独地推演出来。这些其他前提中不包含任何这样的陈述,该陈述既不是分析的,也不是直接可证实的,又不是能作为间接可证实而独立证实的。第四,可证实性与可检验性。早期的逻辑实证主义强调的可证实性受到了很多批评,后来就做了改进。可证实性转而指可检验性。在可证实性标准中用来证实经验假设的"基元"是什么?逻辑实证主义强调,科学理论原则上都要求具有经验上的可证实性。但是,经验是指什么,真正能够作为基础性的证实依据是什么?这是一个理论的难题。早期的逻辑实证主义强调,真正能够用来作为证实基础的是记录语句、基本命题或基本陈述。由于早期的逻辑实证主义者强调,记录语句只涉及某个认知主体在特定时空条件下的特定的单一经验内容,这就不可避免地要陷入难以自拔的困境。这就是陷入心理主义,用这种记录语句来作为科学中证实的基础远远地偏离了科学,所以研究者就倡导物理主义。物理主义有两个主要论题。第一个论题是关于科学语言的统一性。强调必须以主体间可证实作为有无科学意义的标准。在此基础上,则强调物理语言是科学统一的语言。第二个论题是科学研究的还原论。强调自然科学和社会科学中的种种事实和规律,在原则上都可以从物理学的理论假说中推演出来。①

其实,心理学的理论创造、理论形成、理论建构等,都有着非常规范的程序。对心理学理论的检验也可以有多元的或多样的方式和方法。这实际上不仅决定着心理学理论的合理性,而且决定着心理学理论的有效性。解决心理学理论的检验方式的问题,会给心理学的理论建设带来重大的改观。当然,心理学的理论包含了理论框架、理论原则、理论预设、理论模式、理论解说、理论假设等不同的层面。这与理论的检验方式都有着不同的关系或关联。

第二节 心理学的理论演变

心理学具有自己的理论传统、理论演变、理论更替和理论创新。对心理学的理论传统、理论范式、理论更替和理论创新进行考察和探索,是理论心理学的重要任务。心理学的理论发展涉及心理学的理论资源及其获取,涉

---

① 林定夷.逻辑实证主义关于科学与非科学的划界理论[J].华南理工大学学报(社会科学版),2007(4):11-16.

及心理学的理论范式及其构成,涉及心理学的理论更替及其演进,涉及心理学的理论创新及其实施。心理学理论的发展和壮大必然会带来心理学学科的发展和壮大。

一、心理学的理论传统

心理学在自己的发展过程或历史进程中,形成和创建了大量的理论假设、理论建构和理论学说。不同的理论假设、理论建构和理论学说有着不同的理论强调、理论偏重和理论主张。应该如何把握心理学的理论研究或理论探讨的基本方式和内容,是理论心理学研究必须面对的。心理学理论的考察和研究有自己独特的理论传统,这些传统会极大地影响到后续的理论心理学研究,也同时会通过引导心理学的具体研究,而影响到心理学关于研究对象的理解。有不同的理论心理学研究试图去探讨心理学研究中的一系列相应的理论观念或理论范畴。例如,有研究就认为,如果从心理学的历史发展上来看,心理学研究中存在着下面一系列以对立形式呈现的范畴。[①]

意识与无意识。这在心理学研究中被称为有意识的心理主义与无意识的心理主义。有意识的心理主义强调的是,心理学的研究对象是人的心理,人的心理是有意识的,人能够意识到自己的心理事件和心理活动,心理学研究的重心应该放在有意识层面的心理活动上。无意识的心理主义强调的是,人的心理事件具有无意识的特性,有意识的心理都是受到无意识支配的,或者说无意识的心理具有决定性的作用,心理学的研究重心就应该放在无意识层面的心理活动上。

主观论与客观论。这也被称为内容上的主观主义与内容上的客观主义。内容上的主观主义强调,心理学的研究内容或研究对象可以界定为个体主观的心理活动、心理事件或心理经验。例如,西方心理学的创始者冯特的内容心理学,就属于内容上的主观主义。内容上的客观主义则强调,心理学的研究内容或研究对象可以界定为个体客观的可观察行为。主观主义的内容像人的意识应该从心理学的研究对象中被清除出去。例如,西方的行为主义心理学的观点就属于内容上的客观主义。

---

① 叶浩生.论心理学的"范式"与"范畴"[J].南京师大学报(社会科学版),1997(2):67-72.

　　决定论与非决定论。在心理学的研究中,决定论的观点与非决定论的观点也有着长期的对立和争执。决定论的观点认为,所有的心理事件都是有原因的,都是由某种先行的因素决定的,因而心理学的研究可以依照先行的事件来解释心理的活动。非决定论的观点则与此相反,认为人的心理行为或心理意志是自由的,是自我决定的,人可以独立自主地作出选择和决定,并不必然受外在因素的决定。

　　构造主义与机能主义。心理学对于心理现象的考察和研究,有强调心理内容构造的构造主义心理学的主张,也有强调心理适应环境功能的机能主义心理学的主张。心理学的研究探讨的是心理的活动和心理的功能。构造主义探讨的则是心理的内容或意识的构造。机能主义探讨的则是心理的机能或意识的适应。构造主义和机能主义在此主要不是指心理学史上的两个流派,而是指两种心理学的研究取向。这两种不同的研究取向分别强调的是心理行为的不同侧面。构造心理学学派和机能心理学学派只是两种研究取向的极端表现形式。

　　归纳主义与演绎主义。心理学的研究怎样开始和进行?是从个别到一般,由事实到概括,还是从一般到个别,从一般原理到个别结论?这就是心理学研究中的归纳主义与演绎主义的分别。心理学研究中的归纳主义主张,心理学研究从个别的事实和观察入手,在积累足够资料的基础上形成一般性的假设。心理学中的演绎主义则主张,心理学研究从一般性的心理假设着手,从已知的理论去推论出未知的事实。例如,新行为主义者赫尔就是典型的演绎主义者。

　　经验论与唯理论。经验论认为,人的一切知识都源于感觉经验。实证主义和逻辑实证主义都从属于经验论的阵营。心理学研究中的经验论观点主张,心理学研究者的感官经验的证实,是心理学研究的科学性的基础和基点。心理学研究中的经验论的极端就是感觉主义和操作主义。唯理论则认为,人的感觉经验并不是真实可靠的,人的知识是来源于理性本身固有的观念或理念。心理学研究中的唯理论的极端就是官能主义和理性主义。在现代心理学的不同派别中,行为主义者是典型的经验论者,皮亚杰的认知发展理论和乔姆斯基的心理语言理论则在一定程度上属于唯理论。

　　机械论与活力论。心理学研究中的机械论观点,是把人的心理事件或心理现象按照机械活动加以理解。任何在先的原因,都可以引起在后的结果。极端的观点甚至把人看作就是机器,具有固定的反射装置。活力论则反对机械论的主张。哲学中的活力论认为生命、意识是物质的普遍属性,万事万物都具有生命、感觉和思维。心理学中的活力论则强调意识的积极性、主动性和心理现象的有机性,认为对于心理与意识的机械论的分析根本无助于认识心理的本质,而只会歪曲人的心理意识。

客观法与主观法。这是方法论的客观主义与方法论的主观主义。方法论的客观主义强调的是研究方法的可观察性、可重复性、可共证性和可证实性。方法论的主观主义则强调的是研究方法应适合意识和心理本身的特性,认为自然科学的客观实验的方法并不适合心理学的研究对象。这两种对立的研究方法论集中体现了实证论和现象学的方法论对心理学研究的影响。实证论的心理学研究坚持方法论的客观主义,甚至不惜牺牲作为研究对象的人的心理行为的特性和特征。现象学的心理学研究则坚持方法论的主观主义,甚至不惜牺牲作为研究基础的科学客观性的特性和特征。

元素论与整体论。心理学研究中的元素论主张以最基本的单位来解析和说明研究对象,认为只要理解了组成心理整体的元素,就可以对心理整体有清晰的了解。心理学研究中的整体论与之相反,主张把心理整体的研究放在首位,认为整体大于部分之和。心理行为的整体是新质的形成。构造主义和早期的行为主义都主张把研究对象分析成小的单位,是心理学研究中的元素论者。格式塔心理学或完形心理学则强调心理意识的整体特点,是典型的整体论。

一元论与二元论。涉及人的心理行为,就要涉及基本的心物关系或心身关系。在心物关系或心身关系的认识、理解和解说上,就有一元论与二元论的不同主张。在心理学的研究中,有强调一元论的,也有强调二元论的。一元论有唯物和唯心之分,唯物的一元论认为物质是世界的唯一本源,唯心的一元论认为精神是世界的唯一本源。二元论主张物质和精神是世界上两个独立存在的实体。两者之间要么是平行关系,要么是互动关系。心理学发展史上的心身平行论和心身交感论都属于二元论的范畴。

自然主义与超自然主义。心理学研究中的自然主义观点认为,人的心理是根源于自然的和受到自然规律制约的,一切心理现象都不可能超越自然规律,都可以在自然的框架内得到解释。可以说,大部分的心理学家都是自然主义者。但是,也有少数的心理学家,如超个人心理学的研究者则认为,自然的因果规律并不足以解释人的所有心理现象,如人的高峰体验、人的心理顿悟,等等。有超个人心理学家就主张以超自然的原则来解释人的某些心理现象。

一般规律与特殊规律。在心理学的研究中,对于强调揭示人的心理行为的一般规律的研究者来说,试图揭示或发现普适性的、普遍性的、一般性的心理规律,适合解说所有人的共同的心理行为。在心理学研究中,对于强调揭示个体化或个性化的心理特征或心理特性的研究者来说,则把研究的重心放在揭示个体特殊的、独有的心理方面。心理学是研究心理的普遍性的还是研究心理的特殊性,这在实证科学的心理学发展的初期,就有普通心理研究和个性心理研究的区分。

外周论与中枢论。心理学研究中的外周论把心理事件的起因置于人的身体之外,强调外在的影响和干预。行为主义学派的心理学就主张,人的行为是受外在刺激控制的,因而是典型的外周论的研究主张。心理学研究中的中枢论则把心理事件的起因置于人的身体之内,强调内在的影响和决定。认知主义学派的心理学就主张,人的内在认知过程是决定性的,人的认知具有内在的机制,因而是典型的中枢论的研究主张。

纯科学观与纯功利观。心理学研究中的纯科学观起源于实验心理学的创始人冯特,并在其弟子铁钦纳那里达到顶峰。纯科学观反对心理学的应用研究,认为那并非心理学本门,而属技术范围。心理学的研究就是为了揭示心理的基本性质和内在规律。心理学研究中的纯功利观则是追求心理科学的功用、应用、功效、成效,强调心理学的研究应该能够改变和服务于社会。纯科学观常常在心理学的基础研究中得到强调和贯彻,纯功利观则常常在心理学的应用研究中得到强调和贯彻。

质化研究与量化研究。受到实证论与现象学两种方法论的影响,在心理学的研究中就一直存在着重视质化研究与重视量化研究两种不同倾向。质化研究也可以称之为定性研究,把心理现象在性质上的不同作为研究关注的重点,而量化研究也可以称之为定量研究,把心理现象在数量上的体现作为研究关注的重心。定性或质化研究通常被认为是一种人文社会科学的主观研究范式,定量研究或量化研究通常被认为是一种实证自然科学的客观研究范式。在心理学的研究中,质化研究和量化研究都有系列的具体研究方法。质化研究强调的是对研究对象的定性描述,主要的研究方法包括参与观察、深度访谈、传记研究、个案研究、社区研究、档案研究、生活史研究、民族学研究、人种学研究、民族志研究、口语史研究、现象学研究,等等。量化研究强调对研究对象的定量描述,主要的研究方法包括实验研究、量表测量、统计分析,等等。

理性主义与非理性主义。心理学研究中有关注人的心理的理性层面的,也关注人的心理的非理性层面的。理性主义强调人的理性、理智和智慧的主导作用,认为理性能够支配和控制情绪、情感、本能、冲动。非理性主义则强调人的情绪和情感在人类的心理生活中起主要的或主导的作用,理性则处于从属的地位。例如,弗洛伊德的精神分析理论就强调了本能冲动对于人类心理和行为的支配性作用,属于典型的非理性主义。

静止观与发展观。在心理学的研究中,静止观是以不变的模型分析不同发展阶段的心理事实。发展观则把心理事实置于发生和发展的过程中,以动态的眼光看待这些现象。前者是心理学中的静止观点,后者是心理学中的发展观点。心理学研究中的静止观希望在研究中能够找到基本的、固定的模式或定律,这是以不变来应万变的基本的或核心的东西。心理学研究中的发展观则希望在研究中能够揭示演变的过程和发展的趋势,这是人心理行为的最根本的性质和特性。

静态论与动态论。在心理学的研究中,静态论把研究的重点放在心理现象中的持久性的和恒定性的方面,而动态论则把研究的重心放在心理行为的动态性的和动因性的方面。静态论注重心理与行为的静态结构,力图确证基本的原则和不变的结构,动态论则注重心理与行为的动因方面,力求寻找深层次的驱动原因。

在该研究看来,上述的十八对范畴并没有穷尽心理学中的所有范畴,在心理学的发展中发挥影响的范畴至少还应该包括科学性与人文性、还原论与系统论、意识论与行为论、先验论与环境论、本能观与文化观等。因此,心理学是一门缺乏范式的学科,但不是一门缺乏范畴的学科。范畴的多样性决定了心理学学科的复杂性。

有研究考察了中国心理学思想史的范畴体系。① 该研究以人性作为中国心理学思想史体系的元范畴。确定了人性这个元范畴,再具体依据元范畴建构范畴的体系。该体系分为三大部分。第一部分是关于心理实质的三对范畴,包括形与神、心与物、性与习。形与神是中国古代关于心理与生理的关系问题,相当于现代心理学中的身心问题。心与物是关于心理与物质、主观性与客观性的统一,精合感应说则极好地说明了这一观点。性与习则是关于心理的先天遗传与后天环境的关系问题。性与习体现了中国古代学者在肯定先天遗传的基础上,更偏重于环境、教育对心理的影响。第二部分是关于心理过程的三对范畴,包括知与虑、情与欲、志与意。知与虑是关于认识过程的观点,认为认识过程由感性认识的感知和理性认识的思维阶段构成。情与欲是关于情感、需要的观点。情欲对举表明了情感是在需要的基础上产生的,揭示了两者密切关联。志与意则是关于意志、目的、动机的观点,分别从意志与动机(志意说)、意志与行动(志行说)、动机与效果(志功说)之间的关系进行了详细阐述。第三部分是关于个性心理的两对范畴,包括质与性、智与能。质与性探讨的是个体的气质、个性的问题。阴阳五行说、物情不齐说、性品等级说均强调了气质、个性的差异性和等级性。习与性成说则强调了环境、教育对个性的影响改变。智与能探讨的是智力与能力的问题。这里涉及智力与能力的相互促进和转化的关系,智力的个别差异问题,能力、智力与才的关系。

不过,该研究的某些看法有些武断。在该研究看来,中国的古代文化是哲学、伦理学、美学、心理学等多种思想的混合体,难辨你我,如果完全弃除所谓的外在逻辑框架——现代心理学体系,那么整理出来的东西究竟为何物,就难有评判标准,就无法确认中国的心理学。其实,中国的文化传统是贯通的或融通的,从中并没有分离出哲学的探索和心理学的探索。可以说,中国本土的心理学传统关于人的心理行为的阐释,都是建立在心性论的基础之上。进一步,心性论就是把所谓的天道、天命、心性、心理等贯通为一,其他所有关于人的心理行为的阐释和阐述都是从此引申出来的。

---

① 彭彦琴.中国心理学思想史范畴体系的重建[J].心理学探新,2001(1):9-13.

二、心理学的理论范式

有研究认为,基本理论是科学赖以建构的最核心的理论范式,在这一部分发生的变革往往会形成通常意义的科学革命。相对于科学发展的常规性和非常规性(革命性)两个阶段,存在着常规性和非常规性两种不同性质的科学研究活动,以及保守性和创新性两种不同态度的科学研究活动。创新性的研究态度要求科学家应具有理性怀疑的科学批判精神。科学是在自我批判中进化的,这种性质就要求造就更多的具有创新精神的科学家。通常,科学理论都是由相应的概念和基本的定理构成的逻辑体系。在构成科学理论的逻辑体系的相应概念和定理中,总可以区分出两个不同的基本层次:一个是建构理论体系的最初始的概念和定理的层次;另一个是由这些初始的概念和定理所做的进一步的推论而产生的次一级的,或更加次一级的概念和定理。正是这两个不同层次的概念和定理,构成了科学理论的基本理论和非基本理论两个部分。这就是科学理论的结构。科学的进化是通过科学的革命实现的。基本理论是科学赖以建构的基础与核心,在这一部分发生的变革对于整个科学理论的影响是巨大的,是根本的。非基本理论则是由基本理论的推论而派生出来的非基础性或非核心的部分,这一部分的变革对于整个科学理论的影响是比较小的。

按照美国科学哲学家库恩的解释,范式是对人们的科学认识活动起指导和支配作用的理论框架和模式。理论范式的基本要素包括特定时代科学家的共同信念、共同传统,以及理论范式规定的基本理论、基本方法和解决问题的基本范例,还包括科学实验遵循的基本操作规范和在时代影响下形成的科学心理特征。库恩强调的科学范式与科学理论结构中的基本理论是相对应的。正是科学的基本理论,为既定的或特定的科学理论的确立和发展提供了相应的理论模型、模式和规范。库恩将科学发展的过程分为两个阶段:一个是常规的发展阶段;另一个则是非常规(危机与革命)的发展阶段。在科学的常规发展阶段中,科学的发展严格地受控于已有的科学规范(基本理论框架、核心操作方法、常用范例规则)的支配,科学工作的任务只是努力去阐明和发展现有的科学范式。在科学的非常规发展阶段,科学的任务发生了根本性的变化,科学研究工作不是立足阐明和发展现有的科学规范,而是立足对现有科学规范进行质疑、改造或批判,并尝试建立一种新的科学规范来限定、改变和替代现有的科学规范。科学的常规发展阶段代表的是科学发展的量的积累的渐变过程,而突破既定科学范式的界限,通过范式更替的科学非常规发展阶段,则代表的是科学发展的质的进化的突变过程。科学通过非常规的发展阶段实现的是自身的革命。科学革命通常会在两种意义上展示其变革的结果:一种是新的科学范式在整体上取代旧的科学范式,这是一种范式更替型的革命;另一种是新的科学范式限定了旧的科学范式适用的范围,这是一种领域分割式的革命。为了强调范式变革的创新性和革命性意义,库恩提出不同范式之间具有不可通约性的理论。

与科学发展的两个阶段相对应,存在着两种不同性质的科学研究活动过程:一种是常规性的科学研究过程;一种是非常规性的科学研究过程。与两类不同研究性质的科学研究活动方式相对应,科学家就有两种不同的研究态度:一种是在常规性研究中具有的保守性的研究态度;另一种是在非常规性研究中体现的创新性研究态度。在常规性研究活动中,科学家们对待既有科学范式的态度更多具有的是不容怀疑的保守性态度。他们工作的目标不是为了创建新理论,而是为了阐释、完善、推广和应用旧理论。在非常规性的研究活动中,科学家们总是用一种理性怀疑和科学批判的态度对待科学。他们的工作态度更多地具有"离经叛道"的创新性指向。理论创新就是在不断扬弃原有的思想、学说和理论的基础上,通过创造性的思维活动,不断地突破旧有的理论范式,创造出新的理论范式,提供新的思想、新的学说和新的理论的过程。理论创新是理论突破和理论发展的关键性环节,是理论进步的内在动力。理论创新是对常规、戒律、俗套和传统的冲击和挑战,表现为对传统、权威的破坏和摒弃。理论创新具有深刻性的特点,这不是原样克隆和简单复制,而是一种开拓性和创造性的活动,表现出用超常、超前和超越的新理论去取代旧理论,使新的理论具有时代性和前瞻性。①

有研究认为,对心理学而言,库恩的范式论蕴涵着丰富的方法论思想。在心理学的研究对象上,范式论对科学主义的分析与批判和对科学中人性的张扬,有助于科学心理学重新回到人的主题。在心理学的研究方法上,范式论对

---

① 刘燕青.科学结构、科学革命与科学家的创新精神[J].江南大学学报(人文社会科学版),2009(3):16-20.

自然科学的解释学特征的阐释,使人文心理学的解释学方法纳入科学心理学成为可能。在心理学的理论建设上,范式论反对和批判科学的积累观,强调心理学理论的革命性转换。这就使理论心理学有可能走向复兴。①

有研究主张,范式论对于心理学具有双重的意义,其中蕴含着深刻的矛盾。就积极方面而言,范式论有利于消解心理学不同范式之间的对立,促进不同范式之间的相互理解与融合,启发人们对传统心理学的理性主义人性观进行批判性反思,彰显了理论研究对心理学的重要性。就消极方面而言,如果不能全面把握范式论对心理学的方法论蕴涵,盲目地将库恩的科学发展模式引进心理学,意味着对心理学中的实证主义倾向的认同。此外,范式论倡导的相对主义价值观有可能加剧心理学的分裂与破碎。②

有研究指出,库恩的范式论在心理学界引起了革命论与渐进论的争论,促进了对心理学科学性的反思。库恩的范式论本质上是科学观和方法论,是对科学主义的反叛。库恩对文化历史、社会心理和价值取向等因素的关注,有利于消解心理学中科学主义与人文主义的对立,促进心理学的统一与整合。范式论强调理论在科学研究中的作用,为理论心理学的复兴提供了哲学依据。库恩对科学主义的价值中立说进行了批判,提出了相对真理观和多元价值论,这又为心理学重视文化因素提供了方法论基础。

库恩的范式论从科学哲学内部动摇了科学心理学的哲学根基——实证主义,消解了心理学中科学主义与人文主义的对立,为心理学的统一与整合提供了可能性。一是库恩的范式论是对实证主义的科学观与方法论的反叛。库恩的范式论否证了经验实证原则,提出了经验事实具有主观特性的观点,理论已经不再是经过实证研究后的产品,而是一种"先在的"观念、信念的格式塔。库恩注重人的社会、文化、历史的属性,强调科学研究中人的因素与社会心理的作用,为科学哲学注入了人文的和非理性的因素,使科学哲学从科学主义发展成历史主义,使心理学中重视人文倾向的研究成为可能。二是库恩的范式论消解了科学主义与人文主义的对立。科学主义与人文主义的长期对峙构成了西方心理学发展的主线。库恩强调科学与其他文

① 丁道群.库恩范式论的心理学方法论蕴涵[J].自然辩证法研究,2001(8):56-59,69.
② 杨莉萍.范式论对于心理学研究的双重意义[J].南京师大学报(社会科学版),2001(3):90-96.

化的联系、科学的时代性与历史性,以及科学活动中人文的价值取向及其作用。科学哲学这种人文转向,对心理学摆脱科学主义的束缚,将人文心理学的解释学方法纳入科学心理学范畴,具有着积极的意义。正是在这个意义上,库恩的范式论有助于消解心理学中科学主义与人文主义的对立。三是库恩的范式论促进了科学主义与人文主义的整合,有利于心理学的统一与融合。库恩的范式论大大动摇了科学主义的阵营,使科学哲学转向对人文精神的关注。未来的心理学应该既是科学的又是人文的,心理学应该是科学主义研究取向与人文主义研究取向的统合、客观实验范式与主观经验范式的统合,心理学必将结束分裂与危机,走向统一与融合。①

　　有研究对心理学研究运用库恩的范式论提出了质疑,认为这是一种肤浅的套用。该研究认为,心理学家经常在多种意义上使用范式的概念。第一,把范式视为学派的理论框架或学派的理论基础。在这种意义上,范式是区分一个学派和另一个学派的显著标志。第二,把范式视为研究领域的标志,如把认知的研究领域视为认知范式,把人格的研究领域视为人格范式,把认知神经科学的领域视为认知神经科学范式,把毕生发展的研究视为毕生发展范式,等等。每一个研究领域有自己独特的角度和方法,这种特有的分析角度和研究方法就成为该领域的范式。第三,把范式看成是心理学家的指导思想,看成是心理学家特定群体信奉的世界观和方法论。这样一来,理论观点的冲突就被视为范式的冲突,不同心理学家之间的争论也被视为范式的争斗。第四,把范式看成是理论假设,提出一种新的观点或研究设想就被视为提出一种新范式,而不考虑范式在库恩的理论中究竟是什么含义。第五,把范式看成是个人的信念和态度系统,个人信念的转变被视为范式的转变。这种使用范式概念的方式仅仅满足于肤浅的套用,缺乏对范式论的深入思考,阻碍了心理学家对学科基本理论问题的思索,对于心理学自身的理解没有多少实际的帮助。② 显然,范式论是否适合解说心理学的演变和发展,在中国本土去推进和发展心理学可否借用范式论,还需要研究者的深入探讨。

----

① 　郭爱妹.库恩的范式论与心理学的发展[J].江海学刊,2001(6):102-107.
② 　叶浩生.库恩范式论在心理学中的反响与应用[J].自然辩证法研究,2006(9):31-35,76.

心理学研究是否拥有自己的科学研究范式,心理学家群体是否持有统一的科学研究规范,这都成为心理学是否为一门独立成熟的科学分支的根本性和核心性的尺度。这也成为衡量心理学理论演变和科学进步的关键性和原则性的标准。

三、心理学的理论更替

有研究考察了心理学理论研究的范式转换及其意义。[①] 在该研究看来,世界性的心理学理论研究度过了一个困难的时期,逐渐地上升为学科发展的亮点。当前心理学理论研究的复兴主要得益于后实证主义范式的出现。后实证主义范式将科学实在论和科学解释学作为核心理论假设,试图以新的维度重建心理学的科学基础。以理论心理学、文化心理学、社会建构论、修辞心理学、辩证法心理学等为代表的后实证主义研究思潮的日益勃兴,不断展现出心理学理论研究的内在学术魅力与文化自信。

当代心理学理论研究范式的转换面对的是后实证主义的崛起。后实证主义是在 20 世纪自然科学蓬勃发展的基础上产生的新的思想资源。这一新的心理学研究范式以科学实在论和科学解释学为理论框架,试图以新的维度来重建心理学的科学认识论和方法论基础,形成一种不同于实证主义的新的研究形态。为了摆脱实证主义的自然科学观和研究方法论的困扰,进一步确立和重建一种更适合心理行为研究的新的科学观和方法论,后实证主义心理学研究者将现代的科学实在论、科学解释学和哲学现象学作为自己的理论工具。

科学实在论是承认科学理论实体的客观存在并坚持客观真理的学派,是倡导对科学知识的解释要保证其正确性的一种学说。科学实在论主张,科学与实在有联系,科学与真理有联系。科学实在论所讲的"实在",就意味着"存在着的东西"。科学实在论强调客观世界存在着三种意义上的"实在"内容:一是指独立于人的客观实在,其本质特征是超验性;二是指经验的实在,即人的经验可触及的实在;三是指功能性实在、关系性实在和观念性实在。

---

① 李金辉.科学解释学的三重维度[J].北方论丛,2006(1):114-117.

　　科学解释学是目前后实证主义心理学研究的另一个重要方法论武器。解释学是有关意义、理解和解释等问题的学说体系。科学解释学认为科学并不是没有前提的，对科学的理解无法摆脱解释学循环。解释学循环是指，对文本进行解释时，理解者根据文本的细节来理解其整体，又根据文本的整体来理解其细节的不断循环过程。科学是人的一种生存方式，是人的一种生存实践。科学不能在脱离解释学的人类真空（纯粹的自然界）中存在，科学不是与人无关的纯粹客观的公理化、形式化体系。科学必须在人类共在的社会中、文化中和政治中得以生存。对科学解释学的完整理解，离不开科学知识社会学、科学微观文化学、科学微观政治学这三重维度。科学解释学的微观社会学维度就是指对科学的社会学前提的研究，考察的是科学知识生产过程中社会因素的决定性影响，也考察科学作为一个整体与社会的关系。科学解释学的政治学维度是研究科学的政治学前提，以科学知识与权力的关联为自己的研究对象。科学解释学的文化学维度是指对科学的文化学前提的研究。科学作为一种文化实践形式，处于整个社会文化大系统，并和其他文化形式相互作用、相互影响。

　　哲学现象学有狭义和广义的区别。狭义的现象学是指 20 世纪西方哲学中，德国哲学家胡塞尔创立的哲学思想流派。现象学学说主要由胡塞尔本人及其早期追随者的哲学理论构成。胡塞尔提出了一套描述现象学方法，即通过直接、细微的内省分析，以澄清含混的经验，从而获得各种不同的具体经验间的不变部分，即现象或现象本质。胡塞尔现象学的研究对象侧重于意识本身，尤其是意向性活动或意向关系。目标是使现象学还原为纯粹意识或纯粹自我，使知识的客观性或确定性建立在纯主观性的基础上。广义的现象学则是指哲学的思潮，其内容除胡塞尔哲学外，还包括直接和间接受其影响而产生的各种哲学理论，以及 20 世纪西方人文学科中运用的现象学原则和现象学方法。

　　心理学理论研究有其重点领域和前沿主题。后实证主义者不仅在反思传统心理学的基础性前提的方面提供了重要的思想资源，而且在探索新的心理学知识理论形态方面也做出了贡献。以元理论研究、文化心理学、社会建构论为代表的一批新的研究范式初现端倪，汇成了当前心理学理论研究的前沿主题。

一是心理学的元理论研究。有关理论本身及其社会意义、技术、方法、策略手段、选择和评价的,是最重要的一类知识,这就是元理论和元技术。元理论和元技术是一种在整体意义上更多更好的理论或技术。因此,重新思考传统基础理论的价值和重建科学的元理论基础,便成为当代心理学的重要发展趋势。元理论是指以学科研究自身、学科研究状态、学科发展规律等作为对象的研究取向,元理论的研究内容可以划分为三个部分。第一个部分是作为获得对理论更深刻理解手段的元理论,努力发展现存学科理论的潜在结构。第二个部分是作为理论发展前奏的元理论,即研究理论就是为了产生更新的理论。第三个部分是作为中心观点来源的元理论,即研究理论是为了产生一种成为部分或全部心理学理论之中心的观点。

二是心理学的多元方法论研究。方法论是心理学理论研究中必要的组成部分。新兴的和科学的理论基础必然要求重建科学的方法论,以便为心理学研究提供新的途径和视角。所谓的方法论,是指讨论研究方法如何符合科学原理的理论,其中包括研究方法的指导思想、选择方法的依据、理论评价的标准、科学哲学对心理学的影响、方法与对象的关系、研究方法的利弊得失、心理学研究应遵循的指导原则,等等。后实证主义者反对以定量方法评价一切的做法,提倡多元化的方法论模式,认为方法的丰富性和多元性是学科成熟的标志。成熟学科的理论范式应该是相对稳定的,研究方法应该是多元共存的。通过多元多样的方法,可以科学揭示出对象的丰富内涵。多元的成分之间是互补的、和谐的,而不是对立的、矛盾的。

三是文化反思与心理学的理论建设。从文化的视角,以文化为根基,来探讨心理学的学科和发展,是当代心理学理论研究的另一个重要特点。心理学研究的文化学转向是加强心理学理论建设的重要思想立足点和理论切入点。文化与心理学的发展是相互关联的,创造文化的意义,寻求文化的意义,是人类心理行为的真正根源。探讨心理学研究中文化热的原因,寻求心理学研究的文化本性,理解人的心理行为的文化特性,建构心理学发展的文化根基,形成心理学创新的文化氛围,这都是心理学理论建设的文化反思的基本内容。心理学的发展根本不可能脱离开文化的传统、文化的历史、文化的基础、文化的背景、文化的延续和文化的发展。

四是社会建构论与修辞心理学。在后经验主义的时代,一个典型特征就是强调理论的社会建构特性。有研究指出,目前的社会建构论主要由后现代的社会建构论、实在主义的社会建构论和修辞反应的社会建构论三个派别组成。在哲学本体论上,社会建构论认为,世界上根本不存在真理、本质和规律,唯一的实在乃是语言。在科学认识论上,社会建构论以有机整体观和生态科学观为依据,试图克服传统科学主义的内在危机,再现科学的魅力,进而建构起一种具有内生性的"真善美统一"的后现代世界观与科学观。在科学方法论上,社会建构论者是多元主义、相对主义和实用主义者,他们认为,不存在方法,不存在规则,科学研究只是怀疑一切,甚至声称"就方法而言,怎么都行"。在心理学领域中,社会建构论的最主要特征是反本质主义、反基础主义、反方法中心主义和反个体主义。① 修辞和叙事并不是文学的独有产物,实际上科学也在运用这种手段,以增加理论的魅力。修辞和叙事具有方法论的意义,科学陈述其实都是建立在修辞的操作上。修辞心理学研究的是人的语言运用心理——修辞心理,专以人的修辞心理,特别是以人的修辞心理现象为主要研究对象。

　　五是辩证法心理学。社会建构论和修辞心理学的崛起,也为重新反思辩证法的存在和重新构建辩证法的思维,提供了一种新的机遇。辩证法不仅为人们理解当代生活和社会发展提供了一种重要的思维方式,而且对心理学科学观重建的理解将具有更开阔的思想视野和更深远的历史眼光。辩证法心理学(dialectical psychology)是20世纪60年代末70年代初在美国心理学界出现的一种研究趋向或思想潮流。辩证法心理学反对近代心理学中盛行的形而上学的分析、割裂、孤立、静止的研究,倡导把辩证法作为心理学研究的理论基础和理论框架,主张对人的心理现象开展辩证法的综合、联系、变化和发展的研究。辩证法心理学有两个研究主题:一是以辩证法作为心理学的研究范式,在现实的总体性联系中探讨心理现象,注重活动、变化、发展、矛盾和危机的分析,揭示发展着的个体与变化着的环境之间的相互影响。二是以辩证法作为心理学的理论框架,综合以往心理学研究成果,把心理学中的各种理论观点看成是在不同的侧面对心理现象的揭示,以达到互

---

① 霍涌泉.社会建构论心理学的理论张力[J].陕西师范大学学报(哲学社会科学版),2009(6):62-68.

补性的综合。

后实证主义研究范式的转换被一些研究认为具有着重要的意义。正是在这些研究看来,当代心理学的理论研究中,许多关键领域在性质上的变化,无疑对于中国心理学的学科建设和发展具有重要的启示和借鉴意义。重要的是,研究区分了这样两种不同的心理学。研究认为,推动西方现代心理学持续进步的根本动因来自作为思想的心理学和作为科学的心理学。科学的心理学与思想的心理学可以并行不悖。后实证主义心理学的研究范式更多属于思想的心理学。后实证主义的心理学研究标示着一种新的科学观和方法论的问世。只有选择具有自然主义与人本主义相统一的多元范式,才能超越当前实证心理学研究中的简单主义与还原主义的困境。这种研究主张,把理论心理学的研究与实证心理学的研究当作心理学研究中两种不同的研究范式。这就等于是强化了原本在心理学研究中就存在着的实证研究与理论研究之间的对立和对抗。当然,该研究也认为,在世纪之交出现的心理学理论研究范式与实证主义范式之间固然存在着很多重大的分歧,但也蕴涵着某种潜在的建设性发展良机。从微观层面来讲,许多具体研究需要有丰富的实证资料的支持,而大量的实证研究结果也需要形成一种比较系统化的理论假设。从宏观的层面而言,具体的实证研究会开始逐渐关心那些经验性工作中包含的形而上的问题。①

心理学理论的更替在于新理论替代了旧理论。这包括了心理学理论原则的转换、理论模式的完善、理论解释的深化、理论边界的扩展、理论引导的增强。从旧理论到新理论,这是心理学理论解释力和影响力的放大。

四、心理学的理论创新

中国心理学的本土化运动已经从艰难的起步阶段走向茁壮成长阶段,又从茁壮成长阶段走向原始创新阶段。这也就是从探讨是否进行心理学本土化的研究转向探讨如何进行本土化的研究,又转向如何创新本土化的研究。本土化的研究课题不断地推新和增加,本土化的研究成果也日益多样

---

① 霍涌泉,刘华. 心理学理论研究的范式转换及其意义[J]. 陕西师范大学学报(哲学社会科学版),2007(4):111-117.

和丰硕。致力于心理学本土化的中国的心理学家已在积极建立中国人的心理学。目前的所谓中国人的心理学,包容着各种各样的本土化研究成果,其本土化的性质是有差异的,其本土化的程度也是有不同的。中国文化圈中的心理资源是由多方面的内容构成的,这既包括独特的心理学传统,也包括独特的心理学理论、方法和技术,也包括中国本土带有文化印记的心理生活。目前的本土化研究定向是以中国人的心理行为作为研究对象,但只是把带有文化印记的心理生活从心理文化中分离出来,放在了科学考察的聚光点上。目前的本土化研究也挖掘中国本土的传统心理学,但只是将其从心理文化中分离出来,看作是已被现代心理学超越和取代的历史古董。不过,新的突破已在酝酿之中,新的创造也已在推进之中。

中国心理学的本土化研究在一个相当短的时期里,取得了相当重要的成果。如果从心理学的科学观上来看,中国心理学本土化的研究已经从试图扩展西方心理学的研究内容,转向了试图突破西方心理学的研究方式。但是,中国心理学在科学观上并未能超越西方的科学心理学,或者说仍然是持有西方心理学的封闭的科学观,没有脱出这种封闭性的限制。这个阶段的研究可以分成两类。一类是以中国人为被试,但研究工具、方法、概念和理论仍然是西方式的,这类研究在本土化努力的初期非常多见。另一类则不仅是以中国人为被试,而且试图寻找适合考察和研究中国人的心理行为的工具、方法、概念和理论,这类研究也只是做到了改变研究工具、方法、概念和理论的内容,而没有改变其基本的实证科学的性质或方式,追求的仍然是西方科学心理学的那种研究方法的有效性和理论解释的合理性。

中国心理学的本土化研究也试图突破和扩展西方心理学的研究方式。这个阶段是在转换研究被试的基础上的进步和发展。这只是一种逐渐的变化和过渡,反映出研究的进程和趋势。这个阶段的研究开始寻求突破西方心理学的封闭的实证科学观的限制,而去寻求更具超脱性的和更加多样化的思想理论、研究方法和应用技术。这个阶段的研究也可以分成两类。一类研究是对西方科学心理学的封闭科学观的带有盲目性的突破,这就使多样化的研究变成了杂乱性的探寻。一段时期以来的一部分研究就缺少必要的规范性,而具有更多的尝试性。另一类研究则是试图有意识地清算西方心理学封闭的科学观,寻求建立一种开放的科学观,从而为中国心理学的本土化研究设置必要的规范。

在目前的阶段,中国本土心理学的发展最缺少的是原始性创新,这包括理论的原始性创新、方法的原始性创新和技术的原始性创新。长期的引进和模仿,使中国的心理学研究者习惯了引经据典,习惯了用别人的话语去说别人的研究,习惯了借用权威的思想和理论,习惯了走多数人共同在走的道路,习惯了符合规范和按部就班。当然,再进一步是用别人的话语去说自己的研究,最终是用自己的话语去说自己的研究。这需要的就是学术的独立和学术的创新,而独立学术的生命就在于创新。应该说,没有心理学的创新,就没有心理学的学术。当然,任何心理学的学术创新的努力都会是非常艰难的。越是全新的突破,越需要深厚的基础。没有深厚基础的创新,实际上就是胡言乱语、痴人说梦。创新需要积累,学术的创新需要学术的积累,心理学的学术创新需要心理学的学术积累,心理学的原始性创新就需要心理学的原始性积累。心理学的创新可以是理论上的创新,可以是方法上的创新,可以是技术上的创新。心理学的理论创新是不可替代的心理学创新的活动和创新的核心。

科学心理学在寻求独立的时期,重视的是怎样与其他的学科,特别是与自己的母体学科划清界线。这使心理学开始有了自己的独立身份和自立行走。但是,在这个过程当中,心理学常常会封闭自己的门户,隔绝与其他学科的联系。这就使自己的研究脱离了许多重要的方面。如脱离了生活,脱离了文化,脱离了其他学科,脱离了历史资源,脱离了现实发展,脱离了未来定向。当代社会的发展,使交流与合作成为文化的和社会的主流,使互动与共生成为学科的和学术的基调。同样,这也应该成为心理学的主流,成为心理学发展的潮流,成为心理学学科的基调,成为心理学学术的基础。

第三节　理论心理学的研究

心理学已经成为独立的学科门类。理论心理学则是心理学研究中的基本构成部分和重要分支学科。理论心理学的研究主要涉及两个方面的内容:一是对心理学研究对象和研究方式的理论预设或前提假设的哲学反思;

二是对心理学研究对象的理论描述、理论解说和理论建构。这是心理学作为科学门类的基本理论框架、基本理论原则、基本理论建构和基本理论内涵。理论心理学的研究包括理论心理学的研究内容、研究方式和研究历史。任何一门科学分支的确立、发展和成熟，都取决于理论和方法的成熟。心理学也同样是如此。理论心理学作为心理学的学科分支，就是心理学的理论框架和理论内容。

一、理论心理学的研究内容

理论心理学是心理学的重要分支学科，是在心理学研究中作为基本骨架的重要研究内容。理论心理学是从非经验的角度，通过分析、综合、归纳、类比、假设、抽象、演绎或推理等多种理论思维的方式对心理现象进行的探索，是对心理学学科本身发展中的一些问题进行的反思。理论心理学在心理学中的地位就像理论物理学、理论化学在物理学和化学中的地位一样，是心理学学科体系中不可缺少的组成部分。就理论心理学的内容范围来说，目前的理论心理学研究者大部分认可的是，理论心理学包含着两个大的方面——元理论(metatheory)和实体理论(substantive theory)。元理论是学科的基础理论，是心理学学科性质的高度理论概括，是心理学的实体理论和研究方法的指导思想和指导原则。实体理论不同于元理论，实体理论的研究对象不是心理现象或心理科学的整体，而是一些特殊的、具体的心理现象或问题。如果说元理论的探讨主要依赖于抽象思辨的方法，那么实体理论的探讨则更多地依赖逻辑推理和数学演绎的方法。心理学恰恰处在这样一种阶段，需要理论心理学发挥其在理论思维方面的优势，为建成统一的心理科学而起到自己的作用。①

理论心理学成为心理学的学科分支，既是心理科学的发展历程，也是学科不断完善的标志。理论心理学的兴起表明，心理学已开始拥有自己的理论框架，已开始寻求自己的理论根基，已开始致力自己的学科统一，已开始确立自己的学科地位。建构理论心理学的内容体系，就应该汇聚心理学学术研究的理论资源，迎合心理学学术发展的历史潮流，扶持高素质的理论心

① 叶浩生.理论心理学辨析[J].心理科学,1999(6)：549-550.

理学家,开展更深入的理论研究,推动更活跃的理论创新,确立本土理论心理学的发展道路,建构本土理论心理学的基本框架。

心理学作为一门学科,一直都有自己的理论学说、理论建构和理论发展。把心理学的理论探索汇聚在理论心理学的学科门类之下,并支撑心理学的学术体系,这是心理学学科成熟的重要标志。作为一门新兴的心理学分支学科,理论心理学是从非经验的角度,以理论思维的方法对心理学研究中的基本问题进行探索。这些问题不仅包括心理现象发生、发展的一般规律,而且包括心理学自身的学科问题,如心理学的学科性质、心理学与其他学科的关系、心理学的方法论问题等。前者构成了理论心理学的实体理论,即关于意识和心理的特性以及各种具体的心理现象和心理过程的理论;后者则构成了心理学中的元理论,即通常所说的基本理论。基本理论是心理学理论与方法的指导思想和指导原则。建构理论心理学体系,应同时包括实体理论和元理论两部分。

有研究对理论心理学研究中的元理论研究和实体理论研究进行了如下界定。心理学的元理论应该包括心理学的学科问题、心理学的方法和心理学的基本框架等这样一些问题。心理学的学科问题,包括心理学学科及其研究对象的性质问题,心理学发展过程中的经验教训,未来的发展趋势和方向,心理学与哲学、生理学、物理学等自然科学的关系,心理学与其他社会科学的关系,心理学与社会的关系,心理学研究的社会意义和伦理意义,等等。心理学的方法问题,包括心理学研究方法的指导思想、选择方法的依据、理论的评价标准、哲学的理论反思、方法与对象的关系、研究方法的利弊得失、心理学研究的指导原则等。心理学的基本框架,包括心理现象的分类,各分支学科的内在联系,沟通不同分支学科、不同心理现象、不同理论学派之间的概念框架,等等。心理学的实体理论则应该包括一般理论和具体理论这两个方面的内容。一般理论,例如心理学研究中的混沌理论、人工智能理论、心理学的系统论、心理过程的信息论、项目反应理论、决定论和意识论,等等。具体理论,例如感觉理论、知觉理论、学习理论、情绪理论、人格理论、能力理论和创造理论,等等。实体理论的一个共同特点是,理论思维同实证研究相互结合,即从其他实证学科中获取数据和资料,从中抽象概括出一般的规律和特点。但是,目前这类理论的一个明显缺陷是,由于缺乏元理论的指导,这类理论往往相互矛盾,彼此冲突,难以构成完整的理论体系。①

理论心理学的研究内容包含了关于心理学研究前提的反思,包含了关于心理学研究方式的设定,也包含了关于研究对象的解说。这三个方面又是相互贯通和相互支撑的。

二、理论心理学的研究方式

在一些理论心理学的研究者看来,随着经验实证主义的衰落,心理学迎来了后经验主义时代。在后经验主义时代,人们对理论建构和经验观察的关系有了新的理解。理论建构不再是经验观察的附属物,而经验事实却是被理论决定的。理论不是经验事实的概括和归纳,而是一种文化历史的建构。后经验主义时代的理论心理学以库恩的范式论、现象学、释义学和社会建构论作为自己的哲学基础。理论的评价标准不再是与经验事实的一致性。经验事实由于受到理论的"污染",已经不再是一种客观的标准。在后经验主义的条件下,理论的评价标准可以建立在概念与逻辑、修辞与叙事、价值观念与意识形态以及实践与应用的水平上。

在经验主义的思想体系中,心理学家对理论的理解是非常狭隘的。这主要包括三个方面。第一,理论是对事实的归纳和抽象。这是心理学家对理论最流行的看法。依据这种观点,理论不是独立存在的,而是依附于事实的,是心理学家在经过长期艰苦的事实搜集之后的归纳整理工作。心理学家对得到的经验事实进行分析和综合,归纳和抽象,从中概括出概念、定律、理论原则、思想观念等一般性原理。这些一般性原理组合起来的体系就构成了理论的雏形。第二,理论是对事实的解释。科学的首要活动就是搜集经验事实,但是经验事实是零散的,有时事实与事实之间还存在着矛盾与冲突。因此,就需要理论家来做"勾缝"的工作,找出经验事实之间的联系,解释矛盾与冲突的事实。第三,理论是实验假设的来源。实验作为经验观察的最高和最科学的形式是经验主义最推崇的研究方法。但是,心理学家在实验进行之前,总是先形成和具有某种假设,然后通过实验去验证这个假

---

① 叶浩生.论理论心理学的概念、性质与作用[J].湖南师范大学教育科学学报,2003(3):58-61,70.

设。如果假设通过了实验验证,则成为某种真理性的认识,如果不能通过,假设则被抛弃。

在后经验主义时代,理论的首要功能是评价和批判,是心理学家对自己经验工作的反思和反省。与经验主义的观点相反,后经验主义时代的理论并非来源于观察与实验等经验操作活动。理论不是经验事实搜集之后的概括和归纳。后经验主义时代的一个典型特征是强调理论的社会建构特性。后经验主义条件下,理论本身是独立的,是思想家在科学活动和社会实践中的建构和发明。理论概念不是经验归纳的产物,而是一种社会建构,是植根于特定历史和文化的人们协商、对话的结果。总之,理论是"发明"的,而不是对经验资料的一种"归纳和概括"。后经验主义时代的理论是一种对话。在后经验主义时代,理论既然是一种社会建构,那么不同的历史时期、不同的学派和人物各有其自己的建构,因而任何一种建构都没有特权宣称自己的理论观点是永恒的真理。相反,理论仅仅是暂时性的,是一个不断展开的对话过程,可根据实践的需要进行补充和修正。

在后经验主义条件下,由于经验事实及其验证的方法本身都是由理论决定的,与经验证据的相符不再是唯一的理论评价标准。理论的评价除了传统的简约性、概括性、紧凑性等传统的标准外,还可以考虑四个标准。一是概念和逻辑标准。这是一种最简单、最实用的评判标准,采用的是概念水平的逻辑分析方法,这种方法具有判断和鉴别概念、命题、理论真伪的功能。概念和逻辑水平上的分析包括三个方面:分析理论内部各要素之间在逻辑上是不是相容的和一致的;分析该理论与处于背景知识中的其他理论的相容性和一致性;分析理论与该理论建立者所持认识论、方法论的相容性。二是价值和社会标准。价值无涉的心理科学观支持了经验主义的理论评价标准,认为心理学理论的唯一评价标准是与心理事实的客观一致性。价值评判和意识形态功能的分析是科学心理学不允许的,但是心理学的所有理论都不能逃脱价值和意识形态的束缚。理论的评价是可以在价值和意识形态的水平上进行的。通过分析理论的社会价值和意识形态的功能,可以判断理论的好坏优劣。三是修辞和叙事标准。修辞和叙事作为一种文学表现手法一直受到经验实证科学观的排斥。后现代主义揭示出真理的社会建构特性:真理不是通过客观方法"发现"的,而是一种"发明",是一种文化历史的建构。修辞和叙事具有了方法论的意义,即不仅是一种文字的修饰与表现,而且是一种本质的陈述与建构。四是实践和应用标准。在后经验主义时代,理论与实践已经不再是处于分离的或分裂的状态。这就意味着,理论建构同社会实践是交融的:理论话语是社会互动中的人们对话、协商和建构的产物。同时,社会生活的实践者也利用理论话语为自己的行动提供理由。①

近年来,西方的理论心理学在强调心理学研究方法的科学性方面做出了非常积极的探索,其中的元分析技术方法和质性研究方法是心理学理论研究富有成效的研究方式和研究方法。

元分析技术方法,是对已有研究结果的总体性分析。元分析使用测量和统计分析技术,对一些研究或实验进行定量化的总结,并寻找出相同内容的研究结果反映的共同效应。这已成为理论心理学总结和评价研究的有效手段,被认为是研究方法的重要革新。元分析的研究步骤是由四个部分组成:一是对以往研究文献的检索与收集;二是对相关研究的分类与编码;三是对研究结果的测定和分析;四是对现有研究的评判和评价。这对于心理学的研究有着重要的意义,为理论心理学的研究提供了严谨、规范的研究程序。后实证主义心理学中的定性或质性研究方法的兴起,也为理论心理学的研究提供了新的认识工具。长期以来,物理主义的统一性定量研究范式,在不断地困扰着心理学。心理学中的许多“鸿沟与争论”,均起源于这一障碍。后实证主义心理学认为,心理学的规律不同于物理学的规律,企图用几个基本公式概括所有的心理现象和行为模式是不切实际的。而且,其他自然科学的规律也不一定都是量化的规律,多数也属于质化的规律。心理学的规律类似于生物学的规律。生物学的知识是依赖于对千百万种的动植物的研究,许多生物学的规律都只适用于单一物种。因此,只有在最抽象最本质的水平上,才能谈论生物学最一般的规律。心理学的理论应从生物学的理论中得到启发。运用质性研究方法可以建构心理学中的许多定性结构规律。②

理论心理学的研究方式是不可替代的。这种方式是理论反思、理论考察、理论建构和理论解释。这种研究方式既是针对心理科学的,也是针对心

① 叶浩生.后经验主义时代的理论心理学[J].心理学报,2007(1):184-190.
② 霍涌泉,安伯欣.西方理论心理学的复兴及其面临的挑战[J].陕西师范大学学报(哲学社会科学版),2002(6):113-119.

理行为的。这是特定的思想方法、思维方式和思考方略。

三、理论心理学的研究历史

理论心理学研究的复兴是近年来西方心理学发展的新特点和新热点。西方理论心理学研究的重点,并不是通过理论化的简单转向来克服心理学发展中的困难,或以总体的、一般的抽象术语重新发明元理论,而是力图在提高理论研究方式的科学化水平基础上,加强对具体的、中等水平的亚理论问题的整合性学术探讨,进一步寻求心理学理论研究走向繁荣的学科内在发展机制。

在科学的发展历程中,理论总是某一学科的重要组成部分。理论心理学是以理论思维的方法对心理学的基本问题和一般规律进行探索的一门学科,是心理学各个不同分支学科的理论基础。心理学的理论研究虽然一直伴随着科学心理学的发展,但是作为一门独立的学科分支,理论心理学是诞生于 20 世纪 60 年代末期。

在 20 世纪 80 年代中期以后,北美和欧洲的心理学界可以说是真正地掀起了一个理论研究的热潮。在这个发展时期,最突出的特点就是形成了比较统一的研究力量,出版了专门的理论学术刊物,建立了理论心理学的国际组织。近 20 年来,理论心理学的研究在西方的复兴,实际上与文化心理学、认知科学、认知哲学、生态心理学、质性方法学等理论分支学科的复兴与繁荣并行不悖。

从注重元理论研究向实体理论的整合探讨的转变,是目前西方理论心理学发展的重点。在一段时期,心理学的元理论研究曾经被认为是理论心理学的发展重心。理论心理学本应属于一种新的知识形态,其长远目标应该是建构统一的元理论,形成所谓的"大心理学观"。但是就理论心理学的近期和中期发展目标而言,其研究重点应该是加强对实体理论及亚理论的整合,以便为实现长期的学科发展目标做好科学理论上的准备。近年来,西方的理论心理学对于实体理论及亚理论的整合性研究内容主要集中于十二个主题:认知、知觉和符号学;方法学,如假设检验、数学模型;临床心理学和心理病理学、精神疾病的研究;心理学哲学;社会心理学与发展心理学;女性主义和社会性别;社会建构主义心理学;历史研究或涉及编史的研究;批判性理论与心理学的社会性评论;精神分析与新精神分析;解释学和现象学;

后现代主义和解构主义。今后理论心理学的研究还可以有五大任务：专注于方法论的假设理解学科的分裂；整合后现代主义；阐明心理学的全球化趋势；探讨理论模式和理论假设的应用。

当前西方理论心理学的另一个重要的发展变化或发展特点是，理论研究的后基础论运动的发展已经成为趋势，研究投入的热情日益高涨。这一后基础论运动研究势力的主要代表，就包括社会建构主义、解释学、女性主义、后认知主义、后实证心理学和推论心理学。

目前的研究也在积极探索理论心理学的新的研究技术和新的研究方法。理论心理学研究的基本任务之一，就是寻找把主观性转变为客观性的途径，也就是要运用新的知识、技术和方法去阻止和避免心理学的解体。近些年来，西方的理论心理学在研究方法方面做出了许多积极的探索。例如，社会建构主义者提出，要将话语分析方法作为心理学研究的基本方法。与这种基本研究方法相关的方法还有深度访谈、叙述写作、参与观察、协调理解、争论研究，等等。理论心理学的研究在方法上的另一个突出成就，是元分析技术的大量运用。元分析是对已有研究结果的总体分析，使用测量和统计分析技术，对已经进行过的一些研究或实验进行定量化的总结，寻找出一组相同内容研究的结果而反映的共同效应，发现中间变量，评价主效应，理解异质获得效应。元分析的基本步骤是由对已有研究文献的检索、对研究的分类与编码、研究结果的测定、分析与评价效果等环节组成。这已成为理论心理学总结和评价研究的有效手段，被认为是研究方法方面的重要革新。这就为理论心理学的研究提供了一个比较严谨而规范的程序。此外，质性研究运动的日益勃兴，也为理论心理学重新认识人的心理活动规律，提供了新的方法工具。

在西方心理学的研究中，正在为建立专门的理论心理学学科而不懈地努力着。近年来，西方的理论心理学研究者一直在试图建立一个专门的、独立的理论心理学分支的学科建制，而且这些努力正在取得基本的成效。[①]

实证主义的衰落和理论心理学的复兴，是近年来西方心理学发展的一个新的重要特点。当前西方理论心理学发展的重点是力图在提高理论研究

---

① 霍涌泉，梁三才.西方理论心理学研究的新特点[J].心理科学进展，2004(1)：152-158.

方式的科学化水平基础上,加强对具体的、中等水平的亚理论问题的整合性学术探讨,进一步寻求心理学理论研究走向繁荣的学科内在发展机制。现代西方理论心理学面临的挑战首先是要面对实证主义心理学的诘难。其次,要克服当前心理学研究的离心与分裂的现实局面,探求有效的范型和工具进行元理论与实体理论的统一及整合。

有研究指出,理论心理学可以概括为三种不同的类型。第一种类型是唯理论。唯理论强调的是理论建构的独特规则,唯理论重视的是理论内在的逻辑一致性。第二种类型是经验论。经验论重视的是感官经验的证实,强调的是经验研究的可观察性和可重复性。第三种类型是隐喻论。隐喻论着眼的是通过符号来达到普遍的真知。有研究指出,心理学与隐喻之间关系密切。隐喻研究进入心理学的途径至少有两种方式。一是横向和纵向考察心理学的隐喻。每一种心理学形态都有其根本的隐喻。在不同的隐喻基础上,不同的心理学理论形态才得以建立并相互区别。此外,可以对于不同层面和水平的心理现象进行隐喻式的考察。二是对于隐喻的心理基础的考察。隐喻一方面成为反思心理学研究本身的手段,具有方法论的意义;另一方面也成为心理学研究的直接对象,作为研究的客体而存在。隐喻作为一种思维的方式或过程,本身有其独特的心理基础。隐喻的心理发生和心理理解过程,都是对隐喻过程进行心理考察的内容。①

从 20 世纪 80 年代以来,在西方涌现的质化研究或定性研究的运动,为理论心理学的研究注入了新的科学研究的方法论纲领和方法论武器。这一新的研究方法不同于传统的以思辨推论、经验描述和常识分析为主的定性研究方法,而是从研究对象的内在意义来定义抽象的概念,从中分析出结构性的一般关系,然后再来建构理论。②

理论心理学经历了曲折的发展历程。理论心理学分支和研究的起伏也标志着心理学的转变和转向。理论心理学的研究历史不仅显示理论心理学自身的不断强大,而且标志着心理学的不断壮大。

① 赵宗金.隐喻研究进入心理学的途径[J].内蒙古民族大学学报(社会科学版),2006(1):103-107.
② 霍涌泉,安伯欣.西方理论心理学的复兴及其面临的挑战[J].陕西师范大学学报(哲学社会科学版),2002(6):113-119.

四、理论心理学的研究价值

在心理学的众多学科分支当中,理论心理学的研究具有的最基本最直接的功能,是对当代心理科学发展的引导和促进作用。这可以包括四个重要的基本方面:一是构建心理学的理论基础,强化心理学的基础研究;二是促进心理学的理论创新,搭建心理学的创新平台;三是推动心理学的学科统一,提供心理学的统一前提;四是强化心理学的应用研究,实现心理学的社会价值。[①]

1. 理论反思的功能

理论心理学的研究涉及对心理学研究的理论前提的反思。这部分的研究实际上就是心理学哲学的研究。[②] 从心理学学科的历史发展的角度来看,心理学与哲学具有着十分独特的关系。这种独特的关系仍然决定着心理学和哲学的学科发展。了解和认识心理学与哲学的关系,对于揭示理论心理学的内涵与功能,具有十分重要的意义。科学心理学的研究不应该逃避或回避哲学的研究,而应该接纳或立足心理学哲学的探索。只有如此,心理学才能够为自己的发展和研究,确立一个思想的基础,开辟一个研究的平台,提供一系列合理的理论预设,建构一体化完整的理论框架。

心理学哲学是心理学与哲学之间跨界的一个特殊的研究领域,该领域的研究具有着特殊的思想内涵。[③] 有研究从心理学哲学视野考察了当代心理学面临的从主体心理学到存在心理学的转向和变革。[④] 有研究从心理学哲学角度探讨了本土心理学的两种哲学视野,即理性哲学视野和解释学视野。研究认为,前者是本土与外来二分式的研究,后者是打破了二分式的研究,突出了研究的现实性与真实性。[⑤] 心理学哲学的研究主要涉及两个方面的内容:对有关心理学研究对象的理论预设或前提假设的反思;对有关心理学研究方式的理论预设或前提假设的反思。无论是关于心理学研究对象的理论预设,还是关于心理学研究方式的理论预设,都决定着心理学研究者的

① 葛鲁嘉. 理论心理学研究的理论功能[J]. 山西师大学报(社会科学版),2005(4):1-5.
② 葛鲁嘉,陈若莉. 论心理学哲学的探索——心理科学走向成熟的标志[J]. 自然辩证法研究, 1999(8):35-40.
③ 章士嵘. 心理学哲学[M]. 北京:社会科学文献出版社. 1990.1.
④ 周宁. 心理学哲学视野中的主体心理学与存在心理学[J]. 学习与探索,2003(4):19-21.
⑤ 周宁. 本土心理学的两种哲学视野[J]. 西北师大学报(社会科学版),2003(4):31-35.

研究,或者说都决定着心理学研究者关于研究对象的理解和把握,都决定着心理学研究者关于研究方式的确定和运用。

关于心理学研究对象的理论预设或前提假设的理论反思,可以涉及八个重要方面。一是心理与物理的关系。人类心理与自然物理既彼此关联又彼此区别。[①] 人类心理也是自然的存在,也是自然发生和变化的历程。但是,人类心理具有自觉的性质,这种自觉的心理历程也是文化创生的历程。二是心理与人性的关系。心理学研究的主要是人的心理,心理学家有关人性的主张就会成为理解人的心理的理论前提。或者说,心理学家对人性有什么样的看法,就会对人的心理有什么样的理解。三是个体与群体的关系。人的心理非常独特的方面在于,每个人都拥有完整的心理,或者说没有脱离开个体的所谓人类群体的心理。但反过来,人类群体又拥有共同的心理,或者说不存在彼此隔绝的、截然不同的个体心理。这给理解心理学的研究对象带来了分歧。四是心理与生理的关系。人的心理不仅为人类个体所拥有,而且与个体的身体相互关联。心身关系或心理与生理的关系一直是困扰着心理学研究者的重大问题。在西方心理学的发展历史中,流行着心身一元论和心身二元论的观点,其中包括唯物的心身一元论、唯心的心身一元论、平行的心身二元论、交互作用的心身二元论等。五是内容与机制的关系。人的心理活动是内容和机制的统一体。但如何对待心理的内容和机制却有着不同的观点。在心理学的研究中,曾经有过研究人的心理内容与研究人的心理机制的对立。六是元素与整体的关系。可以说,人的心理由许多要素构成,但又是一个相互关联和不可分割的整体。在对心理学研究对象的理解中,就有着相互对立的元素主义观点和整体主义观点。七是结构与机能的关系。人的心理是依照特定原则构成的结构,而该结构也具有特定的功能。八是意识与行为的关系。人的心理有内在的意识活动,也有外在的行为表现。心理学的研究曾经偏重过对心理意识的揭示,着眼于说明和解释人的内在意识活动。但是,心理学的研究后来也曾经抛弃过意识,把意识驱逐出心理学的研究领域,而把人的行为当作了心理学的唯一的研究

---

① Boden, M. N. *The Philosophy of Artificial Intelligence*. New York: Oxford University Press, 1990, pp. 1 - 21.

对象。

　　关于心理学研究方式的理论预设或前提假设的理论反思，可以涉及如下五个重要方面。这些不同的方面都表明了心理学作为一门科学和科学研究的核心的、关键的性质与特征。

　　一是关于心理学科的科学性质的问题。这也称之为科学划界，即如何在科学与非科学之间作出区分的问题。有研究指出，自标准科学哲学诞生以来，对科学划界提出过不同标准：逻辑经验主义和证伪主义的逻辑标准，其特征是科学与非科学或伪科学的区分是绝对的、一元的、逻辑的；以库恩和拉卡托斯为代表的历史主义相对标准，其特点是一元的、变化的、相对的；费耶阿本德、劳丹、法因和罗蒂的消解论，他们主张科学不能与其他的知识领域划分开来，也不应该加以划分，其依据是"非此即彼"的分界观和反本质主义的科学观；由萨伽德和邦格提出的多元划界标准。① 其实，心理学历来就面对着如何确定科学心理学的边界的问题，即确定什么是科学的心理学，什么是非科学的心理学，什么是伪科学的心理学。在西方的科学心理学诞生之后，曾经给科学心理学划定了一个非常狭小的边界。这就把许多非常有价值的心理学探索排除在科学心理学之外。目前，心理学的发展必须扩展自己的边界，放大自己的视野，寻求自己的资源。

　　二是关于心理学研究中研究者与研究对象的关系问题。在科学心理学诞生和发展过程中，总是强调心理学研究的客观性。心理学对客观性的追求，导致研究对象与研究者的分离和隔离。研究者应该处于中性的地位，或者说研究者应该是隐身的。对于研究者来说，重要的仅仅是对研究对象的客观描述。但是，在后现代文化背景下则强调的是研究者与研究对象的统一，两者是共生的关系，是共同变化的历程。人的心理行为不仅是已成的存在，而且是生成的存在。这个生成的过程也是共生的过程和结果。对心理学研究对象与研究者的绝对分离应该代之以相对的分离。心理学的研究客体与研究主体应该是一体化的，应该是共生的创造性历程。

　　三是关于心理学的研究方式和研究方法的问题。在心理学的研究中，心理学家使用的方法总是依据相应的理论设定，这些理论设定被用来确定心理学研究方式和方法的性质和功能。心理学研究方法是决定心理学研究的重要的手段和工具,也是决定心理学研究的结果和成效的基本的方面和条件。心理学的研究方式的确定和研究方法的运用,都是建立在特定的理论预设或理论假设的基础之上。心理学研究中,研究方式的合理性、研究方法的合理性,就与作为基础的理论预设或理论假设的合理性和明确性有关。

四是关于心理学的理论概念和理论体系的定义和建构的问题。在心理学的研究中,心理学家在运用心理学的概念和通过概念来建立心理学的理论时,总是力求贯彻和坚持合理性的原则。在心理学的研究中,曾经强调过对心理学概念的操作定义,以及对心理学理论的实证性验证。这实际上就是把心理学研究的概念的合理性和理论的合法性,建立在研究方法、实证方法或实验方法的基础上。对于心理学的研究来说,形成特定的理论概念,构造特定的理论体系,操作定义和实验验证能否就保证其合理性的获得,也是理论心理学要探讨的内容。

五是关于心理学的社会应用的干预方式和技术手段的问题。心理学的研究不仅要揭示、说明和预测人的心理,而且要通过相应的技术工具和技术手段来影响和改变人的心理行为。心理学研究或应用的任务就应该包括介入人的心理生活,从而提高人的心理生活的质量。应该怎样确保心理学应用研究和应用干预的合理性和有效性,也是理论心理学的理论反思要考察的内容。方式、工具、技术、手段的合理性和有效性,就决定了心理学研究进入社会生活或常人生活的价值和意义。

2. 理论建构的功能

理论心理学研究的一个重要方面就是关于心理学研究对象的理论建构,提供关于心理学研究对象的理论学说、理论假说和理论解释。心理学的研究是对心理行为进行的理论探索、理论描述、理论解说和理论阐释,心理科学提供的是关于研究对象的理论知识体系。所以,对于心理学的研究来说,理论建构的能力在某种程度上决定了其学科发展的水平。

有研究指出了理论心理学的基本作用,认为理论心理学的非经验性质并不妨碍其对心理科学的实际贡献。理论心理学对心理科学的作用可以包括三个方面。第一,理论心理学具有提出假设或作出预测,为实验心理学提供研究课题的功能。理论心理学正是具有这样的功能,即提出一种理论假设,或对某种实验的结果作出理论预测。这些假设和预测本身也就是实验心理学的研究课题。第二,理论心理学采用的逻辑分析方法,具有判断和鉴别概念、命题、理论的真伪的功能。对理论概念的判断和鉴别并非时时处处需要求助于实验验证,可以采用逻辑分析的方法去判断理论概念的真伪。第三,理论心理学还具有抽象和综合的功能。抽象和综合是寻求真理的重要方法,由于心理现象或心理行为的复杂性、多样性和多变性,对于心理本质的了解不能仅靠零零碎碎的经验材料,而必须对来自经验的材料进行去粗取精、去伪存真、由此及彼、由表及里的制作和改造,舍去次要的、偶然的因素,发现心理生活的内在本质和一般特点。这种抽象和综合的过程,就是理论心理学的重要功能。心理学发展到今天,仍然是处于分裂和破碎的状态。这在很大程度上是由于缺乏理论心理学的抽象和综合作用,没有把具体的经验发现和分离的研究结论上升到普遍性和一般性的理论层面。①

中国现代科学心理学的起步不在于独立的理论建构,而在于对国外特别是西方科学心理学理论学说的引进。这为中国科学心理学的发展奠定了理论的基础,但也使中国科学心理学的发展被限定在外国心理学的框架之中。这也许是非常重要的发展步骤和演变进程,但是这也给中国心理学的发展带来了各种的隐忧和隐患。

首先是理论建构的学说与理论建构的原则之间的彼此脱节。中国现代科学心理学的发展经历了十分曲折的道路。以新中国的建立为分水岭,中国的心理学经历了以西方心理学的引进为主到以苏联心理学的引进为主。从西方科学心理学引进的是心理学的理论学说,从苏联唯物心理学引进的是心理学的理论原则。问题就在于,这两个部分实际上就是相互脱节的。中国的心理学家习惯了说两种心理学的学科语言。一种是来自西方科学心理学的心理学学术语言,另一种是来自苏联心理学的唯物主义语言。这两种语言几乎是无法交流的。所以,在中国心理学的现代发展中,心理学理论建构的学说与理论建构的原则就是分离的和脱节的。理论心理学的研究则可以消除理论建构的学说与理论建构的原则之间的脱节。这使心理学的理

---

① 叶浩生.理论心理学辨析[J].心理科学,1999(6):549-550.

论学说能够建基于特定的理论原则,使心理学的理论原则能够针对特定的理论学说。

其次是心理学理论复制与心理学理论创新之间的彼此对立。中国现代科学心理学的起步和发展,就是建立在对外国的心理学特别是对西方的心理学的引进和复制之上。[①] 长期的理论复制和理论模仿,使中国现代心理学的发展节省了大量的学术资源,缩短了自己的发展历程,但也使中国心理学的学术创新或理论创新长期走弱。中国心理学对外国心理学的理论复制和理论模仿,导致对本土心理学的理论创新的抑制和忽视。中国心理学的理论创新的弱化,也导致对国外心理学知识和理论的疯狂引进。这构成了限制中国心理学理论发展的恶性循环。中国的心理学研究者甚至不习惯于心理学的理论创新,对任何创新的尝试都横加阻抑和指责。心理学的学术创新也因此真的成为胡编乱造的地下活动。这导致中国心理学的发展最缺少的就是理论创新,特别是原始性的理论创新,特别是立足本土文化的原始性的理论创新。强化理论心理学的研究则可以促进中国心理学的理论创新,特别是引发原始性的理论创新。

再次是心理学基本理论研究与方法技术研究之间的缺乏联系。在中国心理学的现代演变中,基本理论的研究一度成为哲学的附庸,搬弄的是哲学的字眼,附加的是哲学的抽象原则,而不需要具体研究方法的支持,也不需要特定技术工具的支撑。方法和技术的研究则成为空中楼阁,耍弄的是技巧的花拳绣腿,而不需要基础理论的支撑,也不需要原创的理论假设。这导致了一种特有的研究习惯,那就是照搬的习惯或模仿的习惯。这失去和丢弃的是一种优良的品质,那就是创造的品质或创新的品质。这导致的是心理学的基础理论研究对方法和技术研究的轻视,以及方法和技术研究对基础理论研究的歧视。理论心理学的研究则试图确立理论创新与方法验证和技术应用之间的联系。这可以使中国本土心理学的研究能够建立起自己的学派和学说。

3. 促进发展的功能

心理学的学科发展取决于多方面的条件。其中,理论心理学的研究对

① 葛鲁嘉.中国心理学的科学化和本土化——中国心理学发展的跨世纪主题[J].吉林大学社会科学学报,2002(2):5-15.

于心理学的学科建设来说是至关重要的。理论心理学的研究对于心理学的学科发展和学术成长来说,对于心理学的社会推广和社会应用来说,都具有十分重要的、不可替代的理论和学术功能。① 理论心理学的研究更直接的功能,是对当代心理科学发展的引导和促进作用。在国外的理论心理学探索中,关于理论心理学的学术价值和学术影响,就已经得到更充分全面的探讨。② 心理学的研究不可否认地有着自己的理论前提或前提假设。在心理学独立成为实证的科学之后,心理学家就一直矫枉过正,在反对哲学思辨的同时,强烈地反对所有形式的哲学研究进入心理学的研究领域,认为这是安乐椅中玄想的心理学,没有任何科学的意义和价值。这在某种程度上维护了心理学的实证科学的性质,但也在相当程度上使心理学一直缺乏对自己的理论基础或理论前提的反思。这导致心理学实证研究的资料得到迅速增加,但理论根基和理论建树却一直十分薄弱。这体现在心理学缺失统一的理论根基,缺少多样的理论创造。心理学从诞生之日一直到目前为止,始终就处在四分五裂的境地。③ 无论是对心理学的学科性质和学科发展的理解,对心理学的理论概念和理论学说的建树,对心理学的研究方式和研究方法的确立,对心理学的应用手段和应用技术的实施,都没有统一的和普遍的认识、理解和采纳,等等。理论心理学的研究可以在如下四个方面引导和促进心理学的发展。

一是构建心理学的理论基础。科学心理学在诞生之后,在短短的一百多年的历史中,就经历了非常迅猛的发展、壮大和扩张。例如,心理学高度分化,形成许多分支学科,并通过这些分支学科广泛深入到人类心理和社会生活的方方面面。尽管这在某种程度上代表了心理学的繁荣,但是这也在某种程度上显示出心理学的理论基础的薄弱。这就是心理学学科所谓的枝繁叶茂,但主干虚弱。这已经开始极大地限制了心理学的进一步发展。可以说,科学心理学在很大程度上受其研究对象的多样化和复杂化的影响,因

---

① 叶浩生.论理论心理学的概念、性质与作用[M]//杨鑫辉.心理学探新论丛(第1辑).南京:南京师范大学出版社,1998:65-74.
② 威廉姆斯.理论心理学探索[M]//杨鑫辉.心理学探新论丛(第1辑).俞蕾,等,编译.南京:南京师范大学出版社,1998:75-90.
③ 葛鲁嘉.心理文化论要——中西心理学传统跨文化解析[M].大连:辽宁师范大学出版社,1995:5.

此在对研究对象的所谓客观描述和说明上迅速地积累了大量的所谓客观知识。但是,这些表面上的客观知识却缺乏彼此的关联和衔接,甚至相互矛盾和彼此冲突。这充分显示出,心理学的发展其实还要受到自身的思想根基或理论根基的影响。这决定了心理学研究的思想取向、研究立场、理论构想、方法设置、技术运用,等等。心理学哲学的研究或探索,就可以有助于构建心理学的理论基础,强化心理学的理论根基,挖掘心理学的理论源泉,拓宽心理学的理论视野。其实,任何学科的科学研究都有自己的理论核心或理论内核,心理学的研究也不例外。心理学哲学的研究理应成为心理学研究的理论核心或理论内核。

二是促进心理学的理论创新。心理学成为独立的学科门类之后,就一直没有摆脱对其他成熟的科学门类的模仿和跟进。例如,对物理学的模仿,把心理事实等同于物理事实,按照解释物理事实的方式来解释心理事实。例如,对化学的模仿,去分割心理的元素,去探讨心理元素化合和分解的规律。例如,对生理学的模仿,以神经系统的活动规律去解释人的心理行为,等等。这都在很大程度上使心理学习惯了对其他相对成熟的学科的模仿和复制,也使心理学研究中还原论一直十分盛行。这也就是把对心理行为的说明,还原到物理的基础、化学的基础、生物的基础、生理的基础,等等,从而极大地限制了心理学的理论创新。同样,中国现代心理学的起始,也是来自对外国心理学的引进和模仿。这使中国的心理学缺少创新的根基和动力。中国心理学的发展已经习惯了引进、复制、借用和照搬外国心理学的现成的模式、理论、方法和技术,反而不那么容忍和接受创新的思想、理论、方法和技术。其实,心理学的学术创新必须有自己的理论平台,而心理学哲学的研究就可以使心理科学建立起自己理论创新的平台。提高心理学哲学研究的水平,实际上就是强化心理学的学术创新。这对于中国心理学的学术发展是至关重要的。

三是推动心理学的学科统一。心理学从诞生成为独立的实证科学门类之日起,就一直没有统一过。心理学的研究无论是学说流派、思想观点、理论主张还是研究方法、考察手段、应用技术等,都是五花八门、层出不穷。也许在心理科学诞生之初,这说明了心理科学的壮大和繁荣,但是,它很快就成为心理学发展的负担。已经有心理学家指出,一门陷入分裂和缺乏统一的学科,根本就不可能是真正意义上的科学。心理学学科独立之后,就一直受到这样的指责或责难。因为,在心理学研究中更多见的是彼此对立、相互指责,甚至是彼此攻击、相互拆台。目前,探讨心理学统一的可能,寻求心理学统一的实现,开辟心理学统一的途径,已经成为心理学的十分重要的理论研究工作。心理学是否应该寻求统一,心理学应该寻求什么样的统一,应该怎样寻求心理学的统一,应该怎样达成心理学的统一,这已经成为影响和决定心理学学科进步的十分重大的发展问题。其实,心理学的统一应该追求科学观上的统一。[1] 正是在统一的科学观的基础之上,心理学才可以有不同的理论探索、研究方法和技术手段。心理学哲学的研究会给心理学的统一提供必要的思想基础或理论基础,使心理学的研究可以自觉地建立在自己的明确的、合理的理论设定或理论前提之上,使心理学的发展和进步可以在一个特定的平台上寻求自身统一的可能。

四是强化心理学的社会应用。应用心理学就是运用心理学的实用技术、考察方法和理论知识对心理行为的干预或影响,以改变心理行为,提高心理生活的质量。心理学的应用研究也同样涉及一些重大的理论问题。这些问题的解决要依赖于理论心理学的探讨,而这些问题的恰当解决又会推动心理学的实际应用。例如,心理学的基础研究与应用研究的关系问题。心理学的基础研究与应用研究既相互区别又相互联系。区别主要体现在研究目的、评价标准上。基础研究的目的是说明对象,形成知识体系。应用研究的目的是解决问题,提高生活质量。基础研究的评价标准是合理性,在于衡量心理学的理论学说、研究方法和应用技术是不是合理的。应用研究的评价标准则是有效性,在于衡量心理学的理论学说、研究方法和应用技术是不是有效的。心理学的基础研究和应用研究又有着密切的联系。脱离任何一个方面,心理学的研究都是不完整的。基础研究为应用研究提供了必要的基础,而应用研究则是基础研究的延伸。科学世界是科学家通过科学研究构造出来的,生活世界则是普通人通过日常活动实践出来的。这两个世界其实是一个世界,是通过不同的方式展现出来的世界。脱离了生活世界的科学世界是抽象的世界,而脱离了科学世界的生活世界则是盲目的世界,

---

[1] 葛鲁嘉.大心理学观——心理学发展的新契机与新视野[J].自然辩证法研究,1995(9):18-24.

所以生活世界与科学世界必然紧密地联系在一起。理论心理学的研究可以探讨心理学应用当中的重大的理论问题。例如,理论心理学关注的有关人的心理本性或特性的探讨,人的心理的存在既是自然的存在,也是自觉的存在,这决定着心理学应用的方式和方法。理论心理学的研究还会涉及基础研究与应用研究的联系;科学世界与生活世界的关系;心理学研究的理论、方法和技术之间的关联。这都有助于使心理学的社会应用更合理更有效,以发挥更大的社会作用。

总之,如果没有理论心理学的研究,心理学的研究和发展就会存在盲目和迷惘,就会变得支离破碎和四分五裂。启动和促进理论心理学的探讨,则会大力推进心理学的快速发展,强化心理学的学术创新,提升心理学的学术地位,扩展心理学的学术影响。一个人的成熟在于其有了自我意识、自我监控、自我约束、自我调整和自我促进,同样,心理学学科的成熟也在于心理学的自我了解、自我反思、自我认识、自我推动和自我构建等。理论心理学的研究承担着心理学的学科自觉的使命。强化理论心理学的研究,强化心理学哲学的反思,实际上就是在促进心理学能够走向成熟。对于心理学的发展来说,理论心理学的探索经历了自己的重大历史性转折。历史上,心理学的研究曾经靠摆脱哲学的思辨而走向新生和独立。现如今,心理学的研究正是靠推进理论的反思走向独立和成熟。在未来,心理学的研究则必将靠理论的创新走向壮大和强盛。

第八章 心理学的方法

　　心理学的研究采用了心理学的研究方法。心理学成为科学也与心理学采用科学方法有着十分密切的关系。关于心理学研究方法的探讨涉及心理学的方法论。心理学研究方法论是关于心理学研究对象的立场，是关于心理学研究方法的认识，是关于心理学技术的思考。在心理学研究方法的考察中，最重要的是观察与理论之间的关系，是实证与体证之间的关系，是实验与体验之间的关系，是定性与定量之间的关系。定性与定量的研究关系到心理学的研究、历史、理论和方法。

第一节　心理学方法论研究

　　心理学的研究都有特定的方法论和方法。心理学关于自己的研究方法论和研究方法也有着特定的考察和探讨。心理学的方法论不同于心理学的方法学，方法论与方法学应该有着特定的区分或区别。心理学的方法论涉及关于心理学研究对象的立场，关于心理学研究方法的认识，以及关于心理学应用技术的思考。心理学的方法学则是关于心理学的具体研究方法和研究工具的考察。关于心理学研究方式和研究方法的考察包括体证和体验的方法，也包括定性和定量的研究。

　　心理学的研究可以包括三个基本部分：一是关于对象的研究，涉及的和考察的是心理学的研究对象，是对心理行为实际的揭示、描述、说明、解释、预测、干预等；二是关于方法的研究，涉及和考察的是心理学的研究者，探讨的是心理学研究者持有的研究立场、使用的具体方法；三是关于技术的研究,涉及和考察的是对心理学的研究对象的干预和改变。因此,心理学研究的方法论也就应该包括三个基本方面:一是针对关于心理学研究对象的理解,即研究内容的确定,力求突破对人的心理行为的片面理解;二是针对关于心理学研究方式和方法的探索,即研究方法的创新,力图突破和摆脱实证心理学的狭隘科学观的限制,为心理学的研究重新建立科学规范;三是针对关于心理学技术手段的发明,即干预方式的明确,力争避免把人当作被动接受、随意改变的客体。

方法论是任何科学研究的基础。这既是思想的基础,也是方法的基础,也是技术的基础。所以,心理学方法论的探讨是关系到心理学学科发展的核心性问题。心理学研究最基础核心的方面就是方法论的探索。但是,传统心理学研究中的方法论的探讨,主要考察心理学研究运用的具体研究的方法。这包括心理学具体研究方法的不同类别、基本构成、使用程序、适用范围、修订方法,等等。随着心理学的发展和进步,心理学方法论的探索就必须跨越原有的范围,就应该包括关于心理学研究对象的立场,关于方法的认识,关于技术的思考。因此,对心理学方法论的新探索,可以说就是反思心理学发展的一些重大的理论问题和方法问题。

心理学方法论的问题,心理学研究方法的问题,等等,这些问题的解决会关系到中国心理学的发展,也关系到整个心理学的命运与未来。[1][2] 因此,探讨心理学的科学方法,思考心理学的方法论,都是心理学研究的重要的基础性工作。心理学方法论显然是最根本的心理学研究的基础内容。

一、关于对象的立场

心理学家对心理学研究对象的考察和研究,建立在对心理学研究对象的理论预设的基础之上,或者说取决于心理学家对心理学研究对象的基本性质的预先理解。心理学家关于心理学研究对象的理论预设可以是隐含的,也可以是明确的,可以是合理的,也可以是不合理的。但是,无论是隐含的还是明确的,无论是合理的还是不合理的,心理学的理论预设都决定着心

① 杨中芳.如何研究中国人:心理学本土化论文集[M].台北:桂冠图书公司,1997:205-207.
② 杨国枢,黄光国,杨中芳.华人本土心理学(上册)[M].重庆:重庆大学出版社,2008:109-136.

理学家对心理学研究对象的理解。有什么样的关于研究对象的理论预设，就会有什么样的对研究对象的理解。心理学家关于心理学研究对象的理论预设，来自心理学家提供的研究传统和哲学家提供的理论基础。在后的心理学家可以把在先的心理学家的学说理论作为自己的理论前提或理论预设。例如，后弗洛伊德的学者都把精神分析创始人弗洛伊德的某些理论观点，当作了自己的关于研究对象的理论预设。哲学家对人类心灵的探索也可以成为心理学家理解心理学研究对象的理论前提或理论预设。这包括哲学心理学和心灵哲学的探索。① 关于对象的立场会涉及如下十二个重要方面。

一是自然与自主。人是自然演化过程的产物，人的心理也就是自然历史的产物。但与此同时，人的心理也是意识自觉的存在，是自主的活动，是自主的创造。所以，人又是自我创造的产物，人的心理也就是自我构筑或自主创生的结果。这就是自然与自主的内涵。其实，在心理学的研究中，既有心理学家把人的心理设定为自然历史的产物，也有心理学家把人的心理设定为自主创生的结果。这就导致对人的心理行为的完全不同的理解和解释，也导致对人的心理行为的完全不同的引导和干预。这也就是心理学研究中的自然决定论和自主决定论的区别。

二是物理与心理。西方科学心理学的诞生，直接采纳了近代自然科学得以立足的理论基础。在涉及对心理学研究对象的理解方面，西方科学心理学借用的就是近代自然科学中的物理主义的世界观。物理主义是一个有歧义的提法，在此主要泛指传统自然科学有关世界图景的一种基本理解。物理主义的世界观把自然科学探索的世界看作由物理事实构成的，物理事实能为研究者的感官或作为感官延长的物理工具把握到。相对于研究者的感官经验而言，物理事实也可以称之为物理现象或自然现象。按照自然进化的阶梯，自然现象可以有从简单到复杂的排列，而正是简单的构成了复杂的，或者复杂的可以还原为简单的。西方心理学的主流采纳了物理主义的观点，把人的心理现象类同于其他的物理现象。尽管心理现象具有高度的

---

① 葛鲁嘉，陈若莉. 论心理学哲学的探索——心理科学走向成熟的标志[J]. 自然辩证法研究，1999,(8)：35-40.

复杂性,但却可以还原为构成心理现象的更简单性的基础。在自然科学贯彻物理主义的过程中,物理学中有过反幽灵论的运动,生物学中有过反活力论的运动,心理学中也相应地有过反心灵论或反目的论的运动。这就使得西方心理学对研究对象的理解存在着客观化的倾向,而客观化甚至导致对研究对象的物化。实际上,人类的心理与自然的物理既有彼此的关联,又有彼此的区别。最根本的关联在于,人类的心理也是自然的存在,也是自然发生和变化的历程。最根本的区别在于,人类的心理具有自觉的性质,这种自觉的心理历程也是文化创生的历程。[①] 正是人类心理的特殊性质导致人类心理的多样性和复杂性,也导致心理学研究在理解人类心理时的困难、局限、分歧、争执、对立和冲突。

三是人性与人心。心理学研究的主要是人的心理,心理学家有关人性的主张就会成为理解人的心理的理论前提。或者说,心理学家对人性有什么样的看法,就会对人的心理有什么样的理解。涉及有关人性的主张,可以体现在人性的本质属性和人性的价值定位两个维度上。有关人性的本质属性,基本上有三种不同的主张,即人性的自然属性、人性的社会属性和人性的超越属性。以人性的自然属性为理论前提,在心理学的研究中就有心理学家通过生物本能来理解人的心理行为。以人性的社会属性为理论前提,在心理学的研究中就有心理学家通过社会环境或人际关系来理解人的心理行为。以人性的超越属性为理论前提,在心理学的研究中就有心理学家通过心理的自主创造来理解人的心理行为。有关人性的价值定位,基本上也是有三种不同的主张,即人性本善、人性本恶和人性不善不恶或可善可恶。以人性本善作为理论前提,在心理学的研究中就有心理学家把人的心理理解为向善的追求。以人性本恶作为理论前提,在心理学的研究中就有心理学家把人的心理理解为向恶的追求。以人性可善可恶作为理论前提,在心理学的研究中就有心理学家把人的心理理解为受后天环境的制约。

四是客观与主观。人的心理意识和心理行为都可以成为客观的研究对

---

① 葛鲁嘉.中国本土传统心理学的内省方式及其现代启示[J].吉林大学社会科学学报,1997(6):25-30,94.

象。在心理学的研究中,在心理学追求客观化的进程中,心理学的研究对象就被看作客观的存在,甚至被看作物化的存在。物理的还原或生理的还原就是心理学研究对象物化的结果。但是,与此相对立的是,心理学的研究把人的心理意识和心理行为看作主观的存在,是一种主观的自觉。其实,所谓的客观与主观,是在心理学的研究中对研究对象与研究者之间的关系的确立。所谓客观的研究,是从研究对象出发,不加入研究者主观的看法、见解、观点等。所谓主观的研究,则从研究者出发,主张和强调心理的承载者、表现者、运作者也可以同时成为心理的体察者、体认者、体验者。其实,这是人的心理与物的存在的一个非常重要的区别。

五是被动与主动。人的心理行为可以是被动的,也可以是主动的。或者说,人的心理既可以是由外在推动的,也可以是自己内在发动的。在心理学的研究进程中,有的研究者把人的心理看作是被动的,受外界的条件决定。环境决定论就是这样的主张。人的心理的基本特性和发展变化,是由人所处的环境条件决定的。有什么样的环境条件,也就有什么样的心理行为。也有的研究者把人的心理看作是主动的,是人的心理自己推动的。心理决定论就是这样的主张。人可以通过自身的努力来创造和改变环境的条件。人的所谓的被动与主动,或者人的心理的被动与主动,已经成为心理学研究中和心理学应用中的对立的两极。

六是生理与社会。人的心理行为一方面有其实现的基础,那就是人的神经系统,神经生理的活动是人的心理活动的基础;另一方面有其表演的舞台,那就是人的社会生活。涉及心理与生理的关系,人的心理不仅为人类个体所拥有,而且与个体的身体相关联。心身关系或心理与生理的关系一直是困扰着心理学研究者的重大问题。在西方心理学的发展历史中,流行着心身一元论和心身二元论的观点,包括唯物的心身一元论、唯心的心身一元论、平行的心身二元论、交互作用的心身二元论,等等。这无疑制约着心理学家关于研究对象的理解。涉及心理与社会的关系,人的心理就不仅为个体所具有,而且为人类社会所共同拥有。

七是动物与人类。人是地球的生物种群中的一种,或者说人也是动物。但是,人又是超越动物的独特的或特殊的物种。也就是说,人既有动物的属性或本性,也有超越动物的属性或本性。在心理学的发展历程中,既有过把动物的心理拟人化的研究,或者说按照对人的心理的理解来说明动物的心理;也有过把人的心理还原为动物心理的研究,或者说按照对动物心理的理解来说明人的心理。无论是哪一种理解,都是对动物与人类的心理发展和演变的关联和界线的忽视和忽略。心理学的研究怎样把握动物的心理与人类的心理的关系,即区别与联系,也是决定着心理学研究的合理性的重要方面。

八是个体与群体。对于人来说,人首先是个体的存在,是在身体上彼此分离的独立个体。但是,从另外一个方面来说,人又是种群中的个体,是群体的存在。人的心理非常独特的方面就在于,每一个人都拥有完整的心理,或者说没有脱离开个体的所谓人类群体的心理。但反过来,人类群体又拥有共同的心理,或者说,不存在彼此隔绝的和截然不同的个体心理。这给理解心理学的研究对象带来了分歧。在西方心理学的研究中,个体主义的观点就十分盛行。这种观点强调通过个体的心理来揭示整体的心理,而否定了从整体的心理来揭示个体的心理。这无疑限制了心理学从更大的视野入手去进行科学研究。整体的心理、群体的心理、社会的心理,都与个人的心理、个体的心理、自我的心理,有着重要的区别和特殊的联系。

九是内容与机制。人的心理可以内含其他事物于自身,可以指向心理内在的对象。这就是人的心理活动的基本内容。但是,人的心理又有对内容的运作过程,可以通过特定的内在方式来转换或操作对象。这就是人的心理活动的内在机制。人的心理活动是内容和机制的统一体。但是,如何对待人的心理的内容和机制,却有着不同的观点。在心理学的研究中,就曾经有过研究人的心理内容与研究人的心理机制的对立。例如,在西方实证心理学诞生之初,就有内容心理学与意动心理学的对立和争执。相比较而言,心理活动的内容是复杂多样的、表面浮现的。因此,科学心理学的研究常常倾向于抛开内容而去探索心理的机制。这成为心理学研究中一个似乎是定论的研究倾向。但是,实际上心理活动的内容是心理学研究必须面对的十分重要的方面。

十是元素与整体。可以说,人的心理是由许多要素构成的,但又是一个相互关联和不可分割的整体。在对心理学研究对象的理解中,有着相互对立的元素主义的观点和整体主义的观点。心理学研究中的元素主义要揭示心理的最基本的构成元素,以及这些基本元素的组合规律,从而认识人的复杂的心理活动。或者说,元素主义试图确立或确定心理的基本构成单位,这些基本的构成单位是最小的和不变的。心理学通过分离和把握心理的基本元素,来解说整体的、复杂的心理现象。心理学研究中的整体主义则认为,人的心理是完整的、不可分割的,如果加以分解或分割,就会失去人的心理的原貌,从而主张应揭示人类心理的整体。元素主义与整体主义在心理学的研究发展中都有过体现,两者也曾经有过彼此的对立和相互的排斥。但是,人的心理行为,对人的心理行为的揭示,都不会是脱离了整体的元素,也不会是脱离了元素的整体。

十一是结构与机能。人的心理是依照于特定的原则组成的结构,而心理的结构也具有特定的功能。在心理学的研究中,关于人的心理行为的研究,就有过对心理行为的结构的关注和考察,也有过对心理行为的机能的关注和考察。在西方心理学的历史演变中,就有过构造主义心理学与机能主义心理学的对立和争执。构造主义强调心理学是研究人的心理的结构的,包括心理结构的构成要素和构成规律。机能主义则强调心理学是研究人的心理的机能的,包括心理适应环境和应对生活的机能或功用。问题就在于,人的心理行为的结构与功能,并不是彼此分离的,而是相互吻合的。有研究者指出,在心理学中的关于结构的研究,有从结构组成出发的结构研究,有从结构特性出发的结构研究,有从结构功能出发的结构研究。①

十二是意识与行为。人的心理有内在的意识活动,也有外在的行为表现。在心理学的发展历程中,心理学的探索和研究曾经偏重过对意识的揭示,着眼于说明和解释人的内在意识活动。但是,心理学的研究后来也曾经抛弃过意识,把意识驱逐出心理学的研究领域,而把人的行为当作了心理学的唯一的研究对象。行为主义心理学曾经一度支配了整个心理学的研究。这导致心理学成为没有心理的心理学,或者是没有心理的行为学。在心理学的研究中,意识与行为曾经彼此分离和相互排斥。心理学的研究要么成为没有意识的纯粹外在的过程,要么成为没有行为的纯粹内在的过程。其实,人的意识和人的行为都属于人的心理,都应该成为心理学研究的对象。人的意识与人的行为也是一个统一体的不同的侧面。那么,如何避免割裂

---

① 阳泽.论结构思想及其在心理学中的应用[J].西南大学学报(社会科学版).2008(4):166-170.

或人为分离人的意识与人的行为,怎样去整合人的心理或整合考察人的心理,是心理学研究的重要的任务。

二、关于方法的认识

科学的研究是通过研究方法来进行的。那么,对方法的认识就会决定方法的制定和运用。这也是心理学中的方法论和方法学的内容。[①] 有关心理学研究方式的理解涉及的是心理学作为一门科学的预先设定。这个预先的设定可以是隐含的,也可以是明确的。这个预先的设定可以是合理的,也可以是不合理的。无论是隐含的还是明确的,无论是合理的还是不合理的,这都决定着心理学家对心理学研究方式的理解和运用。有关心理学研究方式的理论前提也有两个主要来源:一是心理学家对自己从事的科学事业的持有的立场或依据。当心理学家接受了一套心理学科学研究的训练,他们实际上也就确立了关于什么是心理学科学研究的理论设定。二是科学哲学家以科学为对象的哲学探讨,他们提供了什么是科学的研究、什么是科学研究的方法论等的基本认识。例如,实证主义的哲学就成为心理学科学研究的基本立场。[②]

在心理学的研究中,心理学家使用的方法总是依据相应的理论设定。西方主流的心理学家坚持了可验证性的原则。这种原则体现在两个重要的方面:感官经验的证实;方法中心的设定。心理学的研究者作为与己分离的研究对象的旁观者,对于研究对象的认识应始于感官经验。研究的科学性就是建立在研究者感官经验的普遍性上。这也就是同样作为研究者,涉及同样的对象,其感官经验也应该是同样的。因此,心理学的研究总是力图排斥内省的研究方法,总是极力推崇实验的研究方法。这就是因为,内省的经验是私有化的,实验的观察则是共有化的。这在某种程度上来说无疑是成功的,但也有不尽如人意的后果。那就是人的心理也是内在的自觉活动,这通过外在观察者的感官是无法直接把握到的。或者依赖于研究者感官经验的普遍性,使心理学无法把握到人的心理的完整面貌。确立实证方法的中心地位,强调的是通过实证的方法来确立心理学的科学性质。心理学

① 　陈宏.科学心理学研究方法论的比较与整合[J].东北师大学报(哲学社会科学版),2002(6):
　　　107 - 112.
② 　陶宏斌,郭永玉.实证主义方法论与现代西方心理学[J].心理学报,1997(3):312 - 317.

的研究运用实证方法是一个重大进步。但是,运用实证方法和以实证方法为中心具有不同的含义。发展和完善实证方法是十分必要的,而以实证方法为中心则涉及的是把实证方法摆放到一个绝对支配性的地位。在心理学中,以实证方法为中心导致研究是从实证方法出发,而不是从对象本身出发。这给心理学的具体研究带来了如下八个方面的问题。

一是科学与谬误。运用科学方法的一个最重要的问题,就是如何划定或区分科学与谬误的问题。科学的认识如何与非科学或伪科学相区别。这是科学研究要面对的。这是关于心理学学科的科学性质的问题,也称之为科学划界,即如何在科学与非科学之间做出区分的问题。心理学家正是依据科学的划界而区分出了所谓科学的心理学、前科学的心理学、非科学的心理学和伪科学的心理学。任何解决科学划界问题的方案都要回答四个问题:第一,具体的划界标准是什么? 这涉及的是依据什么对科学进行划界。第二,进行划界的出发点是什么? 这涉及的是从事科学划界是为了达到什么目的。第三,科学划界的单元是什么? 这涉及的是科学划界是针对什么进行的划界。第四,科学划界的元标准是什么? 这涉及的是划界理论的预设或前提。在西方科学哲学的探讨中,科学划界的理论大致经历了四个发展阶段。第一个阶段是逻辑主义的绝对标准。这以逻辑经验主义和证伪主义为代表,强调的是科学与非科学的非此即彼的标准,而划分科学的标准或是可证实性或是可证伪性。第二个阶段是历史主义的相对标准。这以范式演进和更替的理论为代表,强调的不是超历史的标准,而是对科学进行历史的分析。所谓的科学就是指科学共同体在共有的范式下的释疑活动,而科学的进步就是科学共同体持有的范式的转换。第三个阶段是无政府主义的取消划界。这以怎么都行的主张为代表。该主张认为没有办法也没有必要划分科学与非科学,科学方法是怎么都行,科学理论是不可通约。第四个阶段是多元标准的重新划界。在这个阶段强调仍要进行科学划界,但提供的是多元的标准。① 心理学从哲学当中分离出来之后,就一直存在着确立自己的科学身份的问题。② 所以,心理学的科学性质就一直缠绕着心理学的研究

---

① 陈健.科学划界[M].北京:东方出版社,1997:1-2.
② 葛鲁嘉.中国心理学的科学化和本土化——中国心理学发展的跨世纪主题[J].吉林大学社会科学学报,2002(2):5-15.

者。在心理学的内部,一直持续的是对彼此研究的科学性的相互指责。例如,科学主义取向的心理学对人本主义取向的心理学的指责,就是否认其研究的科学性质。心理学家总是依据自己对科学的理解来对待心理学的探索。①②

二是方法与问题。在心理学的研究中,或者在心理学的发展历程中,方法中心和问题中心是两种不同的研究立场和研究主张。所谓的方法中心是指在心理学的研究中,能够起决定作用的、能够去引导研究的是方法。心理学研究是不是科学的,要看是否采用了科学的方法。心理学的研究以方法为中心,给心理学带来了研究上的进步。但是,以方法为中心也使心理学对研究的问题的重要性有所忽视。所谓的问题中心则是指在心理学的研究中,能够起决定作用的、能够去引导研究的是问题。心理学研究是不是科学的,要看提出的问题和解决的问题的关键性和重要性。心理学的研究方法是为心理学研究的问题服务的,或者方法是用来解决问题的。其实,问题与方法都是心理学研究中最重要的方面。脱离开方法的问题和脱离开问题的方法,都会是不完整的、片面性的。

三是实证与体证。心理学的科学研究有的时候也被称为实证的研究,所以科学心理学有的时候也被称为实证的心理学。所谓的实证研究,实际上就是指研究者的感官经验的证实,而不是研究者任意的想象、猜测和推论。因此,实证的研究就被看作是科学的研究,特别是被看作是具有广义物理科学性质的研究。这曾经被看作是心理学研究科学性的基本保证和保障。但是,心理科学的研究对象有着非常独特的性质,那就是人的心理意识的自觉性的特性。这种心理的自觉导致人的心理包含着自我体察和自我体验。与实证相对应,人的心理的自我意识、自我引导、自我提升也可以称之为体证。所谓的体证也就是通过实行和践行来生成自己的心理行为,来改变自身的心理行为,来改善自己的心理行为,来提升自己的心理境界,来实现自己的心理人生。心理学理论的心理现实性就是通过体证来达到的。

四是实验与内省。在心理学的科学研究中,目前是实验的方法占据着

① 葛鲁嘉.大心理学观——心理学发展的新契机与新视野[J].自然辩证法研究,1995(9):18-24.
② 葛鲁嘉.心理文化论要——中西心理学传统跨文化解析[M].大连:辽宁师范大学出版社,1995:54-55.

主导的地位。但是,在心理学的历史发展中,内省的方法也曾经占据过主导的地位。或者说,在心理学研究的早期,内省的方法曾被当作是主导的方法。科学心理学在早期的研究涉及的是人的意识,因此科学心理学也被称为意识心理学。人的心理意识是无法被研究者直接观察到的,却可以被人自己体察、体验或内省到。但是,在心理学成为独立的科学门类之后,由于内省的个体性、不可重复性、无法验证性,内省的方法逐渐地被实验的方法替代。实验的方法也在某种程度上会受到实验工具和实验者感官观察的某些限制。内省能否超越个体性,或者说通过内省的方法能否达到普遍性,也成为内省方法能否被心理学研究重新启用的重要的问题。①

五是定性与定量。无论是在心理学研究的性质上,还是在心理学研究的方式上,都有定性的研究和定量的研究之分。心理学中的定性研究与定量研究也可以称之为质化研究与量化研究。定性研究是对研究对象的性质的推论或断定。定量研究则是对研究对象的数量关系的确定和计算。在心理学的研究中,既包含着定性研究,也包含着定量研究。问题在于对两者优先地位的确定。这就是要判明,是定性研究占据决定地位,还是定量研究占据决定地位。②③ 在心理学的发展历程中,有过定性研究占主导的时期,也有过定量研究占主导的时期。当然,也有对两者的特定关系或组合关系的探索和研究。无论是定性的研究,还是定量的研究,都是心理学的研究重要的方式和方法。

六是思辨与操作。心理学研究中的所谓思辨研究与操作研究是两种完全不同的研究方式,或者是心理学研究中的两种特定的考察和说明对象的方式。这两种方式有过彼此的对立和对抗,有过彼此的排斥和否定。在心理学的早期形态中,思辨的研究方式占据着主导的地位。所谓的思辨研究,是指研究者根据自己的理论立场和经验常识,预先设定了对象的性质。并通过这种预先的设定来进一步推论对象的活动、特征和规律。在心理学的研究中,思辨常常被看作是哲学推论和理论演绎的方法,因而在后来的心理

① 葛鲁嘉. 中国本土传统心理学的内省方式及其现代启示[J]. 吉林大学社会科学学报,1997(6):25-30,94.
② 单志艳,孟庆茂. 心理学中定量研究的几个问题[J]. 心理科学,2002(4):466-467,471.
③ Ratner, C. *Cultural Psychology and Qualitative Methodology*. New York: Plenum Press, 1997, pp. 27-28.

学研究中受到强烈的排斥。在科学心理学的后来的发展中,替代思辨的方式,操作研究后来居上,占据了主导的地位。所谓的操作研究,是指把研究建立在操作程序的合理性和合法性上。

七是客位与主位。所谓客位与主位,是关于心理学研究中研究者与研究对象的关系的问题。西方心理学的主导科学观分离了研究对象与研究者,或者说分离了研究客体与研究主体。研究客体是已成的存在,是客观的现象。研究主体则是如实描摹的镜子,是冷漠的、中立的旁观者。显然,在心理学的研究中,这是占有支配性的理论预设。这给心理学带来了巨大的研究进步,但也限制了心理学的进一步研究发展。例如,这可以导致对心理学研究对象的客观化,也可以导致价值无涉的研究立场。实际上,研究对象与研究者的分离是基于异己的自然物与人作为认识者的区分。但是,心理学的研究对象与研究者却具有共同的性质。这既可以是按研究对象与研究者加以区分,也可以是形成超越这种区分的特定联系。可以认为,在心理学的研究中,研究者与被研究者也可以是一体化的,那就是心灵的自我超越的活动和自我创造的活动。这不仅是个体化的过程,而且也是个体超越自身的过程。这不仅是心灵的自我扩展,而且是心灵与心灵的共同构筑。①

八是概念与理论。在心理学的研究中,心理学家在运用心理学的概念和通过概念来建立心理学的理论时,总是力求坚持合理性的原则。这种原则体现在了两个重要方面:对概念进行操作定义;强调理论构造符合逻辑规则。心理学中的许多概念常常是来自经验常识或日常语言,那么对于心理学的研究者来说,就存在着如何将日常语言转换成为科学概念的问题。心理学中流行过操作主义,许多心理学家都希望借助操作主义来严格定义心理学的概念。操作主义的长处在于保证了科学概念的有效性,也即任何科学概念的有效性取决于得出该概念的研究程序的有效性。心理学理论的构成也强调逻辑的一致性。这需要的是科学语言的明晰性和科学理论的形式化。在心理学的研究中,理论的假设、理论的预设、理论的框架、理论的范式,都决定了心理学研究的方向和基础。

---

① 葛鲁嘉,陈若莉.当代心理学发展的文化学转向[J].吉林大学社会科学学报,1999(5):79－87,97.

三、关于技术的思考

在心理学的研究中,心理学家不仅要揭示、说明和预测人的心理,而且还要通过相应的技术手段影响、干预和改变人的心理。要对人的心理进行技术干预,西方主流的心理学家坚持的是有效性的原则。这个原则也涉及两个重要的方面:被干预对象的性质;技术干预的限度。显然,心理科学的技术干预对象与其他自然科学门类的技术干预对象有类同的地方,也有很大的甚至是根本的不同。人对于其他的自然对象的技术干预是为了给人谋福利,那么对象就具有为人所用的性质。然而,心理科学对人的心理的干预则是直接为心理科学的对象谋得福利,技术干预的对象不具有为人所用的性质。这就是人的尊严的问题,或者是人的价值的问题。同样,人作为心理科学的技术干预的对象,人不是被动的,不是可以任意加以改变的。心理科学的技术手段是有限度的。这就是人的自由的问题,或是人的自主的问题。实际上,心理科学的研究对象是人的心理生活,心理生活是人自主引导和自主创造的生活。

一是中心与附属。对心理学的研究有两种区分的方式:一种就是把心理学的研究区分为基础研究和应用研究;另一种则是把心理学的研究区分为理论研究、方法研究和技术研究。基础研究与应用研究的区分主要有研究目的和评价标准两个方面。基础研究的研究目的是说明和解释研究对象,构建和形成知识体系。应用研究的研究目的则是确定和解决现实的问题,改进和提高生活的质量。基础研究的评价标准是合理性,即心理学的理论学说、研究方法和应用技术是不是合理的。应用研究的评价标准则是有效性,即心理学的理论学说、研究方法和应用技术是不是有效的。理论研究、方法研究和技术研究的区分则主要体现在如下方面。心理学的理论研究可以是在哲学反思或前提批判和理论构想或理论假设两个层面上。理论构想或理论假设可以涉及概念、理论、学说、学派,也可以涉及框架、假说、模型。心理学的方法研究则可以是在哲学方法或思想方法、一般科学方法和具体研究方法三个层面上。哲学方法或思想方法的层面,涉及的是方法论与方法。一般科学方法的层面,涉及的是横断科学的方法论探讨,像系统论、信息论、控制论等。具体研究方法的层面,涉及心理学研究的各种具体的研究方法,像观察法、实验法、测量法、问卷法等。心理学的技术研究则可以是在思想和工具两个层面上。思想层面包括技术设计的思路、技术运用的理念。工具层面包括技术运用的手段,技术实施的步骤等。无论心理学的研究按照什么标准进行区分或作出分类,都存在着以什么作为中心,以什么作为附属的问题。例如,把基础研究作为中心和把应用研究作为附属,把方法研究作为中心,把理论研究或技术研究作为附属。这在很大程度上决定了心理学研究的性质和特征。

二是类别与顺序。在心理学的研究中,不同类的研究有一个基本的顺序或次序的问题。德国哲学家康德曾经有一个关于心理学研究性质或关于心理意识的基本性质的结论。那就是心理意识只有一个维度——只有时间的维度而没有空间的维度,所以根本无法进行测定和量化。为此,心理学只能是内省的研究,而不能成为实验的科学。其实,康德关于心理学的结论具有如下含义:一是人的心理是独特的,其完全不同于物理;二是实验的方法是有限度的,不可能无限度地运用。康德的结论给心理学的研究带来了一个难以克服的障碍。这导致在心理学的研究中还原论的盛行。心理学的还原论涉及把心理的存在还原为物理的、还原为生理的,像还原为脑、神经元、遗传基因等方面。在心理学的研究中有一个非常重要的问题,那就是以什么作为中心。心理学的研究中有过以理论为中心。这在研究中强调的是哲学思辨、理论构想、理论假设和问题中心。心理学的研究有过以方法为中心。这在研究中强调的是方法决定理论、方法优先问题。对于心理学的研究顺序应该有新的设想。原有的研究顺序有过理论、方法、技术的顺序,也就是理论优先。原有的研究顺序也有过方法、理论、技术,也就是方法优先。其实,心理学应有的研究顺序应该有一个重要的变化,那就是技术、理论、方法。技术优先的思考涉及价值定位、需求拉动、问题中心、效益为本。所谓的技术、理论、方法的顺序也表明,技术应由理论支撑,理论应由方法支撑。对于人的心理生活来说,重要的是生活的规划、规划的实施和实施的评估。

三是干预与引导。对人的心理生活,心理科学可以通过干预和引导两种方式加以影响。干预是指以研究者为主导的过程,引导则是指以生活者为主导的过程。干预是使生活者按照研究者的预测和方法而进行改变或得到改变。引导则是使生活者按照自己的意愿和方式,朝研究者制定的目标和以研究者提供的方式进行的改变或产生的变化。干预和引导是两种不同的施加影响的方式。干预带有强制性,而引导强调自主性。在某种程度上,干预是外在的,也有强制的性质。引导则是内在的,也有自主的性质。

四是问题与目标。心理学的应用是对现实中的具体问题的解决,所以最重要的就是确定问题。但是,应用心理学对现实生活中的问题的解决,还必须确立自己的实际目标。所谓的问题是从现实出发的,所谓的目标是从学科出发的。问题决定了心理学应用的意义,而目标决定了心理学应用的导向。心理学的应用总是针对问题的过程,而心理学的应用又总是实现目标的过程。问题是现实呈现的,是实际的或现实的。目标则是学科提供的,是设定的或理想的。问题与目标的匹配,决定了心理学应用的导向和效果。

五是工具与程序。心理学的应用要涉及具体的技术工具。新工具的发明和使用,新手段的确立和运用,是心理学应用的基本的和核心的方面,也是决定心理学的应用程度和应用效果的一个重要方面。技术思想和技术理念是可以通过技术手段和技术工具加以实现的。当然,任何技术工具的运用还要涉及一套具体的应用程序或实施的步骤。正是通过一系列具体的应用程序或实施的程序步骤,来完成对人的心理行为的改变。心理学应用的工具只有在特定的和有效的程序中,才是有价值的和有效用的。程序的合理性也决定了工具的有效性。

六是规划与实施。在心理学的应用过程中,要有对应用方案的规划、设计和制定。在制定规划之后,最重要的就是实施的方案。对应用方案或应用程序的制定主要有四个确定:确定研究的问题与目标,这包括确定问题情境与实际问题,也包括确定长期目标与短期目标;确定理论的原理和原则,这包括确定心理学科的原理和原则,也包括确定其他学科的原理和原则;确定研究的方式与方法,这包括需要了解的内容范围,也包括需要采纳的研究方法;确定解决问题的技术与手段,这包括参照其他应用的成功案例,也包括拟定所需的合适手段。

七是评估与修正。在心理学应用方案的实施过程中,在应用方案实施过后,要对实施的结果进行评估。评估过后,还要对原方案进行修正。对心理学应用方案的评估种类有建构性评估和总结性评估两种。建构性评估主要评估应用方案的基本构成。总结性评估主要评估应用方案的实施结果。对心理学应用方案的评估内容涉及四个基本方面：应用方案的目标；应用方案的构造；应用方案的作用；应用方案的效率。任何的应用方案的制定，都不可能是完美无缺的。在实际的应用过程中，就要进行不断的修正和改进。

八是投入与效益。在心理学的应用过程中，还有一个需要关注的非常重要的方面，就是应用的投入与效益。这是指，心理学的应用必须考虑怎样以最小的应用投入来获得最大的应用效益。心理学的应用是解决现实生活中的人的心理问题的过程，或是提升现实生活中的人的心理生活品质的过程。然而，任何对心理问题的解决都需要投入人力、物力、时间、精力和资金等。这就是投入的问题。与此相对应的是，任何对心理问题的干预和解决都会求取变化、改进、结果、收获和提升等。这就是效益的问题。关键在于，心理学的应用怎样能够以最小的投入来获取最大的效益。

第二节　观察与理论的关系

在科学研究中，观察与理论的关系是一个核心性的问题。观察与理论是研究者关于研究对象的描述和解说。这也是了解对象和理解对象的重要方式。涉及观察与理论的关系问题，关键在于理论的观察基础和观察的理论渗透。

在心理学的研究中，观察与理论的关系也同样是一个根本性的问题。有不同的研究者从各自不同的研究视角，对观察与理论的关系进行了系统深入的考察。观察与理论的关系不仅是科学哲学研究中的核心性的问题，而且也是心理学研究中应该加以系统深入考察的关键性的问题。应该说，心理学的研究可以从科学哲学的探索中获得启示。反过来，科学哲学关于观察与理论的关系的考察，也可以从心理学的研究中得到借鉴。例如，有研究对科学认知进行了哲学探究。[①] 这包括了对"理论渗透观察"论题的认知

---

① 周燕,闫坤如.科学认知的哲学探究：观察的理论渗透与科学解释的认知维度[M].北京：人民出版社,2007.

重构,其中探讨了中性观察面临的困难与挑战,考察了"观察渗透理论"论题的认知视角的论辩,对观察进行了认知的分析,对认知进行了表达的分析,并进而就"观察渗透理论"的论题进行了认知重构。这还包括了认知视野下的语境相关与科学解释,其中涉及和阐述了从语义解释到语用解释,语境相关与语义解释模型,语境相关与语用解释模型,认知语境与科学解释,对科学解释的反思和展望。这种关于观察与理论关系的探讨,大量地引入了心理学的研究成果,特别是借用了现代认知心理学的研究成果。如果回归到心理学的研究本身,心理学的研究也存在着观察与理论的关系的问题,也存在着观察负载理论和理论渗透观察的问题。

有研究对观察与理论的关系进行了相对比较系统的考察和探索。这包括从认知与知觉关系切入,解读了观察与理论的关系。[①] 这还涉及了在认知视野下,将观察与理论的二分论题转换成为了知觉与认知的关系的讨论。这是力求澄清认知进入知觉的作用方式。[②] 研究指出,传统科学哲学的一个重要争论,就是围绕观察与理论是否可以作出严格二分展开论辩的。随着现代认知科学的发展,这一论题的讨论获得了新的推进。认知科学的经验成果和理论分析工具为科学活动的重构提供了丰富的资源。认知视角下的观察与理论二分的讨论,转换为知觉与认知的关系分析,这为解读观察与理论的关系提供了新的分析视角。

在认知分析中,经常使用自下而上的信息加工过程和自上而下的信息加工过程,对知觉与认知的关系作出界定。一般认为,向上的信息加工过程,是神经元对感觉刺激的自动和自发的处理,该信息流从外部刺激进入低层处理系统,依次或并行向高层处理系统传递,信息沿自下而上的路径得到处理,低层处理过程向高层处理提供其处理结果。反之,向下的信息加工过程,是信息因为知觉处理需要其他相关因素的共同参与,才能够获得关于对象的识别与理解,所以大多数的分析也认为知觉与认知之间是连续的。

尽管在有关观察与理论的关系的研究中,许多研究都认为理论会渗透

---

① 周燕.观察与理论关系的认知视角论辩[J].华南理工大学学报(社会科学版),2008(3):12-15.
② 周燕."理论渗透观察"论题的认知解读[J].自然辩证法研究,2008(1):96-100.

于观察的活动之中。不过,也有一部分研究则反对所有的观察都有理论渗透的极端观点。这部分研究仍然认为,存在着负荷着科学知识和科学理论的观察。只不过,不能对此进行无限的夸大。那么,为理论渗透观察的过程机制提供约束分析,并不是要否定存在着理论渗透的观察,而是去反驳对理论的渗透进行无限放大和给予过度强化的极端观点,以期对人类的认识提供更合理的解释。

实证主义学派和历史主义学派之间的最重要的争论之一,就是关于观察的客观性问题的探讨。其中的重要论题是:观察是否理论中立。实证主义认为,基于观察术语和理论术语的严格二分,观察可以独立于理论,并决定理论。历史主义学派则断言,观察过程及观察语句都是理论渗透的,观察并不具有客观性。不是观察决定理论,而是理论决定了人们能够观察到的世界。"观察具有理论负荷性"的论题对"观察与理论截然二分"的论断做出了否定。

对观察与理论关系的传统争论,往往就集中在理论与观察是否能够在可观察或不可观察的指称对象的基础上来做出二分。问题在于,是否能够仅停留在可观察和不可观察的层面上来深入对问题的讨论。近年来,认知科学的经验成果和理论分析工具为科学活动的重构提供了丰富的资源。关于知觉过程的研究突破了传统实验心理学的范式,为解读观察和理论关系提供了丰富的分析资源。

认知心理学的模块论为中性观察提供了辩护。模块信息封装的特性,保证了认知的不可进入,由此支持了观察的理论中性。但是,意义整体论则认为,并不能够根据信息封装的命题对知觉信念的真假做出有效判断,观察术语的意义只有与理论相关联,才具有认知的价值。知觉的信息封装并不必意味着认知的不可进入,也得不出观察中立的论断。[①]

有研究从科学认知过程的各个方面重新探究了"观察渗透理论"说,引入了"全面的理论渗透"的新观点,理论并不仅仅渗透于观察活动当中,科学认知过程的各个方面同样被理论渗透,并且细化了科学认知过程中理论渗透的程度。[②] 该研究认为,其中理论弱渗透实际上承认了相对纯粹的观

① 周燕.观察客观性的认知分析[J].科学技术与辩证法,2004(6):46-50.
② 朱晨荻.强渗透和弱渗透——科学认知过程中的"观察渗透理论"[J].自然辩证法研究,2009(12):27-32.

察,为"观察中立说"留下了空间,从而避免所有的观察都被理论渗透的极端观点;而其中理论强渗透的观点,实际上限制了理论对科学认知过程的渗透范围,也避免了将理论的渗透无限放大,导致相对主义的结论。

观察的概念从"纯粹观察"说到"中性观察"说,再到"观察渗透理论"说的嬗变,观察本身也从一种客观的描述转变到主观的积极建构。"观察渗透理论"的提出,导致研究者放弃了对实证主义主张的观察和理论的区别,对于消解其经验基石发挥了重要影响,使经验论的意义标准(概念经验论)和归纳主义的方法论失去了支柱。进而,"观察渗透理论"的提出,也为历史主义学派的诞生提供了理论出发点,对于科学认识论的发展做出了重要的贡献。但是,历史主义者则走向了另一个极端,最终导致相对主义的泛滥。

对感官经验和理论指导作用关系的分析,将理论的渗透分为弱渗透和强渗透,从理论弱渗透的角度承认相对纯粹的观察,为"观察中立说"留下一定空间,从而避免所有的观察都为理论所渗透的极端观点,使得观察的客观性受到全盘否定的局面得到缓解。同样,从理论强渗透的角度,探究理论对科学认知过程的全面渗透,在认知活动中对"观察渗透理论"的观点进行了加强,在强调理论对观察过程渗透的基础上,进一步强调了理论对科学认知过程的渗透,从理论渗透的机制方面限制了理论对科学认知过程的渗透范围,避免了将理论的渗透无限放大与强化,从而避免使其堕入相对主义的深渊。

第三节　体证与体验的方法

中国本土文化中的传统心理学运用的方法并不是实验的方法、实证的方法,而是体验的方法、体证的方法。所谓体证的或体验的方法,就是通过意识自觉的方式,直接体验到自身的心理,并直接构筑了自身的心理。实证与体证在心理学具体研究中的体现,就是实验与体验的分别与不同。心理学的研究应该考察实证与体证的关系,应该考察实验与体验的关系。体证和体验也应该具有其特定的心理学的内涵和性质,也应该在心理学的研究中具有特定的价值和功能。

一、实证与体证

　　心理学的研究必须通过和采纳特定的研究方法,心理学的研究也有自己特定的研究方法。科学心理学运用的方法就是科学的研究方法,实证心理学运用的方法就是实证的研究方法。可以说,在特定的科学观的限定下,在实证的科学观的支配下,所谓的科学就是实证的科学,所谓的科学研究就是实证的研究,所谓的科学心理学就是实证的心理学。[①] 其实,在科学心理学诞生之后,心理学就是通过运用实证研究的方法或实验研究的方法,确立了自己的科学性质和科学地位。因此,所谓科学的心理学就与实证的心理学有同样的含义。实证的科学运用的是实证的方法。心理学在成为独立的科学门类之后,就力图以实证主义的科学观来衡量自己的科学性。这样,是否运用实证方法,就成为心理学研究是否科学的一个根本尺度。[②] 这就是把实证的方法放置在了决定性的位置,也就是在西方实证心理学的研究中去贯彻实证主义的方法论价值,也就是在科学心理学的发展过程中曾经盛行的方法中心主义。那么,心理学的研究是否使用了实证的方法,就成为心理学是不是科学的唯一尺度。[③]

　　可以说,心理学正是通过使用实证的研究方法而确立了自己的科学性质和科学地位。其实,在心理学发展史的研究中,就把世界上第一个心理学实验室的建立看作是科学心理学诞生的标志。也就是德国心理学家冯特于1879 年在德国莱比锡大学建立的世界上第一个心理学实验室,被后来的心理学史学家视为科学心理学诞生的标志。那么,心理学研究运用了实证的方法或者实验的方法,就成为衡量心理学学科的科学性的基本标尺。这表明了实证方法在心理学研究中的中心地位。[④][⑤] 许多的心理学家都持有方法中心主义的立场和观点。心理学中的方法中心主义就是把科学方法在心

① 葛鲁嘉.大心理学观——心理学发展的新契机与新视野[J].自然辩证法研究,1995(9):18-24.
② 葛鲁嘉.心理文化论要——中西心理学传统跨文化解析[M].大连:辽宁师范大学出版社,1995:10.
③ 葛鲁嘉.中国心理学的科学化和本土化——中国心理学发展的跨世纪主题[J].吉林大学社会科学学报.2002(2):5-15.
④ 郭本禹.当代心理学的新进展[M].济南:山东教育出版社,2003:166.
⑤ 叶浩生.西方心理学研究新进展[M].北京:人民教育出版社,2003:28-35.

理学研究中的运用与否,看作为心理学是不是科学的基本标准。

科学研究中方法中心的主张,就是立足实证主义哲学的方法论。可以说,科学心理学在西方文化中诞生之后,就把自己的研究建立在实证主义的基础之上。所谓的实证主义有两个基本的理论设定。一个是主观与客观的分离,或主体与客体的分离。这体现在科学的研究中就是研究对象与研究者的分离。研究者必须客观地或原样地描述和说明对象,而不能够把研究者自己的主观性的东西掺入其中。一个是把主观对客观的把握或主体对客体的把握,就建立在感官验证的基础之上。这就是所谓实证的含义。感官的证实就能够去除研究者的主观臆断。那么,客观的观察或者严格限定客观观察的实验就成为科学研究的科学性的保障。没有被感官验证的,没有被感官的观察证实的存在就都有可能是虚构的存在。或者,无法被感官把握到的存在就都有可能是受到质疑的存在。为了在科学研究中弃除虚构的东西,就必须贯彻客观主义的原则。所以,科学研究就是证实的活动,就是客观证实的活动,就是感官证实的活动。近代科学的诞生,强调的就是实证主义的原则,进行的就是感官证实的活动。

现代科学心理学的一个重要起源就是哲学对心灵的探索。在科学心理学诞生之前,心理学就寄生或寄居在哲学之中。这就是哲学心理学的研究。哲学心理学对人的心理的探索是着眼于对观念的考察。观念的活动就是心理的活动。观念的存在无法通过人的感官来把握到,而只有通过心灵的内省来把握,所以在哲学心理学的研究中就运用了内省的方法。西方的哲学心理学就是西方的科学心理学的前身。就在西方科学的或实证的心理学诞生之初,也采纳和运用了内省的方法,或者说把内省的方法与实验的方法进行了结合。这就是在科学诞生的时期盛行的实验内省的方法。但是,随着科学心理学的发展和进步,当科学心理学的研究彻底贯彻了客观性的原则之后,就把内省的方法从心理学研究当中驱逐了出去。内省的方法从此便成为非科学方法的同义语。内省的主观性和私有性使之被认为是不科学的,是非科学的。因此,在科学的或实证的心理学研究中,也就彻底清除了内省的方法。在实证的心理学看来,内省不仅是非科学的研究方法,而且也是科学无法涉及的对象。在实证心理学的视野中,根本就没有内省的位置,也就不可能有对内省的探讨,也就不可能有对内省的揭示。

但是,在西方文化和中国文化中,原本就存在着完全不同的心理学传统。①②③ 因此,在西方的文化传统中,在中国的文化传统中,在不同的文化传统中,所产生、延续和发展着的是不同的心理学,是不同的心理学探索,是不同的心理学解说。这就是所谓的西方的心理学传统和东方的心理学传统。这是在许多基本的、特定的方面都有所不同的心理学探索。也就是说,在中国的本土文化中也有自己独特的和不同于西方科学心理学的心理学传统,这是属于东方的心理学传统,是西方心理学必须面对的心理学传统。④⑤中国的传统心理学也有自己独特的理论、方法和技术。中国本土的心理学传统确立的方法不是实证的方法,不是实验的方法,不是感官证实的方法,不是实验验证的方法。其实,中国本土的心理学传统运用的方法是体验的方法或体证的方法。这不是西方科学的心理学或实验的心理学确立和运用的实验的方法或实证的方法,也不是西方科学心理学放弃的内省的方法。这种体证或体验的方法实际上是心灵觉悟的方法,是意识自觉的方法,是境界提升的方法。⑥

实证与体证是相互对应的,实验与体验是相互对应的。也就是说,现代科学心理学中的实证的方法是与本土传统心理学中的体证的方法相对应的,现代科学心理学中的实验的方法是与本土传统心理学中的体验的方法相对应的。正是在科学心理学诞生之后,实证的方法和实验的方法成为确立和保证心理学科学性的最基本的准则。这也包括对文化心理的研究和考察。⑦ 那么,除此之外的其他的方法或内省的方法,就被抛弃到非科学的范围之中。受到连带的影响,体验和体证的方法也就没有了存在的根基。⑧

① 杨鑫辉.心理学通史(第一卷)[M].济南:山东教育出版社,2000:1-3.
② 高觉敷.中国心理学史[M].北京:人民教育出版社,1985:1-2.
③ 杨鑫辉.中国心理学思想史[M].南昌:江西教育出版社,1994:9.
④ Paranjpe, A. C. *Theoretical Psychology*: *The Meeting of East and West*. New York: Plenum, 1984, p. 16.
⑤ Paranjpe, A. C., Ho, D. Y. F., & Rieber, R. W. *Asian Contributions to Psychology*. New York: Praeger, 1988, p. 35.
⑥ 葛鲁嘉.心理学的五种历史形态及其考评[J].吉林师范大学学报,2004(2):20-23.
⑦ Ratner, C. *Cultural Psychology and Qualitative Methodology*. New York: Plenum Press, 1997, p. 27.
⑧ 葛鲁嘉.对心理学方法论的扩展性探索[J].南京师大学报(社会科学版),2005(1):84-89.

在中国本土的文化传统中,倡导的是天人合一、心道一体的基本理论设定。所谓的天人合一或心道一体,强调的是不要在人之外或心之外去寻求所谓客观的存在。道就在人本身之中,就在人本心之中。人不是到身外或心外去求取道,而是返身内求,所以说人就是通过心灵自觉或意识自觉的方式直接体验到并直接构筑了自身的心理。① 中国本土文化中的心理学传统确立的内省方式,强调了一些基本的原则或方面。② 这成为理解体证或体验方式和方法的最重要的、无法忽视的内容。这就是内圣与外王,修性与修命,渐修与顿悟,觉知与自觉,生成与构筑。

一是内圣与外王。中国本土的心理学传统都强调知行合一的原则,都主张人内在对道的体认和外在对道的践行。这就是所谓的内圣外王的基本含义。内修就是要成为圣人,体道于自己的内心。外王就是要成为行者,行道于公有的天下。体道和践道就是内圣和外王的最基本的含义。内圣就是要提升心灵的境界,能够与道相体认。外王就是要推行大道的畅行,能够与道相伴随。所以,对于人的心理来说,怎样超越一己之心,怎样推行天下公道,就是最基本的、最重要的。

二是修性与修命。正因为人心与天道是内在相通的,所以个体的修为实际上就是对天道的体认和践行。天道贯注给个体就是人的性命,对天道的体认和践行就是修性与修命。其实,应该说修性与修命的概念带有宗教和迷信的色彩。在中国本土的宗教和迷信的活动中,就有对修性与修命的渲染。但是,如果把这两个概念的基本含义与人的心理生活和生活质量联系起来,就可以消除其宗教和迷信的色彩。人的心理有其基本的性质,也有不同的质量。

三是渐修与顿悟。个体的修为或个体的体悟有渐修与顿悟的不同主张。渐修是认为修道或体道的过程是逐渐的,是一点一滴积累而成的,因此对道的觉知、觉解、觉悟的过程是逐渐达成的。顿悟则认为道是不可分割的,只能被心灵的自觉整体地加以把握,是突然地觉悟到,是整体地开悟。

---

① Varela, F. J., Thompson, E., & Rosch, E. *The Embodied Mind: Cognitive Science and Human Experience*. Cambridge, MA: The MIT Press, 1991, pp. 21 - 23.
② 葛鲁嘉. 中国本土传统心理学的内省方式及其现代启示[J]. 吉林大学社会科学学报, 1997(6): 25 - 30.

这成为个体在体道过程中的不同途径和不同方式。无论是渐修还是顿悟，实际上都是人的心灵修养与境界提升的过程。这是人对本心的觉知和人对本心的遵循。

四是觉知与自觉。在中国本土的心理学传统中，觉是一个非常重要的概念。觉的含义在于心灵的内省。当然，这不是西方心理学研究中所说的内省，而是中国本土文化意义上的内省。觉的含义也在于心灵的构筑。这是指心理的自我创造和自我创建。因此，觉知与知觉不同，自觉也与自知不同。觉知和自觉强调的是觉，而知觉和自知强调的是知。觉是心灵的把握，而知是感官的把握。心灵把握的是神，而感官把握的是形。

五是生成与构筑。人的心理是自然演化的产物，人的心理是生成的。正是在这个意义上，人的心理具有自然的性质，是自然的产物，循自然的规律。但是，人的心理又是人创造的，是意识自觉的构筑。正是在这个意义上，人的心理具有创造的性质，是人文的产物，循社会的规律。所以，没有一成不变的心理行为，没有被动承受的心理行为。人的心理生活就是人的创造的体现。

二、实验与体验

实证与体证在心理学的具体研究中的体现，就是实验与体验的分别与不同。所谓的实验是在实证的基础上建立的具体研究方式和方法。所谓的体验是在体证的基础上建立的具体研究方式和方法。

在研究中运用了实验的方法，这被认为是现代科学心理学建立的重要标志。在心理学的研究中，所谓实验的方法是指对研究的人的心理行为进行定量的考察、分析、探讨和研究。这实际上也就是通过研究者控制实验条件来观察研究对象的实际变化。这包括实验的技术手段或实验的工具仪器，也包括实验者的感官的实际观察。实验的方法对于其他自然科学的发展来说是至关重要的。或者说，对于自然的对象来说是客观的、精确的。但是，对于人的心理来说，人的意识自觉的心理活动却是观察者无法直接观察到的。这给心理学的实验研究带来了很多的困难和障碍，也使心理学的实验研究一直在寻求更好的方法和工具。

作为科学心理学的研究方法，实证的方法或实验的方法都是建立在几个基本的理论前提或理论假设基础之上的。这些基本的理论前提或理论假设决定了心理学研究方法的基本性质和基本功能。这些理论前提或理论假设可以是明确的,是研究者明确意识到的,也可以是隐含的,是研究者没有意识到的。但是,无论是明确的还是隐含的,这些理论前提或理论假设都会影响到具体研究的研究视野、研究方式、研究结果等。其实,心理学哲学和理论心理学的研究,就在于揭示和评判这些理论前提或理论假设,使之明确化和合理化。

一是客体与主体的分离。或者说,就是在心理学的研究中,对研究对象与研究者进行了分离。这是为了保证研究的客观性,是为了消除研究者的主观臆断。心理学的研究者在研究心理行为的过程中必须把心理学的研究对象看作是客观的存在,心理学的研究必须对心理行为进行客观的描述和说明。其中的关键在于,心理意识与物理客体存在着根本的不同或区别。人的心理意识的根本性质在于觉。无论是感觉、知觉,自觉、觉悟和觉解,都具有觉的特性。在科学心理学传统的研究中,对感觉的研究是在研究感,对知觉的研究是在研究知,对自觉的研究是在研究自,而不是在研究觉。更不用说觉悟和觉解,根本就不在心理学的研究范围之中。因此,在心理学的研究中一直存在着把人的心理物化的倾向。

二是感官和感觉的确证。科学心理学对于人的心理行为的研究,必须是客观的呈现和客观的描述,而不能有虚构的成分和想象的内容。那么,在心理学的研究中,最重要的就是客观的观察或客观的证实。客观的观察或证实就确立于研究者感官的观察或感官的把握。这就是心理学中的客观观察的方法。在心理学的研究中,定量的研究和定性的研究都建立在客观观察的基础之上。无法直接观察到的意识活动和内省活动,曾经被排斥在心理学的研究对象之外。这使心理学的研究不得不把人的心理许多重要的部分排除在研究的视野之外。或者,在心理学的研究中,是通过还原论的方式把人的高级和复杂的心理意识都还原为实现的基础之上,如物理的还原、生物的还原、神经的还原、社会的还原、文化的还原,等等。

正是依据和立足以上所述的客体与主体的分离,以及感官和感觉的确证这样两个基本的方面,所以在心理学的研究中,或者在实证心理学的研究中,心理学的研究对象被限定为心理现象。心理现象就是在心理学的研究者和心理学的研究对象彼此分离的基础上,由研究者的感官印证的客观的存在。如果采取另外的不同研究方式和方法,也就是体证和体验的方法,心理学的研究对象就不是心理现象,而应该是心理生活。心理生活则是可以被体验到的心理存在,则是可以加以证实的心理存在,也是可以生成、创造和建构的心理存在。其实,心理生活的创造性或创生性决定了,心理生活就是文化的心理,就是文化的存在,就是文化的创造,就是文化的传统,就是文化的历史,就是文化的延续。因此,心理生活也就可以成为文化心理学的研究对象。①②

体验的方法则有所不同。体验是人的心理具有的一个十分重要的性质。所谓的体验是人的有意识心理活动把握心理对象的一种活动。这不仅是关于对象的认知和理解,而且也包含关于对象的感受和意向。体验的历程也是人的心理的自觉活动,也是人的心理的自觉创造,也是人的心理的自主生成。人通过心理体验把握心理自身时可以是一种没有分离感知者与感知对象的过程,可以是一种没有分离认识者与认识对象的活动。在这样的心理过程或活动中,人既是感受者也是体验者。体证与体验的方法可以体现为如下八个重要的统一。

第一,体验是主体与客体的统一。体验就是人的自觉活动或心灵的自觉活动,因此体验并没有分离研究主体与研究客体,并没有分离研究者与研究对象。体验不同于西方心理学早期研究中所说的内省。内省严格说来,仅仅是对内在心理的觉知活动。这是分离开的心理主体对分离开的心理客体的所谓客观的把握。这只不过是把对外部世界的观察活动转换成为对心理世界的观察活动。因此,体验实际上就是心理的自觉活动,通过心理体验把握的是心理自身的活动。

第二,体验是客观与真实的统一。实证的科学心理学一直强调研究的客观性,强调把心理学的研究对象当作客观的对象。为了做到这一点,甚至不惜把人的心理物化。这种所谓的客观性常常以歪曲或扭曲人的心理体现

① Markus, H. R. & Kitayama, S. Culture and the Self: Implications for Cognition, Emotion, and Motivation. *Psychological Review*, 1991(2), 224-253.
② Shweder, R. A. *Thinking through Cultures: Expeditions in Cultural Psychology*. Cambridge, MA: Harvard University Press, 1991, p. 31.

出来。体验实际上强调的不是客观,而强调的是真实。真实性在于反对以客观性来物化人的心理行为。体验应该是客观性与真实性的统一。客观性是对虚构性和虚拟性的排斥,而真实性是对还原性和物化性的排斥。体验通过超越个体的方式来达到普遍性。

第三,体验是已成与生成的统一。原有的实证心理学的研究把人的心理看作是已成的存在,或者说是已经如此的和实际呈现的存在。心理学的研究不过就是描述、揭示和解说这种已成的存在。但是,人的心理实际上也是生成的存在,是在创造和创新中变化和建构的存在。体验不仅是对已成的心理进行的呈现和把握,而且也是促进创造性生成的活动和过程。正是通过体验的方式,正是经历体验的过程,使人能够创造、创生和创新自己的心理生活。

第四,体验是个体与道体的统一。人的心理存在或人的心理生活,都是直接以个体化的方式存在的。个体的心理是相对独立的、相对完整的。但是,在心理学的研究中,这种个体化或个体性就变成了一种基本的原则,即个体主义的原则。这在很长的时段中支配了心理学的研究,包括支配了对人的群体心理和社会心理的研究。群体心理和社会心理不过是个体心理的累加。但是,个体的心理存在实际上还内含着整体的存在,是整体心理的体现。这在中国本土的心性心理学看来,道的存在并不是在人心之外,而是在人心之内。道就隐含在个体的心中,是人心的本性。这就是心道一体的学说,这就是心性学说。

第五,体验是理论与方法的统一。体验是建立在特定理论的基础之上,是由特定的理论提供的关于心理的性质和活动的解说。因此,体验是通过把握特定的理论实现出来的,或者是通过特定的理论实现出来的。同时,这种特定的理论又是一种特定的改变或转换心灵活动的方法。理论与方法是统一的。人在心理中对理论的掌握,实际上就是心理对自身的改变。心理学理论的功能也就在于能够在被心理掌握之后实际上改变人的心理活动的内容和方式。

第六,体验是理论与技术的统一。技术活动是发明、创造和使用工具的活动。对于心理学来说,人的心理生活作为一种心理观念的活动,理论的观念就变成了一种塑造的技术。体验本身就是心理把握理论的活动,或者说体验就是建立在理论的基础之上,所以这样的理论就不是纯粹的认知的产物,就不是纯粹的认知把握。心理学的理论包含着认知、情感和意向的方面,包含着对心理的形成、改变和发展的影响力。所以,理论可以转换成为特定的心理技术,技术可以体现为特定的心理理论。

第七,体验是方法与技术的统一。体验本身是一种验证的活动,是一种验证的方法。体验带来的是对理论的实施和验证。通过心理体验的过程,可以验证理论的性质和功能。同时,体验又是一种特定的技术,这种技术是一种软技术。所谓的软技术就是通过特定的体验方式和方法,可以内在地改变人的心理活动的性质、内容、方式和结果。这就决定了体验实际上也是体证的活动,可以证明理论的性质和功能。体验也是心理活动的基本方式,可以构建、改变和生成人的心理生活。

第八,体验是生活与研究的统一。无论是在人的心理生活之中,还是在心理学的研究和发展之中,体证和体验都是值得重视和关注的生活内涵和生活方式,也是非常重要、关键的研究方法和研究方式。在现代科学心理学的诞生和发展的过程中,内省的方法曾经有过从占有支配性地位到因科学性而受到排斥的遭遇。可以说,在科学心理学发展的相当长的时段里,就一直对与内省有关的方式和方法持有排斥和反对的态度。科学心理学家要么不齿于谈论和研究,要么害怕地回避和躲避。其实,所谓的内省有完全不同的文化根基,有完全不同的学术内涵,有完全不同的方式方法,有完全不同的结果结论。体证和体验就是独特的研究方式和研究方法。因此,正视并重视体证和体验的方法,挖掘和开发中国本土文化资源中的心理学传统,创造性和发展性地运用这样的研究方式和方法,从而去开辟中国心理学发展的创新道路,这实际上就是研究和探讨体证和体验方法的最根本的目的。

总之,把体证和体验不仅仅看作是人的心理的特性或特征,不仅仅看作是人的心理的被动的承受和接纳,而是将其看作是人的心理的创造性和构成的活动,而是将其变革为和改建成心理学研究和心理学应用的特定方式和方法。这对于心理学的学术进步是非常有意义和价值的。怎样在心理学的方法论框架中,怎样在心理学的多样化方法中,去容纳和放置这种另类的研究方式和研究方法,这还需要进一步的探索和探讨。例如,用以支撑的特定的理论框架和理论根基,给予启发的特定的学术转换和学术更新。

三、具身认知论

有研究详尽考察和探讨了具身认知论。[①] 研究指出，当前认知科学正在发生的由无身认知向具身认知的范式转型，这与现象学已发生的从胡塞尔的超越现象学向梅洛-庞蒂等人的身体现象学的发展非常类似，或者是同型的。这意味着海德格尔、梅洛-庞蒂等人对传统哲学和胡塞尔思想局限性的批判同样适用于无身认知。另外，绝大多数认知科学家对于身体的理解是含糊的，而现象学的身体理论可以帮助他们更好地理解什么是身体以及身体在认知活动中至关重要的作用。

研究对作为认知科学主导范式的无身认知做出了现象学的批判。无身认知的实质是在考虑认知活动或智能活动时以表征为核心，而忽视身体的关键作用。在以无身认知思想为指导的人工智能研究背后，有三个未经检验的哲学假设：心理学假设、认识论假设和本体论假设。

现象学的身体理论对于认知科学的建议是认知的具身性。首先，由于模式识别这种基本的智能或认知的活动，是一种身体的技能，人工智能是不是可能的问题就变成能否制造出人造身体主体的问题。其次，从神经科学的角度来看，所有的认知最终以身体的神经结构为基础。这就是神经具身观，这一方面支持了现象学的建议，另一方面对身体的神经结构的强调，有遗漏现象学意义上的身体的危险。再次，从专家技能的角度来看，技能的本质特征是身体性，因为接受技能的是身体，而新手与专家的本质区别在于，他们拥有能对情境做出不同反应的身体。无身的专家系统无法达到技能的最高阶段。最后，从身体性与社会性孰先孰后的角度来强化认知的具身性。身体性才是基本的，因为拥有一个身体是能被社会化的前提。

绝大多数具身认知研究都有这样的局限性，即都没有详细说明如下两个根本性的问题：身体实际上是怎么影响认知活动的？身体是什么或身体具有什么性质和特征？第二个问题应该是更根本的。研究认为，现象学的身体理论能够很好地解答这两个问题。所以接下来，应该从四个方面展开：一是区分身体图式与身体意象，并指出身体图式的前意向运作有效地支撑

---

① 徐献军.具身认知论——现象学在认知科学研究范式转型中的作用[M].杭州：浙江大学出版社，2009.

和约束着意向性活动;二是阐释身体的意向弧和最大把握倾向,并在此基础上提出反表征主义的认知观;三是阐释作为世界中的物质主体的身体;四是阐释通过原初震颤状态揭示出来的身体,能够帮助认知科学更好地理解身体及其对于智能或认知活动的意义。所谓原初的震颤状态是指一种真切的感知和体验,是前反思的状态。

现象学的身体理论对于具身认知具有重要的意义。现象学的身体理论在应用上的可操作性确实不如诉诸表征的计算主义和认知主义,而且目前的具身认知研究也摆脱不了对表征的依赖,但是暂时的不成熟不表明就是行不通的。实际上,怎么将现象学的身体理论切实应用于认知科学的实践以及用后者的经验证据来验证前者的观点,这正是两个领域的学者要携手解决的问题。这一问题得到解决具有的意义,比不上在解决过程中的另一种意义:通过这种学科互动,哲学与实证科学将不再像现在这样是互相独立甚至敌视的;哲学将不再只是纯粹主观性的科学,实证科学也不再只是纯粹客观性的科学,而将重新找回自己的哲学之根。

所谓的具身性或具身认知,具身(embody)或具身的(embodied)相关概念的英文词汇,其汉语词义应该翻译为具体或具体化。在具体化心灵的研究中,强调的并不是所谓的身体,而是经验或体验,是生活经验或生活体验。

当传统的认知主义研究定向开始衰落,重兴的联结主义研究定向节节胜利的时候,20世纪90年代初期又悄然出现了一种新的研究取向,该取向的倡导者将其称为共生的研究取向(enactive approach)。在20世纪70年代,认知主义盛极一时。在20世纪80年代,联结主义席卷而来。在20世纪90年代,共生主义开始崛起。因此,认知心理学乃至认知科学基础理论的变迁速度很快,几乎每过10年就会出现一个新的探索取向或研究范式。

瓦雷拉等人于1991年出版的著作《具体化的心灵——认知科学与人类经验》,可以看作是共生研究定向的一部代表作。[①] 在该著作中,瓦雷拉等人强调了认知科学的不同研究范式的演进历程。这就是从认知主义,到联结主义,再到共生主义。认知主义的指导性隐喻是计算机,联结主义的指导性

---

① Varela, F. J., Thompson, E., & Rosch, E. *The Embodied Mind: Cognitive Science and Human Experience*. Cambridge, MA: The MIT Press, 1991.

隐喻是神经系统,而共生主义的指导性隐喻是人的生活经验(lived experience)或人的生活历史(lived history)。共生的观点强调,认知并不是先定的心灵对先定的世界的表征,而是在人从事的各种活动历史的基础之上心灵和世界的共同生成。

立足生成的观点或共生的观点,瓦雷拉等人认为,尽管近年来对心灵的科学研究进展很快,但是很少从日常的生活经验来理解人的认知。这导致的是脱离日常生活经验的科学抽象,结果使心灵科学落入客观主义和主观主义(objectivism/subjectivism)的窠臼。实际上,这也就是把心灵与世界分离开了,假定了内在心灵的基础和外在世界的基础,因此也可称此为基础主义。如果把认知主义、联结主义、共生主义的观点看作是认知心理学乃至认知科学理论框架发展的三个连续阶段,那么基础主义也随着上述理论框架的变迁而逐渐地在衰退和崩解。

从一个同心圆来看,认知主义处在圆心的位置。认知主义假定,人的认知是符号的操作或计算,而符号表征着以某种方式存在着的世界。从圆心发展起来的第一个外圆是联结主义。联结主义不赞成把符号加工看作是表征的适当载体。符号加工仅仅着眼于符号的物理形式,并且是局部性的,而联结主义强调的是认知系统的整体活动,是分布的加工,是整体特征的突现。突现的整体状态表征着世界的特征。从第一个外圆发展起来的第二个外圆是共生的观点。共生的观点不赞成把表征作为认知科学的阿基米德之点。实际上,认知主义已经消解了作为内在心灵基础的自我,而联结主义则揭示了通常被归之于心灵我(mind's I)的现象无需自我也能出现,这就是认知过程的自组织性和突现的特征。共生的研究定向则把认知看作是具体化的活动(embodied action),那么认知并不具有超出其具体化历史的最终的基础。认知就是共生(enaction),这不仅生成认知系统,而且生成一个相应的生存情境或世界。共生的观点也消除了外在世界的基础,故而认知便是与世界共同生成和共同进化的过程,这也就是人的生活道路。[①]

认知科学或认知心理学的发展,经历了从认知的非人性到认知的属人性,从认知的抽象化到认知的具体化,从认知的符号学到认知的动力学,从

[①]　葛鲁嘉.认知心理学研究范式的演变[J].国外社会科学,1995(10):63-66.

认知的离身性到认知的具身性，从认知的单一性到认知的共生性，从认知的学术化到认知的生活化。这都是根本性的转换。

第四节 定性与定量的研究

在心理学的研究中，涉及心理学的研究方式和研究方法，实际存在着特定的分离和分化。或者说，在心理学的研究中，有对研究对象的基本性质的考察，也有对研究对象的基本数量的考察。这也就是质的考察和量的考察，或者是质的研究和量的研究。这是研究分类和研究定位的一个重要区分。在科学研究中，在心理学研究中，最基本最确定的研究分类就是定性研究和定量研究之分，或者也可以称之为质化研究和量化研究。关于心理学研究方式和研究方法的考察，定性或质化研究与定量或量化研究是非常重要的课题和非常核心的内容。有许多心理学的研究者，从各自不同的学科分支和研究视角，都对心理学研究中的定性或质化研究和定量或量化研究进行了系统的考察和探讨。①②③ 所谓定性或质化的研究通常被认为是一种人文社会科学的主观研究范式，所谓定量或量化的研究通常被认为是一种实证自然科学的客观研究范式。在心理学的发展历史中，有过定性研究占主导的时期，也有过定量研究占主导的时期。出现过定性研究对定量研究的排斥，也出现过定量研究对定性研究的排斥。在心理学的理论中，重要的是寻求定性或质化研究与定量或量化研究的关系定位。在心理学的方法中，重要的是寻求定性或质化研究与定量或量化研究的研究定位。

一、心理学中的定性研究与定量研究

在不同的科学分支的研究中，都具有定性研究与定量研究的关系的问题。而且，关于定性研究与定量研究，以及关于两者之间的关系，也都有着

① 秦金亮.心理学研究方法的新趋向——质化研究方法述评[J].山西师大学报（社会科学版），2000(3)：11-16.
② 秦金亮.心理学研究方法的新进展——质的研究方法[M]//郭本禹.当代心理学的新进展.济南：山东教育出版社，2003：238-243.
③ 单志艳，孟庆茂.心理学中定量研究的几个问题[J].心理科学，2002(4)：83-84,88.

不同的探讨和考察。在社会科学的研究中,质化研究和量化研究就曾经得到了较多的探讨。①② 有研究比较过在社会科学研究中的定性研究与定量研究。③ 在心理学的研究中,方法论的研究也已经受到更多的重视。有关于心理学方法论的研究不仅涉及心理学方法论的研究对象、研究内容、现实意义和历史概况,而且还涉及心理学的研究课题和研究策略、心理学的经验事实和研究资料以及心理学假说和心理学理论。该研究按照心理学的研究活动对心理学现有的研究方法进行了分类和组合。这也就是按照选择心理学研究课题、确定心理学研究策略与计划、获取心理学经验事实、提出心理学假说、形成心理学理论,对心理学的研究方法进行了考察研究。④ 当然,这种集合式的或罗列式的方法论研究,这种按照哲学方法、心理学一般方法、心理学特殊方法的分类,是已经老套的、过时的研究视野和研究方式了。心理学方法论的研究一直缺乏突破和缺少创新。这也许与在心理学的研究中研究者一直很少直接涉及关于方法的考察和探讨,有着非常重要的关系。关于心理学方法论的考察和探索应该得到重视和放大,也就是心理学方法论的研究可以延展、拓展或推展到关于心理学对象的立场,关于心理学方法的认识,关于心理学技术的思考。这是对心理学方法论的扩展性的探索。⑤

无论是在心理学研究的性质上,还是在心理学研究的方式上,还是在心理学研究的方法上,都有定性研究和定量研究之分。在心理学的具体分支学科的研究中,都有定性研究和定量研究的区分和运用。甚至,在心理学史的研究中,也存在有质化研究和量化研究。⑥ 其实,在任何一个科学门类和科学分支的研究中,都会运用定性的研究方法和定量的研究方法。那么,在不同的学科门类中,都会面对着共同的定性研究和定量研究的问题。定性研究与定量研究也可以称之为质化研究与量化研究。定性研究是对研究对象的基本性质的断定、推论、考察、说明、解释。⑦ 定量研究则是对研究对象的数量关系的确定和计算。在心理学的研究中,既包含着定性研究,也包含

① 沃野. 关于社会科学定量、定性研究的三个相关问题[J]. 学术研究,2005(4):42-48.
② 秦金亮,李忠康. 论质化研究兴起的社会科学背景[J]. 山西大学报(社会科学版),2003(3):19-25.
③ 陈向明. 质的研究方法与社会科学研究[M]. 北京:教育科学出版社,2000:11.
④ 朱宝荣. 现代心理学方法论研究[M]. 上海:华东师范大学出版社,1999:25-26.
⑤ 葛鲁嘉. 对心理学方法论的扩展性探索[J]. 南京师大学报(社会科学版),2005(1):84-89,100.
⑥ 高觉敷. 西方心理学史论[M]. 合肥:安徽教育出版社,1995:111-121.
⑦ 张梦中,等. 定性研究方法总论[J]. 中国行政管理,2001(11):39-42.

着定量研究。问题在于心理学的研究对两者优先地位的确定。这涉及和表明的是,在心理学的研究中,是定性研究还是定量研究能够和应该占据着优先的或决定的地位。①

对于心理学的研究来说,采纳科学的研究方式和研究方法是心理学长期不懈的追求和一直努力的方向。应该怎样在心理学的研究中去运用定性的研究和定量的研究,应该怎样在心理学的研究中处理好定性研究与定量研究的关系,这都是心理学家的研究必须面对的。心理学的研究中有过对定性研究和定量研究的不同的强调,有过重视和运用其中的一个方面,而忽视和忽略另一个方面,因而这也就必然给心理学的研究和发展带来不同的影响。

定性研究或质化研究被看作是一种人文社会科学的主观研究范式。②③质化研究强调的是对研究对象的定性描述,主要的研究方法包括参与观察、深度访谈、传记研究、个案研究、社区研究、档案研究、生活史研究、民族学研究、人种学研究、民族志研究、口语史研究、现象学研究,等等。关于心理学的质化研究方法的考察认为,质化研究的最主要特征在于:人文主义的研究态度④、整体主义的研究策略、主位研究的独特视角、主体互动的研究立场、解说对象的表现手段、研究问题的文化性质,⑤等等。

在心理学的研究中,定性或质化的研究方法近年来也得到了探讨。侧重定性研究的许多研究者认为,定量研究有着许多的不足和缺陷,如人文性的否弃、还原论的盛行、价值说的缺失、简约化的追求。然而,这都是定性研究具有的优势。

定量研究或量化研究被看作是一种实证自然科学的客观研究范式。量化研究强调的是对研究对象的定量描述,主要的研究方法包括实验研究、量表测量、统计分析,等等。量化研究的最主要特征在于其客观实证的研究态度、价值中立的研究立场、客位研究的考察视角、分析主义的研究策略、定量

① 王京生,王争艳,陈会昌. 对定性研究的重新评价[J]. 教育理论与实践,2000(2):46-50.
② 陈向明. 社会科学中的定性研究方法[J]. 中国社会科学,1996(6):93-102.
③ 凌建勋,凌文辁,方俐洛. 深入理解质性研究[J]. 社会科学研究,2003(1):151-153.
④ 秦金亮. 论质化研究的人文精神[J]. 自然辩证法研究,2002(7):26-28,44.
⑤ Ratner, C. *Cultural Psychology and Qualitative Methodology*. New York:Plenum Press, 1997,pp. 123-128.

描述的表达方式。在心理学的研究中,侧重定量研究的一些研究者认为,心理学中的质化研究有着许多的不足和缺陷,如科学性的不足、思辨性的推论、主观性的猜测、假设性的说明。这都是定量研究要克服的方面。

近年来,在心理学的研究中,研究者开始自觉面对质化研究与量化研究的关系问题,并且在研究中开始自觉运用质化研究方法和量化研究方法。但是,如何合理地把握质化研究和量化研究,如何能够使心理学的研究既在质化的方面,也在量化的方面,能更好地揭示、解释、说明和阐明对象的性质、特征、变化、演进,等等,成为心理学研究中至关重要的课题。研究者不仅在研究范式上寻找质化研究与量化研究的对话与融通,而且在具体操作上也在探讨质化研究与量化研究相整合的方式。[1][2] 两种研究范式的整合将对我国本土心理学的研究和发展起到重要的推动作用。严格地说来,对于心理学的研究,定性研究与定量研究都是必要的、重要的。问题在于,怎样使两者的关系能够得到合理的确认,怎样使两者的运用能够具有相互的配合。这是两个不同的问题。前者是心理学方法论要探讨的问题,后者是心理学方法学要涉及的问题。

心理学方法论的研究是心理学关于自己的研究基础的探讨。这既包括思想的基础,也包括方法的基础,也包括技术的基础。所以,心理学方法论的探讨是关系到心理学学科发展的核心问题。心理学研究基础的和核心的方面就是方法论的探索。心理学研究的方法论应该包括三个最基本的方面:一是对关于心理学研究对象的理解,即对心理学研究内容的确定,力求对心理学的研究对象能够有全面、深入的理解。二是关于心理学研究方法的探索,即对心理学研究方法的确定,力求对心理学的研究方法能够有规范、明确的理解。三是关于心理学技术手段的考察,即对心理学干预方式的确定,力求对心理学的技术手段能够有合理、适当的理解。从心理学的方法论入手,就是要理解定性研究与定量研究的关系,并把对两者关系的合理理解带入到心理学的具体研究中。

心理学方法学的研究则涉及的是心理学方法论中的第二个部分,也就

① 张红川,王耘. 论定量与定性研究的结合问题及其对我国心理学研究的启示[J]. 北京师范大学学报(人文社科版),2001(4):99-105.
② 秦金亮,郭秀艳. 论心理学两种研究范式的整合趋向[J]. 心理科学,2003(1):20-23.

是关于心理学具体研究方法的考察和探讨。所以,心理学方法学是被包含在心理学方法论当中的,是其中的一个重要的组成部分。心理学方法学的探讨主要考察心理学研究运用的具体研究的方法。[①] 例如,在心理学研究中运用的具体的研究方法,可以包括观察法、调查法、档案法、测量法、实验法,等等。心理学方法学的研究可以涉及心理学研究运用到的这些具体研究方法的不同类别、基本构成、使用程序、适用范围,等等。从心理学的方法学入手,则要涉及在心理学研究中,如何能够使定性或质化研究与定量或量化研究有合理的组合。[②]

很显然,心理学探索既依赖于定性或质化研究,也依赖于定量或量化研究。两者共同达成了心理学研究的完整性或全面性。片面地依赖于单方面,或以一方排斥和贬低另一方,都会限制或扭曲心理学的研究。

二、心理学历史中的定性研究与定量研究

心理学成为严格意义上的实证科学的时间并不长。心理学在相当漫长的历史演变中,有着十分不同的历史形态。这包括常识形态的心理学、哲学形态的心理学、宗教形态的心理学、类同形态的心理学、科学形态的心理学。在原有的理解中,都认为常识形态的心理学、哲学形态的心理学、宗教形态的心理学属于定性的研究。类同形态的心理学、科学形态的心理学则属于定量的研究。更进一步,这导致的认识是把思辨的研究等同于定性的研究。例如,在心理学历史发展过程中出现的哲学心理学的研究就应该属于立足日常经验的思辨研究。

按照这样的理解,哲学思辨就是属于立足日常经验的定性研究,是脱离了定量研究的定性研究。但是,这实际上是一种误解。这种误解不仅会导致对定性研究的不正确的理解,而且会导致对合理的哲学反思的不正确的理解。严格地说来,思辨的研究并不等于就是定性的研究。思辨的研究是与实证的研究相对应的。在实证的研究中,定性研究是与定量研究相对应的。问题的关键在于对哲学思辨和哲学反思的定位。

---

① 崔丽霞,郑日昌.20 年来我国心理学研究方法的回顾与反思[J].心理学报,2001(6):564-570.
② 向敏,王忠军.论心理学量化研究与质化研究的对立与整合[J].福建医科大学学报(社会科学版),2006(2):51-54.

在心理学成为独立学科门类之前,心理学主要被包含在哲学当中。这个阶段中的心理学可称之为哲学心理学。哲学心理学是哲学家通过思辨的方式对人的心理行为的说明、阐述和解释。这种思辨的方式带有推测、推论和推断的性质。在心理学成为独立的科学门类之后,心理学与哲学曾经有过彼此的分离和相互的排斥。为了维护自己的独立学科的地位,心理学在相当长的时间里强烈拒斥哲学,并把自己与哲学严格地区分开来,否定自己与哲学有任何的关联。到了 20 世纪末期,随着哲学研究的转折,随着心理学学科的迅速扩展和壮大,心理学与哲学的关系又有了新的变化。哲学开始致力于对人的思想前提或理论前提的反思。同样,心理学在经历了急速的发展和扩展之后,也发现了自己的学科理论基础的极度薄弱。学科理论基础的建设有一个十分重要的任务,那就是对学科的思想前提或理论前提的分析、考察和反思。这不仅决定了心理学科进行理论建构的能力,而且决定了心理学家提出理论假设的水平。这不仅对哲学家的研究提出了更高的要求,而且对心理学家的研究也同样提出了更高的要求。

同样,心理学的理论研究也并不等于就是心理学关于研究对象的定性研究,而是有着更广泛的内容。其实,心理学既是理论的科学,也是实证的科学。理论心理学就是科学心理学作为理论的科学从事研究的基本构成部分和重要分支学科。理论心理学可以是由两个部分的基本研究内容构成的:一是关于心理学研究的理论前提的反思;二是关于心理学对象的理论解说的建构。

理论心理学的研究涉及关于心理学研究的理论前提的反思。这部分的研究实际上就是心理学哲学的研究。心理学哲学是一个特殊的研究领域,它的研究具有特殊的内涵。心理学哲学的研究主要涉及两个方面的内容:一是对有关心理学研究对象的理论预设或前提假设的反思;二是对有关心理学研究方式的理论预设或前提假设的反思。无论是关于心理学研究对象还是关于心理学研究方式的理论预设,都决定着心理学研究者的研究,或者说决定着心理学研究者关于研究对象的理解和把握,决定着心理学研究者关于研究方式的确定和运用。

理论心理学的研究还涉及关于心理学研究对象的理论解说的建构。理论心理学关于研究对象或关于心理行为的理论建构,提供的是关于对象的理论学说。心理学的研究是对心理行为的理论探索、理论描述、理论解说和理论阐释。心理科学的研究提供的是关于研究对象的理论知识体系。对于心理学的研究来说，理论建构的能力在某种程度上决定了其学科发展的水平。可以说，理论心理学关于心理行为的理论解说是属于定性的研究或质化的研究。理论心理学的这部分内容是涉及心理学研究对象的理论假说，是关于心理行为的理论构造。

三、心理学理论中的定性研究与定量研究

在心理学的理论研究视野中，定性研究与定量研究应该寻求的是互通和互容。无论是心理学的定量研究，还是心理学的定性研究，如果是彼此的排斥和走入了极端之后，都会存在着自己的缺失和不足。例如，在心理学发展历史上，定量研究或量化研究就曾经占有过支配性的地位，就曾排斥过质化研究。有研究者对心理学研究中的量化研究或定量研究占有的支配性地位提出了质疑。这种质疑着眼于两个方面：一是量化研究或定量研究本身存在的不足；二是量化研究或定量研究排斥质化研究或定性研究导致的偏颇。

量化研究或定量研究如果走入了极端，如果脱离了或排斥了质化研究或定性研究，其本身就会存在着一些研究的缺失和不足。这在心理学的研究中，特别是在西方实证心理学的研究中，都是有所体现的。[①] 首先是价值中立的研究立场。所谓的价值中立是指在心理学的研究中，研究者必须是价值无涉的。从表面上来看，这是为了避免研究者把自己的主观意向、主观好恶、主观猜测、主观假设等强加在研究对象之上。但是，实际上，心理学的研究或心理学的研究者并不是在真空之中，并不能摆脱开自己身处的文化背景、社会环境、思想基础和研究视野，并不会像镜子那样原样描摹、简单反映和直接表现研究的对象。心理学的研究肯定是价值涉入的。其实，对于心理学的研究来说，研究者并不是对已成的存在的描述，而是对生成的存在的创造。人的心理生活是人创造出来的。心理学本身是在参与创造人的心理生活。其次是还原主义的研究方式。所谓的还原主义就是指心理学研究

---

① 秦金亮.论西方心理学量化研究的方法学困境[J].自然辩证法研究,2001(3)：10-14.

中的还原论。心理学研究中的还原论把复杂多样的人的心理行为,还原为或还原到实现人的心理行为的基础条件之上。这可以是物理的还原,也可以是生物的还原,也可以是社会的还原,也可以是文化的还原。心理学研究中一度盛行的还原主义,是把人的心理行为的实现基础具有的性质、特征、构成、规律等,直接用来说明和解释人的心理行为的性质、特征、构成、规律,等等。例如,人的心理行为是有其生物遗传的基础的,还原论则直接把人的心理行为归结为生物遗传的结果。人的心理行为也有其人脑生理的基础,还原论则用人脑生理的构造和功能来说明人的心理行为。

质化研究或定性研究如果走入了极端,或者说如果脱离了和排斥了量化研究或定量研究,其本身也会存在着一些研究的缺失和不足。这在心理学的具体研究中,也是有所体现的。在心理学的研究中,坚持定量研究的许多研究者认为,心理学中的质化研究也有着许多的不足和缺陷,如科学性的不足、思辨性的推论、主观性的猜测、假设性的说明。这都成为定量研究要克服的方面。首先是价值侵入的研究立场。质化研究或定性研究通常是立足研究者的定性推论,这就会把研究者的价值尺度和价值判断带入到关于研究对象的理解中。这就与研究者的个人的文化背景、知识经验、生活态度、处世经验、理解程度等具有直接的关系或关联。在这样的过程中,很容易出现研究者在自己的研究中对研究对象的价值侵犯。这就是研究者把自己的价值取向强加在研究对象的身上。这也很容易出现研究者对被研究者的价值取向的价值替代,也就是用研究者自己的价值尺度和价值判断来替代研究者的价值尺度和价值判断。结果很容易出现不同研究者之间的、研究者与被研究者之间的价值冲突,也就是不同的价值取向的对立和对抗。其次是自然主义的研究方式。质化研究或定性研究强调的是在自然的情景中对人的心理行为的考察,而不是对各种条件的相关控制,也没有对无关变量的剔除。研究者通常也是情景事件的参与者或亲历者,并且研究者通常在理解自己的研究对象或研究内容。研究者把自己的研究思路和研究设定,把自己的生活理解和生活主张,把自己的学术定位和学术观点,都融会和融合在自己的研究对象和研究内容之中。

在心理学的理论研究中,有过对心理学的质化研究或定性研究的推崇和强调,从而贬低和排斥心理学的量化研究或定量研究。也有过对心理学的量化研究或定量研究的推崇和强调,从而贬低和排斥心理学的质化研究或定性研究。这给心理学的具体研究带来了许多的不足和不利的方面。这很容易导致心理学研究的片面性和缺失性,从而大大限制了心理学本身的发展。

心理学的理论研究应该着重去考察和探讨心理学研究中的质化研究与量化研究的关系,或者是心理学研究中的定性研究与定量研究的关系。对这种关系的准确的定位或合理的定位,就可以大大促进心理学的研究进步,就可以带来心理学的研究繁荣。这强调的是心理学研究的多元性和开放性,这强调的是心理学研究的多样性和组合性,这强调的是心理学研究的合理性和科学性。这需要的是心理学理论研究的深入和扩展。

四、心理学方法中的定性研究与定量研究

在心理学具体的研究操作过程中,在心理学具体的研究方法的贯彻中,不同的心理学流派、不同的心理学思想、不同的心理学主张、不同的心理学研究、不同的心理学专家和不同的心理学学科等,都会采纳不同的心理学研究方法,都会对心理学研究方法中的定性研究与定量研究有不同的定位。

在心理学作为独立的学科门类诞生之后,曾经有过学派林立、学派冲突、彼此纷争、彼此对立的时期。最核心的对立就是所谓的心理学中的两种文化的对立,即物理主义的文化与人本主义的文化之间的冲突。这是西方心理学两极的分立或对立。在心理学的研究方式上体现的则是自然科学的研究方式与人文科学的研究方式的分立或对立。

所谓的物理主义科学也就是传统的自然科学。传统的自然科学将自然界看作是物理的实在,是具有机械性质的存在。从属于自然界的人和人的心理行为的存在也不例外。在研究方式上,物理主义的科学强调感官经验和物理工具获得的证据,强调对条件和变量进行精确分析和控制的实验室实验,强调对现象背后的因果规律的理性抽象。在实际应用上,是按照严格的和准确的技术手段和应用程序进行干预。西方的主流心理学,特别是行为心理学和认知心理学,就是全盘照搬和模仿传统的自然科学。这也就是把心理学的研究对象看作是客观的自然现象,研究者可以由感官经验和物理工具捕捉到,可以进行变量分析和实验控制,可以抽象出因果制约的规

律,也可以通过技术手段干预心理现象。

所谓的人本主义科学也就是传统的人文科学,将人放在神圣的位置上,重视人的自由和尊严。在探讨的方式上,人文主义科学强调的是人的心理体验和意识自觉,强调的是对生活的意义和价值的主动构筑。在实际的应用上,人文主义科学倡导的是人的自我选择和自我实现。这构成了西方的非主流心理学,像精神分析和人本主义心理学。非主流的心理学把心理学的研究对象看作是意识经验或心理体验,这无法通过研究者的感官经验或物理工具捕捉到,也无法进行分析肢解而不失去原义。因此,研究者必须进行整体的考察,必须深入到人的心理生活之中,揭示其内在的意义和价值。心理学家可以通过启迪人的意识自觉,使之主动地构筑自己的心理生活。

通常来说,物理主义的、自然科学的传统中的心理学研究,偏重于采纳的是量化研究或定量研究的思路和方法。人本主义的、人文科学的传统中的心理学研究,偏重于采纳的是质化研究或定性研究的思路和方法。在西方心理学的众多的派别之中,构造主义心理学、行为主义心理学、认知主义心理学等心理学派别,主要采纳的是量化研究或定量研究的方式和方法从事的研究。精神分析心理学、人本主义心理学、超个人心理学等,主要采纳的是质化研究或定性研究的方式和方法从事的研究。

在心理学成为独立的学科门类之后,心理学迅速地发展起来并分解出大量的分支门类或分支学科。这些不同的心理学分支学科有着各自不同的研究领域,有着各自不同的研究对象、研究内容和研究课题。这是取决于心理学研究对象的复杂性、系统性、多样性、多变性等重要特性。不同的心理学分支学科会在定性和定量研究上有不同的偏重。在众多的心理学分支学科中,像实验心理学、测量心理学、感知心理学、神经心理学等,更多采纳的是量化研究或定量研究的方式和方法。然而,像社会心理学、教育心理学、咨询心理学、组织心理学、犯罪心理学、文化心理学等,则更多采纳的是质化研究或定性研究的方式和方法。也有心理学的分支学科,会对定性的研究和定量的研究采取并重的方式。

随着心理学学科的进步和成熟,随着心理学研究的扩展和深入,心理学研究中的质化研究或定性研究也在不断地改进和完善。心理学研究中的量化研究或定量研究也同样在不断地改进和完善。在心理学研究中,质化研究与量化研究、定性研究与定量研究也在不断地寻求融合、组合、配合,从而不断地提高心理学研究的合理性和精确性。与心理学发达的国家相比,在我国的心理学研究中,无论是心理学的定性研究还是心理学的定量研究,都还存在着非常明显的缺失和不足。更大的问题是,我国心理学的研究还缺少对心理学研究中的定性研究与定量研究的关系细致深入的考察和研究。实际上,在科学研究或心理学研究中,定性研究和定量研究的关系问题,最根本地是体现在这两种研究方式和研究方法的主导性的问题上。心理学的研究在相当漫长的历史时期中,是哲学思辨占主导的地位。在心理学成为独立科学门类之后,心理学的研究是定量研究占主导的地位。在科学心理学的未来发展和演变中,应该是定性研究和定量研究共同主导的研究,这将会给心理学的研究带来根本性的变化。

对心理学研究中的质化研究与量化研究或定性研究与定量研究的定位问题,既涉及在心理学理论探讨中的定位,也涉及在心理学具体研究中的定位。心理学的理论探讨是合理定位质化研究与量化研究的学术性基础,心理学的具体研究是合理运用质化方法与量化方法的现实性基础。心理学的研究都要涉及如何在心理学的具体课题中,同时运用以及合理运用定性的研究方法和定量的研究方法。对这两种研究方式和研究方法的合理的定位,有效的组合,彼此的互补,就会给心理学的研究带来重要的改善和重大的推进。这是关系到心理学研究的有效性与合理性的关键性的问题。这也是心理学的研究方法能够发挥基本的研究作用和重要的研究价值的核心性的方面。强化对心理学研究中的定性方法与定量方法的探讨,也是关系到心理学的学科进步和研究发展的重大的问题和关键的课题。①

这实际上已经将心理学中的质化研究与量化研究的关系,提升到了学科发展、研究定向、探索策略、考察方法和技术应用的重要位置上。这成为了心理学方法论或方法学中的关节点,并决定着心理学的具体研究和研究结果。

---

① 葛鲁嘉. 心理学研究中定性研究与定量研究的定位问题[J]. 西北师大学报(社会科学版),2007(6):65-70.

第九章　心理学的技术

　　心理学的研究或应用涉及心理学的技术,包括心理学的技术研究、技术思想、技术应用、技术手段和技术变革。心理学的技术应用与技术干预有着自己独特的性质和特征。心理学的技术思想包括怎样在心理学的技术应用中消除研究者与生活者之间的间隔性,消除心理学的应用对象的被动性。心理学的应用技术包括硬技术和软技术两个基本大类。硬技术是指通过实际的或有形的技术工具和技术手段对人的心理行为的改变。软技术是指心理意念、心理观念、心理理念、心理操作等方式对内在心理的改变和引导。心理技术学是应用现代心理学原理及心理测验、测量、统计等技术手段,研究社会生活中个体和群体心理问题的综合性应用学科。心理学的技术变革涉及生活的尺度、自主的引导、体验的生成和应用的技术。

第一节　心理学的技术应用

　　心理学的技术研究是心理学研究的一个重要组成部分。心理学的技术干预与其他自然科学的技术干预有所不同,即必须关注人的尊严和价值,必须关注人的自由和自主。心理学的技术研究涉及的核心问题包括附属与中心、干预与引导、问题与目标、工具与程序、规划与实施、评估与修正、投入与效益、科学与常识。心理学的应用方案或程序的制定都要涉及四个确定:确定应用的问题和目标;确定理论的原理和原则;确定研究的方式和方法;确定干预的技术和手段。

一、基本的性质

心理学的研究可以按照两种不同的尺度进行划分。一种尺度是把心理学的研究划分为基础研究和应用研究。一种尺度是把心理学的研究划分为理论研究、方法研究和技术研究。其实,不论按照哪种尺度进行划分,在心理学的研究中,心理学家都不仅要揭示、说明和预测人的心理,而且还要通过相应的技术手段来影响、干预和改变人的心理。应用心理学就是运用心理学的技术、方法和理论对心理行为的干预或影响,以改变人的心理行为,提高心理生活的质量。

应用心理学具有四个基本特征,这些特征体现的是应用心理学的实质。因此,可以通过这些特征来了解应用心理学。第一,价值特征。应用心理学最重要的特征就是价值特征。心理学的应用研究是价值定位的、价值定向的、价值涉入的。在心理学的基础研究中,研究者非常强调的是研究者的价值无涉的立场,那就是必须客观地去描述、解释和说明心理行为。在心理学的应用研究中,研究者则必须引导人的生活,这就是价值的定向或价值的导向。[①] 研究者必须告诉普通人什么样的生活是不好的,什么样的生活是好的。怎样消除不好的生活,怎样导向好的生活。第二,动力特征。所谓的动力特征是指心理学的应用研究是以什么来推动自己的发展。[②] 这也就是要表明,应用心理学的学科发展的动力是来自社会的需要,还是来自学科的内部。应该说,社会的需要是应用心理学发展的最直接的动力源,而基础研究的进步则是应用研究发展的间接的动力源。第三,问题特征。应用心理学肯定是问题中心的,应用是为了解决问题的。或者,应用心理学是为了解决现实生活中的人的心理问题,而确定自己的理论、方法和技术。那么,确定心理问题与解决心理问题就成为应用心理学的核心。第四,效益特征。应用心理学是讲求效益的。应用心理学的应用不可能无限地投入,而必须以较小的投入来换取最大的收益。所谓的效益包括社会效益与经济效益。无论是社会效益还是经济效益,都是应用心理学必须注重的。

要对人的心理行为进行技术干预,必须坚持的是有效性的原则。应用

---

① Cummins, R. *The Nature of Psychological Explanation*. Cambridge, MA: The MIT Press, 1983.
② 杨玉芳. 知识创新与心理学的发展[J]. 心理与行为研究,2003(1):2-4.

干预和应用改变等应用的过程,都是以能否产生相应的应用效果作为基本的原则。这个原则会涉及两个重要的方面:干预对象的性质;技术干预的限度。无论是干预对象的性质,还是技术干预的限度,都决定着心理学的实际干预的有效性。干预对象的性质与技术干预的限度是对应的、匹配的关系。

　　心理学的应用对象是人的心理行为。人类的心理行为有其独特的性质,正是这种心理学对象的独特性质决定了心理学学科的独特性质。这包括心理科学的文化属性,[①]也包括心理科学的本土属性,[②]还包括心理科学的对话属性。[③] 人类心理的独特性质就在于既是自然的存在,又是自觉的存在。人类的心理是自然的存在,是在自然界长期演化的过程中产生出来的。自然演化构成了一个阶梯。最基础的是物理和化学的,然后是生物和生理的,然后是人类和社会的,然后是心理和意识的。这可以看作是一个演化递进的过程,是一个自然发展的过程。因此,人类的心理是自然的存在,具有的是自然的性质,符合的是自然的规律。然而,人类的心理又是自觉的存在。正是这种自觉性导致人类心理是创造性生成的过程,或者是自我创生的历程,或者是文化建构的历程。关于文化与心理的关系,已经成为心理学研究、本土心理学研究的重要课题。[④][⑤] 正是在文化创造的意义上,人类的心理也可以说是自决或自主决定的存在。所谓自觉和自决的存在,也就是自主和自动的意义。这说明,人类的心理不仅是依附的、被动的、自然的、已成的,而且是主动的、生成的。人可以主动地创造或创生自己的心理生活。没有什么现成的生活道路,而是人自主创造或开拓出来的。这也正是心理现象与心理生活的区别。心理现象可以是自然的存在,而心理生活则是自觉的存在。心理现象是已成的存在,而心理生活则是生成的存在。心理现象是相对于研究者的感官观察而言的,是被动呈现的;而心理生活则是相对于生活者的生活体验而言的,是主动创造的。[⑥]

①　葛鲁嘉,陈若莉.当代心理学发展的文化学转向[J].吉林大学社会科学学报,1999(5):79-87,97.
②　葛鲁嘉.中国心理学的科学化和本土化——中国心理学发展的跨世纪主题[J].吉林大学社会科学学报,2002(2):5-15.
③　周宁.独白的心理学与对话的心理学[J].西北师大学报(社会科学版),2002(6):119-123.
④　杨中芳.绪论[M]//杨中芳,高尚仁.中国人·中国心——传统篇.台北:远流出版公司,1991:9-43.
⑤　翟学伟.中国人行动的逻辑[M].北京:社会科学文献出版社,2001:3-16.
⑥　葛鲁嘉.心理文化论要——中西心理学传统跨文化解析[M].大连:辽宁师范大学出版社,1995:295-298.

　　心理科学的技术干预对象与其他自然科学门类的技术干预对象有类同的地方，也有很大甚至根本的不同。人对其他自然对象的技术干预是为了给人谋福利，那么对象就具有为人所用的性质。然而，心理科学对人的心理的干预则是直接为心理科学的对象谋得福利，技术干预的对象不具有为人所用的性质。这就是人的尊严的问题，或者是人的价值的问题。同样，人作为心理科学的技术干预的对象，人并不是被动的，也不是可以任意加以改变的。那么，心理科学的技术手段就是有限度的，这就是人的自由的问题，或是人的自主的问题。实际上，心理科学的研究对象是人的心理生活，心理生活就是人自主引导和自主创造的生活。

二、核心的问题

　　应用心理学的研究有其关键的或核心的问题，其中最主要的有八个，它们相互关联或彼此对应。每一个问题中的每一个方面，都是对应用心理学来说非常关键和重要的问题，所以认真地考察和研究这八个问题的十六个方面，就会对心理学的应用有一个非常详尽的认识和理解。

　　一是附属与中心的问题。心理学的研究可以区分为基础研究和应用研究，也可以区分为理论研究、方法研究和技术研究。在心理学的研究中有一个非常重要的问题，那就是以什么为中心。心理学的研究有过以理论为中心，这在研究中强调的是哲学思辨、理论构想、理论假设和问题中心。心理学的研究有过以方法为中心，这在研究中强调的是方法优先、方法决定、方法评判。随着心理学的研究进步，对于心理学研究基本构成的研究顺序应该有新的设想。原有的研究顺序是理论、方法、技术，也就是理论优先。原有的研究顺序也有过方法、理论、技术，也就是方法优先。其实，心理学应有的研究顺序应该有一个重要的变化，那就是技术、理论、方法。技术优先的思考则涉及价值定位、需求拉动、问题中心、效益为本。所谓的技术、理论、方法的顺序也表明，技术应由理论支撑，理论应由方法支撑。对于人的心理生活来说，重要的是生活的规划、规划的实施和实施的评估。

　　二是干预与引导的问题。对人的生活，对人的心理生活，科学包括心理科学可以有干预和引导两种方式加以影响。干预是以研究者为主导的过程，引导则是以生活者为主导的过程。干预是使生活者按照研究者的预测和方法而得到改变,引导则是使生活者按照自己的意愿和方式朝研究者制定的目标变化。其实,在心理学成为独立的科学门类之后,心理科学就一直是主张、倡导、实施对人的心理行为的干预。这继承了传统自然科学对待自然对象的方式。但是,这种方式忽视或忽略了人的心理有与其他自然物完全不同的特性。那就是人的心理具有觉的性质,即意义生成的历程。相对于这样的特性,心理学对人的心理的影响就是引导。通过引导来唤起人的心理自觉,从而通过人的自我意识、自我觉知、自我意志、自我控制来改变人的心理生活的品质。

三是问题与目标的问题。心理学的应用是对现实中的具体心理问题的解决,所以最重要的就是确定问题。但是,应用心理学对现实生活中的问题的解决,还必须确立自己的实际目标。所谓的问题是从现实出发的,所谓的目标是从学科出发的。问题决定了心理学应用的意义,而目标决定了心理学应用的方向。心理学的应用总是针对问题和解决问题的过程,而心理学的应用又总是确立目标和实现目标的过程。问题的确定首先包括理解或了解问题情境,也就是问题发生的背景,问题存在的背景,问题变化的背景,问题解决的背景,等等,所以要解决问题,必须先要了解问题的情境。问题的确定其次包括确定或澄清问题,如问题的性质、问题的程度、问题的内涵、问题的出现,等等。在应用心理学的应用过程中,应用研究者设立应用研究的目标是最关键的。目标是引导应用研究和应用过程的核心。目标的确定则涉及远期目标和近期目标。对现实心理问题的解决不仅针对问题本身,而且应该考虑到未来的状况和可能的变化。任何心理学的应用研究都必须确立远期目标。这是制定近期目标的重要参照。同样,心理学应用的远期目标的实现是要通过一系列近期目标的实现来达到的。

四是工具与程序的问题。心理学的应用要涉及具体的技术工具。工具的发明和运用是心理学应用的一个核心方面,也是决定心理学的应用范围、应用程度和应用效果的一个重要方面。技术工具的运用还要涉及一整套具体的应用程序或实施步骤。正是通过具体的应用程序或实施步骤,来完成对人的心理行为的改变和改善。其实,心理学的应用主要是技术的发明和创造。在心理学演变和发展的历程中,曾经有过技术的发明和创造带来心理学的变革和促成心理学的进步。例如,计算机的出现,就给心理学的研究带来巨大的改变。技术的运用还涉及程序的问题,包括技术应用的步骤、方式、操作,等等。

五是规划与实施的问题。在心理学的应用过程中,要有对应用方案的规划、设计和制定。应用方案制定的合理与不合理,完善与不完善,详尽与不详尽,都会决定着最终的应用过程和结果。在制定应用规划之后,最重要的就是实施应用方案。对应用方案或应用程序的制定主要有四个确定:(1)确定应用的问题与目标,这包括明确问题情境与实际问题,也包括制定长期目标与短期目标。长期目标是对人的心理行为的远期的影响,短期目标则是对人的心理行为的近期的影响。(2)确定理论的原理与原则,这包括心理学科提供的原理和原则,也包括其他相关学科提供的原理和原则。(3)确定考察的方式与方法,这包括需要了解的应用内容范围,也包括需要采纳的应用研究方法。(4)确定干预的技术与手段,这包括参照其他的应用中解决问题的成功案例,也包括拟定所需的合适技术和手段。

六是评估与修正的问题。心理学应用方案在实施过程中,以及在实施之后,还要对实施的结果进行评估。评估过后,还要对原方案进行修正。对心理学应用方案的评估种类有建构性评估和总结性评估。建构性评估主要评估应用方案的基本构成,总结性评估主要评估应用方案的实施结果。对心理学应用方案的评估内容涉及四个方面:(1)应用方案的目标。在设置了应用方案之后,必须评估应用方案的目标是否设置得正确合理。(2)应用方案的构造。任何的心理学应用方案都有其内容构造,评估其内容构造的正确性和合理性,是对应用的保证。(3)应用方案的作用。应用心理学的应用方案必须发挥其作用。或者说,应用心理学必须实际改变心理行为,使其按照设定的或既定的目标变化。如果一个应用方案无法发挥其作用,那就必须加以放弃或改造。(4)应用方案的效率。任何的心理学应用方案的实施,都必须有投入。这主要包括时间的投入,人力的投入,金钱的投入,精力的投入。如果应用方案在实施的过程中产生的效果无法应对投入,那这就是个低效率的方案,反之则是个高效率的方案。

七是投入与效益的问题。在心理学的应用过程中,还有一个非常重要的方面就是投入与效益,也就是怎样以最小的投入来获得最大的效益。心理学的应用是解决问题的过程。任何对问题的解决都要投入时间、精力、资金,等等。与此相应,任何对问题的解决也都会求取变化、结果、收获,等等。

关键在于,怎样以最小的投入来获取最大的效益。这就说明,要实施应用方案,必须在设计方案的时候就把要进行的投入和实际可能的结果考虑在内。任何的投入都要考虑其效益。当然,效益包括经济效益和社会效益,包括近期效益和远期效益。任何的心理学应用都不能仅考虑到其中的一个方面,而必须加以综合的设想。

八是科学与常识的问题。任何心理学的应用都要涉及两个水平,也就是专家的水平和常人的水平。①② 专家掌握的是科学,而常人掌握的是常识。专家的专业水平决定了应用的性质和程度。常人的经验水平决定了应用的结果和成效。专家的水平取决于两个方面,那就是职业道德和专业水平。因为心理学的应用会干预到常人的日常生活,会影响到常人生活的性质和内容,所以专家必须遵守职业道德,才能够保证会给常人的生活带来益处。因为心理学的应用是专业的应用,所以应用能够达到的结果与专家的专业水平高低是直接有关的。常人的水平取决于从科学到日常的转化。心理学的应用就是针对日常生活中的普通人的心理生活的。任何涉及人的科学应用,都必须考虑到人不同于其他的自然物。人具有自觉性、主动性和创造性,所以人不是可以任意由研究者改变的。心理学的应用必须考虑到从科学到日常的转化,这主要可以涉及三个方面的问题。首先是从科学理论到日常语言的转化。心理科学使用的是科学的语言,或者是规范化的心理学术语。这样的术语都有十分严格的定义,或者都有确切的内涵和外延。普通人的日常语言则是含混的、多义的。但是,心理学的应用常常要由常人掌握了心理学的知识才得以进行,这就必须使科学理论能够转化为日常语言。其次是从科学方法到日常方法的转化。心理科学是使用科学的方法来了解人的心理行为。科学的方法都是规范的方法。但是,常人在日常生活中则通过日常的方法来了解自己和他人的心理行为,这就要涉及怎样使科学的方法转化为日常的方法。最后是从科学技术到日常技术的转化。心理科学是使用科学的技术手段来干预人的心理行为,科学的技术手段都有严格的限定。而普通人在日常生活中都是通过日常的技术来达到自己的目

---

① 葛鲁嘉. 常识形态的心理学论评[J]. 安徽师范大学学报(人文社会科学版),2004(6):715-718,727.
② Wilks, K. V. The Relationship between Scientific Psychology and Common-Sense Psychology. *Synthese*, 1991,89,15-39.

的,这就要有从科学技术到日常技术的转化。

三、应用的特征

心理学的应用不仅是一个方面的考虑,而且必须进行综合性的设想和设计。心理学的应用对象是人,会涉及人类生活和人类环境的方方面面。人的生活是非常复杂的,而不能随意地简化和还原。应用心理学具有自己的一些基本特征,这些特征体现了应用心理学的实质。因此,可以通过这些特征来了解和把握应用心理学。应用心理学主要的或重要的特征涉及四个方面,即价值特征、动力特征、问题特征和效益特征。

应用心理学在现实生活中的应用,对现实生活中的心理问题的解决,最重要的方面就是制定应用方案或制定应用程序。应用心理学研究的任何应用方案或应用程序的制定,都要涉及四个基本的方面或四个主要的确定:确定应用的问题和目标;确定理论的原理和原则;确定研究的方式和方法;确定干预的技术和手段。

首先是确定应用的问题和目标。确定应用的问题包括确定问题情境和确定实际问题。确定问题情境在于,任何的问题都不是孤立产生的,而是在特定的情境中产生的。所以,要想了解问题,就要先了解问题情境。或者说,了解了问题情境,才有可能确定问题。应用都是针对特定的问题。确定了问题情境,还要确定实际问题。所谓的实际问题,正是应用心理学要解决的。确定目标就在于,确定了问题之后,进而要确定的就是解决问题的目标,或者说要确定的是通过应用而要达到的结果。目标的确定涉及长期目标和短期目标。长期目标可以称之为隐目标,因为长期目标很可能并不明确,或者很容易被忽略。短期目标也可以称之为显目标,因为短期目标有可能是明确的,或者很容易认识到。

其次是确定理论的原理和原则。应用心理学的任何应用研究都是建立在基础心理学的研究成果之上。首先,心理学应用要确定的是心理学基础研究提供的心理学原则和原理,要确定的是可以提供科学描述和解释的心理学基本知识。心理学的应用研究在确定了要达到的目标之后,就要明确要采用的心理学的原理和原则,也就是通过什么样的原理和原则来解决问题。其次,心理学应用还要关系到超越心理学知识范围的内容,这就要涉及其他科学门类的原则和原理。人的生活中的心理问题包含的范围非常广泛，其解决很有可能会超出心理学单一学科的范围。这就要求借鉴和采纳其他相关学科的原则和原理。

　　再次是确定研究的方式和方法。应用心理学的应用要确定需要了解的内容范围。应用心理学对问题的解决，是建立在对问题的了解的基础之上。有了对问题的透彻的了解，才有可能解决好问题。了解问题，确定要了解的问题的内容范围是非常重要的。同时，确定需要采纳的研究方法也是非常重要的。应用心理学对问题的了解，可以采纳任何适用的方法，或者是多种方法的综合运用。那么，按照所用方法的定性和定量的程度，或者按照所用方法的粗略和精确的程度，可以运用一系列方法，如叙说分析、故事分析、谚语分析、深度访谈、问卷调查、量表测量、实验研究，等等。

　　最后是确定干预的技术和手段。首先是要参照其他应用研究的成功案例。心理学应用研究运用过的解决生活问题的成功技术手段，都可以成为后来的应用研究可以借鉴和移植的技术手段。通过借鉴，通过移植，就可以确定用来解决问题的相应技术手段。其次是要拟定所需的合适手段。心理学应用要解决的问题可能是非常独特的，所以解决问题的手段也就可能是独特的。重要的是，拟订所需的合适的手段。心理学应用的技术和工具的发明和创造，决定了心理学应用的范围、作用和效果。

第二节　心理学的技术思想

　　心理学的应用就是通过心理学的技术和手段对人的心理行为进行的实际干预或影响，以改变人的心理行为的现状，提高人的心理生活的质量。但是，在传统的心理学应用中，常常把心理学的应用对象看作是被动地由心理科学任意干预的，看作是由心理科学的技术手段实际改变的。其实，人的心理的最重要的性质就是主动性和自主性。或者，人的心理是可以自我理解的、自我改变的和自我创造的。因此，应用心理学就可以存在有两种完全不同的应用途径。这两种应用途径有着不同的前提假设、实施方式和现实结果。但是,如何使传统的心理学应用途径得到扩展,如何使心理学的应用能够更加适合人的本性或人的心理本性,那就必须去探索心理学实际应用可能的新途径。这也是中国心理学的科学化和本土化的重要任务。

一、消除间隔性

心理学应用的一个非常重要的方面是消除间隔性。起源于西方文化的科学心理学或实证心理学,有着一个非常重要的研究预设或理论前提,那就是研究主体与研究客体的割裂或分离。那么,心理学原有的应用研究也是以干预者与被干预者的分离为前提的,或者干预者与被干预者是有间隔的。研究者或者应用者是主动的一方,而被研究者或被改变者则是被动的一方。这种研究主体与研究客体的分离,使两者之间是有间隔的,是彼此相互隔离的。那么,研究者作为研究主体就是价值无涉的、冷漠无关的、客观描述的和外在干预的。所谓科学心理学的研究就是客观的描述、解说和干预。因此,当心理学的研究对象被确定为心理现象时,就是建立在把心理学的研究对象与心理学的研究主体彼此分离的基础之上。心理学的研究者是与心理学的研究对象无关的存在,其只能通过感官的客观观察来旁观把握心理现象,来客观描述心理现象。那么,心理学的应用也就不过是研究者通过技术手段的实际干预。这种研究者与被研究者的间隔性,干预者与被干预者的间隔性,使心理学的应用成为旁观者的冷漠施加的影响,使心理学的应用也成为接受者的被动承受的影响。

如果把心理学的研究对象从心理现象转变成心理生活,那心理学的应用就会有根本性的转变。心理生活的概念最重要的是消除了研究者与被研究者、干预者与被干预者之间的分离或间隔。因此,觉知者与被觉知者、观察者与被观察者、干预者与被干预者,都是一体化的存在,都是实际的生活者,都在现实的生活进程之中。无论是心理学的研究者,还是心理学的接受者,都是心理生活的创造者和体验者。这是没有根本的或完全的区分和隔离的,所有的人都是生活的创造者和体验者。对于心理生活的体验者来说,重要的是觉知、觉解、觉悟。通过觉知、觉解、觉悟,生活者了解了自己的生活,建构了自己的生活,创造了自己的生活。这是心理学研究和应用中的一个非常重要的变化,那就是从把人的心理的物化转向为把人的心理人化。所以,消除心理学研究和应用中的研究者与被研究者之间的间隔性,是心理学的应用研究和应用实践的最根本性的改变。

所谓的研究者与被研究者是有着非常重要的区别的,是可以进行分离的,也是能够区分开的。但是,原有的或传统的分离是绝对的分离。这种绝对的分离使心理学的应用研究和应用实施都受到了局限。那么,消除间隔性的努力也并不是否认研究者与研究对象之间的区分,而是试图将原有绝对的分离改变成相对的分离。所谓相对的分离仅仅在于研究的目的与生活的目的有所不同。心理学的研究者和被研究者都是人,都拥有人的心理,都参与创造了自己的生活和心理生活。

心理学的应用与心理学的引导是应该有区别的。心理学的应用是从外部插入的,或者是从外部介入人的心理行为的。心理学的引导则是进入人的心理并转换成为人的自主或自觉的过程。心理学的现实应用和技术干预应该直入人的内心,成为人的自主创造。这就可以给心理学的现实应用带来根本性的改变。

二、消除被动性

心理学应用的一个非常重要的方面是消除被动性。其实,消除了心理学的研究主体与研究客体之间的间隔性,也就没有了对心理学的研究客体作为被动者与研究主体作为主动者的区分。在心理学原有的应用研究、实际应用和技术运用中,研究者都是主动的,而被研究者都是被动的。研究者一方是主动的干预者,而被研究者一方是被动的被干预者。对于研究者来说,可以通过自己的科学研究和科学干预来主动地改变人的心理行为。人的心理行为作为被干预的对象,只能是被动地承受或接受外在的干预。

心理生活的概念强调的研究者与研究对象的一体化,则消除了所谓的被动性的一方,这实际上也就消除了人的心理行为的所谓被动性。在人的生活中,其心理生活的承受者实际上也就是心理生活的构筑者。人在觉知、觉解、觉悟自己的心理生活时,实际上也就是在主动地构建、构造、构筑自己的心理生活。所以,对于人的心理生活来说,尽管人也许会失去或者放弃对自己的心理生活的主动权,但这并不等于人的心理生活就是被动的,就是被动的适应,被动的接受和被动的改变。消除人的心理生活的被动性,不仅对心理学学科的应用研究来说非常重要,而且对生活中的每一个体的生活来说也都非常重要。

在传统的心理学应用研究中,存在着把人看作是被动的,是被动地接受改变的,是应该按照研究者的方式来存在的。这给心理学的应用研究带来了严重的问题,也给心理学的应用研究带来了严重的障碍。人的心理就如同于物理,人的心理的改变就如同于物理的改变。如果消除了人的心理的被动性,那人的心理也是可以自主改变的。人不仅是可以构筑自己的生活,而且也实际构筑了自己的心理生活。其实,在传统的心理学研究中,人的心理的存在是已成的存在,是自然天成的,是被动呈现的。但是,对于"新心性心理学"的研究来说,人的心理生活的存在并不是已成的存在,而是生成的存在。生成的存在是一个演变的过程,是一个构建的过程,是一个具有各种可能的过程,是一个没有最终结局的过程,是一个生活者不断有全新体验的过程,是一个生活者持续性心理成长的过程。

第三节　心理学的技术干预

有研究从人道主义的视角,对心理学的技术应用进行了考察。[①] 该研究认为,现代心理学产生于对人的心灵现象进行测量的技术目的,所以一开始就是技术主义的。心理学越来越向纯技术化方向发展,导致其人道主义的严重失落,这一趋向导致心理学走入了困境。技术与人道主义两者并不矛盾,均出于人类自身生存发展的目的。在过去的时代,现代功利主义导致了科学技术与人道理想的分裂,心理学就产生于这样的时代。新的时代又向人类的发展提出了新的要求,科学技术与人道理想的融合并构建一种新型的技术人道主义成为了可能。构建心理学的技术人道主义要进行研究技术的改造,具体有三条途径:一是注重转变研究者的人性观和培训研究者的解释能力;二是注重优化传统的小型化非机械化技术;三是注重从传统文化开

---

① 刘华.心理学技术人道主义的构建及其途径[J].自然辩证法通讯,2005(6):19-25.

发新型的人体自身技术。

　　该研究关于心理学的技术应用的考察有着根本不合理的概括,认为心理学从一开始就沿袭着技术主义的研究理路,并把心理学运用定量研究的方法视为这种技术主义的体现。一直到认知心理学,技术主义的研究模式发展到两个方向上:一是神经科学的发展方向;二是计算机科学的发展方向。这就使得心理学的研究越来越依赖于精密的机械性实验设备和技术手段。严格说来,该研究在此所说的是研究的技术,而不是应用的技术。其实,这两者之间有着重要的区别。这导致该研究对心理学中的技术主义的批评,是针对心理学运用的实证研究方法的。这几乎就是南辕北辙的批评。因为,心理学运用了现代科学的研究方法,运用了现代科学的研究手段,正是心理学一种巨大的研究进步。

　　在该研究看来,心理学的技术主义取向有其必然性的一面,但是心理学毕竟不同于自然科学或工程技术科学,最主要的区别在于其研究对象——人的特性方面。如何建构一种非技术主义的研究框架,增强心理学的人道主义关怀,以人性作为心理学研究的逻辑起点,应当成为心理学当前发展主要应该考虑的问题。建构心理学的技术人道主义,是要"改造"技术,一方面使技术和工具能够观测和处理的对象仅仅限定在"人"的范围,这样更能够准确真实地反映人的内心世界和发展状况,另一方面也能为促进人的良好发展提供帮助。

　　其一,与其在技术和仪器设备的精细化改进方面做文章,不如更加注重"改造"心理学研究者的人性观和研究思路,提高研究者对通过技术和仪器设备获得的数据的解释能力,使之能对通过技术手段得到的结果进行合于人道的解释,使之眼中有"人",而不是只有组成人体和组成行为的那些神经、细胞、分子、原子或更小的微粒等的所谓"基本事实"。其二,注重优化一些传统的非机械化研究技术。"中间技术"指那种比处于衰退状态的"土技术"要高,而比资本高度密集的高级技术要低的技术。这是一种小型化而人性化的技术,而不是那种高度发达的后工业时代的大型化与精密化而导致人的异化的技术。在心理学研究中,恰好也存在这类性质的"中间技术",如传统的纸笔测验/测量技术就属于这一类。其三,注重对某些新型的人性化研究技术的开发。研究提出了"人体自身技术"的概念。所谓"人体自身技术",是指通过人的身体力量,利用感知、直觉、经验以及研究者与被研究者之间的情感互动等,从事心理学研究的一种手段和方法。

　　心理学的应用技术并不是对心理学研究对象的任意的改变和塑造。这就使心理学的应用技术与其他科学分支的改造自然物的应用技术既有着特别相同和相近之处,也有着十分重要的区别和不同。在心理学的历史发展中出现过不同形态的心理学传统,不同的心理学传统有着不同的应用技术。其实,心理学的应用技术包括硬技术和软技术两个基本大类。硬技术是指通过实际的或有形的技术工具和技术手段对人的心理行为的改变。心理学的应用就是技术工具和技术手段的发明和创造。在科学心理学的发展过程中,大量的心理学技术工具的发明,有效地促进了心理学的社会应用。软技术是指心理意念、心理观念、心理理念等方式对内在心理的改变和引导。所谓的软技术也可以称之为体证与体验的方式和方法。体验是值得心理学研究重视的内容。① 体验是人构建自己的心理生活的重要的方式和手段。

　　体验或心理体验具有如下一些重要的特点或特征。第一,体验是建立在特定理论的基础之上,是由特定的理论提供的关于心理的性质和活动的解说。同时,这种特定的理论又是一种特定的改变或转换心灵活动的方法,这样理论与方法就是统一的。人在心理中对理论的掌握,实际上就是心理对自身的改变。心理学理论的功能也就在于能够在为心理掌握之后实际上改变人的心理活动的内容和方式。第二,技术活动是发明、创造和使用工具的活动。对于心理学来说,人的心理生活作为观念的活动,理论观念就变成了一种塑造的技术。体验的活动本身就是理论的活动,或者体验就是建立在理论的基础之上,所以这样的理论就不是纯粹的认知产物,就不是纯粹的认知把握。心理学的理论包含着认知、情感和意向的方面,也包含着对心理的形成、改变和发展的影响力。第三,体验本身就是一种验证的活动,就是一种验证的方法。体验带来的是对理论的现实验证,通过体验可以验证理论的性质和功能;同时体验又是一种技术,而且是一种软技术,通过特定的体验方式可以内在地改变人的心理活动的性质、内容、特征和结果。这就决定了体验实际上也是体证的活动,可以证明理论的性质和功能。体验也是

① 瓦西留克.体验心理学[M].黄明,等,译.北京:中国人民大学出版社,1989:18.

心理活动的基本方式,可以构建、改变和生成人的心理生活。

第四节 心理学的技术手段

人的心理不是已成的存在,而是生成的存在。如果从生成的方面来看,人的心理生活就根本不同于人的心理现象。心理生活是人自主建构的,或者是人自主创造的,所以心理生活是生成的。心理现象则是被动变化的,是生来如此的,是自然天成的,所以心理现象是已成的。生成心理生活的根本方式就是人的心理体悟或心理体验。心理体悟或心理体验不是现成接受的结果,而是心理创造的建构。

在中国本土的文化传统中,倡导天人合一、心道一体的基本理论设定。所谓的天人合一或心道一体,强调的是不要在人之外或心之外去寻求所谓客观的存在。道就在人本身之中,就在人本心之中,人不是到身外或心外去求取道,而是返身内求。所以说,人就是通过心灵自觉或意识自觉的方式,直接体验到并直接构筑了自身的心理。中国本土文化中的心理学传统确立的是内省的方式。这种内省方式强调了一些基本原则或基本方面,如内圣与外王、修性与修命、渐修与顿悟、觉知与自觉、生成与构筑。这成为理解体证或体验方式和方法的最重要内容。

体验是人的心理具有的一个十分重要的性质。所谓的体验就是人的觉解性心理活动把握心理对象的一种心性历程。这不仅是关于对象的认知和理解,也包含关于对象的感受和意向。体验的历程也是人的心理的自觉活动、自觉创造和自主生成。人通过心理体验把握心理自身时,可以是一种没有分离感知者与感知对象,没有分离认识者与认识对象的活动。在这样的心理活动中,人是感受者,是体验者。

体证或体验的方法体现出四个方面的特性或特征。其一,体证或体验是一体性的。体验就是人的自觉活动或心灵的自觉活动,因此体验并没有分离研究主体与研究客体,并没有分离研究者与研究对象。体验不同于西方心理学早期研究中所说的内省。内省严格说来,仅仅是对内在心理的觉知活动。这是分离开的心理主体对分离开的心理客体的所谓客观的把握,这不过是把对外部世界的观察活动转换成对心理世界的观察活动。因此，体验实际上就是心理的自觉活动，通过心理体验把握的就是心理自身的活动。其二，体证或体验是真实性的。实证的科学心理学一直强调研究的客观性，强调把心理学的研究对象当作是客观的对象。为了做到这一点，甚至不惜把人的心理物化。这种所谓的客观性常常以歪曲或扭曲人的心理体现出来。体验实际上强调的不是客观，而强调的是真实。真实性在于反对以客观性来物化人的心理行为。体验应该是客观性与真实性的统一。客观性是对虚构性和虚拟性的排斥，而真实性则是对还原性和物化性的排斥。体验通过超越个体的方式来达到普遍性。其三，体证或体验是生成性的。实证心理学的研究把人的心理看作是已成的存在，或看作是已经如此的存在。心理学的研究就是描述、揭示和解说已成的心理存在。但是，实际上人的心理也是生成的存在，是在创造和创新中变化的存在。体验不仅是对已成的心理进行的把握，而且也是促进创造性生成的活动过程。正是通过体验，人能够创生自己的心理生活。其四，体证或体验是整体性的。人的心理是直接以个体化的方式存在着的。个体的心理是相对独立的、完整的。但是，在心理学的研究中，这种个体化或个体性就变成了一种基本的原则，即个体主义的原则。这在很长的时段中支配了心理学的研究，包括支配了对人的群体心理和社会心理的研究。实际上，人的心理的存在就内含着整体的存在。这在中国本土的心性心理学看来，道就内含或隐含在个体的心中，这就是心道一体的学说，这就是心性学说。体验或体证就是体道。

有研究认为，应该确立现代心理技术学的心理学研究门类。[①] 这是应用现代心理学原理及心理测验、测量、统计等技术手段，研究社会生活中个体和群体心理问题的综合的应用理论学科。就个体来说，这是人员心理素质测评技术。人员心理素质测评是对人的心理属性的量化研究，就是运用心理测量、测验的方法对各类人员进行心理过程与特质的测量和评价。就群体来说，这是社会心理测查技术。社会心理测查是对社会中群体的心理倾向性进行测量与调查。心理倾向主要包括社会需要心理、对人与事的态度、群体人际关系等。就个体和群体的心理失常来说，这是心理咨询与治疗技术。心理咨询通过心

---

① 杨鑫辉.略论现代心理技术学的体系建构[J].心理科学,1999(5)：455-456.

理商谈使咨询对象的认识、情感、态度等有所变化,从而能适应环境保持身心健康。心理治疗则运用心理学理论和技术,矫治心理与行为障碍、精神与心理疾病。就经济是个体和群体的社会活动中心来说,这是经济心理技术。

有研究阐述了心理技术学的构成,认为心理技术学应该是一个完整的系统体系。[①] 这个完整的系统体系应该包括实验心理技术系统、心理测量技术系统和心理训练技术系统。实验心理技术系统的实验手段包括仪器、设备、器械、实验装置和相应工具,现代实验心理学除自身不断创造先进的仪器外,还广泛使用相关学科的先进仪器进行研究。心理测量技术体系包括智力测量体系、人格测量体系、非智力因素测量体系、能力倾向测量体系和神经心理测量体系,等等。心理训练技术系统又分为心理硬技术体系、心理软技术体系和心理技术经济体系。心理硬技术体系运用现代各种物质性技术手段,构建心理硬技术系统。如物理、工程、生化、医学、生理、计算机等领域的物质手段综合利用,进行心理学服务体系构建,提高服务的物质化水平。心理软技术体系是将心理科学知识转化为应用心理的技能与技巧,建构成套的完整技术体系。心理技术经济体系是要进行心理技术的开发,培育心理技术的市场,增强心理学自身的应用功能,增进心理学自身的发展动力。同时,心理技术市场机制的调节作用,又会促进心理指导和训练的技术水平的提高。

第五节　心理学的技术变革

在心理学的社会和技术应用中,由于心理学研究和应用的对象是生活中的人,是文化中的人,是人的现实生活,是人的心理生活,这就与其他的学科门类以物作为对象的研究和应用有着根本的不同。这就需要心理学的技术变革。针对物的技术和针对人的技术,改变物理的技术与改变心理的技术,是有着重要区别的。显然,针对人的技术和改变心理的技术要更为复

---

① 罗杰,等. 论建构中国心理技术学体系[J]. 贵州师范大学学报(自然科学版),2002(1):110-113.

杂、多样、有限和高难。心理学应用的技术，包括工具、程序、方案和评估，都会实际影响到人的生活和生活质量，人的心理生活和心理生活质量。

一、生活的尺度

心理学应用的一个重要方面是确立生活的尺度。如果是消除了干预者与被干预者的区分，那么人的生活，也包括人的心理生活，其引领者就是生活的典范。所谓的典范就是生活的尺度。典范可以成为社会现实中每个人模仿、学习和超越的对象。

在西方科学心理学的研究中，人的存在就是个体的存在，那么心理学的研究也就是以个体为单位的。个体主义的原则在于，每个个体都是等价的，个人的价值是平等的。个人的存在或个人的心理有着各自不同的特点或特性。这在心理学的研究中体现为个体差异的研究。这也是心理学的人格研究的起点，或者说人是有横向尺度的差异。

中国的文化传统中也有自己的心理学传统，尽管这种本土的心理学传统常常只被看作一些古代的心理学思想。[1][2] 但是，如果转换衡量的尺度，可以肯定的是，中国本土的心理学传统也是非常独特的心理学传统。或者，中国本土的心理学也是系统的心理学探索，只不过不能按照西方心理学的尺度去加以衡量，而必须重新确立中国本土的心理学尺度去加以衡量。对于这种独特的心理学传统有着不同的学术理解。[3][4] 在中国本土的心理学传统中，人的存在不是等价的存在。中国的文化传统强调的是纵向的价值等级。在纵向价值层级的高低排列中，最高级的不是普通的人，而是圣人。所以，人是有不同的价值地位的，或者人是有纵向尺度的差异。在人的价值等级的排列中，在价值等级高端的就可以成为或应该成为价值等级低端的典范。典范的作用在于，处于价值高端的对处于价值低端的有引导、引领、示范、典范的作用。所以，在中国的文化传统中，在中国的社会现实中，树立

① 高觉敷. 中国心理学史[M]. 北京：人民教育出版社，1985：1.
② 杨鑫辉. 中国心理学思想史[M]. 南昌：江西教育出版社，1994：9-10.
③ Paranjpe, A. C., Ho, D. Y. F., & Rieber, R. W. *Asian Contributions to Psychology*. New York：Praeger, 1988, p. 2.
④ Varela, F. J., Thompson, E., & Rosch, E. *The Embodied Mind：Cognitive Science and Human Experience*. Cambridge, MA：The MIT Press, 1991, p. 21.

生活的榜样或工作的典范,就成为了基本的社会任务。所谓的先进、模范、优秀、尖子、典型、标杆、样板等,都是基于价值等级高低的基础。

如果从心理学应用的视角去看,心理学的应用还可以通过确立生活的尺度来进行。生活质量高的,心理生活质量高的,就可以成为引领的力量。对生活质量低的,对心理生活质量低的,就可以有引领的作用。生活质量低的,心理生活质量低的,就应该参照和学习高端的典范,去努力地提升自己的生活质量或心理生活的质量。这也是建构人的心理生活的过程,通过建构出高质量的心理生活,就可以去提升人的实际的心理生活。人的生活、人的心理生活,就是一个不断登高的过程,就是不断上升的过程,就是心理境界的不断提升的过程,就是心灵品质的不断优化的过程。

二、自主的引导

心理学应用的一个重要方面是确立自主的引导。其实,人的心理生活的引导者不是外在的,也不应该是外在的。对于每一个生活中的个人来说,从来就没有什么救世主,一切都要靠人自己。这就是自主的引导。这种自主不是为所欲为、任意妄为,而是对现实的遵循、对生活的依赖、与环境的共生、与社会的共在。

人的心理具有的一个非常重要的特征就是觉的性质,例如觉知、觉察、觉悟、觉解,等等。所谓的觉,就是自主的把握、自主的决定、自主的活动。觉带来的是人的价值取向和价值定位,人的意义寻求和意义创造,人的生活品质的追求和生活品位的提高,人的生活自主的志向和追求自主的存在。首先,自主的引导最重要的是价值的定向。什么是重要的,或者什么是不重要的? 什么是有价值的,或者什么是没有价值的? 什么是值得去追求的,或者什么是不值得去追求的。这就是人的心理生活的价值定向或价值定位的过程。个体一旦确立了自己的价值定向,也就确定了自己生活的性质和内容。所谓的价值定向也就包括人的心理上的赋值的活动。什么是重要的,或者什么是不重要的? 看重的是什么,或者不看重的是什么? 其次,对于自主的引导来说,非常重要的是决策的活动。所谓决策的活动是指活动的目标、程序、步骤、方式、手段、结果等的制订过程。尽管有许多的生活者在自己的生活中是随波逐流的、听天由命的、放任自流的,但是,他们依然在不同的程度上有对自己生活的心理引导。因此,自主的引导有程度上的区别和差异。但是,无论是什么程度上的自主性,都有生活者对生活或对心理生活的创造或建构。最后,对自主的引导同样重要的是行动的执行。自主的引导最终就落实在行动上。人的活动要引起变化的结果。最重要的变化结果就是环境的改变和心理的改变,也可以是两者的共同改变。这就是共生的历程,是共同的演变和共同的发展。

在人的生活中或在人的心理生活中,非常重要的方面是人可以自主引导、自主创造、自主生成自己的生活或自己的心理生活。这种自主的引导可以按照不同的方式来进行,也可以达成完全不同的结果。其实,心理学本身就应该以自己的方式为现实生活中的具体的人所掌握。每个具体的个人都能以心理学或通过心理学来把握或掌控自己的实际生活。普通人或者是按照自己拥有的常识心理学来引导自己的心理生活,或者是按照自己接受的科学心理学来引导自己的心理生活。

人可以失去对自己的生活或心理生活的自主引导,而仅仅成为生活中被动的依附者,成为心理上盲目的依赖者。这可以使人成为或仅仅成为生活或心理生活的承受者,人的生活或心理生活就会成为随波逐流的被动的过程。这最根本的就是,人放弃了自己的生活或心理生活中最重要的创造性和创生性。因此,自己创造的生活,自己创造的心理生活,无论其得到的结果如何、获取的评价如何,都会是有价值的和有意义的生活。

三、体验的生成

人的心理不是已成的存在,而是生成的存在。已成的存在是指,人的心理就如同是自然天成的产物,是现成如此的存在,是客观不变的对象。原本的心理学研究中,就有把人的心理理解为是自然的现象。生成的存在是指,人的心理不过是后天建构的结果,是创造生成的结果,也是朝向未来的存在,也是共同合成的存在。

如果从生成的方面来看,人的心理生活就与人的心理现象有着根本的不同,或者在心理学的研究中着眼和定位的心理现象与心理生活有着完全不同的含义和性质。心理生活是人自主建构的,或者是人自主创造的,所以心理生活是生成的。心理现象则是被动变化的,是原本如此的,是自然天成的,所以心理现象是已成的。生成心理生活的根本方式就是人的心理体悟或者心理体验。心理体悟或心理体验不是现成接受的结果,而是心理创造的建构。人通过自己的方式创造了自己的心理生活,依据的就是自己的本性本心。在中国本土的文化传统中,道是演生万物的。道又是人的本性和本心,道就在人的心中。所以,正是心道一体或心物一体的创造过程,成为人的生活,成为人的心理生活,成为人的心理体验。

人通过心灵自觉或意识自觉的方式,直接体验到并直接构筑了自身的心理。体验是人的心理具有的一个十分重要的性质。体验是人的有意识心理活动把握心理对象的一种活动,这不仅是关于对象的认知和理解,也包含关于对象的感受和意向。体验的历程也是人的心理的自觉活动、自觉创造和自主生成。人通过心理体验把握心理自身时,可以是一种没有分离出感知者与感知对象,没有分离出认识者与认识对象的活动。在这样的心理活动中,人是感受者,是体验者。体证与体验的方法体现了主体与客体的统一、客观与真实的统一、已成与生成的统一、个体与道体的统一。

体验是主体与客体的统一。体验就是人的自觉活动或心灵的自觉活动,因此体验并没有分离研究主体与研究客体、研究者与研究对象。体验不同于西方心理学早期研究中所说的内省。内省严格说来仅仅是对内在心理的觉知活动,这是分离开的心理主体对分离开的心理客体的所谓客观的把握。这只不过是把对外部世界的观察活动转换成为对心理世界的观察活动。体验实际上则是心理的自觉活动。通过心理体验把握的是心理自身的活动。

体验是客观与真实的统一。实证的科学心理学一直强调研究的客观性,强调把心理学的研究对象当作客观的对象。为了做到这一点,甚至不惜把人的心理物化。这种所谓的客观性常常是以歪曲或扭曲人的心理体现出来。体验实际上强调的不是客观,而强调的是真实。真实性在于反对以客观性来物化人的心理行为。当然,体验应该是客观性与真实性的统一。客观性是对虚构性和虚拟性的排斥,而真实性是对还原性和物化性的排斥。体验通过超越个体的方式来达到普遍性。

体验是已成与生成的统一。原有的实证心理学的研究只是把人的心理看作是已成的存在,或者看成是已经如此的存在。心理学的研究不过就是描述、揭示和解说这种已成的存在。但是,人的心理实际上也是生成的存在,是在创造和创新中变化的存在。那么,体验就不仅是对已成的心理进行的把握,而且也是促进创造性生成的活动过程。正是通过内在的体验,人能够创生自己的心理生活。

体验是个体与道体的统一。人的心理存在是直接以个体化的方式存在的。个体的心理是相对独立和完整的。但是,在心理学的研究中,这种个体化或个体性就变成了一种基本的原则,即个体主义的原则。这在很长的时段中支配了心理学的研究,包括支配了对人的群体心理和社会心理的研究。实际上,人的心理的存在就内含着整体的存在。这在中国本土的心性心理学看来,道就隐含在个体的心中,这就是心道一体的学说,这就是心性创造的学说。道体的存在是整体的存在,是一统的存在。

四、应用的技术

正如前面所提到的,心理学的应用技术包括硬技术与软技术两个基本大类。硬技术是指通过实际的或有形的技术工具和技术手段对人的心理行为的改变。心理学的应用就是技术工具和技术手段的发明和创造。在科学心理学的发展过程中,大量的心理学技术工具和技术手段的发明,都有效地促进了心理学的社会应用。在机械化的时代和电子化的时代,心理学的技术工具的性质和特征有了根本性的变化,这给心理学的应用也就带来了根本性的变化。心理学在自己的历史发展中,曾经非常重视的就是硬技术的发明和运用。心理学的应用就依据技术工具和技术手段的复杂化和多样化。

软技术是指通过特定的或无形的意念、观念或理念,来构筑或改变原有的心理生活,来生成或建构特定的心理生活。心理学与其他针对自然界的自然物的学科门类的应用有共同的地方,也有不同的地方。心理学运用的技术还可以是心理的或无形的技术工具和技术手段对人的心理行为的改变。这也就是指心理意念、心理观念、心理理念等方式对内在心理的改变和引导。因此,软技术也可以称之为体证与体验的方式和方法。人可以通过接受或改变自己特定的心理意念、心理观念、心理理念,来改变自己的心理生活,来提升自己的心理境界。

体验的问题,心理体验的问题,是非常值得心理学研究重视的内容。人就是生活在自己的心理体验之中。人的心理体验不仅是生活的承受结果，而且也是创造生活的建构结果。体验是人获得的生活的样式和样态，同时也是人构建自己的心理生活的重要的方式和手段。那么，所谓的体验，所谓的心理体验，就有着一些重要的特点或特征：理论与方法的统一；理论与技术的统一；方法与技术的统一。这些特点或特征就决定着体验可以具有的心理地位和生活功效。

体验是理论与方法的统一。人的生活体验和人的心理体验是建立在特定理论的基础之上，是由特定的理论提供的关于心理的性质和活动的解说。无论是日常生活中的普通人，还是心理学研究中的研究者，都可以具有和拥有特定的心理学理论。这就是日常的理论和科学的理论。无论是哪一种理论，这种特定的理论同时又是一种特定的改变或转换心灵活动的方法。理论与方法是统一的。人在心理中对理论的掌握，实际上就是心理对自身的改变。心理学理论的功能也就在于能够为心理所掌握，并实际上改变人的心理活动的内容和方式。

体验是理论与技术的统一。技术活动是发明、创造和使用工具的活动。对于心理学的研究来说，人的心理生活作为观念的活动，理论观念就变成了一种塑造的技术。体验本身就是理论的活动，或者体验就是建立在理论的基础之上，这样的理论就不是纯粹的认知产物和认知把握。心理学的理论包含着认知、情感和意向的方面，包含着对心理的形成、改变和发展的影响力。

体验是方法与技术的统一。体验本身是一种验证的活动，是验证的方法。体验带来的是对理论的验证。通过体验，可以验证理论的性质和功能。同时，体验又是一种软技术。通过特定的体验方式，可以内在地改变人的心理活动的性质、内容、方式和结果。这就决定了体验实际上也是体证的活动，可以证明理论的性质和功能。体验也是心理活动的基本方式，可以构建、改变和生成人的心理生活。

因此，人的心理和心理生活不但可以接受外界或他人的改变，而且也可以承受内在或自主的改变。这种改变就是人的心性和心理的基本的性质和基本的过程，就是人的心理生活、心理环境、心理成长的创造性的生成的过程。这种多源头的、多样性的改变或提升，就会使人的生活、人的心理、人的心理生活呈现出改变或变化。

第十章　心理学的创新

　　心理学的创新是心理学发展的重要保障。在相当长的历史时段里,中国本土的心理学发展都是建筑在引进和模仿发达国家的心理学的基础之上。中国本土心理学的创新能力或原始性创新能力的增强或强化,是一个未来发展的主题和重心。心理学的创新涉及创新的途径、氛围、方法和体现。中国本土心理学的学术性创新应该立足本土,从本土出发,回归本土,为本土造福;还应该超越本土,汇入全球化,指向人类,为人类造福。心理学的原始性创新,就体现在心理学研究的理论、方法和技术的创新上。

第一节　心理学创新的基础

　　心理学的发展、本土心理学的发展、中国本土心理学的发展,应该取决于和依赖于创新性的研究。在相当长的历史时段里,中国心理学的发展都是建基于引进和模仿发达国家的心理学,这有其特定的历史性原因,也是中国心理学初期发展的必由之路。但是,在中国心理学的发展进程中,创新能力的积弱或弱化显然是一个长期累加的结果。不过,中国本土心理学的创新能力或原始性创新能力的增强或强化,却是一个未来发展的主题和重心。

一、历史的背景

　　心理学学科的创新、本土心理学的创新、中国心理学的创新,这是一体化的或共同性的主题、问题、课题。其实,在中国心理学的发展进程中,学术性创新的问题、原始性创新的问题,已经开始逐渐成为重大的问题。或者,这已经开始成为阻碍中国本土心理学正常和健康发展的核心性问题。影响中国心理学创新性发展的因素非常多、非常复杂，但是如果从中国本土的特定心理学发展背景上来看，则可以寻踪到如下三个重要的原因上。

其一，最重要的是，中国心理学的研究者断言了中国本土没有心理学，没有自己的心理学传统，没有自己的心理学根基。中国现代的心理学、科学的心理学、学术的心理学，等等，都是从国外引进的，都是从西方引进的，都是从发达国家输入的，都是从强势心理学借用的。这种论断实际上给中国心理学的引入、翻译、模仿、跟进，等等，提供了一个合理、合法的借口。国外的心理学，西方的心理学，发达国家的心理学，都远远走在了中国心理学的前面。一无所有的中国心理学，除了引进、翻译和模仿，也许根本就没有其他的途径可走。

其二，对中国本土文化历史和文化传统中的心理学的考察，也仅仅是按照西方科学心理学的尺度来进行的。依据西方的实证心理学的标准，中国本土没有什么系统的心理学，而仅仅残存着一些零星的猜想。问题在于，这有时候还成为自我夸耀的借口。对中国历史中的心理学古董的挖掘，对中国传统中的心理学遗迹的发掘，仅仅就是为了陈列和展示自己。中国心理学思想史或中国心理学史的研究，还没有从心理学研究资源和中国本土心理学创新的基础之上，来对待中国本土的丰富的心理学文化历史资源。

其三，中国本土的文化传统中没有产生出现代意义的心理学。但是，心理学的社会性功能或应用性功能，却是由中国本土文化中的哲学思想研究或人生哲学探索替代完成和实现的。中国本土的思想家或理论家都在某种程度上担当了人生导师的角色，提供了心理引导的方式。当然，这种人生导向的思想和学说，都是在思想家或理论家的人生经验或人生体验的基础上确立起来的。因此，心理学的研究相对来说就会是多余的。这在学科发展的动力上就会导致某种缺失或弱化，进而必然会引发中国本土心理学的原创性研究动力的缺失或弱化。

在中国心理学的研究中，确立不变的研究原则，奠定宏大的思想基础，肯定优势的研究方式，借用现成的研究结论，引入成熟的研究方法，拿来基本的研究工具，翻译基础的知识读本，转手实用的生活道理，成为最正统、最基本、最权威、最省力、最合群的路径和手段。在创新的约束下，在原始性创新的推动下,破除简单的、省力的"拿来主义",摒弃取巧的、无耻的"照搬主义",是最重要的、最根本的。

同样,在中国心理学的研究中,中国古代的心理学传统,中国历史的心理学思想,中国本土的心理学资源,也绝不就是翻弄古董、展示过去、陈列传统。重大的转换应该是将中国本土的心理学传统看作是中国心理学的资源,是中国心理学创新的资源,是中国心理学创新发展的资源。

中国本土的心理学有了自己创新的基础,有了自己依赖的资源,才有可能通过创新、心理学创新、心理学的原始性创新,来引领中国本土心理学的发展和进步。在中国本土心理学的发展进程中,在中国现代心理学的演进过程中,中国心理学竟然在很长的时段中并不缺乏意识形态的政治领袖,并不缺少不同语种的翻译家,并不缺少科普宣传的普及者。正是这些角色在中国心理学界游刃有余。但是,这实际上很容易断送的却是中国心理学的学术性创新,包括心理学学术思想的创新,心理学理论学说的创新,心理学研究方法的创新,心理学应用工具的创新,心理学技术手段的创新。翻译、介绍、批判、评述、评论,等等,都还不是独立自主的研究,也还不是原始性创新的研究。最重要的是,在中国当代心理学这么多年的发展中,一直都还没有把心理学的学术创新确立为心理学研究中的核心性原则和核心性理念。中国心理学缺少的是创新者、探路者、建构者。

如果把创新性看作是中国本土心理学的核心原则和核心理念,那就从根本上决定了中国本土心理学的未来命运与前途。其实,心理学作为一门科学,规范性一直就是心理学研究的核心追求,也一直就是心理学研究的基本尺度。重大的转变或转换就在于,心理学作为一门科学,创新性应该成为心理学研究的核心性追求,也应该成为心理学研究的基本尺度。研究不仅是规范的,更应该是创新的。如果从根本上来说,学术的生命其实就在于创新。没有创新,就没有学术。

二、创新的基础

心理学的发展,中国本土心理学的发展,需要的是原创性的研究。这就是说,中国心理学只能通过原始性的创新来确立自己的学科的位置和地位,也只能通过原始性创新来推动自身的发展和进步。在当代,原始性创新已经成为科技竞争的核心。要突破科技发展的瓶颈,获得全面超越的机会,就应从科技发展战略上重视原始性创新,实现科技发展从跟踪模仿为主向自主创新为主转变,从而提高我国核心竞争力。

应该强化原始性创新的基本机制研究。与一般的创新机制相比,原始性创新过程中存在两个主要的显著特征,即创新来源广泛,创新过程漫长。这就需要持续不断的激励。创新理论产生的方式可以分为逻辑推论型和高度概括型两大类。前者是根据少量试验结果或仅凭原有理论做出的合乎逻辑的推论;后者是根据大量的试验结果做出的概括性总结,这些结果可能来自在一般人看来是互不相干的领域。逻辑推论型又可分为两类:一是根据少量试验结果做出的合乎逻辑的推论;二是仅凭原有理论做出的合乎逻辑的推论。原始性创新成果的获得是一个积累和突破的过程。这个过程往往是相对漫长的。科学创新是始于问题,孕于积累。科学积累又是一个宽泛的概念,带来成功创新成果的科学积累,往往需要整个社会的积累、科学传统的积累、学术思想的积累、个人经历的积累、系统知识的积累,等等。

应该强化原始性创新的评估体系研究。在学术界,较为普遍的是对原始性创新特征的考察和讨论。代表性的观点认为,原始性创新主要强调研究活动特别是研究成果的原创性对科学进步的重要性。在对原始性创新评估体系的研究中,有研究提出了四条标准。第一,陈述性标准。对发现的对象必须拥有相关的基本陈述,这是一些足以用来识别对象的描述。第二,说明性标准。对基本陈述必须做出实质性的说明,也就是从本质上说明基本陈述的充分性。第三,新颖性标准。发现者发现的对象对于特定的社会共同体是新的、前所未知的事物。第四,真实性标准。发现者陈述的并应从实质上予以说明的那个对象,确实就是现实存在的前所未知的事物。

应该强化原始性创新的激励措施研究。这包括重视创新人才。原始性创新的研究者应该具备相应的创新素质。这涉及必须对科学和真理有执着的追求,对各种理论禁区和人类习惯的束缚应该力求突破,对创新性的探索和实践要有求真务实和锲而不舍的特质。只有具备了这些素质的人才及团队,才是原创性的研究能够成功的前提和关键。原始性的创新需要相应的文化氛围的形成。良好适宜的文化氛围对原始性创新具有巨大的促进作用。这还包括完善绩效评估体系。目前,在我国的科技界,并没有形成严格的科研评估的制度,也没有建立系统、规范、科学并被科学界普遍认同的评估体系。原始性创新的成果既可以体现为应用的技术成果,也可以体现为基础的研究成果。但是,在目前的科研评估体系中,尤其是对基础研究的成果,还缺少科学的评估标准。此外,还应该增强专利和知识产权意识,加强对自主知识产权的保护。还需要不断推进科学研究的开放与交流。现代科学越来越趋向复杂化和综合化,许多重大的科学成就的取得,尤其是原始性创新的成果,往往都是来自交叉学科和边缘学科。①

　　心理学研究的创新活动是需要特定基础的,该基础包括学科的基础、社会的基础、文化的基础、研究的基础、思想的基础、理论的基础、方法的基础和技术的基础。对于心理学学科或心理学专业的研究者来说,学术的创新是其最高的职业要求和最高的专业水准。在很多的时候,心理学的研究并不是缺少创新,而是缺少创新的基础;心理学的研究并不是缺少创新成果,而是缺少创新成果的延续。

　　中国的心理学发展早就走出或脱离了基本研究条件的缺失或缺乏的时期,但却仍然处于原始性学术创新的贫困和贫乏的时期。尤其是在理论的创新或理论的原始性创新上,中国本土的心理学仍然没有自己的系统化的理论建构,特别是没有植根于本土心理学资源的系统化的理论建构或大型化的理论建树。因此,最重要的、最基本的问题就是中国本土心理学的原始性创新或原始性理论创新的开展和推进。其中,最需要的、最根本的就是确立心理学创新的根本,或者是奠定心理学创新的基础,或者是挖掘心理学创新的资源。中国本土心理学的创新之路,就应该是从自己的基础上来进行。

第二节　心理学创新的途径

　　科技创新要有一个有利的、开放的环境。例如,在科学技术的发展过程中,只有学科的交叉和渗透,才会有科技的创新。现代科学发展的历史表明,不同学科之间的交叉渗透、彼此融合的趋势日益增强,学科交叉点往往

---

① 陈劲,谢靓红.原始性创新研究综述[J].科学学与科学技术管理,2004(2):23-26.

就是科学新的生长点,这里最有可能产生重大的科学突破。学科交叉是科学发展的必然趋势,是增强科技创新的重要途径。知识爆炸和事物的复杂性,使得科技创新必须跨学科的交叉与融合。复杂性科学以研究自然、社会的复杂性和复杂系统为核心。由于构成复杂系统的成分具有某种程度的智能,这使得系统既有内部的高强度的相互依赖关系和相互交叉作用,又具备能与环境相互作用,并不断向更好地适应环境的方向发展的自适应能力。这也使得系统既有内在化的随机性,又有自组织的能控性。学科之间的交叉、渗透、融合,需要一个开放的系统来保障。[①]

　　其实,在目前阶段,中国本土心理学的发展最缺少的就是原始性的创新。长期的引进和模仿,使中国的心理学研究者习惯了引经据典,习惯了用别人的话语去说别人的研究。当然,再进一步是用别人的话语去说自己的研究,最终是用自己的话语去说自己的研究。这需要的就是学术的独立和创新,而独立学术的生命就在于创新。没有心理学的创新,就没有心理学的学术。任何心理学的学术创新的努力都会是非常艰难的。越是全新的突破,越需要深厚的基础。没有或缺乏深厚基础的创新,实际上就会成为胡言乱语,就会成为痴人说梦。所以,创新需要积累,学术的创新需要学术的积累,心理学的学术创新需要心理学的学术积累。心理学的创新可以是理论上的创新,可以是方法上的创新,可以是技术上的创新。

　　科学心理学在寻求独立的时期,重视的是怎样与其他的学科,特别是与自己的母体学科划清界线。这使心理学开始有了自己的独立身份和自立行走。正是在这个独立和自立的过程中,心理学又很容易或很轻易就封闭自己的门户,使自己的研究脱离许多必要的方面、关联和基础。例如,这会导致心理学的研究脱离现实生活,脱离文化传统,脱离其他学科,脱离历史资源。这会给心理学的发展带来非常严重的问题。当代社会的发展,使交流与合作成为文化的、社会的主流。同样,这也应该成为心理学的主流,成为心理学发展的潮流。

　　科学心理学的发展其实有着非常深厚的文化资源、非常久远的历史资

---

①　肖文丁.试论科技创新的方法和制度[J].创新,2007(4):38-42.

源、非常丰富的学术资源。如果丢弃、放弃、抛弃和舍弃这些文化资源、历史资源、学术资源，那将是科学心理学发展的一种不幸和损失。任何的心理学的创新，包括心理学的理论创新、方法创新、技术创新，都不是凭空进行的，而应该广泛地挖掘、提取和吸纳所有可能的资源。这是心理学创新的必由之路。中国心理学不仅是缺少创新，也缺少创新的根基，也缺少对创新根基的认识、理解和把握，也缺少对创新资源的挖掘、提炼和再造。因此，中国本土心理学的创新性的发展必须建立在本土资源的基础之上。这是最根本最重要的创新途径。

心理学的创新，包括理论创新、方法创新和技术创新，都需要自己创新的途径或路径。中国本土心理学的学术性创新应该立足本土、从本土出发、回归本土、为本土造福，还应该超越本土、汇入全球化、指向人类、为人类造福。中国本土心理学应该走的唯一的道路就是原始性创新的道路。无论是移植还是模仿西方的发达心理学，都是中国本土心理学的权宜之计，而不是长久之计。

中国本土的心理学研究在学术规范化的道路上，已经行走了很长的时间和路途。尽管规范化目前仍然还是中国心理学的根本性目标，但是创新性也开始逐渐凸显成为决定中国本土心理学前途的重大目标。让创新性的发展，让原始性的创新，让突破性的创新，让建构性的创新，成为中国本土心理学的主流或潮流，中国心理学就会迎来一个全新的发展阶段。

如果从源头上去看，中国本土的心理学最缺乏的是研究的原始性创新。这根源于有关中国本土心理学传统的研究，只是将其当成炫耀的资本，而不是作为学术资源。引进西方现代心理学，只是将其作为批判的对象或模仿的楷模，而并没有将其当作学术的资源。传统的沦丧，尊严的丢失，原创的缺失，就成为必然的事实。复古和模仿的双重挤压或重压，使得中国本土的心理学发展无力或无法从事原始性创新。那么，恢复或释放中国心理学的创新能力、创新动力、创新实力，就成为中国心理学发展的重要任务和重大责任。

在中国本土心理学的研究中，新概念的产生，新理论的建构，新思想的形成，新方法的提出，新工具的发明，新技术的实施，新途径的寻求，应该被确立为最基础最现实的工作方式和学术追求。当然,追新、求新、创新并不是随意而为、随心所欲、异想天开,创新、心理学的创新,需要的是深厚的基础、积累、思考和修养。

心理学学术研究中,从代际之间的、等级之间的到长幼之间的、身份之间的顺从和依附,包括人格的顺从和依附,思想的顺从和依附,学术的顺从和依附,这是中国心理学界的常见习惯。这缺乏的就是平等的对待,合理的宽容,热心的鼓励,资源的倾斜。胡说八道与原始创新只有一界之隔,只有一步之遥。因此,也许中国心理学的发展不是缺少原始性创新,而是缺少鉴别的能力和高远的眼光。

第三节 心理学创新的氛围

有研究从社会、历史、科学、文化、哲学、学者和学科层面,分析了我国心理学原创性缺失的原因,提出了面向中国传统文化和哲学,推进本土心理学的研究,强化我国科学技术的创新能力以及用涵化的方式处理引进与发展、创新的关系等策略,以提升我国心理学的原创性。[①]

有研究指出,国内的心理学研究在研究的问题、研究的方法、理论的指导等方面,对西方的强势心理学有着强烈的依附。[②] 如此一来,国内的心理学研究就注定是一种验证性、跟踪型的研究,其研究结论充其量也只是对西方心理学理论或思想的修补或润饰,其内在的话语权力的感召力和震撼力与西方心理学相比,自是不可同日而语。一是研究的问题缺乏原创性。当前国内心理学研究的问题确实存在重复选题的事实,所谓的心理学研究也只是一种验证式的实验,即在别人的基础上进行本土化的验证实验。二是研究的方法缺乏原创性。中国的心理学研究原本就起步较晚,而且许多理论和思想都是从西方引进的,因此,在心理学研究中如果一味依赖实证主义方法论,而不进行任何心理学方法论的研究与创新,那么未来中国心理学的

① 郑荣双,叶浩生.中国心理学原创性的缺失及应对策略[J].心理科学,2007(2):465-467.
② 欧阳常青.原创性:心理学研究的理性诉求[J].心理学探新,2005(4):3-6,16.

发展危机,远远要比一些人所说的"西方心理学面临着衰落和危机"来得急切。三是理论的指导缺乏多元化。当前,我国的心理学研究缺乏一种哲学上的多元文化的思考,表现在进行心理学理论建构时,研究大多自觉或不自觉地凭借实证主义哲学指导自己的心理学理论的建构。国内固守于实证主义哲学理论的心理学研究,由于缺乏多元化哲学的关照,从而窒息了国内心理学研究的生机与活力,导致国内心理学研究原创性的缺失和未来心理学的发展危机。

其实,中国本土心理学的奠基和发展,为中国心理学的创新性的发展提供了一个基本的氛围。中国现代科学心理学的发展历经了诸多的磨难。首先,在中国本土的文化中并没有产生出现代的科学心理学,中国现代意义上的科学心理学是从西方引进的。这使中国科学心理学的发展一开始就有了很高的起点,但是也使得中国现代心理学的发展一直走的是翻译、照搬、模仿、复制、修补的道路。在中国心理学的文献中太多看到的是对西方科学心理学的介绍、引证、解说、评述、跟随。其次,中国现代科学心理学的发展缺少自己的立足根基,没有自己的学术立场,常常受政治气候的影响而摇摆。这使得中国现代心理学的发展走了许多弯路。如在 20 世纪中期,出于当时的思想教条,中国心理学的发展引进了苏联的巴甫洛夫高级神经活动学说,结果,生理学的或神经生理学的内容就充斥在了心理学的研究之中,心理学变成了"狗流口水"的学说。"文化大革命"中,心理学更是沦落为"资产阶级的伪科学"。

中国缺少心理学。中国的文化传统有非常突出、极其强大的自我复制能力,从其自身并没有产生出现代意义上的科学,同时也就包括没有产生出现代意义上的科学心理学。正因为如此,可以说中国缺少现代意义上的科学心理学。或者,在中国文化的传统中,在中国文化的土壤中,并没有生长出西方科学传统中的那种心理学。可以说,如果按照西方科学的标准或尺度,中国文化中就没有心理学。正是在这个含义上说,中国缺少心理学,中国缺少自己的心理学。中国现代意义上的科学心理学是从西方传入的,或者是从西方引入的。那么,在相当长的历史时段里,中国的心理学一直就是在翻译、介绍和模仿西方的或外国的心理学。所以说,中国不但缺少心理学,而且缺少属于自己的心理学,缺少植根于本土文化土壤中的心理学,缺少具有本土契合性的心理学。① 中国缺少自己独创的心理学。正因为中国缺少自己的心理学，或者说中国心理学的发展长期借助引进和模仿，所以中国心理学有着非常严重的学术创造力缺失。甚至现在可以说，中国不是没有心理学，但有的是翻译和介绍国外的心理学，而缺少的是自己独创的心理学。在中国现代心理学的发展过程中，其严重缺失和最匮乏的是原始性的创新，是原创性的研究。心理学在中国的发展算得上是新兴的学科。即使是作为新兴学科，这也不是中国本土自生的科学门类，而是从西方文化传入的，或者是从西方国家引入的。这给中国科学心理学初期发展带来的就是全面的引进、介绍和模仿。中国科学心理学长期缺少独立的创造和自主的创新。

中国需要心理学。中国的社会发展和生活水平在很短的时间里，已经有了突飞猛进的进步和提高。但是，随着这个进程或过程，人的心理的层面或人的心理的问题就被突出来了。在中国当代的社会生活中，非常重要的问题就是提高社会生活的质量，就是提高心理生活的质量。因此，当代的中国社会非常需要心理学，这已经成为普通民众和专家学者普遍的共识。中国需要自己的心理学。其实，在当代的中国，对于心理学来说，社会的需要与学科的发展之间存在着一道巨大的鸿沟。对西方科学心理学的复制和模仿，导致心理学学科能提供的内容常常与中国的文化背景和民众的社会生活相距甚远。因此，中国现在不仅需要心理学，而且需要自己的心理学。所谓中国自己的心理学，也就是自己的具有独创性的心理学。增进中国心理学的创造性，成为非常重要的问题。所谓独创性的心理学，不是漫无边际的胡思乱想，而是应该立足自己本土深厚的文化土壤和社会根基。中国当代心理学应该有属于自己独创的心理学理论、方法、技术和工具。

在近代、现代和当代，中国本土心理学的发展经历了历史性转折或转换。这一系列的转折和转换，为中国心理学的创新性的发展确立和形成了一个历史和现实的氛围。中国本土的心理学在久经磨难之后，终于迎来了属于自己的最佳的发展和扩张的时期。

一是从政治化到学术化。中国本土心理学的发展曾经受到中国本土的政治生活的重大影响。在改革开放之前的三十年中，中国心理学的发展一

① 杨国枢.心理学研究的本土契合性及其相关问题[J].本土心理学研究,1997(8):75-120.

直是在政治气候的重压之下。这体现在新中国建立之后的历次政治运动中,心理学曾经被当作是资产阶级的伪科学,曾经被当作是唯心主义的异端邪说。改革开放之后,中国心理学才开始了自己的学术化历程。心理学才开始被当作是一门科学,心理学的研究才开始走入科学的轨道,从而摆脱了自己被当作是伪科学和唯心主义学说的命运。这是中国心理学走入国际心理学大家庭的开始。心理学的学术研究才成为真正的学术追求。当然,去政治化并不等于是脱离中国的社会背景,脱离中国的社会现实,脱离中国的政治进程,而是通过自己的独立的学术品格来更好地进入现实生活。这也是心理学学术化的最重要的体现。

二是从西方化到本土化。中国本土文化的土壤中并没有生长出西方意义上的科学心理学,中国现代的科学心理学是从西方传入的,其科学化在早期是通过西方化来完成的。但是现在,中国心理学的科学化的努力正在从追求西方化转向追求本土化。中国心理学的本土化应立足突破和变革西方心理学的褊狭科学观,这不仅可以给本土化研究带来必要的规范,而且可以推动整个心理学的科学性的发展,使其成为真正意义上的科学。心理学科学观的变革就体现在对心理学研究对象的重新理解和对心理学研究方式的重新确立上。在整个西方化的时期,也就是在 19 世纪后期到 20 世纪后期,西方科学心理学的传入和中国科学心理学的建立是合一的过程。中国现代心理学的科学化历程实际上就是西方化的历程,或者中国现代心理学的科学化实际上就是通过西方化来完成的。可以说,中国心理学一直就走的是学习、引进、模仿和改造西方心理学的道路。只是到了本土化时期,也就是从 20 世纪后期开始,中国现代心理学的科学化才转向通过本土化来完成。中国心理学才开始走向探索、开创、建构和传播本土科学心理学的道路。西方心理学倡导的科学性实际上带有西方文化的褊狭性,非西方心理学倡导的本土性则应该立足扩展西方心理学的科学性。对科学性的追求,也是中国心理学的本土化摆脱尝试性和盲目性,以及走向理性化和自觉化的保证。

三是从依附性到独立性。中国心理学的发展道路是从依附开始的。这种依附性体现为对政治生活和政治思想的依附,也体现为对社会权力或社会权威的依附,也体现为对相关学科或强势学科的依附。所以,在中国心理学的研究中,在中国心理学的思想中,在中国心理学的理论中,能够看到大量政治哲学的比附,能够看到许多政治人物的语录和观点,能够看到系列物理学、生物学、生理学、遗传学等学科的内容,也能够看到满篇中国文化传统中的所谓心理学思想,像孔子的心理学思想,道家的心理学思想,[1]先秦的普通心理学思想,[2]并依此建立起中国心理学史的各个研究分支,[3]却很少能够看到属于心理学自身的独立的探索、思想和创造。中国心理学长期的依附性,导致的是独立性的缺失,是创造性的弱化。甚至对于中国本土心理学资源或传统的理解,也是按照西方的心理学的尺度和标准进行的梳理、考察和探讨。可以说,如何对待和挖掘中国本土的心理学资源,也同样存在着完全不同的学术理解,也有按照西方心理学的尺度和标志进行的考察和探讨。这也同样属于依附于西方心理学的研究。[4] 目前,中国心理学应该从依附性的发展转向独立性的发展。当然,这还有很长的路要走。

四是从模仿性到原创性。中国本土的心理学在新世纪的发展必须走自己的道路。在新的千年里,中国本土的心理学没有现成的道路好走,所以重要的是开辟自己的独特的发展道路。对于中国本土心理学的发展来说,只有学术性的创新、只有原始性的创新,才能够使中国本土的心理学摆脱跟随、复制和模仿的命运。其实,在中国本土的文化传统中,也有自己的心理文化的传统,自己的心理学探索的传统。问题就在于,应该怎样把这种传统转换成为心理学创新的资源。新心性心理学就是立足中国本土心理学资源的心理学理论的创新。新心性心理学有着基本的、系统的内涵和主张,对于心理学的学科资源的挖掘,对于心理学的研究对象的理解,对于心理学的研究方式的确立,都有创新性的突破。新心性心理学的探索主要包括六个部分的基本内容和理论构成。这六个部分就是心理资源、心理文化、心理生活、心理环境、心理成长、心理科学。这六个部分的内容涉及的是心理学的学术资源、学科基础、研究对象、对象背景、生活引领和学理反思。心理资源是对文化历史传统中的不同心理学形态的挖掘和考察。心理文化是对西方

① 高觉敷.中国心理学史[M].北京:人民教育出版社,1985:30-54,105-117.
② 杨鑫辉.心理学通史(第一卷)[M].济南:山东教育出版社,2000:41.
③ 杨鑫辉.中国心理学史研究的新进展[J].心理学报,1988(1):70-76.
④ 葛鲁嘉.对中国本土传统心理学的不同学术理解[J].东北师范大学学报(哲学社会科学版),2005(3):133-137.

的心理学传统和中国的心理学传统的跨文化考察、解析和比较。① 心理生活是对心理学研究对象的一种新的视野、认识和理解。心理环境是对心理与环境关系的一种新的思考、新的分析和新的阐释。心理成长是关于人的心理的超越发展的理解和解说。心理科学是对心理学自身的学术反思。新心性心理学是以探讨和揭示心理资源、心理文化、心理生活、心理环境、心理成长和心理科学为目标,是以开创和建立中国自己的心理学学派、思想、理论、方法、技术和工具为己任,是以推动和促进中国心理学的创新、创造、突破、发展、进步和繁荣为宗旨。

五是从精英化到大众化。心理学的发展是与社会整体的发展水平和程度相关联的。或者说,只有当一个社会的物质生活达到了相应的水平,社会的大多数人才有可能关注人的心理的方面,才有可能关注人的心理生活的质量问题。因此,在中国社会还处于贫穷和落后的阶段,心理学的研究和应用就只能是少数社会上层精英关注的内容。社会的大多数人关注的就是温饱的问题,是生存的问题,心理的问题、心理生活的问题、心理生活质量的问题不在大多数人和大多数研究者的视野之中。但是,在中国改革开放之后,中国社会发生了翻天覆地的变化,人民的物质生活水平有了极大提高。普通人在自己的生活中,已经不再仅仅关注自己的衣食住行,不再仅仅关注自己的身体健康,而且也开始关注自己的心理生活,开始关注自己的心理健康。因此,中国心理学的发展就开始了自己的大众化的历程。心理学开始从研究者的实验室里和大学教师的课堂上,进入到了普通人的日常生活之中,转换成为了普通人的生活常识。

六是从学理化到生活化。在心理学的学术研究和学术演变中,心理学的理论研究、方法研究和技术研究的顺序曾经有过不同的变化。首先是理论、方法、技术的顺序。在这样的顺序中,理论占有首要的位置或支配的地位。理论的范式、理论的框架、理论的假设、理论的主张、理论的观点等,就成为心理学研究的核心部分。其次是方法、理论、技术的顺序。在这样的顺序中,方法占有首要的位置或支配的地位。方法的性质、方法的构成、方法

---

① 葛鲁嘉.心理文化论要——中西心理学传统跨文化解析[M].大连:辽宁师范大学出版社,1995:28 - 35.

的设计、方法的运用、方法的评判,等等,就成为心理学研究的核心构成和支配部分。最后是技术、理论、方法的顺序。这是心理学研究应有的顺序,是技术优先的思考。所谓的技术优先重视的是价值定位、需求拉动、问题中心、效益为本。价值定位是指在心理学的研究中,研究者和研究者的研究都应该有其取向。在原有的实证心理学的研究中,主张价值中立或者价值无涉。研究者必须在研究中持有客观的立场。需求拉动是指心理学的研究是人的现实生活的需要拉动的。其实,越是发达的社会,越是高质量的生活,就越是重视人的心理生活,就越是重视人的心理生活的质量。问题中心是指心理学的研究必须以确定问题、研究问题、解决问题作为自己的核心。效益为本是指心理学的研究也必须考虑自己的投入和产出,即怎么样以最少的投入获得最大的收益。在技术、理论、方法的顺序中,技术是由理论支撑的,理论是由方法支撑的。因此,所谓的技术优先也并不是脱离了理论和方法的单纯的技术研究。对于心理生活来说,最重要的就是生活规划、规划实施和实施评估。人的心理生活是以创造为前提的,或者人的心理生活是人自主创造出来的。其实,人的心理不是自然天生的、遗传决定的、固定不变的,而是后天形成的、创造出来的、生成变化的。把人的心理看成是已成的存在与看成是生成的存在,就存在着重要的、根本的不同。所以,心理学的研究就不应该着重于已成的存在,而应该着重于生成的存在。或者,人的心理不仅仅是已成的存在,而且更重要的是生成的存在。心理学的研究不应该仅仅着重于人的已经生成的心理的存在,而更应该着重于促使生成人的心理的存在。心理科学通过生成心理生活而揭示心理生活,心理科学促使生成的心理生活才能够是合理的心理生活。

第四节　心理学创新的方法

有研究指出,对于什么是科技创新的方法,目前并没有统一的理解和认识。[①]在 20 世纪 90 年代以来,随着技术创新的兴起,有人提出科技创新的概念,旨

---

① 　肖云龙.科技方法创新体系的新探索[J].发明与创新,2003(8):12-13.

在把科学发现、技术发明、科技应用、技术创新等问题统一起来,因此相应地也有了科技创新方法的概念。可以说,科技创新方法是对上述问题的统一过程的方法描述。一是基于创造学视角的科技创新方法。创新源自创造成果的应用,归根结底是人的创造性的发挥,在强调以人为本的时代里,科技创新方法的研究应当注重人的创造性智慧在科技创新过程中的作用。创造学是一门研究人类创造活动一般规律与创造主体创造性智慧的科学。创造学中阐述的思维方法和创造技法,对科技创新活动的开展具有重要的启迪思路的作用。二是基于经济学视角的科技创新方法。由于科技创新的实质是个经济学问题,基于经济学视角提出的科技创新方法无疑是科技创新方法中最闪光的一面。任何创新方法的实际应用,都是以经济效益最大化为基本的价值取向。三是基于信息学视角的科技创新方法。科技创新是不断与时俱进的过程,会受到社会经济文化变革的冲击与影响,从而催生富有时代气息的科技创新方法。四是基于生态学视角的科技创新方法。生态学的一个重要的术语是生态位。所谓生态位是一个种群占据的时空位置及其与相关种群之间的功能关系。在一个群落中,每个物种都有不同于其他物种的时间和空间的位置。没有两种物种的生态位完全相同,生态位接近或相似的群落中必然会出现严酷的竞争。科技创新就应当从所处的社会地位与发展态势出发,选择与自己生态位相吻合的科技创新方法,以扬长避短。

一、大科学的理念

有研究对大科学与小科学的不同理念及其学术争论进行了讨论。[①] 在该研究看来,小科学(little science)项目通常是由科学家个人或科学家小组进行的研究,由科学家个人或科学家小组设定问题、独自执行、探索解决。这种研究方式以竞争性为特点,科学家以追求科学真理为导向,集中在单个学科内进行研究,经常会产生出人意料的结果。大科学(big science)则具有两层含义:一是指科学研究的社会规模上的大科学;二是指科学研究的项目尺度上的大科学。

大科学与小科学的不同主要表现在大科学项目与小科学项目具有不

① 　申丹娜. 大科学与小科学的争论评述[J]. 科学技术与辩证法,2009(1):101 – 107.

同特点。首先,表现在研究规模的迥异,经费是界定两者的首要标准。其次,两者研究的目的和范围不同,大科学项目具有清晰界定的目标,项目是在统一的目标驱动下,科学家是朝着一个方向进行其研究,项目中的研究者被动地接受科学目标。小科学项目一般是在有限的领域内,解决特定的科学问题,小科学研究以假设和探索为科学驱动力,由科学家个人设定目标,小科学项目的研究者对研究拥有主动权。因此,大科学项目追求的是解决交叉学科的问题,选择大科学项目时,必须考虑到这一科学项目对相近科学领域是有益的,小科学项目一般集中在单个科学学科上进行研究。再次,两者的运行方式不同,在管理结构方面,大科学项目有更宏大更复杂的管理结构,以层级制为特点,小科学项目管理以简单的、线性的管理为特点。

大科学与小科学的争论主要集中在科学价值、科学路径、自主研究和学者培养四个方面。关于科学价值的争论,大科学项目在目标设定时,首要考虑的是社会的需求和社会的价值,以社会目标为导向。关于自主研究的争论,小科学的坚持者怀疑大科学时代的科学自主性。关于科学路径的争论,大科学与小科学争论的核心问题就是在科学优先性的选择上。关于学者培养的争论,以大科学的研究路径培养的科学家,将会以同一种方向或同一种模式进行科学研究,这对于传统的以同行竞争的研究方式无疑是一种挑战。

对于小科学与大科学的关系问题,也有学者进行了考察。① 研究指出,什么是小科学? 一般认为小科学是指历史上那种以增长人类知识为主要目的、以个人的自由研究为主要特征的科学。什么是大科学? 一般认为大科学是相对小科学而言的,指的是规模巨大,拥有高级技术装备,并对社会经济、政治、文化等产生重大影响作用的现代自然科学。有学者认为,大科学是指涉及的学科多,参加的人数多,耗用的资金多,需要的时间长的大型科学项目。科学研究已经走向了集约化和规模化。综观上述科学的体制化过程,科学研究活动从最初的个人(或学派)自由研究为主,发展到松散的学会(或无形学院)形式,再到19世纪开创的集体研究模式,即以教授带研究生助手的形式进行科研活动,在20世纪(或以后)则已发展到国家规模甚至国际

① 熊志军.试论小科学与大科学的关系[J].科学学与科学技术管理,2004(12):5-8.

规模进行科学研究了。大科学还是系统化和整体化的科学,是科学整体化和技术群体化的必然结果。小科学与大科学是相辅相成的,是整个科学事业的重要组成部分。

有研究讨论了从小科学到大科学的转变,并认为大科学将会更加明确地负载价值。[①] 一是科学与社会的关系会更加密切。科学与社会之间的互动,既表现为现代科学以其强大的改造社会、改造自然的能力,对社会生活的各个领域都造成了重要的影响;又表现为由于国家的科技实力最终决定着一个国家的国际竞争力,所以国家、社会就要对科学进行管理与引导。二是科学共同体内部的关系复杂化。在现代社会中,科学研究越来越成为一种集体的行为,这表现为科学界存在着各种类型的科学共同体。三是科学技术越来越不可分割。从传统上来说,科学与技术有着质的区别,并相互分离。随着科学技术化和技术科学化的趋势日益加强,科学和技术作为两个既有本质差别又有内在联系的概念已成为一个有机的整体,所以常常使用科技这一复合词。现代科学不是中立的,也不可能是中立的,而是负载着一定的价值。价值可以通过科学家的个人价值、群体价值和社会价值这三种方式进入科学理论。科学是人类理性和价值取向共同的展开形式。首先,从科学与社会的关系看,国家和社会的价值已很大程度地渗透进了科学研究的过程中。其次,在科学共同体内生产科学知识的过程中,社会建构的实质也说明了科学是无法价值中立的。最后,从科学的运用及产生的后果来看,科学更是负载着价值的因素。因此,只有同时从科学的两种属性的统一性入手来评价科学,才能正确、全面地理解现代的科学。

二、超学科的理念

近年来,随着知识经济的来临,人类知识的生产方式正在发生革命性的变化。以大学和学科为基础的知识生产模式正在逐步地让位于超学科的研究模式。所谓的超学科是不同学科的学者和利益相关的学人一起工作去解决生活世界问题的一种尝试,是跨学科研究和多学科研究的一个新的发展方向。

---

① 邱梦华. 从"小科学"到"大科学"——科学中立吗? [J]. 科学・经济・社会,2003(2): 70－74.

20 世纪上半叶,科学有加速分化的趋势,专门学科、专业领域和专题研究越来越多,科学的各个学科变得越来越支离破碎。专业化逐步成为阻碍现代文明继续向前发展的一大障碍。基于这样的认识,有学者提出要进行跨学科和交叉学科的研究。但是,这些跨学科或交叉学科研究对整个研究模式或大学体制影响不大,当时自然科学和社会科学占主导地位的范式是系统分析和数学建模。正是在这一背景下,20 世纪 70 年代有学者用系统论来研究组织,进行知识重组使之成为分层目标导向的系统,这个协调框架的理论基础就是一般系统论和组织理论。系统可以分为四个层次:目的层次(意义、价值),规范层次(社会系统的设计),实用层次(物理技术、自然生态、社会生态),以及经验层次(物理无生命世界、物理有生命世界、人类心理世界)。正是在此基础上,研究者提出了超学科(transdisciplinarity)的概念。

有研究用后常规科学(post-normal science)的概念来表述超学科研究活动。① 所谓的后常规科学,就是对管理的高度不确定性进行分析的结果,也是对科学研究政策隐含的决策利害关系进行分析的结果。有研究提出第二种知识生产模式的概念。在认识论上,与传统跨学科和交叉学科的研究实践和方法相比,或者与第一种知识生产模式相比,第二种知识生产模式则是发明性的、暂时性的、折中性的和情景性的。新的知识生产模式是以解决现实问题和社会问题为导向的,往往会受到实际运用、社会政策、市场因素等的影响。传统知识的生产是在专业学科的学术背景下进行的,而新兴知识的生产则是在现实应用的背景下进行的。科学发展的外在导向对科学进步来说,已经变得越来越为重要。

超学科的概念是在单学科、多学科和跨学科的概念基础上发展起来的。单学科的研究是最常见的科学研究形式,其仅限于在单一学科、单一领域或研究分支里进行研究。在单学科的研究中,研究者一般有共同的研究主题、学术语言、研究范式和研究方法。多学科的研究则扩大了研究的范围,涉及不同学科的学者之间的合作。但是,这种合作还是比较初步的,仅仅是限于研究结果的汇总,概念、理论、方法和学科之间的融合程度或整合程度都不

---

① 蒋逸民. 作为一种新的研究形式的超学科研究[J]. 浙江社会科学,2009(1): 8 - 16.

高。跨学科的研究则是一种更高水平的学科合作,整合了多个学科的数据、技术、工具、观点、概念和理论。提出的解决问题的方案,也超出了单一学科的范围和领域。超学科是在跨学科研究的基础上出现的一种新的研究形式。超学科的目的就在于通过整合学科和非学科的观点,来获得对整体现实世界的认识。超学科将不同的知识整合成了一个比较全面的知识形式,这种知识形式的特征是较强的公共观点的导向和较强的解决问题的能力。超学科主要有四个研究重点:第一个重点是放在生活世界的问题上,第二个重点是学科范式的整合和超越,第三个重点是涉及参与性研究,第四个重点是寻求学科外的知识统一。超学科研究涉及的是系统知识、目标知识和转化知识三类知识。系统知识是指关于当前状态的知识,涉及提出问题的经验过程,并对问题的未来发展产生影响。目标知识是指关于目标状态的知识,涉及对期望目标产生影响的价值和规范。转化知识则是指关于如何从当前状态过渡到目标状态的知识,涉及现有问题状况是否和如何能够现实地加以转变和改进。

一个成功的超学科研究需要特定的研究步骤和条件。首先,必须有指导整个研究过程的系统步骤。其次,为了确保超学科研究步骤的有效性,行动者互动的社会场要满足一定的条件。再次,超学科研究者要有特殊的技能和品质。最后,当超学科研究被现有研究结构接受时,机构的组织环境必须有利于进行超学科研究。从根本上说,超学科不是一般意义上的方法,而是一种方法论或世界观。超学科具有五个方面的本质特征:(1)超学科处理生活世界的复杂性和异质性,挑战科学知识的支离破碎,具有杂交性、非线性和反思性。(2)超学科强调不确定性和应用语境,重视语境限定的知识沟通,而这个应用语境正是通过不同利益相关者的不断沟通来建构的。(3)超学科强调相互沟通的行动,要求科学知识与社会实践在各个研究阶段进行密切和持续的合作,在不同行动者及其观点的沟通中形成所要研究的问题。(4)超学科也是行动导向的研究。这不仅要整合不同的学科,而且要整合理论的发展和专业的实践。这不仅要产出解释社会问题的知识,而且要产出解决社会问题的知识。(5)超学科要有新的组织构架来保障,超学科知识生产的管理模式应该是松散的结构网、扁平的科层制、开放的指挥链。

第五节 心理学创新的体现

有研究探讨了科学创新的含义。[①] 该研究认为,要弄清科学创新的确切含义,就需要分析科学中"发现""发明""创造"等不同的概念。在科学活动中,一般把科学上的新事实、新理论等的提出称为发现,而把技术上的新器具、新流程等的提出称为发明。因此,才有科学发现和技术发明的说法。科学发现一般又分为两类:一类是从自然界发现新的事实,即通过新的观察工具与实验手段,发现新的自然客体或自然现象;一类是在科学的研究中提出新的概念、原理、假设、定律,建立新的理论体系。

但是,对于理论发现则存在不同的看法。传统的观点认为,理论始终是存在于可观察的对象之中,科学家只是去发现理论,因此科学家并不是发明家。科学家是用自己的感官去把握可观察的现象,但却是用所谓的"思想之眼"去洞见到理论。在当代的科学哲学界中,都倾向于认为理论是科学家"创造"的,科学概念和理论假设都是人类想象的产物,其目的就是在世界中发现相似性,并用规律来解释世界。

科学活动中存在发现、发明、创造这三种基本研究类型。从特征上区分,可称为发现事实、发明方法和创造理论。这就将科学技术领域中的研究类型重新进行了分化组合。这既有拆分:将以前人们所称的科学发现分为发现事实和创造理论;这也有融合:将科学与技术中的发现、发明进行了统一。

对于科学的发现、发明和创造,发现的事实能够给出新的现象,并且具有可重复性;发明的方法能够进行更好的研究,并且具有可操作性;创造的理论能够预见新的事实,并且具有可检验性。因此,发现事实、发明方法和创造理论符合创新的一般含义,也涵盖了科学领域的基本成果形式。在这种共同本质的基础上,就可以用创新这一概念来概括发现、发明和创造,使科学活动中的发明、发现和创造在所有意义上的成果和成就均属于科学的

---

① 陈广仁.科学创新的涵义[J].西北师大学报(社会科学版),2003(3):8-11.

创新。

在科学研究领域,创新与发现、发明、创造就是一般与个别的关系。科学的发现、发明和创造都是创新,但是科学创新未必一定就是发现、发明或创造中的哪一种。创新可以是发现、发明、创造中的一种,也可以是其中的两者或者三者的综合。尤其是对于理论的创新或创造,一般认为,理论在科学突破的程度上会有所不同。创新性成果是指在某一焦点或某些方面,与前人相比具有不同的、全新的、未知的理论认识;创造性成果则是指在基础性、根本性的问题上取得了较为系统全面的理论认识和成就。基础科学领域的原始性创新其实质就在于取得创造性的成果。

心理学在自身的发展过程中,走过很长一段时间的模仿其他成熟的自然科学的道路。中国心理学在自身的发展过程中,也走过很长一段时间的模仿外国心理学或照搬西方心理学的道路。这种双向的或双重的模仿,导致中国心理学创造力和创新性的缺失或弱化。中国心理学在走向本土化和全球化的道路时,就必然面对着学术创新的问题。这应该说是中国本土心理学走向世界的必由之路。从以引进作为心理学发展的导向,到以创新作为心理学发展的导向,这会带来中国本土心理学的重大的改变和改观。

心理学的创新或心理学的原始性创新,就体现在心理学研究的理论、方法和技术的创新上。理论、方法和技术是三个基本的或重要的方面。第一个方面是心理学理论的突破性,第二个方面是心理学方法的创造性,第三个方面是心理学技术的有效性。心理学理论的突破是新概念的提出、新理论的建构、新思想的启示,等等。心理学方法的创造是开发更合理更有效的研究方式和研究方法。心理学技术的有效是发明干预人心理行为的技术手段和技术工具。追求新的理论,寻求新的方法,探求新的技术,是心理学研究者的学术创新性的基本体现和基本方面。

把学术创新作为心理学研究者的基本研究方式和基本生活方式,是全面提升心理学研究水平的根本性的方面。心理学的学术性创新既可以是心理学研究者的学术研究能力的体现,也可以是心理学研究者的学术研究思想的启示,也可以是心理学研究者的学术研究途径的延伸,也可以是心理学研究者的学术研究工具的发明。

其实,心理学应该是一个开放的、容纳的学科概念和学科门类,应该是一个依赖创新、依赖创造的学科概念和学科门类。中国本土的心理学也同样和更应该是如此。原本认为,本土的就是传统的。现在则认为,本土的就是创新的。人类正是通过创新而赢得了自己在大千世界中的重要位置,科学也正是通过创新来理解、把握和控制世界,心理学也应该和必然是通过学术创新来获得自己在科学之林中的地位,中国本土的心理学也必须通过自主创新来迈进世界心理学的大门。这应该就是中国本土心理学的学科性的追求,也应该就是新心性心理学的学术性追求。

新心性心理学的"新",就是对心理学创新性发展的倡导,也就是对心理学原始性创新的启动。这实际上是将创新性或原创性确立为心理学发展或本土心理学发展的核心原则和基础理念。新心性心理学的学术性追求,就是试图通过原始性的创新来推动中国本土心理学的发展。这种原始性的创新是根源于特定的文化传统或特定的文化基础。新心性心理学应该是脱胎于本土的心理资源,植根于本土的心理文化,创建出本土的心理生活,构造出本土的心理环境,引导出本土的心理成长,塑造出本土的心理科学。在全球化的浪潮下,本土的也可以是或应该是世界的。新心性心理学的学术创新或原始创新,也可以期待能够带来心理学研究对心理资源、心理文化、心理生活、心理环境、心理成长和心理科学的特定关注和考察。

参考文献

一、中文部分

波林.实验心理学史[M].高觉敷,译.北京:商务印书馆,1981.

蔡仁厚.儒家心性之学论要[M].台北:文津出版社,1980.

蔡笑岳,向祖强.人类心理的生物学研究[J].重庆大学学报(社会科学版),1999(1).

蔡笑岳,于龙.心理学:研究人的另类科学——对心理学学科性质的再认识[J].中山大学学报(社会科学版),2005(5).

陈波.科学理论与社会科学理论建构方法比较研究[J].求索,1991(5).

陈广仁.科学创新的涵义[J].西北师大学报(社会科学版),2003(3).

陈宏.科学心理学研究方法论的比较与整合[J].东北师大学报(哲学社会科学版),2002(6).

陈健.方法作为科学划界标准的失败[J].自然辩证法通讯,1990(6).

陈健.科学划界——论科学与非科学及伪科学的区分[M].北京:东方出版社,1997.

陈健.科学划界的多元标准[J].自然辩证法通讯,1996(3).

陈金美.论整体主义[J].湖南师范大学社会科学学报,2001(4).

陈劲,谢靓红.原始性创新研究综述[J].科学学与科学技术管理,2004(2).

陈京军,陈功.科学心理学中的实证主义方法论问题[J].科学技术与辩证法,2007(6).

陈立.平话心理科学向何处去?[J].心理科学,1997(5).

陈芮,叶浩生.来自经济学的启示:关于心理学科的一些思考[J].心理学探新,2004(2).

陈少华.从心理学理论到理论心理学——心理学发展的理论观[J].西南师范大学学报(人文社会科学版),2000(2).

陈向明.质的研究方法与社会科学研究[M].北京:教育科学出版社,2000.

陈向明.社会科学中的定性研究方法[J].中国社会科学,1996(6).

陈向明.扎根理论的思路和方法[J].教育研究与实验,1999(4).

陈雅兰,等.原始性创新的影响因素及演化机理探究[J].科学学研究,2003(4).

陈英敏,邹不振.在全球化与本土化之间:建构一种多元文化的现代心理学观[J].山东师范大学学报(人文社会科学版),2005(3).

崔光辉,郭本禹.论经验现象学心理学[J].华东师范大学学报(教育科学版),2008(2).

崔丽娟,张高产.积极心理学研究综述——心理学研究的一个新思潮[J].心理科学,2005(2).

崔丽霞,郑日昌.20年来我国心理学研究方法的回顾与反思[J].心理学报,2001(6).

刁生富.科学的价值中立与价值负载[J].学术研究,2001(6).

丁道群.解释学与西方心理学的发展[J].湖南师范大学教育科学学报,2002(2).

丁道群.库恩范式论的心理学方法论蕴涵[J].自然辩证法研究,2001(8).

杜维明.儒家思想新论——创造性转换的自我[M].曹幼华,等,译.南京:江苏人民出版社,1991.

杜伟.关于技术创新内涵的研究述评[J].西南民族大学学报(人文社科版),2004(2).

段培君.方法论个体主义与分析传统[J].自然辩证法通讯,2002(6).

范燕宁.科学划界标准的三次历史性转折及其方法论意义[J].贵州社会科学,2008(9).

方立天.佛教哲学[M].北京:中国人民大学出版社,1986.

方立天.心性论——禅宗的理论要旨[J].中国文化研究,1995(4).

费小冬.扎根理论研究方法论:要素、研究程序和评判标准[J].公共行政评论,2008(3).

冯大彪,刘国权.从类哲学看心理学的分裂与统一[J].山西师大学报(社会科学版),2007(3).

高峰强.论后现代视界对科学主义心理学研究法则的超越[J].山东师大学报(社会科学版),2000(4).

高觉敷.西方心理学史论[M].合肥:安徽教育出版社,1995.

高觉敷.中国心理学史[M].北京:人民教育出版社,1985.

高岚,申荷永.中国文化与心理学[J].学术研究,2008(8).

高岚.论心理学的科学观念[J].华南师范大学学报(社会科学版),1996(4).

高新民,刘占峰.民众心理学研究与当代哲学的新问题[J].哲学动态,2002(12).

高新民.现代西方心灵哲学[M].武汉:武汉出版社,1994.

高媛媛,高峰强.试析心理学中的多元文化论对后现代心理学的贡献[J].山东师范大学学报(人文社会科学版),2007(6).

葛鲁嘉,陈若莉.当代心理学发展的文化学转向[J].吉林大学社会科学学报,1999(5).

葛鲁嘉,陈若莉.论心理学哲学的探索——心理科学走向成熟的标志[J].自然辩证法研究,1999(8).

葛鲁嘉,陈若莉.文化困境与内心挣扎——霍妮的文化心理病理学[M].武汉:湖北教育出版社,1999.

葛鲁嘉,周宁.从文化与人格到文化与自我[J].求是学刊,1996(1).

葛鲁嘉.本土传统心理学的两种存在水平[J].长白学刊,1995(1).

葛鲁嘉.本土的传统心理学与实证的科学心理学的关联[J].吉林大学社会科学学报,1994(2).

葛鲁嘉.本土的经验心理学与实证的科学心理学的分野[J].吉林大学社会科学学报,1993(5).

葛鲁嘉.本土心性心理学对人格心理的独特探索[J].华中师范大学学报(人文社会科学版),2004(6).

葛鲁嘉.常识形态的心理学论评[J].安徽师范大学学报(人文社会科学版),2004(6).

葛鲁嘉.超个人心理学对西方文化的超越[J].长白学刊,1996(2).

葛鲁嘉.大心理学观——心理学发展的新契机与新视野[J].自然辩证法研

究,1995(9).

葛鲁嘉.当代认知心理学的两个理论基点[J].吉林师范大学学报(人文社会科学版),2004(6).

葛鲁嘉.当代社会人的心理生活的质量与提升[J].长白学刊,2007(6).

葛鲁嘉.对心理环境的考察与探索[J].辽宁师范大学学报(社会科学版),2005(5).

葛鲁嘉.对心理生活的经典探索的考察[J].山东师范大学学报(人文社会科学版),2006(1).

葛鲁嘉.对心理学方法论的扩展性探索[J].南京师大学报(社会科学版),2005(1).

葛鲁嘉.对心理学科学观的反思[J].自然辩证法研究,1996(12).

葛鲁嘉.对心理学研究中环境的理解[J].人文杂志,2007(5).

葛鲁嘉.对中国本土传统心理学的不同学术理解[J].东北师范大学学报(哲学社会科学版),2005(3).

葛鲁嘉.关于心理生活基本性质和内涵的理解[J].湖南师范大学教育科学学报,2005(5).

葛鲁嘉.科学形态的心理学议评——心理学的五种历史形态考察之五[J].华东师范大学学报(教育科学版),2005(4).

葛鲁嘉.类同形态的心理学总评[J].西北师大学报(社会科学版),2005(3).

葛鲁嘉.理论心理学研究的理论功能[J].山西师大学报(社会科学版),2005(4).

葛鲁嘉.联结主义:认知过程的新解释与认知科学的新发展[J].心理科学,1994(4).

葛鲁嘉.论心理学哲学的研究对象[J].学习与探索,2003(4).

葛鲁嘉.美国辩证法心理学形成背景的分析[J].心理学探新,1986(1).

葛鲁嘉.评美国辩证法心理学的代表性理论[J].吉林大学社会科学学报,1987(1).

葛鲁嘉.浅论心理学技术研究的八个核心问题[J].内蒙古师范大学学报(哲学社会科学版),2005(4).

葛鲁嘉.人的心理与人的环境[J].阴山学刊,2009(4).

葛鲁嘉.人工智能与人类心理[J].自然辩证法研究,1994(7).

葛鲁嘉.认知科学的性质与未来[J].吉林大学社会科学学报,1995(1).

葛鲁嘉.认知科学研究中的意向性问题[M]//心理学理论与应用研究(论文集).南昌:江西科技出版社,1995.

葛鲁嘉.认知心理学研究范式的演变[J].国外社会科学,1995(10).

葛鲁嘉.认知主义心理学思潮[M]//车文博.西方心理学思想史.长沙:湖南教育出版社,2007.

葛鲁嘉.体证和体验的方法对心理学研究的价值[J].华南师范大学学报(社会科学版),2006(4).

葛鲁嘉.西方实证心理学与中国心性心理学概念范畴的比较[J].社会科学战线,2005(6).

葛鲁嘉.心理成长论本——超越心理发展的心理学主张[J].陕西师范大学学报(哲学社会科学版),2010(3).

葛鲁嘉.心理环境论说——关于心理学对象环境的重新理解[J].陕西师范大学学报(哲学社会科学版),2006(1).

葛鲁嘉.心理生活的根据[J].贵州师范大学学报(社会科学版),2005(3).

葛鲁嘉.心理生活论纲——关于心理学研究对象的另类考察[J].陕西师范大学学报(哲学社会科学版),2005(2).

葛鲁嘉.心理文化论要——中西心理学传统跨文化解析[M].大连:辽宁师范大学出版社,1995.

葛鲁嘉.心理学的科学观与统一观[J].吉林大学社会科学学报,1996(3).

葛鲁嘉.心理学的五种历史形态及其考评[J].吉林师范大学学报(人文社会科学版),2004(2).

葛鲁嘉.心理学技术应用的途径与方式[J].科学技术与辩证法,2008(5).

葛鲁嘉.心理学视野中人的心理生活的建构与拓展[J].社会科学战线,2008(1).

葛鲁嘉.心理学研究本土化的立足点[J].本土心理学研究,1997(8).

葛鲁嘉.心理学研究的生态学方法论[J].社会科学研究,2009(2).

葛鲁嘉.心理学研究划分的类别与优先的顺序[J].吉林师范大学学报(人文社会科学版),2005(5).

葛鲁嘉.心理学研究中定性研究与定量研究的定位问题[J].西北师大学报(社会科学版),2007(6).

葛鲁嘉.心理学研究中环境的性质、类别和功能[J].北京师范大学学报(社会科学版),2005(6).

葛鲁嘉.心理学应用的理论、方案和领域研究[J].河南师范大学学报(哲学社会科学版),2004(6).

葛鲁嘉.心理学与相关学科的关系探讨[J].吉林大学社会科学学报,2009(5).

葛鲁嘉.心理学中国化的学术演进与目标[J].陕西师范大学学报(哲学社会科学版),2007(4).

葛鲁嘉.心理资源论——心理学的历史、现实和未来的形态[J].陕西师范大学学报(哲学社会科学版),2008(6).

葛鲁嘉.新心性心理学的理论建构——中国本土心理学理论创新的一种新世纪的选择[J].吉林大学社会科学学报,2005(5).

葛鲁嘉.新心性心理学宣言——中国本土心理学原创性理论建构[M].北京:人民出版社,2008年版.

葛鲁嘉.哲学形态的心理学考评——心理学的五种历史形态考察之二[J].河北师范大学学报(教育科学版),2005(4).

葛鲁嘉.中国本土传统心理学的内省方式及其现代启示[J].吉林大学社会科学学报,1997(6).

葛鲁嘉.中国本土传统心理学术语的新解释和新用途[J].山东师范大学学报(人文社会科学版),2004(3).

葛鲁嘉.中国本土的传统形态心理学与本土化的科学形态心理学[J].社会科学战线,1994(2).

葛鲁嘉.中国本土心理学三十年的选择与突破[M]//王胜今,吴振武.回顾与展望——吉林大学纪念改革开放三十周年学术论文集.长春:吉林大学出版社,2008.

葛鲁嘉.中国心理学的科学化和本土化——中国心理学发展的跨世纪主题[J].吉林大学社会科学学报,2002(2).

葛鲁嘉.中西心理学的文化蕴涵[J].长白论丛,1994(2).

葛鲁嘉.追踪现代科学心理学发展的十个线索[J].心理科学,2004(1).

葛鲁嘉.宗教形态的心理学述评[J].华中师范大学学报(人文社会科学版),2007(1).

郭爱妹."他者"的话语与价值——女性主义心理学的探索[J].徐州师范大学学报(哲学社会科学版),2009(1).

郭爱妹.当代西方女性主义心理学的发展[J].国外社会科学,2003(4).

郭爱妹.库恩的范式论与心理学的发展[J].江海学刊,2001(6).

郭爱妹.试析女性主义心理学的三种研究取向[J].南京师大学报(社会科学版),2001(6).

郭本禹.当代心理学的新进展[M].济南:山东教育出版社,2003.

郭本禹,崔光辉.论解释现象学心理学[J].心理研究,2008(1).

郭本禹.库恩的范式革命与心理学革命[J].心理科学,1996(6).

郭斯萍.从方法决定论到对象决定论——试论 21 世纪心理学的发展方向[M]//杨鑫辉.心理学探新论丛(2000).南京:南京师范大学出版社,2000.

郭英.跨文化心理学研究的历史、现状与趋势[J].四川师范大学学报(社会科学版),1997(4).

郭永玉.超个人心理学的基本理念[J].华中师范大学学报(人文社会科学版),2000(5).

郭永玉.超个人心理学观评析[J].南京师大学报(社会科学版),2003(4).

郭永玉.精神的追寻——超个人心理学及其治疗理论研究[M].武汉:华中师范大学出版社,2002.

郭永玉.论物理学作为心理学的榜样[J].教育研究与实验,2002(4).

韩立敏.心理学分裂的危机及整合的道路[J].河北师范大学学报(教育科学版),2001(4).

韩忠太,张秀芬.学科互动:心理学与文化人类学[J].云南社会科学,2002(3).

胡中锋.论心理学的学科划界问题——从科学哲学中关于科学的划界标准谈起[J].自然辩证法研究,1998(7).

华生.行为主义者所看到的心理学[M]//西方心理学家文选.北京:人民教育出版社,1983.

皇甫刚,朱莉琪.Vernon Smith 开创的实验经济学及其对心理学研究的启示[J].心理科学进展,2003(3).

黄曬莉.科学渴望创意、创意需要科学:扎根理论在本土心理学中的运用与转化[M]//杨中芳.本土心理学研究取径论丛.台北:远流图书公司,2008.

霍涌泉,安伯欣.西方理论心理学的复兴及其面临的挑战[J].陕西师范大学学报(哲学社会科学版).2002(6).

霍涌泉,李林.当前心理学文化转向研究中的方法论困境[J].四川师范大学学报(社会科学版)2005(2).

霍涌泉,梁三才.西方理论心理学研究的新特点[J].心理科学进展,2004(1).

霍涌泉,刘华.心理学理论研究的范式转换及其意义[J].陕西师范大学学报(哲学社会科学版),2007(4).

霍涌泉.后现代主义能否为心理学提供新的精神资源[J].南京师大学报(社会科学版),2004(2).

霍涌泉.社会建构论心理学的理论张力[J].陕西师范大学学报(哲学社会科学版),2009(6).

霍涌泉.心理学文化转向中的方法论难题及整合策略[J].心理学探新,2004(1).

纪海英.文化与心理学的相互作用关系探析[J].南京师大学报(社会科学版),2007(4).

蒋京川,叶浩生.论后现代心理学的定位与理论存疑[J].南京师大学报(社会科学版),2006(2).

蒋逸民.作为一种新的研究形式的超学科研究[J].浙江社会科学,2009(1).

解战原,文兵.反中心化:后现代主义哲学的总体特征[J].新视野,2005(5).

荆其诚.现代心理学发展趋势[M].北京:人民出版社,1990.

景怀斌.西方心理学百年发展的思路与思考[J].国外社会科学,1997(5).

卡麦兹.建构扎根理论——质性研究实践指南[M].边国英,译.重庆:重庆大学出版社,2009.

孔德生,葛鲁嘉.关于心理学哲学的思考[J].理论探讨,2004(3).

况志华,叶浩生.当代西方心理学的三种新取向及其比较[J].心理学报,2005(5).

雷美位,谢立平.存在主义的心理学方法论探析[J].长沙理工大学学报(社会科学版),2007(2).

李炳全,叶浩生.文化心理学的基本内涵辨析[J].心理科学,2004(1).

李炳全,叶浩生. 主流心理学的困境与文化心理学的兴起[J]. 国外社会科学,2005(1).

李炳全. 论文化心理学在心理学方法论上的突破[J]. 自然辩证法通讯,2005(4).

李炳全. 文化心理学与跨文化心理学的比较与整合[J]. 心理科学进展,2006(2).

李建珊. 科学认识论的若干问题[J]. 文史哲,2005(6).

李金辉. 科学解释学的三重维度[J]. 北方论丛,2006(1).

李金珍,王文忠,施建农. 积极心理学:一种新的研究方向[J]. 心理科学进展,2003(3).

李景林. 教养的本原——哲学突破期的儒家心性论[M]. 沈阳:辽宁人民出版社,1998.

李其维. "认知革命"与"第二代认知科学"刍议[J]. 心理学报,2008(12).

李薇,徐联仓. 混沌现象及其在生理心理系统中的意义(二)[J]. 心理学报,1987(4).

李薇,徐联仓. 混沌现象及其在生理心理系统中的意义(一)[J]. 心理学报,1987(3).

李醒民. 划界问题或科学划界[J]. 社会科学,2010(3).

李醒民. 科学是价值中性的吗? [J]. 江苏社会科学,2006(1).

李醒民. 论科学理论的要素和结构[J]. 中国政法大学学报,2007(1).

李醒民. 论科学中的价值[J]. 社会科学论坛,2005(9).

李兆良,葛鲁嘉. 儒家"忠恕"思想与身心健康探析[J]. 医学与社会,2009(12).

李志刚. 扎根理论方法在科学研究中的运用分析[J]. 东方论坛,2007(4).

李仲涟. 耗散结构论与心理学[J]. 湖南师范大学社会科学学报,1989(5).

里奇拉克. 发现自由意志与个人责任[M]. 许泽民,等,译. 贵阳:贵州人民出版社,1994.

梁爱林. 关于概念的定义问题[J]. 术语标准化与信息技术,2005(2).

梁漱溟. 人心与人生[M]. 上海:上海人民出版社,2005.

林崇德,等. 计算机与智力心理学[M]. 杭州:浙江人民出版社,1996.

林定夷. 论科学与非科学的划界问题——兼论科学与伪科学的界线[J]. 河

南社会科学,2007(5).

林定夷.逻辑实证主义关于科学与非科学的划界理论[J].华南理工大学学报(社会科学版),2007(4).

林方.人的潜能和价值——人本主义心理学译文集[M].北京：华夏出版社,1987.

林方.心灵的困惑与自救——心理学的价值理论[M].沈阳：辽宁人民出版社.1989.

林晶.哲学视域中的科学创新——科学创新的概念释义[J].山东科技大学学报(社会科学版),2003(4).

凌建勋,凌文辁,方俐洛.深入理解质性研究[J].社会科学研究,2003(1).

刘大椿.科学的功利主义与终极价值追求[J].江西财经大学学报,2002(4).

刘高岑.当代西方科学哲学的科学创新研究述评[J].哲学动态,2008(1).

刘华.心理学技术人道主义的构建及其途径[J].自然辩证法通讯,2005(6).

刘金平.试论后现代主义思潮与后现代心理学[J].河南大学学报(社会科学版),2003(5).

刘新学.数学与心理学的发展[J].赣南师范学院学报,2004(4).

刘学兰.论马斯洛的问题中心原则[J].心理学探新,1992(4).

刘燕青.科学结构、科学革命与科学家的创新精神[J].江南大学学报(人文社会科学版),2009(3).

刘宗发.心理学是一门意识科学——心理学学科性质新论[J].湖南师范大学教育科学学报,2007(4).

鲁直,陈卓浩.两个傲慢绅士的握手——从传统经济学的困境到经济心理学的新地平[J].社会观察,2005(3).

罗安宪.中国心性论第三种形态：道家心性论[J].人文杂志,2006(1).

罗杰,等.论建构中国心理技术学体系[J].贵州师范大学学报(自然科学版),2002(1).

麻彦坤.边缘心理学对主流心理学的批评[J].国外社会科学,2008(5).

麻彦坤.当代心理学文化转向的动因及其方法论意义[J].国外社会科学,2004(1).

麻彦坤.文化转向：心理学发展的新契机[J].南京师大学报(社会科学版),2003(3).

马斯洛.科学心理学[M].林方,译.昆明:云南人民出版社,1988.

马斯洛.动机与人格[M].许金声,等,译.北京:华夏出版社,1987.

马斯洛.人类价值新论[M].胡万福,等,译.石家庄:河北人民出版社,1988.

梅多,等.宗教心理学[M].陈麟书,等,译.成都:四川人民出版社,1990.

蒙培元.儒、佛、道的境界说及其异同[J].世界宗教研究,1996(2).

蒙培元.心灵的开放与开放的心灵[J].哲学研究,1995(10).

孟维杰,葛鲁嘉.从工具到价值:心理学研究方法重新考评[J].赣南师范学院学报,2005(4).

孟维杰,葛鲁嘉.论心理学文化品性[J].心理科学,2008(1).

孟维杰,葛鲁嘉.文化品格:心理学概念重新考评[J].山东师范大学学报(人文社会科学版),2005(5).

孟维杰.从科学划界看心理学划界的深层思考[J].科学技术与辩证法,2007(1).

孟维杰.从文化转向到跨文化对话:心理学发展新思维[J].南通大学学报(教育科学版),2006(2).

孟维杰.关联与互动:20世纪的科学心理学与分析哲学[J].心理学探新,2007(3).

孟维杰.文化心理观:心理学观的检讨与重构[J].内蒙古师范大学学报(哲学社会科学版),2007(5).

孟维杰.现代心理学自然科学品性探析[J].南京师大学报(社会科学版),2007(5).

孟维杰.心理学理论创新——心理学方法论扩展性探索[J].社会科学战线,2010(11).

孟维杰.心理学理论创新——心理学研究对象扩展性探索[J].心理学探新,2011(1).

孟维杰.心理学理论创新——中国心理学文化根基论析及当代命运[J].河北师范大学学报(哲学社会科学版),2011(5).

孟维杰.心理学文化品性[M].哈尔滨:黑龙江大学出版社,2007.

孟维杰.心理学文化品性分析:心理学性质重新解读[J].山东师范大学学报(人文社会科学版),2007(1).

莫阿卡西. 荣格心理学与西藏佛教[M]. 江亦丽,等,译. 北京:商务印书馆,1994.

南怀瑾. 禅宗与道家[M]. 上海:复旦大学出版社,1991.

倪梁康. 意识的向度:以胡塞尔为轴心的现象学问题研究[M]. 北京:北京大学出版社,2007.

欧阳常青. 原创性:心理学研究的理性诉求[J]. 心理学探新,2005(4).

潘桂明. 中国禅宗思想历程[M]. 北京:今日中国出版社,1992.

潘威. 扎根理论与解释现象学分析的比较研究[J]. 西华大学学报(哲学社会科学版),2010(3).

庞晓光. "科学与价值无涉"何以可能?[J]. 科学学研究,2006(增刊).

彭彦琴. 另一种声音:现代新儒学与中国人文主义心理学[J]. 心理学报,2007(4).

彭彦琴. 中国心理学思想史范畴体系的重建[J]. 心理学探新,2001(1).

彭运石,刘慧玲. 超越传统:动态进化心理学研究进展[J]. 心理学探新,2008(2).

彭运石. 心理学的整合视野[J]. 湖南师范人学教育科学学报,2002(1).

钱兆华. 经验技术和科学技术及其特点[J]. 科学·经济·社会,2001(2).

秦金亮,郭秀艳. 论心理学两种研究范式的整合趋向[J]. 心理科学,2003(1).

秦金亮,李忠康. 论质化研究兴起的社会科学背景[J]. 山西师大学报(社会科学版),2003(3).

秦金亮. 论西方心理学量化研究的方法学困境[J]. 自然辩证法研究,2001(3).

秦金亮. 论质化研究的人文精神[J]. 自然辩证法研究,2002(7).

秦金亮. 心理学研究方法的新进展——质的研究方法[M]//郭本禹. 当代心理学的新进展. 济南:山东教育出版社,2003.

秦金亮. 心理学研究方法的新趋向——质化研究方法述评[J]. 山西师大学报(社会科学版),2000(3).

邱梦华. 从"小科学"到"大科学"——科学中立吗?[J]. 科学·经济·社会,2003(2).

任俊,叶浩生. 西方积极心理学运动是一场心理学革命吗?[J]. 心理科学进展,2005(6).

任俊.积极心理学[M].上海：上海教育出版社,2006.

桑标.儿童发展心理学[M].北京：高等教育出版社,2009.

单志艳,孟庆茂.心理学中定量研究的几个问题[J].心理科学,2002(4).

商卫星.脑科学与心理学研究[J].医学与哲学(人文社会医学版),2007(1).

邵夏.论科学中的价值[J].社会科学家,2006(6).

申丹娜.大科学与小科学的争论评述[J].科学技术与辩证法,2009(1).

申荷永,高岚.《易经》与中国文化心理学[J].心理学报,2000(3).

申荷永.中国文化心理学心要[M].北京：人民出版社,2001.

石春,贾林祥.论现象学视野下的西方心理学[J].徐州师范大学学报(哲学社会科学版).2006(4).

舒尔茨.现代心理学史[M].杨立能,等,译.北京：人民教育出版社,1981.

斯金纳.超越自由与尊严[M].王映桥,等,译.贵阳：贵州人民出版社,1988.

宋晓东,叶浩生.本土心理学与多元文化论——在人类心理学理论前景中的相遇[J].徐州师范大学学报(哲学社会科学版),2008(1).

苏屹,李柏洲.原始创新研究文献综述[J].科学管理研究,2012(2).

孙晓娥.扎根理论在深度访谈研究中的实例探析[J].西安交通大学学报(社会科学版),2011(6).

谭文芳.解释学的心理学方法论蕴涵[J].求索,2005(7).

汤一介.禅宗的觉与迷[J].中国文化研究,1997(3).

陶宏斌,郭永玉.实证主义方法论与现代西方心理学[J].心理学报,1997(3).

田浩,葛鲁嘉.文化心理学的启示意义及其发展趋势[J].心理科学,2005(5).

田浩.文化心理学的发展线索[J].内蒙古师范大学学报(哲学社会科学版),2005(6).

田浩.文化心理学的方法论困境与出路[J].心理学探新,2005(4).

田浩.文化心理学的双重内涵[J].心理科学进展,2006(5).

田浩.中国文化心理学的方法论启示[J].心理学探新,2009(2).

田松.唯科学·反科学·伪科学[J].自然辩证法研究,2000(9).

童辉杰.广义的诠释论与统一的心理学[J].南京师大学报（社会科学版），2000(4).

瓦西留克.体验心理学[M].黄明，等，译.北京：中国人民大学出版社，1989.

万明钢.文化视野中的人类行为：跨文化心理学导论[M].兰州：甘肃文化出版社，1996.

汪凤炎，郑红.中国文化心理学[M].广州：暨南大学出版社，2005.

汪云九，杨玉芳，等.意识与大脑——多学科研究及其意义[M].北京：人民出版社，2003.

王国芳.解释学方法论与现代西方心理学[J].南京师大学报（社会科学版），1999(4).

王京生，王争艳，陈会昌.对定性研究的重新评价[J].教育理论与实践，2000(2).

王明飞.文化心理学发展历史及其三种研究取向[J].科教文汇，2006(6).

王宁.个体主义与整体主义对立的新思考——社会研究方法论的基本问题之一[J].中山大学学报（社会科学版），2002(2).

王锡苓.质性研究如何建构理论？——扎根理论及其对传播研究的启示[J].兰州大学学报（社会科学版），2004(3).

王延松，霍涌泉.后现代主义心理学在元理论方面的反思[J].宁夏大学学报（人文社会科学版），2007(6).

王英.儒医理论与心身疾病治疗[M].长春：吉林大学出版社，2007.

王拥军，俞国良，刘聪慧.社会认知神经科学研究范式述评[J].心理科学，2010(5).

王志良.人工心理学——关于更接近人脑工作模式的科学[J].北京科技大学学报，2000(5).

王志良.人工心理与人工情感[J].智能系统学报，2006(1).

王治河.论后现代主义的三种形态[J].国外社会科学，1995(1).

威廉姆斯.理论心理学探索[M]//杨鑫辉.心理学探新论丛（第1辑）.俞蕾，等，编译.南京：南京师范大学出版社，1998.

沃野.关于社会科学定量、定性研究的三个相关问题[J].学术研究，2005(4).

夏代云,何泌章.浅议方法论个体主义与方法论整体主义之争——以沃特金斯与布洛德贝克为例[J].自然辩证法研究,2009(7).

向敏,王忠军.论心理学量化研究与质化研究的对立与整合[J].福建医科大学学报(社会科学版),2006(2).

肖恩·加拉格尔.解释学与认知科学[J].邓友超,译.华东师范大学学报(教育科学版),2004(1).

肖文丁.试论科技创新的方法和制度[J].创新,2007(4).

肖云龙.科技方法创新体系的新探索[J].发明与创新,2003(8).

熊志军.试论小科学与大科学的关系[J].科学学与科学技术管理,2004(12).

徐冰.心理学与社会学之间的诠释学进路[J].中国农业大学学报(社会科学版),2007(3).

徐冬英.心理学的分裂与统一研究述评[J].徐州师范大学学报(哲学社会科学版),2005(5).

徐献军.具身认知论——现象学在认知科学研究范式转型中的作用[M].杭州:浙江大学出版社,2009.

严由伟.我国关于实证主义与现代西方心理学研究的综述[J].心理科学进展,2003(4).

严瑜.进化心理学对主流心理学的反思和批判[J].武汉大学学报(人文科学版),2008(4).

颜晓峰.论方法创新[J].科学技术与辩证法,2002(1).

燕国材.关于中国古代心理学思想研究的几个问题[J].心理科学,2002(4).

燕国材.中国心理学史[M].台北:东华书局,1996.

燕良轼,曾练平.中国理论心理学的原创性反思[J].心理科学,2011(5).

阳泽.论结构思想及其在心理学中的应用[J].西南大学学报(社会科学版),2008(4).

杨国枢,黄光国,杨中芳.华人本土心理学(上册/下册)[M].重庆:重庆大学出版社,2008.

杨国枢,文崇一.社会及行为科学研究的中国化[M]."中央研究院"民族学研究所,1982.

杨国枢.我们为什么要建立中国人的本土心理学[J].本土心理学研究,

1993(1).

杨国枢.心理学研究的本土契合性及其相关问题[J].本土心理学研究,1997(8).

杨莉萍.从跨文化心理学到文化建构主义心理学[J].心理科学进展,2003(2).

杨莉萍.范式论对于心理学研究的双重意义[J].南京师大学报(社会科学版),2001(3).

杨莉萍.析社会建构论心理学思想的四个层面[J].心理科学进展,2004(6).

杨维中.论先秦儒学的心性思想的历史形成及其主题[J].人文杂志,2001(5).

杨鑫辉.心理学通史[M].济南:山东教育出版社,2000.

杨鑫辉.关于中国传统心理学思想研究的几个问题[M]//杨鑫辉.心理学探新论丛(第1辑).南京:南京师范大学出版社,1998.

杨鑫辉.略论现代心理技术学的体系建构[J].心理科学,1999(5).

杨鑫辉.诠释与转换——论中国古代心理学思想史研究方法的新发展[J].南京师范大学学报,2002(4).

杨鑫辉.中国心理学史论研究[J].江西师范大学学报(哲学社会科学版),2001(4).

杨鑫辉.中国心理学史研究的新进展[J].心理学报,1988(1).

杨鑫辉.中国心理学思想史[M].南昌:江西教育出版社,1994.

杨伊生.对我国心理学研究原创性的思考[J].内蒙古师范大学学报(哲学社会科学版),2006(2).

杨玉芳.知识创新与心理学的发展[J].心理与行为研究,2003(1).

杨中芳,高尚仁.中国人·中国心[M].台北:远流出版公司,1991.

杨中芳.本土化心理学的研究方法[M]//华人本土心理学(上册).重庆:重庆大学出版社,2008.

杨中芳.如何研究中国人:心理学本土化论文集[M].台湾:桂冠图书公司,1997.

姚介厚."后现代"问题和后现代主义的哲学与文化[J].国外社会科学,2001(5).

叶浩生.西方心理学的历史与体系[M].北京:人民教育出版社,1998.

叶浩生. 西方心理学研究新进展[M]. 北京：人民教育出版社,2003.

叶浩生. 超越现代主义与后现代主义：走向释义学的心理学[J]. 河南大学学报(社会科学版),2009(2).

叶浩生. 多元文化论与跨文化心理学的发展[J]. 心理科学进展,2004(1).

叶浩生. 关于西方心理学中的多元文化论思潮[J]. 心理科学,2001(6).

叶浩生. 后经验主义时代的理论心理学[J]. 心理学报,2007(1).

叶浩生. 库恩范式论在心理学中的反响与应用[J]. 自然辩证法研究,2006(9).

叶浩生. 理论心理学辨析[J]. 心理科学,1999(6).

叶浩生. 论理论心理学的概念、性质与作用[M]//杨鑫辉. 心理学探新论丛(第1辑). 南京：南京师范大学出版社,1998.

叶浩生. 论理论心理学的概念、性质与作用[J]. 湖南师范大学教育科学学报,2003(3).

叶浩生. 论心理学的"范式"与"范畴"[J]. 南京师大学报(社会科学版),1997(2).

叶浩生. 论心理学的分裂与整合[J]. 陕西师范大学学报(哲学社会科学版),2002(6).

叶浩生. 社会建构论及其心理学的方法论蕴含[J]. 社会科学,2008(12).

叶浩生. 社会建构论与西方心理学的后现代取向[J]. 华东师范大学学报(教育科学版),2004(1).

叶浩生. 社会建构论与心理学理论的未来发展[J]. 心理学报,2009(6).

叶浩生. 试论社会心理学的自然科学观及其转变[J]. 自然辩证法通讯,2000(4).

叶浩生. 试析现代西方心理学的文化转向[J]. 心理学报,2001(3).

叶浩生. 思维方式的转变与心理学的整合[J]. 南京师大学报(社会科学版),1999(1).

叶浩生. 西方心理学的分裂与整合主义的困境[J]. 南京师大学报(社会科学版),2002(4).

叶浩生. 西方心理学中的现代主义、后现代主义及其超越[J]. 心理学报,2004(2).

叶浩生. 西方心理学中多元文化论运动的意义与问题[J]. 山东师大学报(人

文社会科学版),2001(5).

叶浩生.西方心理学中两种文化的分裂及其整合[J].心理学报,1999(3).

叶浩生.心理学的分裂与心理学的统一[J].心理科学,1997(5).

叶浩生.有关西方心理学分裂与整合问题的再思考[J].心理学报,2002(4).

叶浩生.有关西方心理学中生物学化思潮的质疑与思考[J].心理科学,2006(3).

叶浩生.再论心理学的分裂与整合[J].心理学探新,2000(2).

余安邦.文化心理学的历史发展与研究进路[J].本土心理学研究,1996(6).

余德慧.文化心理学的诠释之道[J].本土心理学研究,1996(6).

乐国安,纪海英.文化心理学研究的两阶段论[J].西南大学学报(社会科学版).2008(3).

乐国安,纪海英.文化与心理学关系的三种研究模式及其发展趋势[J].西南大学学报(社会科学版),2007(3).

翟学伟.中国人行动的逻辑[M].北京:社会科学文献出版社,2001.

张广保.金元全真道内丹心性学[M].北京:三联书店,1995.

张红川,王耘.论定量与定性研究的结合问题及其对我国心理学研究的启示[J].北京师范大学学报(人文社科版),2001(4).

张华夏,张志林.从科学与技术的划界来看技术哲学的研究纲领[J].自然辩证法研究,2001(2).

张侃.心理科学与社会发展[J].中国科学院院刊,2007(3).

张铃,傅畅梅.从技术的本质到技术的价值[J].辽宁大学学报(哲学社会科学版),2005(2).

张梦中,等.定性研究方法总论[J].中国行政管理,2001(11).

张荣明.近百年中国思想史研究方法的变动趋势[J].学术月刊,2007(4).

张文喜.超越个体主义与整体主义的对立[J].安徽师大学报(哲学社会科学版),1998(1).

张向葵,等.社会文化震荡对个体心理健康的影响[M].长春:吉林人民出版社,2010.

章清.传统:由"知识资源"到"学术资源"——简析20世纪中国文化传统的失落及其成因[J].中国社会科学,2004(4).

章士嵘.心理学哲学[M].北京:社会科学文献出版社,1990.

赵宗金.隐喻研究进入心理学的途径[J].内蒙古民族大学学报(社会科学版),2006(1).

郑剑虹.历史学与心理学的结合[J].社会科学,1997(5).

郑开.道家心性论研究[J].哲学研究,2003(8).

郑荣双,叶浩生.中国心理学原创性的缺失及应对策略[J].心理科学,2007(2).

钟建军,陈中永.智力开发的基本理念与实践[J].心理科学进展,2006(2).

钟年.中文语境下的"心理"和"心理学"[J].心理学报,2008(6).

周国梅,荆其诚.心理学家获2002年诺贝尔经济学奖[J].心理科学进展,2003(1).

周宁,葛鲁嘉.常识话语形态的心理学[J].辽宁师范大学学报(社会科学版),2004(1).

周宁,葛鲁嘉.心理学的常识心理学水平[J].心理科学,2003(6).

周宁.本土心理学的两种哲学视野[J].西北师大学报(社会科学版),2003(4).

周宁.独白的心理学与对话的心理学[J].西北师大学报(社会科学版),2002(6).

周宁.独白的心理学与对话的心理学——心理学的两种话语形态[M].昆明:云南大学出版社.2005.

周宁.心理学哲学视野中的主体心理学与存在心理学[J].学习与探索,2003(4).

周燕,闫坤如.科学认知的哲学探究:观察的理论渗透与科学解释的认知维度[M].北京:人民出版社,2007.

朱宝荣.现代心理学方法论研究[M].上海:华东师范大学出版社,1999.

朱宝荣.计算机模拟:一种探索心理机制的现代方法[J].心理科学.2003(5).

朱凤青.科学划界:从一元标准走向多元标准[J].科学学研究,2008增刊(上).

朱海燕,张锋.作为自然科学的心理学的困境[J].云南师范大学学报,2000(5).

朱新秤.进化心理学[M].上海:上海教育出版社,2006.

朱滢,杨治良,等. 当代心理学研究[M]. 北京：北京大学出版社,1993.

邹广文,赵浩. 个人主义与西方文化传统[J]. 求是学刊,1999(2).

二、英文部分

Adamopoulos, J. & Lonner, W. J. Culture and Psychology at Acrossroad: Historical Perspective and Theoretical Analysis. In David Matsumoto(Ed.), *The Handbook of Culture and Psychology*. New York: Oxford University Press, 2001.

Baars, B. J. *The Cognitive Revolution in Psychology*. New York: The Guilford Press, 1986.

Berry, J. W., Poortinga, Y. H., Segall, M. H. et al. *Cross-Cultural Psychology: Research and Applications*. Cambridge, MA: Cambridge University Press, 1992.

Boden, M. N. *The Philosophy of Artificial Intelligence*. New York: Oxford University Press, 1990.

Bogdan, R. J. (Ed.). *Mind and Common Sense*. New York: Cambridge University Press,1991.

Charmaz, K. Grounded Theory. In J. Smith, R. Harré, & L. Langenhove (Eds.), *Rethinking Methods in Psychology*. London: Sage,1995.

Charmaz, K. Grounded Theory: Objectivist and Constructivist Methods. In N. Denzin & Y. Lincoln (Eds.), *Handbook of Qualitative Research*. Thousand Oaks, CA: Sage, 2000.

Charmaz, K. *Grounded Theory: A Practical Guide through Qualitative Analysis*. London: Sage Publications Ltd, 2006.

Cole, M. *Cultural Psychology*. Cambridge, MA: Harvard University Press, 1998.

Cummins, R. *The Nature of Psychological Explanation*. Cambridge, MA: The MIT Press,1983.

Fodor, J. A. *Psychosemantics*. Cambridge, MA: The MIT Press, 1987.

Friedman, H. Psychological Nescience in a Postmodern Context. *American Psychologist*, 2002(5).

Gardner, H. *The Mind's New Science: A History of the Cognitive Revolution.* New York: Basic Books,1985.

Gergen, K. Psychological Science in a Postmodern Context. *American Psychologist*, 2001(10).

Glaser, B. & Strauss, A. L. *The Discovery of Grounded Theory: Strategies for Qualitative Research.* Chicago: Aldine,1967.

Heelas, P. & Lock, A. (Eds.). *Indigenous Psychology.* New York: Academic Press, 1981.

Joynson, R. B. *Psychology and Common Sense.* London: Routledge and Kegan Paul,1974.

Kim, U. & Berry, J. W. (Eds.). *Indigenous Psychologies: Research and Experience in Cultural Context.* Newbury Park, CA: Sage Publications, 1993.

Kim, U. Culture, Science, and Indigenous Psychologies: An Integrated Analysis. In David Matsumoto (Ed.), *The Handbook of Culture and Psychology.* New York: Oxford University Press, 2001.

Kimble, G. A. Psychology's Two Cultures. *American Psychologist*, 1984(8).

Markus, H. R. & Kitayama, S. Culture and the Self: Implications for Cognition, Emotion, and Motivation. *Psychological Review*, 1991(2).

Masella, A. J. Toward a "Global Community Psychology". *American Psychologists*, 1998(12).

Matsumoto, D. *The Handbook of Culture and Psychology.* New York: Oxford University Press,2001.

Paranjpe, A. C. *Theoretical Psychology: The Meeting of East and West.* New York: Plenum,1984.

Paranjpe, A. C. , Ho, D. Y. F. , & Rieber, R. W. *Asian Contributions to Psychology.* New York: Praeger,1988.

Ratner, C. *Cultural Psychology and Qualitative Methodology.* New York: Plenum Press,1997.

Rennie, D. L. Grounded Theory Methodology as Methodological Hermeneutics. *Theory and Psychology*, 2000(10).

Shweder, R. A. *Thinking through Cultures: Expeditions in Cultural Psychology*. Cambridge, MA: Harvard University Press, 1991.

Sperry, R. W. Psychology's Mentalist Paradigm and the Religion/Science Tension. *American Psychologist*, 1988(8).

Spilka, B. & McIntosh, D. N. *The Psychology of Religion: Theoretical Approaches*. Boulder, CO: Westview Press, 1997.

Staats, A. W. *Psychology's Crisis of Disunity: Philosophy and Method for a Unified Science*. New York: Praeger, 1983.

Staats, A. W. Unified Positivism and Unification Psychology. *American Psychologist*, 1991(9).

Stich, S. P. *From Folk Psychology to Cognitive Science*. Cambridge, MA: The MIT Press, 1983.

Strauss, A. L. & Corbin, J. *The Basics of Qualitative Research: Techniques and Procedures for Developing Grounded Theory*. Newbury Park, CA: Sage, 1998.

Tart, C. T. Some Assumptions of Orthodox Western Psychology. In C. T. Tart(Ed.), *Transpersonal Psychologies*. New York: Harper, 1975.

Varela, F. J., Thompson, E., & Rosch, E. *The Embodied Mind: Cognitive Science and Human Experience*. Cambridge, MA: The MIT Press, 1991.

Vijver, F. V. D. The Evolution of Cross-Cultural Research Methods. In David Matsumoto (Ed.), *The Handbook of Culture and Psychology*. New York: Oxford University Press, 2001.

Wilks, K. V. The Relationship between Scientific Psychology and Common-Sense Psychology. *Synthese*, 1991(89).

Wulff, D. M. *Psychology of Religion: Classic and Contemporary View*. New York: John Wiley and Sons, Inc., 1997.

后　　记

　　这部学术专著是我构想的新心性心理学关于心理学自身的考察和反思,是新心性心理学核心理论构成的最后一个部分。作为中国本土心理学的理论建构,关于心理学自身的思考应该是最后的也是最重要的部分。其实,在相当长的一段时间里,我一直希望能够对心理学本身进行反思,把心理学学科的总体作为考察或研究的对象。这是需要深厚学术功力的研究。我的学识和积累还有局限,所以就总是有力不从心的感觉。但是,当新心性心理学的研究进入最后的阶段,我自己也觉得现在是时候了。我已经可以和完全应该对心理学科、对心理科学本身进行总体的考察。

　　其实,在这个期间的工作,我曾经集中在理论心理学的研究上,并希望自己能够写作一本理论心理学学术专著。我在 2010 年就完成了该论著的写作。但是,在理论心理学的研究过程中,我就已经意识到了,理论心理学其实就是整个心理学的理论骨架。与其说单独去分别完成理论心理学的研究和心理科学论总的研究,还不如就把两个部分整合起来,构成《心理科学论总——心理学命运与前途的全景考察》一部专著。在完成两部专著的合并之后,并对全书的内容进行了系统化之后,我才意识到,这实际上本来就应该是一个完整系统的构成。这也就使得《心理科学论总——心理学命运与前途的全景考察》一书有了更深厚的理论基础,或者是有了更实际的理论心理学的研究基础。

　　在我关于新心性心理学的核心理论建构中,《心理科学论总——心理学命运与前途的全景考察》是第六个组成部分,也是最后一个组成部分。新心性心理学宣言是建构中国本土心理学理论的基本构想。在开始阶段,我设想的新心性心理学仅包含三个部分的内容,即心理文化论要、心理生活论纲和心理环境论说。我于2008年出版了《新心性心理学宣言——中国本土心理学原创性理论建构》的学术专著，其中的内容就是上述的三个部分。在该专著出版之后，我在试图规划和开展自己新的研究时，又在原有的三个部分之后进一步扩充或增加了三个部分的内容，即心理资源论析、心理成长论本和心理科学论总。《心理资源论析——心理学的历史、现实和未来的形态》《心理成长论本——超越心理发展的新心性心理学主张》两部专著已经完成和出版了。《心理科学论总——心理学命运与前途的全景考察》则是最后完成的著作。这样，新心性心理学作为中国本土心理学的理论创新构想，就包含着六个部分相连贯的基本内容，即心理资源论析、心理文化论要、心理生活论纲、心理环境论说、心理成长论本和心理科学论总。因为早年曾经单独出版过专著《心理文化论要——中西心理学传统跨文化解析》，所以我还是想把心理生活论纲和心理环境论说两个部分的内容经过进一步充实、扩展和完善之后，分别出版专著。完整的新心性心理学的理论建构，就应该体现在六部学术专著之中。这是一个系列化的中国本土心理学理论创新的思路和建构。中国本土的心理学发展一直没有自己的理论框架的设计，一直缺失自己的理论创新的构想。新心性心理学的理论建构，则是在实现着这一目标。

我还有另一个系列的研究和写作规划。在很长一段时间以来，我一直希望能够按照心理学的六种不同形态的划分，去分别完成六部系列的专著。这六部专著是《常识形态的心理学——心理学的生活形态和日常存在》《哲学形态的心理学——哲学心理学与心理学哲学》《宗教形态的心理学——宗教传统和研究的心理学智慧》《类同形态的心理学——不同科学门类中的心理学探索》《科学形态的心理学——心理学的科学追求与科学身份》和《资源形态的心理学——心理资源的基本性质与核心内涵》，目前也陆续完成了，并与《心理学本土化——中国本土心理学的选择与突破》《心理科学论总——心理学命运与前途的全景考察》组成了"心理学形态研究系列"。这六个形态的内容是在新心性心理学关于心理资源的研究中衍生和扩展出来的。因此，这与前述的新心性心理学的六个基本组成部分的内容有些重合。当然，这可以在进一步细化的研究中，通过充实相关的内容来很好地进行分离，从而组合成一个系列化的整体思想结构或理论建构。而且，按照我的理解,只有系统深入地挖掘和提取心理学的传统资源,才有可能去推动心理学的原始性的创新。因此,关于心理学不同的历史、现实和未来形态的考察和探讨,是有关心理学发展和前途的非常重要的研究工作,也是心理学的非常基础性的研究工作。奠定心理学的发展基础,推动心理学的继往开来,是心理学理论研究者肩负的重大责任。

在后现代主义思潮中,在后现代社会发展中,宏大的理论构想是受到诟病的。似乎多元的存在已经成为潮流。但是,问题就在于,我并不是想让我自己的心理学学术创新或心理学理论创新成为唯一性和主导性的中国本土心理学。参与中国本土心理学的理论建构,是我一直的学术心愿。让中国的心理学发展能够立足本土,也是我一直的学术追求。其实,中国本土的心理学研究者不仅应该追求描述和说明中国人的心理行为,也应该追求建构和创造中国本土的心理生活,而且更重要的是,追求提出和建立中国本土的心理学理论。新心性心理学就是这种本土性的理论追求,就是这种原创性的理论建构,也就是这种突破性的理论弘扬。

心理学的研究者,理论心理学的研究者,或者心理学的探索者,理论心理学的探索者,都应该有宏大的视野、广阔的胸襟、高远的目标,也应该有奔放的情怀、通达的思路、不懈的追求。只有如此,才能够使心理学彻底摆脱依附的命运,走上自主独立的道路。心理学学科的进步,中国心理学学科的进步,不应该总是依附的行走,不应该总是拖拽的向前,不应该总是学步的蹒跚,只有独立前行,快速奔跑,飞跃进步,才能够寻求跟得上,也才能够谋求行在前。

我在自己的学术生涯中有着众多的学术同行,我们都是在一个行业中,遵守共同的行业规范。我常说,同行的"行"还有一个读音,那就是同行。我们是行走在一条路上的同路人,我们需要相互的扶助和彼此的支撑,这样才能够行得更直,走得更远。我在自己的学术生涯中,时常能感受到和体会到来自国内外学术同行的热情支持和诚心帮扶,这给了我无数的感动。我在自己的教育生涯中教过众多的各类学生,我们在共同的教与学的活动中结成了深厚的情谊。教学相长是我们共有的体会。我早就已经开始感受和体会到学生的优秀带给我的无穷快乐和无尽享受。我强调的学品和人品、高的学品和好的人品,我倡导和实行的双品教育,即学品教育和人品教育,早就结出了累累果实。我真心地感激和感谢众多的学者和学生,正是他们让我有了体尝人生快乐的可能和现实。我结识的学者和我教过的学生如此之多,以致我无法一一列出他们的名字,但是感恩的心永在。

学术的创新、理论的创新,心理学学术的创新、心理学理论的创新,都会面临着种种艰辛和阻碍,都会体验到种种压力和抗力。其中,也包括周边人的讽刺和打击、冷漠和排斥。但是对此,我早已经觉得无所谓了。我曾经反复地告诫过我自己指导的研究生和培养的年轻学者,任何的创新,包括学术的创新,都需要有心理上的承受力、耐受力或抗击力,否则就不要尝试去创新。因为,创新者所走的本来就不是现成的和顺畅的路,那就很有可能需要独自去承受磨难和压力。但是,创新的快乐、学术创新的快乐、心理学的学术创新的快乐,是真正的快乐,是真心的快乐,是真性的快乐。那么,我何乐而不为呢?应该说,我早就很清楚,那些蝇营狗苟的人是根本就不值得费心的,因为学术对于这样的人来说只是牟取利益的手段,他们的心根本就没有放在学术研究上,也根本不可能放在学术创新上。

我会在自己退休之后,撰写一部我自己的学术传记。我会在自己的学术传记中,记录我的学术生涯,记载我的学术成长,描写我的学术经历,描述我的学术经验,追踪我的学术思想,追述我的学术思考,提供我的学术体验,提交我的学术体会,表明我的学术遭遇,表达我的学术感恩。我原本希望自己的人生所走的是一条平平常常、普普通通的路,但我实际走过和经历的却是一条弯弯曲曲、起伏跌宕的路。教师职业中迎来学生又送走学生的轮回,学术生涯中百般寻觅又峰回路转的突破,日常生活中琐碎细微又真情相伴的经历,生命里程中寒意凛然又春暖花开的体验,一切的一切,最后都会流露在我的笔端。这,值得期待,也值得拥有!

中国已经开始在实现自己的强国梦想。创造是实现梦想的唯一途径。中国本土需要强盛的心理学学科,创新是唯一的途径。作为心理学的理论研究者,作为本土心理学的推进者,我认为追随西方强势的心理学不应该成为扶持和发展中国心理学的唯一道路。道在心中,心生万物,天人合一,和而不同。中国本土的心理学研究者应该有这样的心愿和梦想,也完全能够实现自己的心愿和梦想!

最后,我希望能够在此表达自己对上海教育出版社谢冬华编辑的特别感谢！正是谢冬华编辑在幕后的辛勤劳动和热情支持，才使我的学术理想或学术梦想逐渐得以实现。我从一开始就觉得，这就是一位值得尊敬的老朋友。能够与这样敬业的编辑打交道，是我的人生旅程中和学术生涯里的莫大福分！谢谢！真心的感谢！！

葛鲁嘉

2015 年 2 月 2 日

图书在版编目(CIP)数据

心理科学论总:心理学命运与前途的全景考察 / 葛
鲁嘉著. –上海: 上海教育出版社,2015.12
（心理学形态研究系列）
ISBN 978-7-5444-6731-5

Ⅰ. ①心… Ⅱ. ①葛… Ⅲ. ①心理学 – 研究
Ⅳ. ①B84

中国版本图书馆CIP数据核字(2015)第299427号

责任编辑 谢冬华

封面设计 郑　艺

心理学形态研究系列

心理科学论总
——心理学命运与前途的全景考察
Xinli Kexue Lunzong
——Xinlixue Mingyun yu Qiantu de Quanjing Kaocha
葛鲁嘉　著

出　　版　上海世纪出版股份有限公司
　　　　　上 海 教 育 出 版 社
　　　　　易文网 www.ewen.co
地　　址　上海永福路123号
邮　　编　200031
发　　行　上海世纪出版股份有限公司发行中心
印　　刷　昆山市亭林印刷有限责任公司
开　　本　700×1000　1/16　印张26　插页4
版　　次　2015年12月第1版
印　　次　2015年12月第1次印刷
书　　号　ISBN 978-7-5444-6731-5/B·0110
定　　价　74.00元

(如发现质量问题，读者可向工厂调换)